李伯森 ◎ 主编

中国殡葬史

第二卷
秦汉

路则权　著

社会科学文献出版社
SOCIAL SCIENCES ACADEMIC PRESS (CHINA)

本书出版受中央财政重大专项资助

《中国殡葬史》编撰委员会

总顾问 刘庆柱

主　任 李伯森

副主任 袁　德　张齐安　肖成龙（常务）

委　员 刘魁立　陈高华　史金波　宋德金　徐兆仁　刘一皋　刘　军
　　　　　宋大川　杨　群　徐思彦　王贵领　于海广　余新忠　徐吉军
　　　　　陈华文　张国庆　闵祥鹏　路则权　宋亚芬　徐福全　钮则诚
　　　　　尉迟淦　刘易斋　杨国柱　丁新豹　邓开颂　闫志壮　左永仁
　　　　　王　琦　孟　浩　王　玮　李　欣　光焕竹　姜海龙　冯志阳
　　　　　王瑞芳　裴春悦　马金生（常务）

《中国殡葬史》审定委员会

主　任 刘庆柱

委　员 刘魁立　徐兆仁　杨　群　徐思彦　刘　军　刘一皋　宋大川
　　　　　王贵领

《中国殡葬史》编审办公室

主　任 李伯森

副主任 肖成龙（常务）　马金生（常务）

成　员 刘　娟　胡道庆　景力生　周传航　王颖超　刘　杨　张　楠
　　　　　曾寒柳

主编简介

李伯森 1965年生，山东诸城人，中国民主建国会会员，1988年毕业于上海财经大学财政专业，现任民政部一零一研究所所长、民政部生态安葬重点实验室主任。主要科研成果：2003年以来，组织完成91个国家科研项目（课题）；组织制修订32项国家和行业殡葬标准；组织完成"十一五"国家科技支撑计划项目"殡葬领域污染物减排和遗体处理无害化公益技术研究与应用"，其中作为课题第一责任人，主持完成"殡葬园区生态规划与生态建设关键技术研究"课题；主持完成科技部下达的"建立善后保证金制度、完善社会保障体系"国家软科学课题；组织完成国家环保公益"殡葬行业污染控制与环境技术体系研究"重大专项；组织开展"十二五"国家科技支撑计划"殡葬行业节能减排技术与规范"项目、"中国殡葬文化与科技公共服务网络平台建设"（2014~2017）、"殡葬文化建设"等国家财政重大专项等科研工作。在着力加强殡葬自然科学和软科学的并重研究，着力开展殡葬标准化体系建设，着力进一步推动科技成果转化和推广应用，着力搭建多功能、宽领域的科技创新平台建设，着力抓殡仪场所环境监测和产品质检工作，着力开展殡葬文化建设、拓宽殡葬研究新领域等方面，为提升我国殡葬科研的整体水平做出了突出贡献。

本卷作者简介

路则权 1975年生，孔子研究院副研究员，历史学博士，曲阜师范大学历史学博士后，济宁市"尼山学者"。主要从事儒学及传统文化、史学理论研究。近年来在《光明日报》、《史学月刊》、《求是学刊》等刊物发表论文20多篇。出版学术专著两部：《美国华裔史家历史解释研究》、《余英时的史学思想》；参编学术著作两部：《儒家文化慈善思想研究》、《孔子这样说》。主持2015年山东省社会科学项目"《大唐开元礼》校注与研究"，参与2013年山东省重点社科项目"曲阜石刻文献视域下的儒学与历代中国"和2014年国家重点社科项目"中国曲阜儒家石刻文献集成与研究"。

目　录

导　论 ·· 001

第一章　殡葬观念 ·· 032
　　第一节　春秋战国生死观的延续 ······························ 032
　　第二节　秦汉儒家生死观 ······································· 041
　　第三节　秦汉社会的厚葬与薄葬 ······························ 046
　　第四节　其他殡葬观念 ·· 053

第二章　殡葬制度 ·· 070
　　第一节　殡葬礼制 ·· 070
　　第二节　服丧制度 ·· 103
　　第三节　祭祀制度 ·· 111
　　第四节　殡葬礼俗与社会生活 ································· 116

第三章　墓葬演变 ·· 130
　　第一节　帝陵 ·· 130
　　第二节　诸侯王墓 ·· 177
　　第三节　平民墓葬 ·· 228

第四章 随葬品 ········· 284
  第一节 随葬品的"生活化" ········· 284
  第二节 随葬品中的来世与永生 ········· 312

结　语 ········· 317

参考文献 ········· 319

索　引 ········· 324

后　记 ········· 329

导 论

一 秦汉时代背景

(一)"大一统"的国家制度建立

公元前221年,秦统一六国,秦始皇通过"海内为郡县,法令由一统",①"建皇帝之号,立百官之职"②等措施,创立了中央集权制的政治体制及其相关的法律、经济、军事及社会制度。汉承秦制,刘邦在总结秦代二世而亡的教训基础上,地方体制采用郡国并行制度。但后来,诸侯实力越来越强大,影响到中央政府的统一。因此西汉武帝推行"推恩令",并颁布了"左官律"和"附益阿党之法",进一步完善和充实了秦始皇所创建的中央集权的政治体制。东汉光武帝刘秀削弱相权,加强君权,设立尚书台,以分化相权。东汉灵帝中平五年(188),皇帝选朝廷重臣出任州刺史。随着州刺史实力发展和实际控制权的增强,州逐渐变成行政区。中央政府赋予州刺史直接对皇帝负责的权力,逐渐强化了中央集权制的政治体制。

1. 皇帝制度确立

秦朝统一后,秦始皇认为自己"德高三皇,功过五帝","王"的称号已不能显示其至高无上的权势和地位,于是将传说中的"三皇"、"五帝"各取一字合成"皇帝"作为自己的名号,并建立了一套与之相应的制度。③

---

① 《史记》卷6《秦始皇本纪》,中华书局,1963,第236页。
② 《汉书》卷19《百官公卿表上》,中华书局,1962,第722页。
③ 《史记》卷6《秦始皇本纪》,第236页。

西汉王朝建立以后，上承秦制，与皇帝有关的许多礼仪、制度逐渐制定和完备起来。蔡邕说："汉天子正号曰皇帝，自称曰朕。臣民称之曰陛下。其言曰制诏，史官记事曰上。车马衣服器械百物曰乘舆。所在曰行在，所居曰禁中，后曰省中。印曰玺。所至曰幸，所进曰御。其命令一曰策书，二曰制书，三曰诏书，四曰戒书。"① 皇帝名号，除了称呼之外，还包括死后的谥号、庙号、陵寝号等，加上种种礼仪制度，在一定程度上确立了皇帝的权威。

在皇帝名号确立之后，有关亲属的尊号也逐步确立下来。如皇帝父曰太上皇，母曰皇太后，妻曰皇后，子曰皇太子、皇子，女曰公主，孙曰皇孙等。② 此外，与之相关的服舆制度、宗室制度、宫省制度、外戚制度、宦官制度也逐渐确立。

2. 中央行政体制

首先是丞相制度及三公制度。三公为古官名，最早出现于《尚书·周官》："立太师、太傅、太保，兹惟三公。"其他典籍虽有不同的说法，但习惯上把朝廷最高的三个官员称三公。当然，秦和西汉时期中央的三个最高官职丞相、太尉、御史大夫并不是并列的三公。直到汉成帝绥和元年（公元前8年）将御史大夫更名为大司空，使之"禄比丞相"之后，三公才成为法定的官名。在此之前，秦汉中央实行的实际上是丞相制度。

丞相，又称相国，简称相。他"掌丞天子，助理万机"，③ 是百官之首。秦朝一般设左右丞相，以左丞相为上，西汉前期一般设一个丞相。西汉后期与东汉时期的三公皆等于丞相。东汉末年又复设一丞相。西汉武帝之前，丞相多从功臣选任，位尊权重，总理百官，协理万乘，一切事皆归其管辖。陈平说："宰相者，上佐天子理阴阳，顺四时，下育万物之宜，外镇抚四夷诸侯，内亲附百姓，使卿大夫各得任其职焉。"④ 汉宣帝概括丞相职责为："宣明教化，通达幽隐，使狱无冤刑，邑无盗贼。"⑤ 成帝以制诏的形式，归纳丞相的职责，他说："盖丞相以德辅翼国家，典领百僚，协和万国，为职任莫重焉。"⑥ 也就是说丞相的职责包括：选用官吏、劾案百官、执行诛罚，主管郡国上计与考课，总领百官朝议与奏事、封驳与谏诤等。

---

① 蔡邕：《独断》，中华书局，1985，第1页。
② 《汉书》卷1《高帝纪》，第62页；《汉书》卷97《外戚传》，第3935页。
③ 《汉书》卷19上《百官公卿表上》，第724页。
④ 《史记》卷56《陈丞相世家》，第2061~2062页。
⑤ 《汉书》卷89《黄霸传》，第3634页。
⑥ 《汉书》卷82《王商传》，第3374页。

从秦朝到东汉，丞相职权不断发生变化。汉武帝以前，丞相位尊权重，凡居相位必须先有列侯的封爵。汉武帝时公孙弘以布衣身份成为丞相后，也得到封侯之赏，这种成例直到东汉初年始被废除。

因此，相权不可避免地与君权发生冲突。汉武帝开始有意识地削弱丞相的权力，设中朝尚书，夺取了不少原属丞相的决策权，丞相变成了执行官吏。成帝时，正式置三公，丞相之权一分为三。哀帝时，丞相之名也被大司徒所代替。东汉光武帝时，尚书台正式成为最高权力机关，丞相（司徒）彻底沦为备员。

御史大夫为秦官，西汉因袭，"掌副丞相"，① 地位仅次于丞相。御史大夫位于丞相之下，九卿之上，其主要职责是辅佐丞相，西汉成帝时，御史大夫"更名大司空，金印，紫绶，禄比丞相"，② 地位身份与丞相一样。因为是由天子的亲信发展起来的，所以与皇帝的关系相当密切，经常受皇帝差遣处理一些重要问题。又因为它是皇帝的秘书长，所以皇帝的制书与诏书下达时，也多由其承转，然后才下达丞相。

秦朝"掌武事"的官吏叫太尉或国尉，"金印紫绶"，③ 西汉时与丞相同一级别。但时置时废，不像丞相那样固定。武帝建元二年（前139）罢太尉后，其名称屡变。或称大司马，或称大将军，或称大司马大将军，是汉代武将的最高荣誉职位。但它只是皇帝的军事顾问，本身并无发兵领兵权，④ 因而官属较少，有时并入丞相府。东汉光武帝建武二十七年（公元51年）改大司马为太尉以后，其权渐重，⑤ 不仅兼理军政，而且也领尚书事。东汉末年，曹操自任丞相，掌握国政，太尉权力旁落。

"三公"以下的中央官员，后人习惯用"九卿"来称呼。事实上秦和西汉都没有建置法定的九卿官，丞相以下达到中二千石的官员数目不止九人，主要如下。

太常，秦朝名奉常，西汉改为太常，王莽时改称秩宗，东汉初复称太常，建安中又复奉常之称。"掌宗庙礼仪"，兼管博士弟子员的选拔、教育和补吏。西汉中期以后，其权力逐渐被削减。

宗正，秦朝设立后，到两汉末基本没有变化，主要管理皇族和外戚事务的官员。

---

① 《汉书》卷19上《百官公卿表上》，第725页。
② 《汉书》卷19上《百官公卿表上》，第725页。
③ 《汉书》卷19上《百官公卿表上》，第724页。
④ 《汉书》卷19上《百官公卿表上》，第725页。
⑤ 司马彪：《后汉书志》卷24《百官志一》，中华书局，1963，第3558页。

光禄勋，秦与西汉初称郎中令，其职责是"掌宿卫宫殿门户，典谒署郎更直执戟，宿卫门户，考其德行而进退之。郊祀之事，掌三献"，① 实际上是总管宫内一切事务。

卫尉，秦时开始设立，两汉时期两次短暂改名，一次是汉景帝时改名中大夫令，另一次是王莽时改称太卫。其职责是统辖卫士，卫护宫门。

太仆，秦时设立，一直到东汉无大变化，仅在王莽时一度更名为太御。其主要职责是"掌车马"。

廷尉，秦时设立，两汉时数次改为大理。职掌是管理刑狱，为最高司法官。

大鸿胪，秦朝时名典客。西汉景帝时更名大行令，武帝时改称大鸿胪，王莽时称典乐。其职责是"掌诸归义蛮夷"，② 即少数民族事务，还有诸侯王入朝时的朝会、封爵等礼仪以及管理四方郡国的上计之吏等。③

大司农，秦时名治粟内史，景帝时更名大农令，武帝时更名大司农。其职责是管理国家钱、谷、租税等财政收入与支出。

少府，秦时设立，王莽时一度改为共工。其职责是管理"山海池泽之税"，④ 以供皇室之用。

执金吾，秦时名中尉，武帝时改名执金吾，王莽时改名奋武，东汉时又复名执金吾。其职责是执掌宫殿之外、京城之内的警卫工作，同时在皇帝出行时充任护卫及仪仗队。

将作大匠，秦时名将作少府，景帝时改称将作大匠。其职责是"掌治宫室"，⑤ 筹划营建宗庙、宫室、陵园。

总之，秦和西汉的中央机构已有比较严密的组织系统和比较明确的分工，形成家国一体的国家治理模式。

3. 地方行政体制

秦朝的地方行政体制是郡县制。尽管汉代存在郡国并行制度，但郡县制一直占据主导地位。

京师为帝王所居，比一般郡地位重要很多。秦朝以内史掌治京师。汉承秦制，也

---

① 司马彪：《后汉书志》卷25《百官志二》，第3574页。
② 《汉书》卷19上《百官公卿表上》，第730页。
③ 司马彪：《后汉书志》卷25《百官志二》，第3583页。
④ 《汉书》卷19上《百官公卿表上》，第731页。
⑤ 《汉书》卷19上《百官公卿表上》，第733页。

以内史为京师最高行政长官。汉景帝时分左、右内史。武帝时右内史更名为京兆尹，左内史更名为左冯翊。汉景帝将秦时的主爵中尉更名为都尉，武帝时更名为右扶风，与京兆尹、左冯翊共称"三辅"，共同负责管理京师及其附近地区。东汉迁都洛阳后，治京师的长官改成河南尹，原西汉首都长安的三辅仍保留。

郡是秦汉时期重要的地方行政机构。其主管长官为郡守。《汉书·百官公卿表》载："郡守，秦官，掌治其郡，秩二千石。有丞，边郡又有长史，掌兵马，秩皆六百石。景帝中元二年（前148）更名太守。"太守作为一郡的最高行政首长，成为中央与县之间的联系中介，对上承受中央命令，贯彻执行；对下督责所属各县，推行各项政务。其主要职责是：辟除六百石以下的幕僚属吏，还可以自置令长以摄理属县政事；按照中央所定科目员额选举诸如孝廉、贤良方正、茂才异等、文学明经以及有道之士等；根据各自守郡的实际情况，因地制宜，自设各种条例，如劝民农桑、整齐风俗、举办地方教育事业等；行使赏罚、司法和监察权；获得特许或事处非常，可行生杀予夺之权，掌一郡兵权；除支配按律由中央拨的经费、俸禄外，还掌握支配田赋以外的杂调以及公田和山泽之利。

郡以下的行政机构是县。汉代县因情况不同而有不同名称："列侯所食县曰国，皇太后、皇后、公主所食曰邑，有蛮夷曰道。"① 县的长官称令和长。从秦开始，万户以上称县令，万户以下称县长。县令长的职责很多："皆掌治民，显善劝义，禁奸罚恶，理讼平贼，恤民时务，秋冬集课，上计于所属郡国。"② 主要任务是以礼、法两手治理民众，管理财政、司法、狱讼、兵役，即兵、刑、钱、谷等事。县令每年秋定期集课，然后上计所隶郡，以待郡府评定殿最。郡守通过每年的上计和平时的检查，对县令长的工作进行考察。县的主要佐官有县丞和县尉。县丞的职责是"署文书，典知仓、狱"。③ 县尉职责是主盗贼和役使卒徒，往往独立行使职权。

秦朝全面推行郡县制，两汉实行郡国并行的行政体制。刘邦在楚汉战争期间和西汉初年，分封了八个异姓诸侯王。后来花了很大力气将他们大部分剪灭。在此过程中，他又封了几个同姓诸侯王，目的是利用同姓的骨肉之亲巩固地方统治并拱卫汉朝中央。随着时间的推移，日渐坐大的同姓诸侯王也形成了对中央集权的威胁。后来，汉文帝接受贾谊"众建诸侯而分其力"的建议，分割诸侯国的地盘。汉景帝接受晁错

---

① 《汉书》卷19上《百官公卿表上》，第742页。
② 司马彪：《后汉书志》卷28《百官志五》，第3622～3623页。
③ 司马彪：《后汉书志》卷28《百官志五》，第3622页。

"削藩"的建议，平定吴、楚七国之乱，采取诸如收回王国行政、官吏任免以及财政等权的措施，削弱了诸侯王的势力。汉武帝时又接受主父偃的建议，颁布"推恩令"，在各王国中分封其子弟，划出许多小侯国。后来又制定"左官之律"，设立"阿党附益之法"，从此诸侯王不再与闻国政，只能衣食租税，基本上消除了诸侯王国对中央集权的威胁。东汉建国伊始，重申"阿党附益之法"，对诸侯王加以种种限制。因而在东汉一朝，诸侯王没有构成对中央集权的威胁。

王国官制仿照中央，有一套复杂的系统。但随着诸侯王权力的逐步被削弱，王国官吏也在不断地缩减中。王国的主要官吏有太傅，成帝时只称傅，是王的师傅，由天子代置。其职责是在道德学问等方面教导国王，地位尊崇，但不参加政务。王国最重要的行政官吏是相，初名相国，惠帝时更名丞相，景帝时改称相，也是由汉天子代置。相的职责是"统众官"、"总纲纪"，王国内的所有政务均归其掌管。他对诸侯王既有辅导之责，也有谏诤或举奏之权。因地位重要，故任此职者多是功臣和干才，如曹参任齐国相，周昌任赵国相，田叔任曹国相，董仲舒为胶东、江都等国相。

王国其他官吏有：维持王国治安和督察军吏的中尉，负责监察事宜的御史大夫（吴楚七国之乱后罢），总揽王室实行政务的内省（成帝时省），负责王室警卫工作的郎中令，掌管宫门卫屯兵的卫尉、太行，掌管司法狱讼的廷尉，管理王室私收入的少府，管理王室宗族事务的宗正，备顾问的博士（景帝时省），管理车马舆服的太仆，统帅王国武装力量的将军，以及都尉、校尉、私府长、太仓长、医工长、太医、尚方、尚食监、永巷长等。以上是西汉王国属吏的情况。东汉时王国虽然继续存在，但领地狭小，大者也不过一郡，因而官属也较西汉为少，其规格和职守与一般郡没有太大区别。①

除王国外，秦汉还存在许多侯国。秦的列侯食邑不治民，仅衣食租税。西汉之初，刘邦封了许多功臣侯，汉武帝"推恩令"下分封的一批王子侯。西汉侯国相当于县一级行政单位，可以独立为国。到了东汉，除县侯外，还有都乡侯、乡侯、都亭侯等级别，都不能独立为国，仅是衣食租税的地主。

从全国范围看，县是基层行政单位，但真正直接管理百姓的是乡、亭、里之类的组织。国家的赋税、徭役、兵役以及地方教化、狱讼、治安等事务，由乡、里官员直

---

① 司马彪:《后汉书志》卷28《百官志五》，第3627页。

接承担办理。乡有三老、有秩、啬夫、游徼。三老掌教化，啬夫职听讼，收赋税；游徼徼循，禁贼盗。亭并不是乡下属的行政单位，而是直属于县尉管理的负责治安、邮传和接送来往官员的机构，主要设在城市和地处交通要冲的乡村集镇。亭的主管官员叫亭长，由县里任命和管理。其主要职责是"求捕盗贼"，维持治安。由于亭都有一定的权辖范围，因而有理民之责，所以制科令、劝生业、励风俗、行教化等也就成了亭长分内的事。

总之，秦汉地方行政体制的特点有以下三个方面：第一，除秦朝15年外，两汉（含新朝）426年间，地方行政基本上是郡、国并行制，以郡县制为主。这种行政体制，一方面保证了总体上的中央集权，另一方面保留了不同程度的封建割据。第二，是行政、司法、军事与财政的合一。与全国政权最后集中到皇帝那里相一致，各地方的最高权力最后也都集中到各级行政长官手里，形成一个权力中心。第三，地方行政机构的运行，主要靠行政法规和由朝廷不断发布的诏、令、制敕等的指导。

4. 其他主要政治制度

秦朝建立后，颁布了《秦律》，建立起一套严密的司法制度，这些律令反映在云梦秦简中。汉承秦制，萧何定律令，在《秦律》基础上制定《汉律》九章。汉武帝时，律令多至"三百五十九章，大辟四百九条，千八百八十二事。死罪决事比万三千四百七十二事。文书盈于几阁，典者不能遍睹"。[①]

秦汉时期还建立起一套从中央到地方的监察机构，形成了一套比较完整的监察制度。这套机构，在秦与西汉初期由御史大夫、监郡御史以及郡守和县令长组成，汉武帝时设十三部刺史代替监御史。到东汉时，中央的最高监察官是御史中丞。东汉中叶以后，刺史又被赋予统兵的权力。这样，刺史就由单纯的监察官发展为总揽地方大权的行政长官。

秦汉两朝还建立了庞大的武装部队，有一个复杂的军事统驭系统。皇帝是军队的最高统帅。握有对全国军队的最高指挥权。军队的高级将领，秦的太尉，两汉的太尉、大司马，各种类型的将军，位为列卿的卫尉、中尉以及郡尉等高级军官，都由皇帝亲自任免。军队调动必须出于皇帝的命令。秦朝时只有皇帝才有权调动50人以上的部队用于军事行动，并且必须执行玺、符、节等制度。下达命令，文书上必须盖上

---

① 《汉书》卷23《刑法志》，第1101页。

皇帝的玺和各级军将的印，调动军队必须合符为证，一般远距离的军事行动，还必须持有通行证。两汉时期也大致如此。

与官僚制度相适应，秦汉文武百官逐渐形成一套复杂的车舆、冠服制度。它不仅用以区分官民，也表示文武之别与官阶等级。秦代的车舆已难详考，《后汉书志·舆服志》讲到秦代皇帝的属车即百官所乘，可以窥见其大概，但级别等次并不清楚。西汉文献中经常出现"安车驷马"、"安车蒲轮"、"朱轮华毂"之类的记载，说明官吏的级别、身份已经在车制上体现出来。不过，终西汉之世，也没有颁布一个车制的严格规定。东汉时，百官车制已较完备，《后汉书志·舆服志》记载："公、列侯安车，朱班轮，倚鹿较，伏熊轼，皂缯盖，黑轓，右騑。中二千石、二千石皆皂盖，朱两轓。其千石、六百石朱左轓……三百石以上皂布盖……二百石以下白布盖，皆有四维杠衣。"同时，关于车、马的文饰也加以区别。

特别是冠服，可以区分官吏的身份和等级。秦朝的冠服多由六国服制承袭而来。西汉继承秦制而有所创新，但终西汉之世，在服装上也没有形成严格的制度。到东汉明帝时才出现比较完备的冠服制度："天子、三公、九卿、特进侯、侍祠侯，祀天地明堂，皆冠旒冕，衣裳玄上纁下。乘舆备文，日月星辰十二章。三公、诸侯用山龙九章，九卿以下用华虫七章，皆备五采、大佩、赤舄绚履，以承大祭。百官执事者，冠长冠，皆袀服。五岳、四渎、山川、宗庙、社稷诸沾秩祠，皆袀玄长冠，五郊各如方色云。百官不执事，各服常冠袀玄以从。"①对天子到百官的祭服、朝服以及常服都做了严格的规定，使人们一望即知官吏的身份和等级。

新的皇帝制度与之相联的太子制度、外戚制度和宦官制度以及各种复杂的礼仪制度，都被后代加以继承、完善和发展。三公九卿制度以及司法制度、监察制度、军事制度等相互配合，形成一体的中央政府体系。它以较严格的行政立法，确定机构设置和人员编制，政府机构有着较明确的分工与协同。地方行政体制是集行政、司法、军事、财政于一体的郡县制。这些基本上适应了幅员广阔的封建帝国的管理需要。

地方制度上，秦朝为郡县制，两汉实行以郡县制为主要的郡国并行体制。郡的主管长官为郡守。《汉书·百官公卿表》载："郡守，秦官，掌治其郡，秩二千石。有丞，

---

① 司马彪：《后汉书志》卷30《舆服下》，第3663页。

边郡又有长史,掌兵马,秩皆六百石。汉景帝中元二年(前148)更名太守。"[①] 郡守作为一郡的最高行政首长,成为中央与县之间的联系中介,对上承受中央命令,贯彻执行;对下督责所属各县,推行政务。其职责涉及民政、司法、财政、教育、选举以及兵事等。一些来自关中、中原等核心地区的郡守也将风俗习惯带到郡治区域,客观上起到了移风易俗的作用。他们还根据各自守郡的实际情况,因地制宜,设置各种条例,劝民农桑、实行教化、举办教育事业等。郡守政务和文化教化活动,对当地的丧葬文化都有较大影响。此外,汉代诸侯王分封制度,在各地诸侯王墓中也多有体现。

秦汉时期所建立的"大一统"的国家模式,奠定了中国延续两千多年的政治体制的基本模式。尽管后来的王朝作了许多损益与改革,其基本原则并没有发生根本变化。这些制度和"大一统"观念投射到殡葬制度和社会风俗之中,从而形成了诸如盛行"事死如事生"的殡葬观念。

(二)"融合"的思想趋势

秦汉时期,随着统一的封建帝国的出现,春秋战国时"百家争鸣"的局面已告结束。为了适应中央集权统治的需要,秦汉统治者及其思想家在思想文化领域进行了一系列新的探索。

1. 秦朝法家思想的"统一"

思想上,秦始皇采取以法家为主、兼收并蓄的路线。因此,阴阳家、儒家、道家都有一定的地位。如阴阳家邹衍的五德始终学说被尊为官方思想。秦始皇根据五德始终学说,把秦定为水德。

秦初对儒家并不排斥,博士官主要由儒生充任。《史记》记载的秦朝两次重要廷议,一是秦初关于国家结构问题的廷议,二是始皇三十四年(前213)咸阳宫的廷议,都有儒生博士参加,他们的政见虽未被采纳,但也未被加害。始皇泰山巡游时也曾召儒生,听取他们的治国方略。在各地的刻石中,也有明显的儒家思想成分,儒家思想也已经转化为对官吏的要求。

原始儒学的批判性和社会实践特征,使得一些儒生和游士引用儒家经典《诗》、《书》及百家语,私下批评时政。秦始皇三十四年,淳于越对已有定论的封建与郡县问题再次提出异议,认为"事不师古而能长久者,非所闻也"。[②] 秦始皇下其议,李

---

① 《汉书》卷19上《百官公卿表上》,第742页。
② 《史记》卷6《秦始皇本纪》,第254页。

斯对淳于越进行了反驳，进而提出焚书主张："异时诸侯并争，厚招游学。今天下已定，法令出一，百姓当家则力农工，士则学习法令辟禁。今诸生不师今而学古，以非当世，惑乱黔首。丞相斯昧死言：古者天下散乱，莫之能一，是以诸侯并作，语皆道古以害今，饰虚言以乱实，人善其所私学，以非上之所建立。今皇帝并有天下，别黑白而定一尊，私学而相与非法教，人闻令下，则各以其学议之，入则心非，出则巷议，夸主以为名，异取以为高，率群下以造谤。如此弗禁，则主势降乎上，党与成乎下。禁之便。臣请史官非秦纪皆烧之，非博士官所职，天下敢有藏《诗》、《书》、百家语者，悉诣守、尉杂烧之。有敢偶语《诗》、《书》者弃市，以古非今者族，吏见知不举者与同罪。令下三十日不烧，黥为城旦。所不去者，医药、卜筮、种书之书。若欲有学法令，以吏为师。"①李斯的建议得到了秦始皇的赞同。

秦始皇晚年迷信方术，欲求长生。他曾经信任的侯生和卢生不满秦始皇的刑杀，逃亡而去。秦始皇闻知大怒，因侯生和卢生的"诽谤"之罪，疑心诸生在咸阳者以妖言扰乱民心，于是令御史悉案问诸生，将犯禁的四百六十余名诸生坑杀于咸阳。被坑杀诸生未必全是儒生，但在思想上，形成了以法家为主的"一统"取向。历史证明，这种"一统"模式是失败的。

2. 西汉初期的"黄老之学"

汉初，随着秦专任法家治国的失败，儒道两家的学说又开始活跃起来。特别是新道家"黄老之学"的"文武兼备"、"刑德并用"、"以法为符"、"与民休息"、"轻徭薄赋"的思想，更有利于稳定当时的政治形势与恢复社会经济，加上外戚、功臣、诸侯王的大力提倡，所以"黄老之学"成为汉初统治者的指导思想，并逐渐成为一种社会思潮。

西汉前期，在大批"黄老"思想家中，淮南王刘安与司马谈是其中杰出的代表人物。刘安主持编写的《淮南鸿烈》是西汉前期道家思想的总集；司马谈的《论六家之要旨》是对汉初"黄老之学"所做的学术总结。

淮南王刘安"为人好书，鼓琴，不喜弋猎狗马驰骋"，②喜爱学术研究。他"招致宾客方术之士数千人"，③在江淮间形成了一个学术中心。在他的主持与组织下，与

---

① 《史记》卷6《秦始皇本纪》，第255页。
② 《汉书》卷44《淮南王传》，第2145页。
③ 《汉书》卷44《淮南王传》，第2145页。

众多门客合作编成了《淮南鸿烈》(也称《淮南子》)。在《淮南鸿烈》庞大的作者群中,除了刘安外,苏飞、李尚、左吴、田由、雷被、毛被、伍被、晋昌等人都是道家人物,他们在作者中占有优势,书中的大多数篇章都是由他们写的。因此,此书也是汉代道家思想的集大成之作(图0-1)。

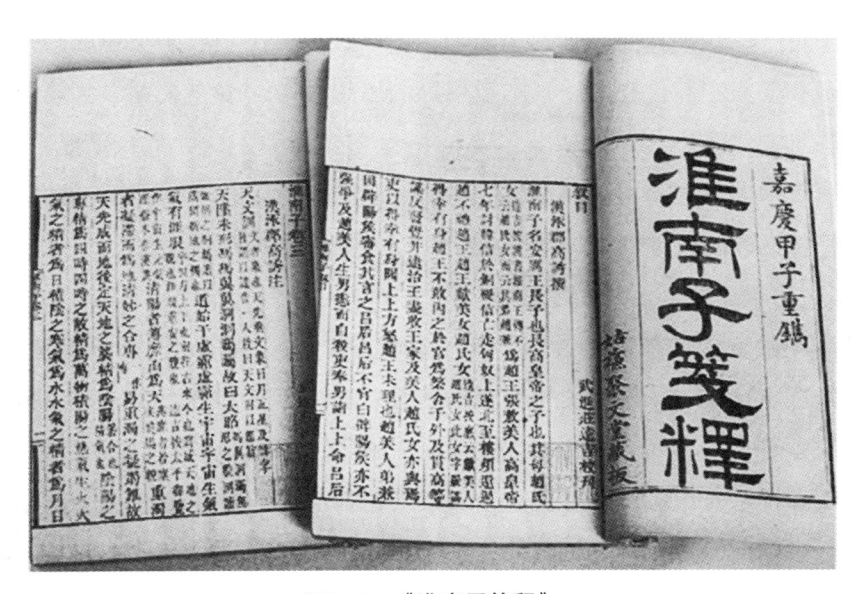

图0-1 《淮南子笺释》

《淮南鸿烈》有一个从"道"到"混沌",再到"阴阳"、"四时"、"万物"的完整的宇宙生成图式。这一宇宙生成图式一方面是对道家"黄老"的全面继承,另一方面是利用汉代自然科学对"黄老之学"的宇宙观所做的发展,具有新的思想特色。

《淮南鸿烈》论证宇宙起源、宇宙生成图式的目的,是为了说明形而下的社会秩序;讲形而上的"天道"是为了推演出形而下的"人事","人事"才是"天道"的目的与归宿。从某种意义上说,《淮南鸿烈》的"无为"学说是对道家"黄老"、"无为之术"的全面总结。

同样,司马谈的《论六家之要旨》也是对"黄老之学"所做的学术总结。司马谈是汉武帝初期的著名学者,在建元、元封年间曾任太史令。根据《史记·太史公自序》的记载,司马谈曾"学天官于唐都,受《易》于杨何,习道论于黄子"。这里所说的"黄子"就是"黄生"。徐广《集解》曰:"《儒林传》曰,黄生,好黄老之术。"

也就是说,"好黄老之术"的黄生是司马谈的老师。

在司马谈看来,"黄老之学"有以下几个特征。第一,"无为"是最重要的政治伦理主张。司马谈认为"无为"是以"有为"为前提的,是一种君主驾驭臣下的统治之术,因此这种"无为"又可以被称为"无不为"。第二,"因阴阳之大顺,采儒墨之善,撮名法之要",[①]努力吸收其他各家长处,建构了"与时迁移,应物变化,立俗施事,无所不宜"的思想体系。如在"黄老"的"无为"中吸收了法家的"一断于法"的思想精要和墨家"恭俭朴素、强本节用"的思想大义;"黄老之学"大讲阴阳尊卑,也包含了儒家之"善"。

到了西汉中期,随着儒学独尊地位的确立,道家"黄老"开始走向衰落,但"黄老之学"思想又被儒家吸收到其思想体系中而继续发挥作用。

3. 汉代儒学的经学化

经过春秋战国以来儒学的发展,到了秦汉时期,儒学开始在政治和社会生活的各个领域发挥主导作用。汉初的陆贾和叔孙通为儒学在汉代的生存与发展做出了重大贡献。陆贾认为,天下可"逆取",但必须"顺守",得到汉高祖的认可。叔孙通虽然不像陆贾那样从意识形态的高度来为汉家王朝制定一套施政方案,但他凭借丰富的"礼"学知识,为汉高祖制定了一套"朝仪",得到刘邦的赏识。通过陆贾与叔孙通的努力,汉高祖刘邦终于改变了对儒学的看法。

陆贾在总结秦亡教训并为汉家王朝制订长治久安之术时,明确指出,治理国家只靠武力与刑罚是不行的,儒家的"德化"理论必须受到高度重视。他认为汉家王朝要想不重蹈秦亡之覆辙,就必须将"去事之戒"作为"来事之师",[②]必须反秦道而行之:"行仁义"而轻刑罚;"闭利门"而尚德义;"锄佞臣"而"求贤圣"。陆贾在总结"秦所以失天下"的基础上,树起了尊儒的旗帜。同时,陆贾对汉初流行的其他学说采取了宽容的态度,有选择地吸收了各家思想来充实儒家的思想体系。所以,陆贾也是汉化儒家人物中吸收其他各家思想,建立汉代新儒学的第一人。

陆贾为儒学在汉代的发展指出了方向,他是上承孟子、荀子,下启贾谊、董仲舒的重要人物,他的思想成为先秦儒学发展到董仲舒今文经学的一个中间环节。

以叔孙通为代表的汉初儒生,在结合汉初实际为汉家王朝制仪、制礼的同时,他们还采缀先秦儒家"礼学"思想的遗文、遗说撰写下一大批礼学论文,这就是我们现

---

① 司马谈:《论六家要旨》,《史记》卷130《太史公自序》,第3289页。
② 王利器:《新语校注》卷下《至德》,中华书局,1986,第122页。

在所看到的礼学巨著——《礼记》（图0-2）。

在《礼记》中，汉儒不仅仅编织出了一张从治理国家、求学问道，直到婚丧嫁娶、衣食住行等日常生活各个方面的礼仪网络，而且从宇宙观、人性论、历史观的哲学高度对"礼"的起源、"礼"的作用等问题进行了详细阐述。可以说《礼记》的出现，标志着中国"礼文化"已走向成熟。

叔孙通等人在强调"尊尊"的同时大力提倡"亲亲"，并以"父父子子"为"君君臣臣"的前提，以子对父的"孝"为臣对君的"忠"的基础。《礼记》说："忠臣以事其君，孝子以事其亲，其本一也。"① 又说："亲亲、尊尊、长长、男女之有别，人道之大者也。"② 汉儒把"亲亲"、"尊尊"看成人间的基本法则。所以，他们在制定"朝仪"之后，便着手制定旨在倡导"亲亲"的家族礼仪。

图0-2 《礼记》

汉儒在继承先秦儒家礼仪的基础上，结合汉代社会进一步将其系统化、规范化、世俗化，提出了一整套包括为人子之礼、婚嫁之礼、丧葬之礼、祭祀之礼在内的家族礼仪体系。

汉武帝刘彻即位后，在汉初七十余年积聚的物资基础上，要成就想一番大事业，建立"大一统"的汉帝国。因此，汉初以来长盛不衰的道家"黄老"、"无为"学说便成了武帝"有为"政治的障碍，儒家开始受到武帝公开的支持。

在这个背景下，董仲舒重构了儒家思想体系。他在《春秋繁露》中，没有使用"亲亲"而"尊尊"、由近及远的类推方法，而是主张建立在形而上的宇宙因式之上，由形而上的宇宙秩序来推演、论证形而下的社会秩序。董仲舒一面继承先秦儒家基本思想，又沿着先秦以来尤其是汉初以来儒家吸收、利用道家思想的路线，完成了对儒家思想的体系化改造（图0-3）。

---

① 孙希旦：《礼记集解》卷47《祭统》，沈啸寰、王星贤点校，中华书局，1989，第1237页。
② 孙希旦：《礼记集解》卷32《丧服小记》，第871页。

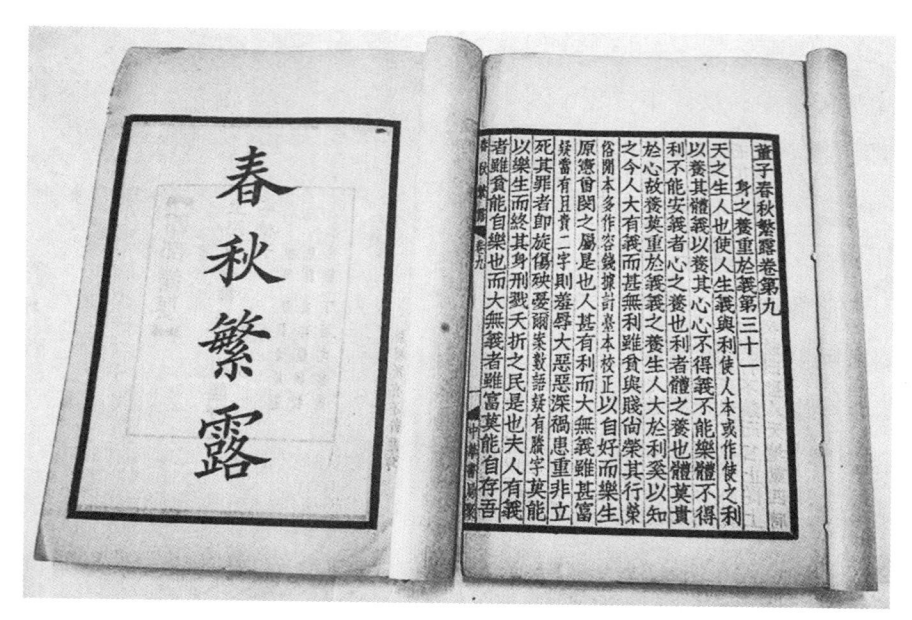

图0-3 《春秋繁露》

董仲舒是用"天道"来推演"人道"。在董仲舒看来,只有"天"才是宇宙万物的总根源,即"道之大原出于天,天不变,道亦不变"。董仲舒用儒家的"天"来取代与改造道家的"道"。

董仲舒是如何由"天道"来推演"人道"的呢?一是论"大道"以"无为"为上。董仲舒根据道家"黄老"的"无为"思想,在主张奋发有为以建立儒家纲常名教、社会法度的前提下,将道家的"无为"治国之道吸收到了自己的儒学思想体系之中。至此,儒家的"有为"与道家的"无为"便实现了有机的结合。二是论社会安定注重"调均"。孔子说过:"丘也闻有国有家者,不患寡而患不均,不患贫而患不安",[①]认为只有"调均"才能使社会安定。董仲舒对"调均"思想进行形而上的理论论证。三是"三纲"结合了道家的"阴阳"。在先秦儒家那里,作为"三纲"基本内容的"君君臣臣"、"父父子子"、"夫夫妇妇"已被提出来了,只是论述还不够系统,更没有从形而上的宇宙图式的角度进行论证。董仲舒利用道家的阴阳学说对"三纲"进行了详细的论证。四是论治国则讲究刑德并用。先秦儒家从基本思想倾向于德主刑辅。董仲舒将"黄老之学"的刑德并用的治国策略也被他吸收到了其政治学说中。五

---

① 程树德:《论语集释》卷33《季氏》,程俊英、蒋见元点校,中华书局,1990,第1137页。

是主张"忠"、"孝"伦常以"五行"为本。董仲舒首次将"忠"与"孝"与"天道"中的"五行"联系起来,"五行"的关系就是社会伦理关系。

"五行"学说也被董仲舒吸收到其思想体系中。在《春秋繁露》中专门论述"五行"的就有《五行对》等九篇。董仲舒还把"五行"与"阴阳"、"四时"结合起来,认为五行中的四行,各主一年四时中的一时之气,"木居东方而主春气,火居南方而主夏气,金居西方而主秋气,水居北方而主冬气"。①

除自然因素外,董仲舒还强调"人"在宇宙中的地位,提出了"人"、"最为天下贵"的主张。董仲舒的这一见解,一方面是对先秦儒家"人论"的继承,另一方面是在吸收、改造道家关于"人"的学说基础上而形成的。

同时,我们还应注意到,董仲舒在利用道家和阴阳家的思想资料阐发儒家经典"微言大义"的同时,还包含"天人感应"、"符瑞灾异"等神学内容。西汉中叶以后,带有神学色彩的今文经学向谶纬神学转化。

"谶",本义是应验,是一些方士和巫师制造出来的"图纬虚妄,非圣人之法"②的宗教预言。以符谶为主要内容的天帝鬼神思想,在秦汉之间已广为流传,拥有深厚的群众基础。但那时的"谶"与儒家的经义也没有任何联系。从西汉中叶起,随着儒家经学地位的确立和儒家经典被奉为神圣,"谶"与儒家逐渐结合起来。

同时,在儒学发展过程中,西汉中后期的儒家学者也开始向诸子各家学习的运动。刘歆、扬雄便是其中的代表人物。

刘歆曾"受诏与父向领校秘书,讲六艺传经、诸子、诗赋、数术、方技,无所不究"。③刘歆继承父业,提倡《仪礼》、《左传》、《毛诗》、《古文尚书》等"古文经",以对抗当时居于统治地位的"今文经",受到今文经学派的激烈反对。平帝时,王莽执政,刘歆受到重用,被提拔为右曹中大夫,后迁中垒校尉、羲和、京兆尹。王莽篡汉后,为国师,后谋诛王莽,事泄自杀。

刘歆在对今文经学进行批判的基础上,又竭力提倡古文经学。刘歆认为,当时大学中的博士们所传习的经典是在秦焚书之后由汉初经师凭记忆口耳相传下来的,因此难免会有差错。所以这些用汉初文字记载下来的"今文经"是不完全的。在刘歆看来,只有"古文经"才是真经、全经。在"古文经"的来源中,鲁恭王在坏孔宅壁时

---

① 苏舆:《春秋繁露义证》卷11《五行之义》,钟哲点校,中华书局,1992,第321页。
② 《后汉书》卷59《张衡传》,第1911页。
③ 《汉书》卷36《楚元王传》,第1967页。

发现的和在宫中秘府中得到的经典应更可靠。因此刘歆竭力主张将"古文经"《左氏春秋》、《毛诗》、《逸礼》及《古文尚书》立为博士,尤其是《左氏春秋》。

扬雄在恢复儒学方面也做出了努力。扬雄是西汉末期著名的哲学家与文学家,他不仅对当时极为盛行的谶纬神学进行了批评,而且还开始了创建新的儒学思想体系的尝试。扬雄"以为经莫大于《易》,故作《太玄》;传莫大于《论语》,故作《法言》"。①

从形式上看,《太玄》是模仿《周易》写的一部体系庞大的哲学巨著,它显示了作者对于宇宙自然和社会人事种种现象的系统说明和独特理解。完成《太玄》之后,扬雄又模仿《论语》写成了《法言》。在《法言》中,扬雄非常详细地阐明了其儒学改良的思想,不仅有对儒家神学的批判,有借孔子之名而复兴正统儒学的努力,而且还试图用道家的思想来补充儒学以便儒学更加完善,都显示出思想的融合性。

东汉时,汉章帝召开了"使诸儒共正经义"的"白虎观会议",② 最后在皇帝亲自"称制临决"的基础上制定了一部的经学理论法典——《白虎通》(图0-4)。《白虎通》作为时代的精神产物,是在继承董仲舒今文经学的基础上吸收谶纬神学思想而建立起来的。

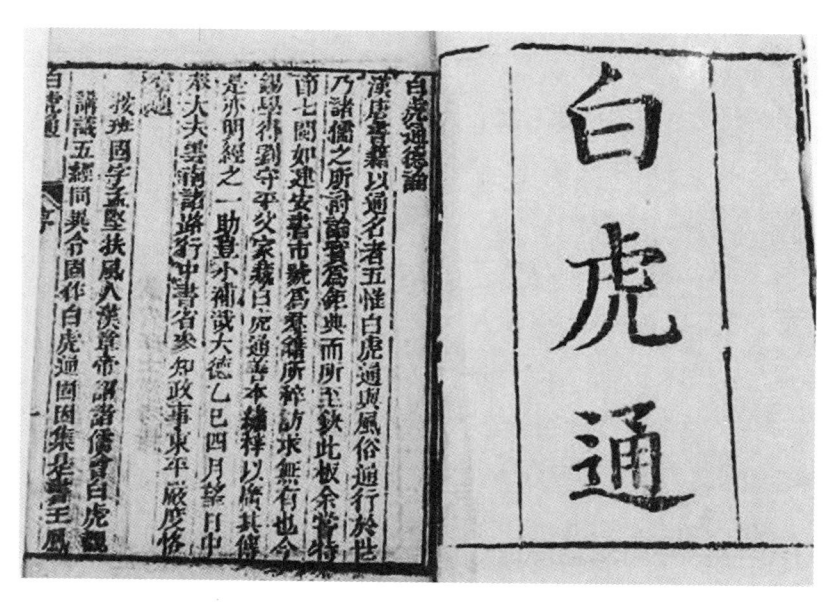

图0-4 《白虎通》

① 《汉书》卷87《扬雄传》,第3583页。
② 《后汉书》卷3《章帝纪》,第138页。

《白虎通》认为宇宙间万事万物的最高主宰是有目的地创造了万物的"至尊"之神——"天"。这位"至尊"的神,爱好清静,喜欢听清雅的音乐,厌恶"铿锵"之"声"。① 它不仅有目的地创造了万物,而且有目的地创造了人("人皆天所生也"),还特意派遣它的儿子——"天子"("王者,父天母地,为天之子也")代表它在地上统治人民("受命之君,天之所兴,四方莫敢违")。②

既然"天"造就了"人","人"就应顺应"天"。尤其是"受命于天"、由"天之所立"的"天子",更是应该"父天母地",③ 按照"天意"行事。《白虎通》认为,如果"天子"实行德政,其治"顺乎天","天神"便会降下各种符瑞以示奖赏,即"天下太平,符瑞所以来至者,以为王者承天统理,调和阴阳,阴阳和,万物序,休气充塞,故符瑞并臻,皆应德而至"。④ 反之,如果"天子"在统治人民的过程中有什么"过失",出现不合"天意"的地方,"天神"便会降下各种怪异的现象,以督促天子改过。

既然君主的"主权"来自"天神"的赐予,"天子"是"天神"的儿子,因此"天子"就应像"子事父"那样孝顺"天神"。但是"天神"高高在上,"天子"却在地下,"天子"又怎样才能向"天神"表达自己的"孝"心呢?《白虎通》认为,办法之一便是定期举行隆重的"郊祀"。《白虎通》说:"王者所以祭天何?缘事父以事天也……祭天必在郊者何?天体至清,故祭必于郊,取其清洁也……祭天,岁一何?言天至尊、至质,事之不敢亵渎,故因岁之阳气始达而祭之也。祭天作乐者何?为降神也。"⑤ 除了祭祀之外,君主每当从事征伐、巡狩等重大政治活动时还必须向"天神"报告:"(王者征伐),出所以告天何?示不敢自专也",⑥ "巡狩必祭天何?本巡狩为天,祭天,所以告至也"。⑦ 为了及时地了解"天意"以便顺应"天意",《白虎通》认为还必须建造一些感通神灵的场所,所谓"三雍"特别是其中的"灵台"与"明堂",就是这样的场所。通过"灵台"与"明堂","天子"便可与"天神"相通。

《白虎通》认为,"天子"除了在灵台上、明堂里体察"天意"外,还必须对"天神"用以生成万物并直接管辖着一年四季更迭和万事万物变化的"阴阳"、"五行"进行考察,因为"天神"的意志是通过它所指使的"阴阳"、"五行"表现出来的。《白

---

① 陈立:《白虎通疏证》卷3《礼乐》,吴则虞点校,中华书局,1994,第117页。
② 陈立:《白虎通疏证》卷1《爵》,第2页。
③ 陈立:《白虎通疏证》卷8《瑞贽》,第349页。
④ 陈立:《白虎通疏证》卷6《封禅》,第283页。
⑤ 陈立:《白虎通疏证》卷12《郊祀》,第561页。
⑥ 陈立:《白虎通疏证》卷5《三军》,第203页。
⑦ 陈立:《白虎通疏证》卷6《巡守》,第292页。

虎通》说："五行者，何谓也？谓金、木、水、火、土也。言行者，欲言为天行气之义也。"①

《白虎通》沿着董仲舒开辟的"天人感应"路线，以至尊的"天神"和由"天神"派遣到地下的"五帝"、"五神"、"五精"为基础，并大量吸收《易纬》中的"太初"、"太始"、"太素"等思想资料，终于建构起了一个庞大、完备的思想体系。

4. 佛教的传入和道教的兴起

佛教传入中国内地的具体时间，众说不一。但较公认的说法，汉哀帝元寿元年（前2年）大月氏王使臣伊存口授佛经，应当是佛教传入中国之滥觞。经过两汉之际到东汉末年200多年的时间，佛教经过反复、曲折的变化过程，终于在中国特定的社会条件和文化背景下定居。

东汉时期，佛教逐渐兴盛。在诸侯王中，记载最早信仰佛教的人是汉明帝的异母兄弟楚王刘英。《后汉书·楚王英传》载："英少时好游侠，交通宾客。晚节更喜黄老学，学为浮屠斋戒祭祀。"另外，《四十二章经序》和《牟子理惑论》均记载东汉明帝"夜梦金人，遣使求法"事件。虽然汉明帝求法有虚构成分，但从其基本情节来说是可信的，都包含有明帝派人到西域求法，此后佛教得到流传的内容。

东汉末年党锢之祸和黄巾起义，使得汉代正统的儒家思想已经丧失了权威地位，社会酝酿和流行着各种不同的思想和信仰，其中不少可以与佛教产生共鸣，加上与图谶方术的兴盛，鬼神、巫祝空前泛滥，为佛教在下层民众中的流传提供了条件，使佛教流传日益普遍。

在道家和儒家思想的基础上，加上当时的神仙思想和方术，吸收古代巫术综合而成的，产生了道教。道教在创立的时候就把老子奉为教主，尊老子的著作《道德经》为主要经典，并定为教徒必须习诵的功课；在后来的发展中，又把道家学说另一代表人物庄子的著述《庄子》奉为经典，命名为《南华真经》。

老子《道德经》的基本思想是"道"，这个"道"是超时空的，是天地万物的根源，既有本体的意义，也含有规律的意思，其界属模糊不清，用老子的话来说，那就是"玄之又玄"，十分神秘。道家"道"的超越时空的神秘的"存在"，与宗教思想十分接近，能够被道教所吸收，也就不奇怪了。道教的基本信仰也是"道"。然而，它是从宗教的角度来看待"道"的。"道"是"神秘之物，灵而有信"，"为一切之祖

---

① 陈立：《白虎通疏证》卷4《五行》，第166页。

首，万物之父母"。

道教首先吸收了儒家学说中的纲常伦理思想，以此构成了它的宗教道德观主体。儒家伦理纲常道德观的核心是"三纲五常"。先秦时代，儒学创始人孔子和孟子，在道德问题上讲君臣、父子、兄弟、夫妇和朋友五伦。汉代董仲舒从神学人性论出发，将五伦发展为"三纲"，即君为臣纲，父为子纲，夫为妻纲。并利用神权来论证它的绝对性，而把仁、义、礼、智、信五常作为调整"三纲"的基本原则。道教在宣扬这些伦理道德的合理性的时候，常常把它与道教的长生成仙思想相结合，以"神"的威力驱使人们去奉侍。

《太平经》强调天、地、君、父、师信仰的重要性，第一次将"天地君父师"合为一体，在当时的儒家经典中尚未见有此种提法。道教"天地君父师"的宗教伦理道德说教，在社会上的影响尤为深远，是后来中国封建社会中"天地君亲师"世俗伦理规范的由来。

易学和阴阳五行思想也被道教吸收。《周易》的内容和形式都为道教所接收，渗透到了道教的基本信仰、神仙体系、方术仪式、政治伦理等各个方面。从神仙体系方面来看，道教以《周易》中至高无上的人格化的"天"为模型来塑造最高神"天尊"，以及次一级的神灵。从方术仪式方面来看，道教符箓、内丹、外丹术皆与《易》密切相关。道教的政治伦理思想也受《周易》影响。如《易》的"变革"思想。成为《太平经》中"通变"的思想基础，也成为道家发动黄巾起义的思想来源。再如阴阳五行学说对道教的影响也是十分明显的。阴阳的观念在《周易》、《诗经》、《尚书》、《左传》等古籍中都有记载，经过后来的发挥和演变，与关于"气"的学说相结合，阴阳成为"气"的属性。阴阳二气具有生成万物的力量。"五行"说最初见于《尚书·洪范》。战国时，齐国的邹衍将"阴阳"与"五行"两种思想相结合，创立了一种阴阳五行说，给阴阳五行赋予社会属性，以此说明王朝的更替原因和趋势。秦时，邹衍的阴阳五行说就被当时的方士吸取作为神仙方术的理论基础。修道成仙说成为道教的核心，道教的教理、教义和各种修炼方术，都围绕着这个核心而展开。

此外，传统的鬼神观念和古代的宗教思想与巫术，特别是墨家的"明鬼"论也对道教的形成起到不可忽视的作用。

总之，在佛教传入的影响和推动下，在中国传统文化直接孕育下，到东汉顺帝、桓帝之际，道教正式诞生了。

灵魂不灭观念、黄老学说、儒家礼制思想和孝道观念，各地神仙方术、道教及佛教思想等，对人们的生死观念及殡葬观的发展起到了不可忽视的作用。也就是说，任何殡葬行为都是对其文化信仰的印证和表达，这些观念汇聚在墓葬这一的狭小空间内，形成一种"融合性"趋势。

这种对彼岸世界的信仰，表现为阴阳五行学说的盛行，谶纬学说的出现和死后羽化成仙的追求等。这一时期，盛行人死后"魂归泰山"或"蒿里"，而且，天堂和地狱观念也初步形成。灵魂不灭的观念有了很大发展。在汉代形成的墓祭和"卜宅兆葬日"的丧仪，也是灵魂观念的表现形式。汉代墓葬艺术中引魂升天的主题表现了一种再生观念，墓主从阴向阳、从生到死的递进和发展与这种观念相一致。这种观念一定程度上导致秦汉厚葬之风盛行。

薄葬观念的出现则与黄老思想有关。西汉初年，针对秦朝过于注重法家治国而导致失败的事实，道家和儒家学说又开始活跃起来。"黄老之学"作为新道家学说提倡的"与民休息"、"文武兼备"、"刑德并用"、"以法为符"、"轻徭薄赋"的思想对于稳定汉初的政治形势，恢复汉初社会经济有着积极作用，加上当时外戚、功臣、郡王的大力提倡，所以道家"黄老之学"应时而成了汉初统治者的指导思想，并逐渐成为一种社会思潮。反映在墓葬上，出现了由统治者倡导的节俭"薄葬"观念。如汉文帝霸陵"皆瓦器，不得以金、银、铜、锡为饰，因其山，不起坟"。① 到了西汉中期，随着儒学独尊地位的确立，道家"黄老"开始走向衰落，但"黄老之学"思想又被儒家吸收到思想体系中而继续发挥作用，对后世薄葬和自然殡葬观有很大影响。

儒家"礼文化"的成熟则对殡葬的发展起到决定性作用。叔孙通等人收集了先秦儒家"礼学"思想的遗文、遗说，并撰写下一大批礼学论文，形成了对我们后世影响深远的礼学著作——《礼记》。在该书中，汉儒不仅从宇宙观、人性论、历史观的哲学的高度对"礼"的起源、"礼"的作用等问题进行了详细阐述和规划，在治国理政、求学问道、婚丧嫁娶、衣食住行等涉及日常生活方面均有礼可循。

特别是《礼记》对丧葬之礼和祭祀之礼都有详细的记载。关于丧葬之礼，在《礼记》中专门论述丧葬之礼的就有《丧服小记》、《丧大记》、《奔丧》、《问丧》、《服问》、《三年问》、《丧服四制》等篇。在这些篇章中，对于丧葬应遵循的具体礼仪进行了详细描述。如谈及丧后亲服三年之丧，"三年之丧，何也？曰：称情而立文"，"'子生三

---

① 《汉书》卷4《文帝纪》，第132页。

年,然后免于父母之怀。'夫三年之丧,天下之达丧也"。①关于祭祀之礼,也是《礼记》的重要内容。如"及祭之日,颜色必温,行必恐,如惧不及爱然。其奠之也,容貌必温,身必诎,如语焉而未之然"。②

汉朝政府关于丧葬制度也有过多次讨论。如西汉宣帝时在石渠阁会议中讨论了丧服制度;东汉章帝召开的白虎观会议涉及大量丧葬的问题,如大丧礼仪、谥号制度等。这些讨论的结果促进了丧葬制度的改革。

儒家孝道观念的意识形态化,也对秦汉时期的殡葬观有着一定的作用。《孝经》在汉代的地位是极高的,统治者希望通过"孝"来实现治理天下的目的。孝被称为人伦之本,提高到"天道"的高度,成为评判一个人道德品质的重要尺度。折射到墓葬上,"慎终追远"的理念深入人们的社会生活之中。如厚葬之风开始风行,对殡葬礼俗影响深远。此外秦汉殡葬的风水观念,墓葬形制及信仰等,也都受到儒学化的"五行"思想的影响。

二 秦汉殡葬史发展线索及特征

在殡葬观念的影响下,秦汉时期形成了一套比较系统完整的殡葬礼制和风俗。如招魂、沐浴、饭含、玉衣、铭旌、发丧、护丧、奔丧、吊丧、赙赠、出殡、安葬、居丧和墓祭等。还出现了黄肠题凑、外藏椁和正藏等新的殡葬礼俗。以后历代的殡葬礼俗,均以此为基本框架,稍加损益变革,持续影响到近现代社会。

若将秦汉殡葬史纳入一个较长时段进行整体考察,我们就会发现,秦汉殡葬与政治制度的变化有着密切的关系。有关文献记载的丧礼已经有学者对此进行了不少探究。但就其墓葬与政治的关系而言,研究相对较少。无论是帝陵、诸侯王墓还是一般阶层的墓葬,虽然在规模形制上有差异,但都遵循着相同的变化规律:"事死如事生"观念的主导,墓室趋于宅第化,随葬品更加生活化。就具体制度而言,如秦代军功爵制度,反映在随葬品种,就是秦式礼器很少,三晋两周地区的青铜礼器较多。再如,汉代的郡国并行制度,可以在帝陵及王侯墓的陵园、墓葬结构、陪葬制度等有所反映。总之,我们认为,秦汉墓葬有以下特征。

一是墓葬形制变化总体遵循"土圹墓——洞室墓——砖室墓"趋势。秦汉以前墓葬多以竖穴土坑墓为主,这种葬式符合"深埋"的观念,但不利于在横向上扩大墓室

---

① 孙希旦:《礼记》卷55《三年问》,第1372、1377页。
② 孙希旦:《礼记》卷46《祭义》,第1234页。

空间，以放置更多的随葬品。土圹墓中的木椁墓在西汉各阶层中均受推崇，出现了黄肠题凑墓这种皇帝和诸侯王专用的规格最高的墓葬。在东汉时，这一形式被黄肠石所代替。战国晚期，中原地区出现了洞室墓，墓室结构相对简单，规模不大，流行于社会中下层地主和官吏。随后洞室墓风行全国，贯穿于两汉时期，为随后的空心砖墓、砖室墓、石室墓的出现提供了可能性。西汉中后期，砖这种建筑材料被应用于墓室建筑中，弥补了木质建材易腐烂坍塌的缺陷。在东汉中晚期，砖室墓在全国各地区均有发现，占据这一时段的绝对多数。除了这三种主流的墓葬形式，各地还依据自然地理条件开创性地创造出崖洞墓、崖墓、岩坑墓、砖石混合墓、瓮棺墓、瓦棺墓等多种墓葬形式。

二是墓葬建筑形式经历了"简单——复杂——简单"的变迁。秦代和汉初较多继承前代特点，墓室结构简单，多为单室结构，外设有陪葬坑等，随葬品被放置的棺内，椁内边箱、甬道或陪葬坑中。文景之治、汉武盛世，经济实力的强盛带来了墓室结构的复杂化，出现了多耳室、多侧室、环绕墓室的回廊等为特征的大型墓葬，满足了墓主在墓内尽可能多地放置随葬品的需求。西汉中期以后，宅第化的趋势愈加明显，墓室有着拟生化的前堂后室的前、后室之分，回廊、耳室、侧室等有了明确的功能性划分，出现洗沐用品区、钱库区、车马明器区、乐器区、庖厨区等，随葬品也被分门别类放置。在西汉末期乃至东汉时期，社会动乱、经济衰败，让人无暇顾及陵墓的修建，更重要的是光武帝刘秀倡导的薄葬观念在社会中日益深入人心，导致墓室结构转向简单化。虽然也出现了双后室、前、中、后室三室墓等新的墓葬形式，但规模大大减小，耳室、侧室数量少，设置不全。墓室宅第化的趋向并未随之弱化，如前堂后室形式广泛采用，墓室布局形式更加多样化，墓室顶有穹隆顶、四角攒尖顶等。

三是在合葬形式上，夫妻合葬乃至家族墓地成为社会趋势。西汉中期之前，墓葬形式以单人葬为主，即使是在帝陵、诸侯王墓和社会上层墓葬中，表面上是夫妻合葬，但只是同茔异穴葬，墓室之间有一定距离，并非真正意义上的夫妻合葬。汉代提倡儒学，尤其是对儒学中"孝"的思想的弘扬，得到社会中的普遍认同和施行。在孝道思想的主导下，将父母合葬成为子女表达孝道的重要途径之一。在东汉，夫妻墓穴之间的距离大为缩短，出现了同穴异室墓，甚至出现完全意义上的夫妻合葬同穴同室墓。

家族墓葬增多的主因更多在于经济的发展。土地交换的频繁造就了社会中大批富裕的中下层官吏或中小地主。为了保持财产稳固的世代传承，他们势必要加强家族力量；即使在中下层民众中，为了在社会竞争中不至处于劣势，他们出于血缘亲情和经济利益的考虑，凸显家庭的地位，重视家族的凝聚力，反映在墓葬上就是家族墓地的大量涌现。此外，东汉家族势力扩大，庄园经济的繁荣更加促进了这一进程的发展。

四是随葬品由"礼器"向"生活器具"过渡。秦汉墓葬的随葬品种类主要有陶器、玉器、车马器、铜器、金银器、漆器和钱币等，其组合形式因时段不同而有差异。秦代和西汉早期，受礼制文化的影响，墓葬中多随葬礼器，以表明死者的身份地位。诸侯王和高级官吏多随葬铜质礼器或玉制礼器。礼崩乐坏带来了礼制文化的松动，在中下层墓葬中也出现了如鼎、盒、钫、壶、茧型壶等仿铜陶礼器。生活类明器虽有，但比例较少。从西汉中期开始，各种模型类明器仓、房、灶、楼、瓮和以陶、罐、盒、瓮为代表的日用陶器在随葬品中的数量逐渐增多。大型墓葬中人殉和动物生殉的现象消失，代之以各种人物俑，釉陶逐渐开始取代原始灰陶。东汉初期以后，随葬品中陶制礼器数量变少并逐步消失，模型类明器增加了楼阁、田地、池塘、猪圈、风箱等新器形。壶、罐、盘、奁等生活明器种类增多，动物俑在墓葬中大量出现。同时，为实现墓内祭祀的需要，墓室形制的前堂变宽，同时各种墓内祭祀用品也出现在随葬品中，有祭奠用器案、盘、碗、勺等。随葬钱币与时代发展相比具有滞后性和延缓性，如西汉早期墓葬常见秦半两，新莽时期发行的大泉五十、货泉、布泉在东汉晚期的墓葬中仍常见。

五是墓葬的趋同性。出于政治、经济、社会发展程度的差别以及不同的地理情况和文化传统，各地墓葬在发展的过程中显示出地域性和阶段性的差异。如西汉末年至东汉初年，川渝地区盛行崖墓，山东地区流行砖室墓，苏皖地区继续延续使用木椁墓，广西地区竖穴土坑墓仍旧大行其道，中原地区空心砖墓占据主导地位。这种差异性在随葬品的种类上区别更大，湘鄂地区流行仿铜陶质礼器鼎、盒、钫和日用陶器，岭南地区硬陶占主导，流行日用陶器和有南越本地特色的瓮、双耳罐、连盒、提筒，川渝地区模型陶器长盛不衰，苏皖地区则较早就出现了瓷器随葬。通常说边疆地区发展变化较内陆地区要慢。

秦代和西汉早期，各地受原生文化的影响，更多地显现出本地特色。西汉中期到东汉早期，由于地区间交流频繁，汉文化对各地的影响开始显现，但区域间的发展进程并不同步。东汉中期以后，由于文化自身的发展调和，各地在墓葬形制和随葬品组合种类上的差别逐渐缩小，在文化面貌上逐步趋向统一。总之，影响墓葬文化的主要因素有本地传统民族文化因素、楚秦因素及中原汉文化因素。

就秦汉殡葬史历程看，西汉中期时一个较为明显的转变。在此之前，秦帝国的殡葬上承春秋战国，尤其与战国时代的殡葬相联系，下启西汉王朝，尤其是西汉中期以后，融汇各地葬俗礼俗之后形成的殡葬制度，一直影响中国两千多年。

三 秦汉殡葬史研究概述

（一）文献研究

1933年，杨树达通过全面系统地考察汉代的婚礼和丧礼的资料，整理完成《汉代丧葬礼俗考》，并由商务印书馆出版发行，可以说是对秦汉殡葬史系统研究的开始。

当时，在专题论文方面，数量也颇为可观。如刘敦桢的《西汉陵寝》、《东汉陵寝》，[1] 刘铭恕的《中国古代葬玉的研究》，[2] 继明的《中国丧礼源流考》，[3] 文藻的《中国丧礼沿革》，[4] 蔡介民的《中国祭礼考源》、《中国祭礼源流考》，[5][6] 祝止岐的《中国丧葬制度考略》，[7] 向党明的《中国葬制》，[8] 钱穆的《论古代对于鬼魂及葬祭之观念》，[9] 王汝堂的《两汉丧仪丛考》，[10] 曾资生的《汉代儒家丧服制度的发展》[11] 等。

20世纪三四十年代，是秦汉殡葬史研究的兴起阶段，尽管学者们进行了一定的研究，由于资料及时代的影响，大多数论文或著作仅停留在史料的排列、一般性考证阐释上，论述相对比较粗糙或不严谨，未能在理论和研究深度上取得很大的进展。

20世纪50～70年代，大陆学术界更多关注发掘简报、报告等资料，也召开了一些墓葬研究的研讨会，出版了一些论文集，所取得的成果相对较少，只有一些单篇的学术论文。如纪烈敏等所撰写的《凤凰山一六七号墓所见汉初地主阶级丧葬礼俗》[12] 等。台湾学界的殡葬史研究，有1971年台湾中华书局出版的章景明的《先秦丧服制度考》。

---

[1] 《中国营造学社汇刊》第3卷第4期，1932年12月。
[2] 《历史与考古》第4期，1936年6月。
[3] 《中国公论》第5卷第6期，1941年9月。
[4] 《新东方》（上海）第2卷4期，1941年6月。
[5] 《国民杂志》第1卷第6期，1941年6月。
[6] 《新东方》（上海）第2卷第5期，1941年9月。
[7] 《国民杂志》第1卷第8期，1941年8月。
[8] 《星期评论》第28期，1941年6月。
[9] 《扬善半月刊》第2卷第20期，1942年1月。
[10] 《国学丛刊》第13期，1943年8月。
[11] 《和平日报》1947年5月22日。
[12] 《文物》1976年第10期。

20世纪八九十年代，大陆学界的秦汉殡葬史研究繁荣兴盛的局面来临，相继出版了大量的有学术价值的著作或论文。论著方面，如林黎明、孙忠家的《中国历代陵寝纪略》，① 罗哲文、罗扬的《中国历代帝王陵寝》，② 杨宽的《中国古代陵寝制度史研究》，③ 罗开玉的《中国丧葬与文化》④ 等。

论文方面，公开发表的有关殡葬史论文多达近百篇，涉及秦汉时期的也不在少数，如杨宽的《中国古代陵寝制度的起源及其演变》、⑤《秦汉陵墓考察》，⑥ 徐苹芳的《中国秦汉魏晋南北朝时代的陵园和茔域》、⑦《中国陵墓制度的变迁》⑧，梁容若的《中国丧葬制度之回顾与前瞻》，⑨ 叶小燕的《秦墓初探》、⑩《从丧葬习俗看中国人的生命观》，⑪ 丁凌华的《中国古代守丧之制论述》⑫ 等。这一时期，台湾学者的殡葬史研究较具代表性的著作有王明珂的《慎终追远——历代的丧礼》。⑬

20世纪90年代，墓葬史研究开始向精深化与细致化方向发展，在广度和深度上都有很大的进展，开始和文化史、社会史等相关学科进行综合研究。尤其是在以下几个方面取得显著成果：第一，对殡葬礼俗文化的研究。例如徐吉军、贺云翔的《中国丧葬礼俗》，⑭ 李如森的《汉代丧葬制度》⑮ 等，这些著作对殡葬中各种礼俗进行了研究。第二，对地方丧俗的研究，如霍魏、黄伟的《四川丧葬文化》，⑯ 何彬的《江浙汉族丧葬文化》⑰ 等，这些著作使人们对殡葬文化的地域特征有了更深入的了解。第三，对少数民族殡葬文化的研究。如席克定的《灵魂安息的地方》、⑱ 夏之乾的《中国少数

---

① 黑龙江人民出版社，1984。
② 上海文化出版社，1984。
③ 上海古籍出版社，1985。
④ 海南人民出版社，1988。
⑤ 《复旦学报》（社会科学版）1981年第5期。
⑥ 《复旦学报》（社会科学版）1982年第6期。
⑦ 《考古》1981年第6期。
⑧ 《殷都学刊》1983年第1期。
⑨ 《北京师范大学学报》（社会科学版）1982年第5期。
⑩ 《考古》1982年第1期。
⑪ 《中国民间文化》1992年第3期。
⑫ 《史林》1990年第1期。
⑬ 三联书店，1992。
⑭ 浙江人民出版社，1991。
⑮ 吉林大学出版社，1995。
⑯ 四川人民出版社，1992。
⑰ 中央民族大学出版社，1995。
⑱ 贵州人民出版社，1990。

民族的丧葬》[1]等。第四，对殡葬文化史的研究。如陈华文的《丧葬史》、[2] 万建中的《中国历代葬礼》、[3] 徐吉军的《中国丧葬史》、[4] 陆建松的《魂归何处——中国古代丧葬文化》[5] 等著作。

进入21世纪，丧葬文化的研究成为学界关注的重点，如丁凌华的《中国丧服制度史》、[6] 王增永、李仲祥的《婚丧礼俗面面观》、[7] 雷绍锋、张俊超的《丧葬习俗》、[8] 李如森的《汉代丧葬礼俗》、[9] 丁鼎的《仪礼·丧服考论》、[10] 陈明芳的《中国悬棺葬》[11]，另外，王子今的《中国盗墓史》[12]也涉及了盗墓对殡葬制度、殡葬习俗的影响。王夫子的《殡葬文化学——死亡文化的全方位解读》解析了殡葬文化理论。[13] 刘瑞、刘涛的《西汉诸侯王陵墓制度研究》主要对西汉诸侯王陵墓进行了研究，[14] 蒋晓春的《三峡地区秦汉墓研究》集中研究了三峡地区的墓葬，[15] 段清波的《秦始皇帝陵园考古研究》则显示出这一时期对秦始皇帝陵研究的整体状况。[16] 汉画像研究一直备受关注，这一时期有黄佩贤的《汉代墓室壁画研究》、[17] 汪小洋的《汉墓壁画宗教思想研究》、[18] 王娟的《汉代画像石审美研究》[19] 等。

这一时期，从考古学角度对秦汉墓葬进行综合研究的论著，当属刘庆柱、白云翔主编的《中国考古学·秦汉卷》。[20] 其中，对秦始皇帝陵、秦代官吏与平民墓葬、汉代帝陵与王侯大墓，汉代官吏与平民墓葬以及少数民族地区和周边地区的墓葬均有论述。

---

[1] 中国华侨出版公司，1991。
[2] 上海文艺出版社，1997。
[3] 北京图书馆出版社，1998。
[4] 江西高校出版社，1998。
[5] 四川人民出版社，1999。
[6] 上海人民出版社，2000。
[7] 齐鲁书社，2001。
[8] 湖北教育出版社，2001。
[9] 沈阳出版社，2003。
[10] 社会科学文献出版社，2003。
[11] 重庆出版社，2004。
[12] 九州出版社，2007。
[13] 湖南人民出版社，2007。
[14] 中国社会科学出版社，2010。
[15] 巴蜀书社，2010年。
[16] 北京大学出版社，2011。
[17] 文物出版社，2008。
[18] 上海古籍出版社，2011。
[19] 文物出版社，2013。
[20] 中国社会科学出版社，2010。

殡葬史研究，不仅在历史学和考古学的结合上仍需要进一步努力，而且需要以文化研究为视角进行分析，发掘其中的中华优秀传统文化的内涵。

（二）墓葬考古研究

墓葬考古包括秦汉帝陵、诸侯王墓和列侯墓、官吏和平民墓葬。

1. 帝陵、诸侯王墓和列侯墓

1906年，日本学者足立喜六开始关注秦始皇帝陵，20世纪20年代，法国学者维克托·色伽兰在《中国西部考古记》中也有涉及。

1962年，正式对秦始皇帝陵的考古开始于陕西省文物管理委员会的调查、勘探。1974年，因秦兵马俑的发现，引起各方重视，系统的秦始皇帝陵考古工作全面启动，20世纪70年代相继对一、二、三号兵马俑陪葬坑进行勘探，对一号兵马俑陪葬坑进行了重点发掘，此外对上焦村陪葬墓进行了发掘。80年代发现了秦始皇帝陵铜车马（图0-5）。90年代，对秦始皇帝陵陵园的陵寝建筑遗址、东南部的陪葬坑、东北部动物陪葬坑、修陵人墓地进行了发掘。2000年以来，对秦始皇帝陵地宫结构进行了探查，还对陵园内外城门及门阙遗址、外城南门遗址进行了探究。

图0-5 秦始皇帝陵的铜车马

资料来源：现藏秦始皇帝陵博物院。

西汉帝陵资料记载于《三辅黄图》、《三秦记》、《关中记》、《水经注》、《长安志》、《关中胜迹图志》等历史文献中。

20世纪60～70年代，考古工作者先后对西汉帝陵和陪葬坑、陪葬墓、刑徒墓等进行发掘，70年代末到80年代中期取得重大进展，特别是对杜陵陵园遗址的发掘。20世纪90年代的阳陵考古发掘。

东汉帝陵的记载主要集中在《东观汉记》、《古今注》、《三国志》、《后汉书》及司马彪《后汉书志》等文献中。改革开放以来，对邙山地区帝陵进行了调查，特别是2003～2007年，对帝陵及相关遗迹、遗址等进行了全面的勘查。

西汉诸侯王墓，比较著名的有1968年发掘的河北满城汉墓，20世纪70年代发掘的北京大葆台汉墓、山东曲阜九龙山汉墓。80年代发掘了江苏徐州汉墓和广州南越王墓。此外还发掘了西汉早期12座、中期1座、晚期2座的列侯墓及列侯夫人墓。目前备受关注的是近期发掘的南昌西汉海昏侯墓。

东汉的诸侯王墓有河北定县北庄汉墓、定县43号墓、济宁肖王庄一号汉墓、济宁普育小学汉墓、江苏徐州土山汉墓等。列侯墓只有河南洛阳白马寺汉墓、安徽亳县董园村一号、二号墓。

2. 官吏和平民墓葬

秦代官吏和平民墓葬，关中地区居多，除了秦始皇帝陵附近的上焦村秦墓、赵背户刑徒墓等外，还发现的秦墓有：1955年，长安洪庆村发现的2座秦墓；1975～1977年，咸阳市黄家沟发现两座秦墓；1975～1984年，咸阳市窑店镇发现37座秦墓；1977年，陕西凤翔高庄发掘了46座秦墓；1990年，任家咀发现242座秦墓；1995年，塔儿坡一带发现26座秦墓；1998年，西安北郊发掘43座秦墓；1989～2003年，西安南郊发掘清理了317座秦墓；1999年，陇县店子村发掘224座秦墓中，秦代墓有54座。关中最东边发掘的是东阳秦墓。关东地区秦墓，1978年，泌阳县发掘了4座秦墓；1981年，淅川县马川村出土了1座秦代墓；1956～1958年，河南陕县发掘了92座秦墓；1988～1989年，三门峡市清理了67座秦人墓；1985年、1993年在三门峡市司法局和刚玉砂厂发掘了76座秦人墓，1992年，在该市火电厂发掘了8座秦人墓。江汉地区秦墓，1975～1976年、1977年、1978年、1989～1991年湖北省云梦睡虎地发掘了41座秦墓；1988～1993年、1996年、2000～2002年，襄樊市先后清理了90座秦汉之际墓葬。四川地区秦代墓有1954～1957年在巴县冬笋坝和广元市昭化宝轮院发现秦汉船棺墓。

汉代官吏和平民墓葬,《西安龙首原汉墓》、《长安汉墓》、《白鹿原汉墓》、《西汉东汉墓》的考古报告,基本确立了关中墓葬的发展谱系,也引起许多人的关注和研究,如韩国河1989年硕士学位论文《关中汉墓的研究》、盛之翰2004年硕士学位论文《关中地区西汉中小型墓葬研究》、肖健一2007年博士学位论文《长安城郊中小型西汉墓研究》等。中原地区以洛阳、三门峡、南阳、济源、安阳、石家庄等地为代表,尤其是1952~1953年洛阳烧沟汉墓。此外,中原地区的壁画墓也较具特色。如洛阳地区卜千秋西汉壁画墓、郑州密县打虎亭二号东汉壁画墓等。北京、河北及周边地区发掘397座汉墓,如1962年的《北京怀柔城北东周秦汉墓》、1963年的《北京昌平白浮村汉、唐、元墓葬发掘》、1983年的《北京东郊三台山东汉墓发掘简报》、1987年《河北平泉县杨杖子村发现汉墓》、1990年的《河北阳原西城南关东汉墓》、1995年的《河北景县大代庄东汉壁画墓》、2001年的《燕下都遗址的秦汉墓葬》等。

长城沿线墓葬有20世纪70年代内蒙古的和林格尔东汉壁画墓;1987年的《山西朔县秦汉墓发掘简报》建立起长城地带汉墓分期研究的参考标尺;1998年出版的《内蒙古中南部汉代墓葬》在汉匈关系背景下将中南部汉墓作为整体进行考察。

东北地区墓葬研究起步较早。1909年,日本人对乐浪汉墓进行考古研究,此后,八木奘三郎、三宅俊成、原田淑人、滨田耕作等也出版了《牧羊城》、《营城子》、《南山里》等著作。中国学者李文信也在吉林市等进行调查发掘。新中国成立后,1963~1965年中朝联合考古队发掘了旅顺尹家村和沈阳郑家洼子的汉墓,1981年发表了《锦县西汉墓发掘简报》、1987年的《辽宁锦县右卫乡昌盛汉墓清理简报》、1990年的《辽宁朝阳袁台子西汉墓1979年发掘简报》。1990年,刘景文出版了《吉林市帽儿山古墓群》、1992年发表了《锦州国和街汉代贝墓发掘简报》、2004年的《辽宁沈阳沈州路东汉墓发掘简报》。

山东地区汉墓清理、发掘8000座以上。1955年的《山东章丘县普集镇汉墓清理简报》、1966年的《山东东平王陵山汉墓清理简报》、1975年的《临沂银雀山四座西汉墓葬》、1985年的《山东沂水县荆山西汉墓》、1987年的《山东五莲张家仲崮汉墓》、1991年的《山东济宁郊区潘庙汉代墓地》、1992年的《山东济宁师专西汉墓群清理简报》、2005年的《山东青岛市平度界山汉墓的发掘》、2004年的《济南市腊山汉墓发掘简报》。但山东的研究成果多集中在画像石墓研究上。

江苏地区汉墓发掘主要集中在扬州和徐州。20世纪80年代,扬州有《扬州东风砖瓦厂汉代木椁墓群》、《扬州东风砖瓦厂八、九号汉墓清理简报》、《扬州平山养殖场汉墓清理简报》等。90年代,徐州有《江苏徐州子房山西汉墓清理简报》、《徐州市韩山东汉墓发掘简报》、《徐州绣球山西汉墓清理简报》、《徐州后楼山西汉墓发掘简报》、《江苏徐州九里山汉墓发掘简报》等,2000年以后有《徐州碧螺山五号汉墓》、《江苏徐州顾山西汉墓》、《江苏徐州市后楼山八号西汉墓》等。

安徽地区汉墓则分布较广。1979年的《安徽天长县汉墓的发掘》,1985年的《安徽定远谷堆王九座汉墓的发掘》、《安徽桐城杨山嘴东汉墓的清理》,1990年的《五河县清理两座东汉墓》,1998年的《广德县独山西汉木椁墓清理简报》,2000年的《安徽萧县张村汉墓发掘简报》,2001年的《舒城范店东汉墓》,2003年《安徽涡阳稽山汉代崖墓》,2006年《安徽天长西汉墓发掘简报》,2008年《萧县汉墓》等。

湖北地区汉墓发掘,主要集中在襄樊、云梦和江陵地区。襄樊的有《湖北襄阳擂鼓台一号墓发掘简报》、《湖北襄樊市余岗战国至东汉墓葬发掘报告》、《湖北襄樊郑家山战国秦汉墓》、《襄樊市真武山西汉墓》、《襄樊市高庄墓群发掘报告》、《襄樊余岗战国秦汉墓葬第二次发掘简报》,云梦有《云梦大坟头一号汉墓》、《1978年云梦秦汉墓发掘报告》、《湖北云梦睡虎地M77发掘简报》等。江陵有《湖北江陵凤凰山西汉墓发掘简报》、《江陵凤凰山西汉墓发掘简报》、《江陵凤凰山一六七号汉墓》等。

湖南地区汉墓。20世纪50年代,中国科学院考古研究所在长沙发掘了一批汉墓,此后又发现大量汉墓。[①]1987年的《湖南常德县清理西汉墓》、1989年的《桃源县狮子山汉墓发掘报告》、1994年的《1990年湖南溆浦江口战国西汉墓发掘简报》、1995年的《湖南桑植朱家台西汉墓》、2004年的《湖南常德南坪"汉寿左尉"墓清理简报》。关于湖南墓葬的研究有1960年的《湖南古代墓葬概论》、1984年的《试论长沙西汉中小型墓葬分期概论》、1999年的《湘西北地区西汉墓葬概论》、2004年的《略论湖南出土的汉代玉器》。

东南地区汉墓的发掘,最早是在抗日战争期间,日本人在杭州古荡发掘了一座汉墓,并发表了发掘报告。1953年,在建设浙江大学期间,在杭州老和山发掘了近百座汉墓。1954年和1955年,在杭州葛岭和绍兴发掘数十座汉墓,并首次编写了考古发掘报告。2005年的《浙江省湖州市杨家埠古墓发掘报告》对1987年发掘的杨家埠汉墓进行分析。从20世纪90年代开始,福建考古工作者对武夷山闽越国墓葬进行了系

---

① 中国科学院考古研究所编著《长沙发掘报告》,科学出版社,1957。

统发掘，2004年出版了《武夷山城村汉城遗址发掘报告（1980~1996）》。

岭南地区汉墓，1957年的《广西贵县汉墓的清理》，1972年的《广西合浦西汉木椁墓》，1977年的《广东徐闻东汉墓——兼论汉代徐闻的地理位置和海上交通》，1978年的《平乐银山岭战国墓》，1986年的《广西贺县金钟一号汉墓》，1990年的《深圳市南头红花园汉墓发掘简报》，1991年的《西汉南越王墓》，1998年的《广州西村凤凰山西汉发掘简报》，2000年的《广东乐昌市对面山东周秦汉墓》，2006年的《合浦风门岭汉墓——2003~2005年发掘报告》、《番禺汉墓》等。

甘青宁汉墓，主要集中在河西走廊的武威——酒泉——敦煌一线，青海东部的河湟和宁夏南部的固原。1960年的《甘肃威武磨咀子汉墓发掘》、1974年的《武威雷台东汉墓》、1987年的《宁夏同心倒墩子匈奴墓地》、1989年的《甘肃天水放马滩战国秦汉墓的发掘》、1993年的《上孙家寨汉晋墓》、2004年的《宁夏固原城西汉墓》、2007年的《青海省西宁市陶家寨汉墓2002年发掘简报》等。

此外，川渝地区汉墓的有1988年的《四川崖墓的初步研究》，2001年的《战国秦汉时期瓮棺葬研究》、《四川汉代砖石墓的初步研究》等。

第一章
殡葬观念

第一节 春秋战国生死观的延续

秦汉时期是中国历史发展的关键期,在思想观念特别是殡葬观念上,深受春秋战国以来各种思潮的影响。诸子百家关于生死观的讨论和传播,此时已深入社会生活之中,无论是孔孟荀儒家的"事死如事生",还是老庄道家的自然生死观与墨家的节葬观,它们之间的相互影响和融合不可忽视。

一 早期儒家生死观

1. 孔子的生死观

儒家创始人孔子对生死问题有着深刻的认识,我们对孔子所说的"未知生,焉知死"十分熟知,但并未理解孔子所表达的真实含义。孔子告诫子路的言外之意是说应先做好本分的事情,如果仍有余力再关心死后之事。在孔子看来,"物有本末,事有先后",如果对"生"的问题都处理不好,如何考虑死后世界?因此,这并不能推导出死后世界重要与否,只是说在优先顺序上,应当以生前现世为先,才能符合"仁"的精神。

而且,孔子对祭祀传统十分重视,因此他说"祭神如神在"。"祭神如神在"的关注点,就是通过礼仪的庄重来追求精神的至诚,以此来提升灵性、净化人性。《中庸》发展了孔子思想,强调"至诚若神",也就是"唯天地至诚,为能尽其性。能尽其性,则能尽人之性,能尽人之性,则能尽物之性;能尽物之性,则可以参天地之化育。可以赞天地之化育,则可以与天地参矣。"① 天地人在此是合一的。

---

① 朱熹:《四书章句集注》,《中庸章句·第二十一章》,中华书局,1983,第32页。

当然，这里不是对一般鬼神的膜拜。这与孔子所讲的"敬鬼神而远之"，是一致的。孔子提倡的理性主义，所以认为阴阳两隔、各有分际，虽然崇拜鬼神，但不应越过界限，所以讲"而远之"，这与"未知生，焉知死"的理念是完全一致。

2. 孟子的生死观

孟子对生与死的终极关怀，有着自觉的体验。他说："生亦我所欲，所欲有甚于生者，故不为苟得也；死亦我所恶，所恶有甚于死者，故患有所不辟也。"①孟子表达了对生存的渴望和对死亡的厌恶，也设定了一个基本的限度。

孟子认为，每个人的寿命都是有定数的，无论长短，就定数来说不可变化，这一起皆因天命。但是，孟子却不是定命论者，他认为人们应该勇敢地面对天命，其原因在于既然作为定数，无法变更、无法逃避，为什么不能直面呢？孟子传承了孔子所说"死生有命"，明言寿限均有定数。因此，无论寿终正寝或意外横死，都是命定天数的。如何面对这不可知的定数？孟子强调只有日日修身、时时修身、处处行善，若有不及，即使突然面临厄运，也可从容无憾。既然无法改变天命，就要心怀警惕，更应珍惜现在的光阴，更加充实每日的内容；一旦突然面临大限，回顾一生，便能坦然相对。孟子的这种观念，充分彰显了生命的庄严性与终极性。

3. 荀子的生死观

荀子的生死观充满了儒家理性主义，他认为人们关于死后为鬼的看法，主要是一种心理作用在作怪。荀子说："凡观物有疑，心中不定，则外物不清，则未可定然否也。"②他强调说："凡人之有鬼也，必以其感忽之间、疑玄之时正之，此人之所以无有而有无之时也。"③

荀子以举例的方式说明很多怕鬼的人，其实都是自己吓自己。他说："夏首之南有人焉，曰涓蜀梁，其为人也，愚而善畏。明月而宵行，俯见其影，以为伏鬼也；仰见其影，以为立魅也；背而走，比至其家，失气而死，岂不哀哉！"④

在荀子看来，祭祀的目的主要在于表达思慕的心意，重在教化功能，并非真正要去伺奉鬼神。因此荀子强调："祭者，志意思慕之情也，忠信爱敬之至矣，礼节文貌之盛矣，苟非圣人，莫之能知也……其在君子，以为人道也；其在百姓，以为

---

① 焦循：《孟子正义》卷23《告子上》，沈文倬点校，中华书局，1987，第783页。
② 王先谦：《荀子集解》卷15《解蔽》，沈啸寰、王星贤点校，中华书局，1988，第404页。
③ 王先谦：《荀子集解》卷15《解蔽》，第405页。
④ 王先谦：《荀子集解》卷15《解蔽》，第405页。

鬼事也。"①

荀子举"三年之丧"为例，说明祭祀的意义在于"称情而立文"，也就是起到人文教化的功能。他说："三年之丧何也？曰称情而立文，因以饰群别、亲疏、贵贱之节，而不可益损也。故曰，无适不易之术也。"②在他看来，守丧的根本精神在于通过外化为人文礼节的丧礼来表达心中的感情。所以，荀子认为面对亲人去世，即使悲伤也不应过度，而应有所节制。这也就是他说的"'礼'者，'节之准也'"。③所以"礼"应恰如其分，有所节制，不可怠忽轻慢，也不可奢华浪费，以适中守分为宜。

荀子在《大始篇》中假托孔子与曾子的对话，通过曾子之口表达了自己对死亡的看法："大哉，死乎！君子息焉，小人休焉。"意思是说真正君子应该随时随地行仁，无论"事君"、"事亲"，或退休，都应永远以仁义自持，终身不息，唯一能"安息"的地方，只有死亡；反之，小人放纵情欲、钻营私利，只有死亡才能令其休止。所以，君子与小人的对照，就在于"安息"与"休止"之分，此中区别就是死亡的性质。荀子此说，赋予"死亡"更新的人文标准，所以称"大哉，死乎"，也有其重大的启发性。

4.《易经》的生死观

儒家与《易经》关系十分密切。孔子说："加我数年，五十而学易，可以无大过矣。"《史记·孔子世家》中记载："孔子晚而好易，韦编三绝。"因此，《易经》中对生死看法，对儒家生死观有着极为深刻的影响（图1-1）。

《易经》认为，人在平日应多养生保健，在健康时能常思病中之痛，在平安时能常思灾难之危，从而警惕自己，多加珍重，爱惜生命，并且善用时间。所以，《易经》以"乾"元为首，代表首重上天大生之德，到第六十四卦，并殿以"未济"，代表着"生生不息，绵绵未济"。表明儒家看重的

图1-1 《易经》

---

① 王先谦：《荀子集解》卷13《礼论》，第376页。
② 王先谦：《荀子集解》卷13《礼论》，第372页。
③ 王先谦：《荀子集解》卷9《致仕》，第262页。

是生生世世的绵延传承，即所谓"生生之谓易"。

《易经·系辞》中强调："夫大人者，与天地合其德，与日月合其明，与四时合其序，与鬼神合其吉凶。先天而天弗违，后天而奉天时。天且弗违，而况于人乎？况于鬼神乎？"这里的意思是，真正的大人要能效法天地生生之德，形成天人合一的精神，因而能充满干劲，与天地合德；充满智慧，与日月同明；充满条理，与四时合序；充满正理，与鬼神合吉凶。如此一来，即使先于天象行事，也不会违背上天，如果后于天象行事，更能遵循天时。连上天尚且不会违背他，更何况是人，何况是鬼神？

因此，《易经》认为，只要合乎生生之德，效法天地大德，然后便能可大可久，此时早已超越个人生死观念。儒家正是通过积极的入世的实践人生，实现建功立业或思想塑造，就是古人常说的"立功"、"立言"，最终实现"立德"，由此才能超越死亡，达到生命的永恒。这种不朽的生死观，使得儒家的人生观蓬勃向上，是一种积极进取的观念。

与儒家不同，道家从另外一个面向开启了《易经》的生死观念。《易经》强调，只要阴阳之道运行平衡和谐，就能生生不息。因此，人只有善于养生保健，维持阴阳和谐，才能真正长寿；后来的道教也是由此切入的。《易经·系辞》还说："仰以观于天文，俯以察于地理，是故知幽明之政。原始要终，故知死生之说，精气为物，游魂为变，是故知鬼神之情状。"道教采取"精气为物，游魂为变"的理论，形成人间鬼神之说。

二 道家自然生死观

1. 老子的生死观

老子的生死观是建立在"道"的基础之上的，死亡是生命发展的必然归宿，总体上是一种自然生死观。"知人者智，自知者明。胜人有力，自胜者强。知足者富。强行有志。不失其所者久，死而不亡者寿。"[①]这句话比较完整地概括了老子的生死观。当然，学界对"亡"字的解读不同，对这句话理解也不同。一般而言，"亡"可解读为"死亡"、"忘记"、"妄为"三个意思，而且"亡"、"忘"、"妄"三字在古代是通用的。但若将"亡"解读为死亡，则推衍出"灵魂不死说"。也有学者将根据帛书甲乙本均作"不忘"，将"亡"解读为"忘"的"社会记忆说"。但这些解释与老子基

---

① 朱谦之：《老子校释·第三十三章》，中华书局，2000，第134~135页。

本观念相冲突。若将"亡"解读为"妄","死而不亡"是说人的行为不违反礼法,这与老子一贯蔑视礼法、崇尚人性自然相去甚远。因此,这里的"亡"应理解为"丢失、丧失"更为恰当。也就是说"死而不亡者寿"的意思是到死也要守住生命的本根——"道",这样才能称作真正的长寿。

就是说老子生死观的最终归宿是大道,一切万物终极都应该回归到道。所以,论终极关怀,老子关怀人生的最后归宿。老子对此称"为天下母",即天道。老子说:"有物混成,先天地生,寂兮寥兮,独立而不改,同行而不殆,可以为天下母。吾不知其名,字之曰道;强为之名,曰大。大曰逝,逝曰远,远曰返。"①老子认为,一切万物的最后归宿,都是归于大道,它独立于万物之上恒久不变,运行于宇宙之中,永不止息。

所以,老子认为,人在法地的基础上,然后才是"地法天,天法道,道法自然"。②人是顶天立地的,与天地同样伟大,甚至与大道同样伟大。老子的生死观就是要法天地、顺自然,一切都以自然为最高原则。

如何才能保持个体生命的长久,或者如何"养生"呢?老子说"动无死地"。在老子看来,一个真正善于养生的得道之人,他足以超越任何挑战与打击,因此其精神是镇定、冷静的。老子说:"出生入死。生之徒十有三,死之徒十有三;人之生,动之死地,十有三。夫何故?以其生生之厚。盖闻善摄生者,陆行不遇兕虎,入军不被甲兵,兕无所投其角,虎无所措其爪,兵无所容其刃。夫何故?以其无死地。"③他认为,长寿的人有十分之三,短命的也人有十分之三。还有一些本来可以长寿,但自己走向死路的还有十分之三,这都是过分求生奉养太丰厚的原因。只有善于养生的人,在陆地上行走不会遇到犀牛和老虎,在军队里战斗不会被兵器伤害,犀牛用不上它的角,老虎用不上它的爪,兵器用不上它的刃。这样他就没有进入可致死的地方。老子以象征式的比喻,说明了精神修养的重要性的重要性。

老子强调养生之道,相信通过自然养生,仍然可以长寿。老子认为有些人天生长命,但也可能因未珍惜而伤身;有些人可能天生体质虚弱,但是仍可以通过养生之道及开朗精神来延长生命。

---

① 朱谦之:《老子校释·第二十五章》,第 100~102 页。
② 朱谦之:《老子校释·第二十五章》,第 103 页。
③ 朱谦之:《老子校释·第五十章》,第 198~202 页。

老子是自然论者，也是相对论者。因此，生死与福祸相类似，是相依相存的。在生命的每个阶段中，都有可能隐藏着死的因素，但在死地之中也可能出现生的机会。所以，老子才讲"置之死地而后生"。

总之，老子对生死的看法，认为要顺乎自然，以平常心相对，而且平日就应注意养生，待人处世勿走极端。

2. 庄子的生死观

在继承老子生死观的基础上，庄子继续向前发展。他说："死生，命也"。① 在他看来，人生有生有死，就如自然中有昼有夜一样，这是一种自然规律，不是人类本身意愿所能移转的，是一种客观存在，也是万物常情。所以，人们一旦了解这点，便能对生死用自然的眼光看待。

庄子认为，不仅生死是有命的，就是富贵、贫穷等也是有命的。他在寓言中借所谓孔子回答鲁哀公的话说："死生存亡，穷达贫富，贤与不孝，毁誉、饥渴、寒暑，是事之变，命之行也。"② 根据庄子的看法，从生死、存亡、穷达、富贵……到毁誉，甚至饥渴、寒暑，都是事物的变化和天命的运化。既然这些都是"自然"与天命，按此逻辑推衍，得到也无须高兴，失去也无须遗憾。

庄子认为，死生是一体两面的，他说："死生有待耶？皆有所一体。"③ 生死是相通的，没有太多的差别。二者是一种承继关系，生是死的继承，死是生的开始。

因此，庄子强调对生死要超乎其外，那种对死亡而忧的心情是不必要的，甚至对死充满了赞美之情。他说："死，无君于上，无臣于下，亦无四时之事，纵然以天地为春秋，虽南面王乐，不能过也。"④ 庄子认为，死后的世界比起南面而王都要快乐。

庄子还从人的形成因素考察了生死。他说："人之生，气之聚也。"既然如此，聚则为生，散则为死，互为一体，就没有必要忧虑。所以他说："死生有待邪？皆有所一体"，只要能领悟死生一体、万物一体，才能领悟"道通为一"。因此，他说："凡物无成与毁，复通为一。"⑤ 因而面对死亡，根本不用焦虑。

"人从哪里来，又到哪里去？"对于这个根本的哲学问题，庄子也进行了思考。他认为，将生之前推到极致就是无；死之后自然也是无。所以这个问题的答案就是："未

---

① 王先谦:《庄子集解》卷2《大宗师》，中华书局，2012，第58页。
② 王先谦:《庄子集解》卷2《德充符》，第52页。
③ 王先谦:《庄子集解》卷32《知北游》，第194页。
④ 王先谦:《庄子集解》卷18《至乐》，第151页。
⑤ 王先谦:《庄子集解》卷2《齐物论》，第16页。

始有封"。① 他进一步解释说:"有始也者,有未始有始也者,有未始有夫未始有始也者。有有也者,有无也者,有未始有无也者,有未始有夫未始有无也者。"② 这种无穷追溯的结果,只能是"无"。相反,推及未来,终极也是"无"。因此,人的生死是无始无终的。庄子认为,人只有看透了这一本质问题,才能领悟"天地与我并生,万物与我合一"的幸福感。

庄子认为万物息息相关,死生也完全相通,平等如一。他说:"死生亦大矣,而不得与之变,虽天地覆坠,亦将不与之遗。审乎无假而不与物迁,命物之化而守其宗也。"③ 在庄子的眼中,众生都是平等的,富人与穷人固然平等,强人与弱人也都平等,残与不残也平等,生与死也平等,均"如一也"。所以庄子丧妻之后,竟然"鼓盆而歌",④ 他的朋友惠子看不过去,认为太过分了。庄子解释说,他刚开始也会难过,但继又想到,其妻生命原本从无到有,现再回到无,生命变化,正如同春夏秋冬运行般的自然,现在她正安睡在天地的大宇宙中,他如果还想哭,岂非太"不通乎命"?

庄子临终前,学生表示要为他厚葬。他说:"吾以天地为棺椁,以日月为连璧,星辰为珠玑,万物为赍送,吾葬具岂不备邪?何以加此!"⑤ 弟子不同意,辩解道:"吾恐乌鸢之食夫子也。"⑥ 他解释说:"在上为乌鸢食,在下为虫蚁食,夺彼与此,何其偏也?"⑦ 庄子以其亲身面临生死的经历,提醒学生胸襟要能豁达。他要用天地作为棺木,用星辰作为装饰,有了这种天然的厚葬,何必再讲什么人的厚葬呢?虽然葬具薄陋可能会被飞鸟而啄,但厚葬地下同样会被虫蚁而食,不都一样吗?一切贫富、得失、生死,都是一样平等的。

庄子强调生的执着,但对死亡也不应惧怕,要顺其自然而不违背自然。生命尚未结束时,我们应当珍惜,使生更有价值。当死亡真正来临时,也能坦然处之。

三 墨家生死观

墨子是墨家的创始人,他早年生活在鲁国,曾跟着儒门弟子习儒,但后来认为儒家的礼节过于繁琐,不认同厚葬久丧等观念,创立了墨家学派。通过墨子的聚徒讲学

---

① 王先谦:《庄子集解》卷2《齐物论》,第17页。
② 王先谦:《庄子集解》卷2《齐物论》,第19页。
③ 王先谦:《庄子集解》卷2《德充符》,第47页。
④ 王先谦:《庄子集解》卷18《至乐》,第150页。
⑤ 王先谦:《庄子集解》卷32《列御寇》,第285~286页。
⑥ 王先谦:《庄子集解》卷32《列御寇》,第286页。
⑦ 王先谦:《庄子集解》卷32《列御寇》,第286页。

及众多弟子的传播，墨家成为在战国时代广为流传且可与当时儒学相抗衡的显学。

墨子生活的战国初期，贵贱贫富、生老病死皆由命定的观念在当时人们的头脑中根深蒂固。墨子第一个站出来反对命定论，提出"非命"的主张，表现了积极进取的人生态度。墨子指出："命者，暴王所作，穷人所术，非仁者之言也。"① 这是因为人们如果相信有命，就会出现"上不听治，下不从事"的局面。② 王公大人"则必怠乎听狱治政矣，卿大夫必怠乎治官府矣，农夫必怠乎耕稼树艺矣。妇人必怠乎纺绩织纴矣"。③ 意思是当政者相信命，就不会勤勉政事，刑政就会混乱；老百姓相信命，就不会积极从事各种生产，而等待命运的恩赐。因此，命定论是造成"因乱"、"民贫"的一个重要思想根源，是"暴王之道"。

既然人们的一切都不是命定的，那么决定人命运的是什么呢？墨子把"力"和"命"联系起来。在"非命"的基础上提出"力"。"力"指的是主观努力。他认为，人之所以为贵，之所以不同于禽兽，就在于能尽其"力"，农夫不耕则不得食，妇女不织则不得衣，工商不用力则不能有其货。"赖其力者生，不赖其力者不生。"④ 墨子在一定程度上认识到劳动是人的本质，人不能等待命运的安排，而是发挥主观创造性去改变命运。墨子的死亡观与勤生论紧密联系，或者说他是在勤生的基础上阐发死亡观的。

"节葬"、"明鬼"是墨子对死亡所持的基本观点。他主张死后"节葬"。他抨击了当时盛行的厚葬久丧制度，认为这是一种"非仁非义"之举。⑤ 他谴责统治者丧葬"棺椁必重，葬埋必厚，衣食必多，文绣必繁，丘陇必巨……然后金玉珠玑比乎身，纶组节约，车马藏乎圹"，⑥ 他认为这种厚葬要浪费大量财富。对于庶人来说厚葬要耗尽家庭的资财，对于诸侯来说要耗尽府库的资财，"细计厚葬为多埋赋之财者也"。⑦ 另外，"哭泣不秩，声翁，缞绖，涕，处倚庐，寝苫枕块"，⑧ 长时期地身着丧衣，日夜啼哭，住茅屋，铺草苫，枕土块，强忍饥而不食，故着单而受寒，使人眼眶下陷，面色黧黑，浑身无力，损害了健康，破坏了正常生产，影响了人口增殖。因此，"以

---

① 孙诒让：《墨子间诂》卷 37《非命下》，孙启治点校，中华书局，2001，第 286 页。
② 孙诒让：《墨子间诂》卷 35《非命上》，第 273 页。
③ 孙诒让：《墨子间诂》卷 37《非命下》，第 284~285 页。
④ 孙诒让：《墨子间诂》卷 8《非乐上》，第 257 页。
⑤ 孙诒让：《墨子间诂》卷 6《节葬下》，第 171 页。
⑥ 孙诒让：《墨子间诂》卷 6《节葬下》，第 171~172 页。
⑦ 孙诒让：《墨子间诂》卷 6《节葬下》，第 175 页。
⑧ 孙诒让：《墨子间诂》卷 6《节葬下》，第 173 页。

厚葬久丧者为政，国家必贫，人民必寡，刑政必乱"。① 而且这种使人们"出则无衣"、"入则无食"的厚葬久丧也没有真正行了孝道，它是"非孝子之事"。所以，墨子认为厚葬久丧是"贱天下之人者也"。

为此，墨子大声疾呼人们对死者要薄葬短丧，提出了"节葬之法"，"衣三领，足以朽肉；棺三寸，足以朽骸"。②认为给死者穿二三层衣服，用三寸厚的棺材，埋葬时只要下不及泉，上不通臭就可以了。而且，"生者必无久哭"，③即不必久丧不止，应该赶紧去从事正常的劳作。墨子本人也是死后薄葬其身，"死无服，桐棺三寸而无椁，以为法式"。④即死后不用丧服，只备办三寸厚的桐木棺材，并以此相标榜来教育后人。

对于鬼神，墨子与孔子避而不谈的态度不同，也不同于先秦其他诸子，他大谈其鬼神。墨子引用一些古代传说和古籍记载中的鬼神故事以及有人说见过鬼的事例来证明鬼神的存在。他指出："鬼神之有，岂可疑哉！"⑤墨子还给鬼分出不同的类别："古之今之为鬼，非他也，有天鬼，亦有山水鬼神，亦有人死而为鬼者。"⑥而且认为人死后变成的鬼不仅具有人的特征，还具有理想的性格，并能再现人形，具生前一切属性。那些生前的受害者，死后为鬼能报仇雪恨。

墨子认为儒家对鬼神采取暧昧态度，却重祭祀，是一种没有客人却要大摆宴席之举。他还指出："是以天下乱，此其故何以然也？则皆疑鬼神之有与无之别，不明乎鬼神之能赏贤而罚暴也。今若使天下之人，偕若信鬼神之能赏贤与罚暴也，则夫天下岂乱哉。"⑦认为现在天下大乱，就是因为人们怀疑鬼神的存在，如果人人都相信鬼神存在，又有谁敢再行暴虐呢？所以墨子坚持鬼神存在是因为鬼神有"赏贤罚暴"的作用。

"明鬼"是墨子推行"兼爱"天下的一种力量。他指出："尝若鬼神之能赏贤如罚暴也，盖本施之国家，施之万民，实所以治国家利万民之道也。若以为不然，是以吏治官府之不洁廉，男女之为无别者，鬼神见之；民之为淫暴寇乱盗贼，以兵刃毒药水火，退无罪人乎道路，夺人车马衣裘以自利者，有鬼神见之。是以吏治官府，不敢不絜廉，见善不敢不赏，见暴不敢不罪，民之为淫暴寇乱盗贼。以兵刃毒药水

---

① 孙诒让：《墨子间诂》卷6《节葬下》，第177～178页。
② 孙诒让：《墨子间诂》卷6《节葬中》，第167页。
③ 孙诒让：《墨子间诂》卷6《节葬下》，第181页。
④ 王先谦：《庄子集解》卷8《天下》，第289页。
⑤ 孙诒让：《墨子间诂》卷8《明鬼下》，第230页。
⑥ 孙诒让：《墨子间诂》卷8《明鬼下》，第249页。
⑦ 孙诒让：《墨子间诂》卷8《明鬼下》，第222～223页。

火，退无罪人乎道路，夺人车马衣裘以自利者，由此止。"① 由此可见，墨子所尊崇的鬼神都是能"爱利万民"、"赏贤罚暴"的。鬼神具有敏锐的洞察力，对于一切暴虐都一目了然，而且"罚必胜之"，这些鬼神是可以帮助墨子利人利天下，为人的今生现世服务的。所以，墨子"明鬼"目的还在于利民，并不是通过鬼神去鼓励人们追求彼岸世界的幸福。

总之，墨子的生死观即勤生薄死论对战国秦汉下层社会影响较大，对秦汉社会产生了重要影响。汉代以后，墨子的生死观被后人所吸收，汇入中国传统生死观之中。

第二节　秦汉儒家生死观

秦汉时期，尤其是到了汉代，儒家生死观占据了主导地位，西汉成书的《礼记》是战国至秦汉时期儒家论说或解释礼制的文章汇编。儒家生死观的前提是灵魂信仰，在此基础上，推演出"死而不绝"理论，其目的是实现"以死教生"的价值观念。这些理念，深刻反映并影响了秦汉社会的殡葬观。

一　灵魂不灭的信仰

儒家强调"灵魂不灭"主要有以下的考虑：一是伦理学的道德原则。伦理道德的最高目标是"德福一致"。而现实生活中却并非一定如此。为了实现"为善待赏，作恶必罚"的道德原则，需要设定死后有来生。在后世的生命中，灵魂才能再次接受道德裁判。《礼记》讲的"亲亲、尊尊、长长、男女有别"，也是为了建立伦理道德社会。正是对道德公平性和正义性的追求，灵魂不灭才有必要。

二是人类生命演化的需要。人类生命的演化不只是生物的，也是社会的、心理的，演化到人类的反省能力出现后，即能展开个体与群体的反省。人一旦跨进反省门槛，个体的生命即由过去的被动接受转为接受自我的安排，进而个体的发展向集体的反省迈进，促成人类社会化。也就是说，人从初级的人化成为个体，在此基础上融入集体社会之中。那么，人积极进取的动机在哪里，若因死亡一切都化为乌有，这种动力则不复存在。因此，要维持人类积极进取的动机，实现社会成果的演化，就必须肯定灵魂不灭。

---

①　孙诒让：《墨子间诂》卷8《明鬼下》，第243页。

三是灵魂不灭是人类共同的精神意识。从纵向看，灵魂不灭在史前已出现，山顶洞人在死者身旁撒有红铁矿粉，就代表着灵魂不死的观念。从横向看，世界各民族都以各种方式处理尸体，以表达灵魂不灭的信念。这源于人们对情感的追求，满足人们对曾经共存，如今不复存在的生命的思念之情。各民族的礼仪都可以显示出生者与灵魂的关系。"大公封于营丘，比及五世，皆反葬于周"，① 从这个记载可以看出当事人认为不但灵魂可以不灭，而且灵魂还希望落叶归根，返回老家与祖先团聚。

二 死而不绝的观念

死亡是一种令人悲哀的失落，也是一种对人影响深远的事实。要解释死亡，就必须先明白何为人的本质，才能界定生、死。

《礼记》将"人"的观念，置于大宇宙之中，根据人在宇宙中的地位而界定"人"的特性。"人者，其天地之德，阴阳之交，鬼神之会，五行之秀气也。""人者，天地之心也，五行之端也。食味别声被色而生者也。"② 就是说，人是兼含物质和精神两个大不相同的复杂统一体。"五行之秀气"、"五行之端"代表了人物质性的一面。"阴阳之交"、"鬼神之会"代表了宇宙间有阴阳、鬼神等成对出现的异质存在。"食味"、"别声"、"被色"则为人表现于外的行为。这些组合成为一个统一的有机体。也就是说，人不仅是生物的自然存在，也是精神意识的存在。在儒家看来，人的价值也因此凸显。所以说人为"天地之心"，代表人是宇宙中能思想的力量，居于主宰地位。而人也是"天地之德"，能协助天地参赞万物之化育，为宇宙稳定应有的秩序，即是"天地生君子，君子理天地"③ 的观念。这样，人就突破了自我个人的限制，进入关系的存在，进入社会的存在。这种社会性存在，基于个人均需要他人的陪伴。

人是兼有物质与精神的存在，二者产生微妙的统合作用，其中有赖以维系的媒介物，即"谓金、木、水、火、土也。言行者，欲言为天行气之义也"。④ 就是说，各种物质均源于天地而生，而具有气的存在。由于气无所不在，因而可以来往于物质与精神之间，使二者产生互动，即"其气发扬于上，为昭明，焄蒿，悽怆，此百物之精也，神之著也"。⑤ 气的运行，通过感官的知觉作用，形成意识，并与精神相互沟通，

---

① 孙希旦：《礼记集解》卷7《檀弓上》，第183页。
② 孙希旦：《礼记集解》卷22《礼运》，第608页。
③ 王先谦：《荀子集解》卷5《王制》，第163页。
④ 陈立：《白虎通疏证》卷4《五行》，第166页。
⑤ 陈希旦：《礼记集解》卷46《祭义》，第1219页。

使人成为物质和精神相互统一的复杂机体。

《礼记》在界定人的概念后，开始探究生、死的定义。"分于道，谓之命；形于一，谓之性；化于阴阳，象形而发，谓之生；化穷数尽，谓之死。"① "道"为冥化自然之道，为天地万物之本体。"命"即是分享这种宇宙的最高原理。"分"即有不足，有所限制。因此，"命"呈现出"有限性"与"超越性"。由于"命"源于"道"，因此有偏全、厚薄、清浊、混明之分，又因所得的部分不同，于是"性"也有分别。当"道"的混沌本体运动发生变化时，也就是阴阳对立转化，相反相生的作用产生。当其阳性显现而形象可见时，则为"生"；当其阳消阴长，则为"死"。所以"生"与"死"是显与隐对立的概念。因此，生与死是必然的现象。生不必喜死也不必悲。生死之变化对于个体生命而言，关系到有形躯体的显隐。但若融入群体之中，就成为不可或缺的生命环节，每个生命都扮演着接续传承的中介角色，因此"道"长存不衰，由此衍生出"死而不绝"的生命观。因此，人们能正视生命周期的终结，能在濒临死亡时保持往日的尊严，尊敬自我过去的形象。然后，把自己的生命放置在历史发展之中，安放在人类文化传统的延续之中。这样，真正走到生命回归，也不会因此而害怕恐惧。

既然儒家认为生命是死而不绝的。因此，在冠、婚、丧、祭的礼仪中需要人们体验生命连续性的存在。生与死是生命的两个临界点，在诞生之前为生命的酝酿期，死亡后为生命的延续期。在这两个临界点之间，为显性的生命；在这之外，为隐性的生命。

"身也者，亲之枝也，敢不敬与？不能敬其身，是伤其亲。伤其亲，是伤其本。伤其本，枝从而亡。"② 亲子之间，无论是外在的容貌，还是内在的精神气质，必有其相似之处，这是基于生物的遗传。一代代的人形成一条不间断的环节，上一阶段的生命，通过遗传被新的生命所保存。各代人在血脉的连锁相关下，延续不绝。因此，个体虽然有死亡，然而家族的命脉不会断绝。"身也者，父母之遗体也，行父母之遗体，敢不敬乎？""天之所生，地之所养，无人为大。父母全而生之，子全而归之，可谓孝矣，不亏其体，不辱其身，可谓全矣。"③

儒家将人从死亡的深渊，跃升到生存的绵延；从死的阴霾，转化为生的意义。父母

---

① 王聘珍：《大戴礼记解诂》卷13《本命》，王文锦点校，中华书局，1983，第250~251页。
② 孙希旦：《礼记集解》卷48《哀公问》，第1262页。
③ 孙希旦：《礼记集解》卷24《祭义》，第1226、1228页。

的形体虽然不存，但由于子女不亏其体，全而归之，犹如父母的形体长存不朽。更由于不辱其身，不羞其亲的孝道成全，使父母的精神得以发扬，使生命向更高层级迈进。

儒家各种礼仪也体现着"死而不绝"的观念。冠礼在宗庙中举行，通过上告祖灵，家族的命脉已苗壮成长，"冠以阼，以著代也"。① 意思是父子的传承，为人子者已有义务和资格承继上一代的地位。因此，儒家对生命的新陈代谢早有很深的体悟。

婚礼举行，男方须到女方的庙中迎亲，一个因素因为是两姓之好，需要上告祖庙以表敬慎。婚礼不贺、不用乐，因为子辈长成时，父辈不可避免地衰老。婚礼成为长辈和晚辈生命连续的一个环节。

冠礼、婚礼都是显性生命的礼仪活动。死亡是生命最大的临界点。死亡的发生，生命由显性转为隐性。这是一个由有形进入无形的门槛，所以需要有一道道细致复杂的丧葬礼仪，帮助生者稳定情绪，重整人生的旅程。因此，礼仪的设计，是以招魂的复礼联系显性生命与隐性存在的连续性。

丧葬仪式的进行，以"生者饰死者"的方式举行，一连串的仪式，将死者的客体存在成功的转化为超越的精神意识，进入子孙的心灵之中，成为永恒的印象，形成死而不绝的生命观念。"凡治人之道，莫急于礼。礼有五经，莫重于祭。"② 在吉（祭）、凶、宾、军、嘉五礼之中，祭礼为重。因为祭礼的对象为天神、人鬼等超越存在，代表人心灵的最高原则，把握祭祀的精神，就能形成虔诚敬慎的德行。

祭礼中对祖先的祭祀，更将死而不绝的生命观推到了最高层次。丧礼的进行，将情感转化为意识的存在。然而，这种意识存在仍需要定期加以重温，才能历久弥笃。因此，祭祖礼的进行，就是定期将这种意识重新以人世间的存在方式给予展现。一方面满足了生者对死者的思慕之情，另一方面也以香火不断的祭祀传达死而不绝的观念。

三 以死教生的价值观

一切生命都是十分珍贵的，包括逝去的生命。逝去的之所以值得珍重，在于人能凭借对过去事实的回忆，发现过去生命的意义，由对逝去的哀伤接触，反省过去的错误，并时刻警惕。因此，对逝去生命的反思，可以为自己创造生命价值做参考。在此，死者也获得了永生。

追求永生与不朽，是人性的普遍追求。人由于后代子孙的延续，自然生命具有不

---

① 孙希旦：《礼记集解》卷43《冠义》，第1412页。
② 孙希旦：《礼记集解》卷47《祭统》，第1236页。

朽的意义。对于精神生命的间接不朽，更直接、积极的不朽方式，就是要求在生前能达到"太上有立德，其次有立功，其次有立言"的层次。[①] 所谓立德、立功、立言，是指人在死后，其道德、事功、言论仍在世上流传，对后人造成影响，获得不朽。孔子正是继承了"三不朽"的思想，认定社会群体的价值是崇高的，于是提出"承礼启仁"的主张来维护社会的和谐。孟子在继承孔子思想的同时继续向前发展，希望自己通过行仁义而使得人群和谐，获得生命的不朽。

在汉初政治统一的情形下，亲亲，尊尊、长长、男女有别的思想，是儒家共同的诉求。因此，《礼记》中讲："立权度量，考文章，改正朔，易服色，殊徽号，异器械，别衣服，此其所得与民变革者也。其不可得变革者则有矣，亲亲也，尊尊也，长长也，男女有别，此其不可得与民变革者也。"[②] 人非仅为个体，更隶属于群体。

生命价值的意义在于"死可教生"。冠礼之中能体现以死教生价值意义的，当属于冠礼之后赞见乡大夫、乡先生，听取长辈们的经验教训，获得历史教育。通过以死教生的方式，使前人的功过得失、荣辱毁誉都成为历史教材。

最能凸显以死教生价值的是丧、祭之礼。在祭祀的背后有其信仰系统，其所使用的"象征"与"符号"也有具体的历史文化背景，带着一定时代的特征。因此，在《礼记》所反映的社会制度和政治背景，仍是死后世界的描摹，即此岸世界的翻版。因此，礼制的设计，从招魂开始，就配死者生前所属的社会阶级，生者为死者作的各种安排，即是由情感的投射，认为人的肉体归于尘土之后，仍能保有原有的地位与权势。因此，从贴身的衣物、陪葬的配备、棺椁的重数、墓穴兆域的设置等，凡是死者生前所拥有的都有相应的表现。因为死后有着落，现世才可以更专心地致力于从事各种努力，创造生命的价值。

《礼记》中强调"兵者不入兆域"，是对以死教生的贴切解答。这代表着社会意识对"不义之罪"的永远排斥，目的是在教导生者于有生之年需战战兢兢，随时保持如临深渊的心境，以防节守不保，陷先人于耻辱，令后人所羞愧。所以，对死后的人加谥的礼法，目的也是维持团体的尊严。"幼名，冠字，五十以伯仲，死谥，周道也。"[③] 无论是族长、王侯，如危害整体，仍须死后加以批判，以戒后世。谥号的美恶即是永久的褒贬，具有以死教生的永恒价值。

---

① 杨伯峻编著《春秋左传注》襄公二十四年，中华书局，1981，第1088页。
② 孙希旦:《礼记集解》卷34《大传》，第907页。
③ 孙希旦:《礼记集解》卷8《檀弓上》，第207页。

第三节 秦汉社会的厚葬与薄葬

一 先秦思想中的厚葬与薄葬

从文献记载,古人所谓"厚葬",应包括僭礼和奢侈两方面。《左传》成公二年(前589)载:"八月,宋文公卒,始厚葬,用蜃炭,益车马。始用殉,重器备,椁有四阿,棺有翰、桧。"① 《春秋经》载,次年二月始葬文公,则在僭礼(如逾七个月而葬、椁有四阿、棺有翰桧等,均为天子之制)和奢华(用蜃炭,益车马,重器备等)两方面均逾尺度,故《左传》称之为"厚葬"。

这种僭礼厚葬的情况反映了周天子权威不断下降,封建诸侯和卿大夫势力交替膨胀的政治社会秩序。如果定义厚葬为葬礼逾越身份,不论是在实际上还是在象征上,则可以认为此时社会中有厚葬的风气。此厚葬风气的形成虽有宗教与政治社会等各种因素,并不为一般知识分子所赞同。《左传》作者显然不以厚葬为然。而春秋战国之时薄葬主张也已出现。薄葬观到了汉代仍有继承者,其人数虽不多,却形成了汉代丧葬思想史中特殊的一环。

讨论汉代的薄葬思想,应先厘清这类思想在先秦时代思潮中的背景。以孔子为首的儒家非常重视"礼",也就是有秩序的社会规范。孔子在论"孝"的意义时说:"生事之以礼,死葬之以礼,祭之以礼。"② 不论在生时或死后。人必须以合乎其身份的礼数来对待其亲人。因此孔子弟子颜回去世后,门人想要厚葬,而孔子却反对。《论语》中记载:"颜渊死,门人欲厚葬之。子曰:不可。门人厚葬之。子曰:回也,视予犹父也,予不得视犹子也。非我也,夫二三子也。""颜渊死,颜路请子之车以为之椁。子曰:才不才,亦各言其子也。鲤死,有棺而无椁。吾不徒行以为之椁,以吾从大夫之后,不可徒行也。"③ 孔子反对厚葬颜回的根据,主要是厚葬不合颜渊的身份,而不是考虑颜渊家贫无法负担费用,否则当门人集资厚葬颜回时,孔子没有理由反对。虽然颜渊与孔子之间的关系极近,但颜渊为一平民,故在葬礼上孔子不愿意逾越礼制。何况孔子连自己的儿子孔鲤的葬礼都没有给予椁具,似乎也没有很好的理由给颜渊椁

---

① 杨伯峻编著《春秋左传注》成公二年,第801~802页。
② 程树德:《论语集释》卷3《为政上》,第81页。
③ 程树德:《论语集释》卷22《先进上》,第759、752~753页。

具。孔子这种重视礼制的态度在《礼记》中也可以得到印证。《檀弓上》中记载："子贡曰：昔者夫子之丧颜渊。若丧子而无服，丧子路亦然。"① 可见孔子尽管对颜渊的去世感到悲哀，但在礼制上仍然要遵守一定的规范而"无服"。不过孔子也注意到外在的礼仪文饰并非伦理的最高境界，因此他说："礼，与其奢也，宁俭；丧，与其易也，宁戚。"② 丧礼最重要的是表现出哀戚的情怀，而不是合乎身份的礼仪，这一点为后世的薄葬论者所赞同，但孔子也没有放弃那合乎身份的外在仪节。

孟子在他丧父时身份为士，故以三鼎随葬；而丧母时身份已为大夫，故以五鼎随葬。鲁平公知道这件事之后，颇不以为然。鲁平公虽可以接受孟子"前三后五"的用鼎法，但是认为孟子在准备衣衾棺椁时用的材料过于奢华。乐正子认为孟子没有逾礼，因为孟子在葬母时有财力提供较好的葬具，所谓"非所谓逾也，贫富不同也"。③ 不过乐正子与鲁平公对厚葬的理解不同，因为鲁平公并不是指孟子所提供的葬具在制度上是否符合礼制，而是说他所使用的葬具过分奢华，强调这是一种逾礼行为。

在另一次谈到棺椁葬制时。孟子表示他赞成用美材为棺的态度："古者棺椁无度。中古棺七寸，椁称之。自天子达于庶人，非直为观美也，然后尽于人心。不得。不可以为悦；无财，不可以为悦。得之为有财，古之人皆用之，吾何为独不然？且比化者，无使土亲肤，于人心独无恔乎？吾闻之，君子不以天下俭其亲。"④ 这两件事，孟子似乎比较倾向于厚葬。但他所认可的"厚"仍是在一定礼制之内的"厚"，并不至于违礼。而丧葬之礼是否恰当，其实并不容易界定，奢侈厚葬之风多少与这种观念上所可能产生的混淆有关。

但是，埋葬逾制或薄葬在儒家思想中都是没有立足之地的。但由于儒家在礼的推行上，容易朝厚葬方面发展。因此，在当时的统治者眼中，以厚葬为孝道之表现已经是儒家的特征之一。《史记·孔子世家》中有一段晏婴的话，说儒者"崇丧遂哀，厚葬破产"。⑤ 这也引起了误解，甚至道家与墨家都发出了批评声音。

事实上，我们必须考虑有关死亡的观念问题。因为人对死亡的想法不同会影响到对丧葬之礼的态度。对于儒家而言。他们主要关心的是生者所处的社会，因而他们对

---

① 孙希旦：《礼记集解》卷7，《檀弓上》，第197页。
② 程树德：《论语集释》卷5《八佾上》，第145页。
③ 焦循：《孟子正义》卷4《梁惠王下》，第170页。
④ 焦循：《孟子正义》卷9《公孙丑下》，第281~284页。
⑤ 《史记》卷47《孔子世家》，第1911页。

死亡本身并没有作太多的考虑。一般而言，既然孔子强调尊崇祖先，儒者就不能完全反对世间有鬼神的观念。

孔子"未知生，焉知死"的立场，到了汉代基本上仍然没有改变。《说苑》中有关子贡问孔子人死后有无知觉的故事："子贡问孔子：'人死。有知将无知也？'孔子曰：'吾欲言死人有知也，生以送死也。吾欲言死人无知也，恐不孝子孙弃亲不葬也。赐欲知死人有知将无知也，死徐自知之，犹未晚也。'"① 因此，儒家所重视的是生者对死者的态度，他们并不直接触及人死之后究竟有知、无知的问题。

墨家强调鬼神的存在，目的是用世间有鬼神的观念震慑百姓。"今若使天下之人偕若信鬼神之能赏贤而罚暴也，则夫天下岂乱哉"。② 然而他们也没有考虑这种观念与其薄葬的主张是否会有冲突之处。若死者果真有知，薄葬是否会激起死者的不满，而厚葬是否又会引导死者为生者致福呢？儒墨之间虽有这样的不同，两者基本上都主张以主动积极的态度介入世事。

道家对此是另一种观点。他们认为如果将人的生命视同宇宙万物的一部分，则生不足喜，死不足悲，生死之间亦无绝对的分别。丧葬之礼，尤其是厚葬，都是不必要的"外物"。道家批评厚葬的理由是：厚葬的结果不但不能保全尸骨，还因为珠宝等身外之物成为盗墓者凌辱的对象。这也《吕氏春秋》反对厚葬的主要原因。《节丧》与《安死》两篇都提倡薄葬，目的是在保护死者，不但要避开狐狸蝼蚁蛇蛊的侵扰，还要不受"奸邪盗贼寇乱之患"。厚葬有如立碑招人盗掘，与"葬也者藏也"的立场背道而驰。

纵观先秦时代与厚薄葬有关的言论，儒墨主要关心的是葬礼对生者社会所可能造成的影响。墨家要求节葬以有利于天下。儒家虽不主张薄葬，他们对葬礼的考虑方式则与墨家无二致：葬礼主要是一种对生者有作用的"礼"。道家崇尚自然的倾向显然不赞同厚葬风气，这对汉代一些知识分子所持的薄葬观仍有相当的影响。

二 秦汉社会的薄葬观

一般认为，"厚葬"为汉人所崇尚。实际上，无论官方还是民间，薄葬的呼吁一直存在。

官方材料主要是各朝皇帝的诏书。汉文帝以俭节为尚，与民休息。遗诏中曾说："朕

---

① 刘向撰，向宗鲁校证《说苑校证》卷18《辨物》，中华书局，1987，第474~475页。
② 孙诒让：《墨子间诂》卷8《明鬼下》，第222~223页。

闻盖天下万物之萌生，靡不有死，死者天地之理，物之自然者，奚可甚哀。当今之世，咸嘉生而恶死，厚葬以破业，重服以伤生，吾甚不取……今乃幸以天年，得复供养于高庙。朕之不明与嘉之，其奚哀念之有！其令天下吏民，令到出临三日，皆释服。无禁取妇嫁女祠祀饮酒食肉者。自当给丧事服临者，皆无践。绖带无过三寸，无布车及兵器，无发民男女哭临宫殿中。宫殿中当临者，皆以旦夕各十五举音，礼毕罢。非旦夕临时，禁无得擅哭。已下，服大红十五日，小红十四日，纤七日，释服。它不在令中者，皆以此令比率从事。"文帝此诏主要是以皇帝身份谈葬礼，他所主张的薄葬可能比前代君王节俭，"治霸陵皆以瓦器，不得以金银铜锡为饰，不治坟，欲为省，毋烦民"。①

到了东汉，汉光武帝对厚葬专门下诏批评。建武七年（公元31年）诏中记载："世以厚葬为德，薄终为鄙，至于富者奢僭，贫者单财，法令不能禁，礼义不能止。仓卒乃知其咎。其布告天下，令知忠臣、孝子、慈兄、悌弟薄葬送终之义。"②不难看出，即使在战乱之中，人们仍然不肯放弃厚葬之俗。

国家稍稍得到安定，东汉皇帝不断颁布诏书提倡薄葬，批评厚葬。如，汉明帝永平十二年（公元69年）的诏书说："昔曾、闵奉亲，竭欢致养；仲尼葬子，有棺无椁。丧贵致哀，礼存宁俭。今百姓送终之制，竞为奢靡。生者无担石之储，而财力尽于坟土。伏腊无糟糠，而牲牢兼于一奠。靡破积世之业，以供终朝之费，子孙饥寒，绝命于此。岂祖考之意哉！"③汉章帝建初二年（公元77年）诏中载："而今贵戚近亲，奢纵无度。嫁娶送终，尤为僭侈。有司废典，莫肯举察。"④和帝永元十一年（公元99年）诏："吏民逾僭，厚死伤生，是以旧令节之制度。顷者贵戚近亲，百僚师尹，莫肯率从。有司不举，怠放日甚。"⑤汉安帝永初元年（107）诏中说："秋九月庚午，诏三公明申旧令。禁奢侈，无作浮巧之物，殚财厚葬。"⑥元初五年又下诏说："嫁娶送终，纷华靡丽。至有走卒奴婢被绮縠，著珠玑。京师尚若斯，何以示四远？"⑦

东汉末年，曹操也主张薄葬。东汉建安二十三年（218）六月，曹操颁布《终令》："古之葬者，必居瘠薄之地。其规西门豹祠西原上为寿陵，因高为基，不封不树。周礼冢人掌公墓之地，凡诸侯居左右以前，卿大夫居后，汉制亦谓之陪陵。其

---

① 《史记》卷10《孝文本纪》，第433~434页。
② 《后汉书》卷1《光武帝纪》，第51页。
③ 《后汉书》卷2《明帝纪》，第115页。
④ 《后汉书》卷3《章帝纪》，第134~135页。
⑤ 《后汉书》卷4《殇帝纪》，第186页。
⑥ 《后汉书》卷5《安帝纪》，第207页。
⑦ 《后汉书》卷5《安帝纪》，第228页。

公卿大臣列将有功者，宜陪寿陵，其广为兆域，使足相容。"① 东汉献帝建安二十五年（220）春正月庚子，曹操死于洛阳，临终前颁布《遗令》："天下尚未安定，未得遵古也。葬毕，皆除服。其将兵屯戍者，皆不得离屯部。有司各率乃职。敛以时服，无藏金玉珍宝。"②

不仅汉代皇帝不断提倡薄葬，就是其他官员或士人，提倡薄葬的言论与行为也屡被记载。墨子是从经济角度来提倡节丧的，在汉代仍有后继者。汉成帝时，刘向曾上书谏营昌陵之事，主张薄葬，刘向认为："德弥厚者葬弥薄，知愈深者葬愈微。"③ 接着从经济上劝成帝考虑天子厚葬给人民带来的骚扰："及徙昌陵，增埤为高，积土为山，发民坟墓，积以万数，营起邑居，期日迫卒，功费大万百余。死者恨于下。生者愁于上，怨气感动阴阳，因之以饥馑，物故流离以十万数。"④ 东汉光武初期以军功封侯的祭遵"临死，遗诫牛车载丧，薄葬洛阳。"⑤ 和帝时司徒张辅有薄葬之志。其遗言："显节陵扫地露祭，欲率天下以俭。吾为三公，既不能宣扬王化，令吏人从制，岂可不务节约乎？其无起祠堂，可作盖庑，施祭其下而已。"⑥ 张辅的薄葬观念主要仍是从道德性和功利性的角度出发。

从宇宙和生死观来提倡薄葬与道家思想取向有关。除《淮南子》、《论衡》中有记载外，汉武帝时还有薄葬论者杨王孙，他也是道家信仰者。到东汉时期，薄葬论者具道家思想取向，有光武时的樊宏。樊宏与杨王孙相似，家资巨万，而有"天道恶满而好谦，前世贵戚皆明戒也。保身全己，岂不乐哉"的主张，⑦ 死时遗令薄葬。然而考察樊宏的生平，却与杨王孙相去甚远。杨王孙终生不仕，而樊宏数任官职，贵至封侯。他不但尽忠职守，而且谨言慎行，为人"谦柔畏慎"，极为光武所欣赏。他死后，光武下诏尊重樊宏薄葬的遗志。但光武帝仍然赐给他的家属"千万钱，布万匹"，并且亲自参加他的葬礼。

汉章帝时，蜀郡的张霸曾任太守、侍中。他死时留下遗言："昔延州使齐，子死嬴、博。因坎路侧，遂以葬焉。今蜀道阻远，不宜归茔，可止此葬，足藏发齿而已。

---

① 《三国志》卷1《魏书·武帝纪》，中华书局，1959，第51页。
② 《三国志》卷1《魏书·武帝纪》，第53页。
③ 《汉书》卷36《楚元王传》，第1955页。
④ 《汉书》卷36《楚元王传》，第1956页。
⑤ 《后汉书》卷20《祭遵传》，第742页。
⑥ 《后汉书》卷45《张辅传》，第1533~1534页。
⑦ 《后汉书》卷32《樊宏传》，第1121页。

务遵速朽，副我本心。"①张霸所引延陵季子葬子的故事为儒家赞同，他发出"务遵速朽，副我本心"的言论，表明他又受到道家思想的影响。但若考察他的政治事业以及学术成就，他应不算道家之徒。他是公羊春秋学者，曾著《严氏春秋》，更名为《张氏学》，这些说明他的儒者性格。

赵咨是灵帝时博士，累迁敦煌太守、东海相，为人正直。临终时为文论薄葬："夫含气之伦，有生必终，盖天地之常期，自然之至数。是以通人达士，鉴兹性命，以存亡为晦明，死生为朝夕，故其生也不为娱，亡也不知戚。夫亡者，元气去体，贞魂游散，反素复始，归于无端。既已消仆，还合粪土。土为弃物，岂有性情，而欲制其厚薄，调其燥湿邪？但以生者之情，不忍见形之毁，乃有掩骼埋窆之制。"②赵咨虽持道家生死观，也兼顾儒家的礼制和墨家的薄葬之义。赵咨的例子与樊宏和张霸有相似之处，就是其言行反映出儒、道甚至墨三派思想的影响。与赵咨同时代或稍晚，又有张奂、范冉、赵岐、卢植等人，均以薄葬著于世。此外，章帝时的郑弘、和帝时的何熙、顺帝时的王堂、桓帝时的马融、灵帝时的羊续和郑玄等人均遗言薄葬。

当然，薄葬论者所主张的薄葬方式各有不同。主张无棺的有杨王孙、张奂、赵岐、卢植等。不反对有棺的有赵咨、范冉等，其余均不知其是否主张有棺。可见"薄葬"本身并无任何绝对标准可言，重要的是在于提出一种相对当时一般流行的厚葬习俗的观念。这些薄葬论的共同基本前提应该都是"人死无知"，并且否认死后世界的存在，这和两汉时代葬俗中所透露出那种对死后世界和鬼神的信仰正形成强烈的对比，也和在东汉中晚期兴起的道教对葬礼的态度有所不同。

秦汉薄葬观，无论从经济角度还是从道家宇宙人生观角度，其用意主要是以警世抗俗。因而即使其言辞有道家洒脱之气，其薄葬之主张与事实本身却是一种具有"社会教育"意义的积极劝世的儒家胸怀。这一点，薄葬论者的出身、受教育背景和行为事迹方面等都可以有所显现。儒家主张的"丧，与其易也，宁戚"，很容易被引申为薄葬的理论基础。儒道之间还是有很多融通之处的，他们的言论不涉及儒家，也许只是由于儒家学说在当时多少成为厚葬风气的支持者，以至于他们不愿意再援引儒家学说，以免造成误解。

---

① 《后汉书》卷36《张霸传》，第1242页。
② 《后汉书》卷39《赵咨传》，第1314页。

三 秦汉社会的厚葬

秦汉时期是中国经济大发展大繁荣的时代，土地私有制度形成，私营工商业兴起，这都促成社会上官僚富贵之家财富的累积，因此，秦汉社会中充满的厚葬风气，首先是由其经济基础所决定的。

从其思想因素说，与秦汉社会提倡"孝"有一定关系。尽管儒家提倡的主张的"孝"不是主张厚葬，但汉代人认为厚葬是"孝"的主要表现形式。"虽无哀戚之心，而厚葬重币者，则称以为孝"，这种现象实际上正是孔子所担心的，但事实上这已经在社会上流行。

但若将厚葬行为完全归于对"孝"的思想曲解也是不正确的。厚葬行为在其他民族中也曾有类似的现象，其根本原因在于灵魂不灭信仰。当然，秦汉社会，人们对于死后世界的想象却明显比前代更为丰富。

就殡葬本身而言，秦汉社会也有两个比较突出的特色，为厚葬之风起到了推波助澜的作用。一是汉代预作寿陵制度。《后汉书·光武帝纪下》记载："初作寿陵。将作大匠窦融上言园陵广袤，无虑所用。"李贤注："初作陵未有名，故号寿陵，盖取久长之义也。汉自文帝以后皆预作陵，今循旧制也。"[①]《三国志·魏书·武帝纪》记载："（建安二十三年）六月，令曰：'古之葬者，必居瘠薄之地。其规西门豹祠西原上为寿陵，因高为基，不封不树。'"[②]

第二是大作丘垄。战国时代人们已用山陵比作最高统治者，把最高统治者的去世隐讳地称为"山陵崩"。因此，当国王活着预先建筑坟墓的时候，为了避免不吉利，也就隐讳地称为"陵"或"寿陵"了。战国时代君王坟墓之称"陵"，见于记载的，从赵肃侯"起寿陵"开始。刘向说："及秦惠文、武、昭、严（庄）襄五王，皆大作丘垄。"[③] 现在咸阳北的秦惠文王墓（图 1-2）和秦武王墓都高三丈以上，这在当时坟墓中已算最高大的了。当时人已把高大坟墓比作山陵，因而很自然地把国王的高大坟墓称为"陵"。秦代又把皇帝的坟墓称为"山"，后代把帝王坟墓又都统称为"山陵"。

汉代除崖墓外，各类墓上均有坟丘。帝王、贵族官僚墓上的坟丘都十分高大。西汉 11 个帝陵，除文帝的霸陵因其山，不起坟外，其余 10 陵地面上都筑有覆斗形夯土

[①] 《后汉书》卷 1 下《光武帝纪下》，第 77~78 页。
[②] 《三国志》卷 1《魏书·武帝纪》，第 51 页。
[③] 《汉书》卷 36《楚元王传》，第 1954 页。

第一章　殡葬观念

图1-2　秦惠文王墓

坟丘。坟丘高低大小与墓主的身份、地位、财富有关。对此，汉律有所规定："列侯坟高四丈，关内侯以下至庶人各有差。"

实际上，在上位的丧葬行为对厚葬之风影响，当时人就有清醒的认识。汉元帝时，贡禹曾经上书谈到汉武帝死后，"昭帝幼弱，霍光专事，不知礼正。妄多藏金钱财物，鸟兽鱼鳖牛马虎豹生禽，凡百九十物，尽瘗臧之，又皆以后宫女置于园陵，大失礼，逆天心，又未必称武帝意也。昭帝晏驾，光复行之，至孝宣皇帝时，陛下恶有所言，群臣亦随故事，甚可痛也……及众庶葬埋，皆虚地上以实地下，其过自上生，皆在大臣循故事之罪也"。① 这里，贡禹认为由于在上位的奢侈行为激发了民间厚葬风气习俗的发展。

此外，前面提到的汉代皇帝多次下诏书提倡薄葬，批评厚葬可知，民间社会中的厚葬之风多么兴盛，尤其是到了东汉庄园经济的发展和地方豪强的崛起，加上汉代丧葬中盛行赗赠之俗，说明那些诏令的作用和影响力是有限的。

第四节　其他殡葬观念

一　佛教生死观念的传入

神魂不灭观念是宗教信仰基石。秦汉鬼神信仰与灵魂不灭观念、冥界观、神仙观

---

① 《汉书》卷72《贡禹传》，第3070~3071页。

为道教形成、接受佛教都做了思想准备。

经过先秦的百家争鸣而形成的中华文化，具有很强的包容性，把佛教等同于老、庄学说。如《后汉书·西域传》："详其清心释累之训，空有兼遣之宗，道书之流也。"①

从民间信仰看，佛教之前，中国没有定型的宗教，尤其到了西汉末年和东汉末年，战争频繁，动乱不断。在精神世界中的六道轮回、因果报应、天堂地狱等观念普及开来，深受欢迎。

这个时候，南亚、中亚佛教兴盛，有一些佛教僧侣和信众加入来往的商团中，将佛教文化带入中国，为秦汉文化注入新鲜血液。《魏书·释老志》记载："及（汉武帝）开西域，遣张骞使大夏还，传其旁有身毒国，一名天竺，始闻有浮屠之教。哀帝元寿元年，博士弟子秦景宪受大月氏王使伊存口授《浮屠经》。中土闻之，未之信了也"。②

到了东汉，佛教在统治者上层传播，《后汉书·楚王刘英传》记载："（楚王刘）英少时好游侠，交通宾客，晚节更喜黄老学，喜为浮屠，斋戒祭祀。"③《后汉书·桓帝纪》记载："前史称桓帝，好音乐，善琴笙。饰芳林而考濯龙之宫，设华盖以祠浮图、老子。"④建安年间，康孟祥、竺大力与外国沙门昙果合作译成《修行本起经》二卷和《中本起经》二卷。

传记中有关佛陀的故事不断被增饰，如汉孝明帝梦见金人，诏遣郎中蔡愔、博士弟子秦景到西域，在于月支国遇到沙门摄摩腾等，翻译了《四十二章经》，他们返回洛阳，将其藏在兰台石室第十四间等。

东汉末年，各地佛教迅速发展，如长江中下游的扬州、徐州一带，佛教兴盛。《三国志·吴书·刘繇传》记载，笮融曾大兴佛教。

二 道教生死观的形成

道教尽管在东汉中后期形成，但作为中国本土宗教，其形成经历了一个十分漫长的过程。考察秦汉殡葬史，尤其应当注意秦汉前道教时期文化的影响。中华民族的上古宗教信仰，如"天帝"信仰、祖先崇拜、鬼神崇拜、"德"的观念等敬天法祖思想都构成了道教形成的文化基础。

---

① 《后汉书》卷88《西域传》，第2932页。
② 《魏志》卷114《东夷传》，中华书局，1974，第3025页。
③ 《后汉书》卷42《楚王刘英传》，第1428页。
④ 《后汉书》卷7《桓帝纪》第320页。

道家为道教形成提供了宇宙论、人生哲学和修行方法,神仙家则为道教建构树立了理想典型。老子的"道"开拓了中国古代本源,追求世界整体性的理论趋向。庄子更加关注个体生命的体验,走向了生命哲学。稷下学宫的黄老学者发掘老子"君人南面之术",把早期的黄老中的圣人政治学进一步发扬。

战国秦汉时期,老庄学派和稷下黄老学派相互靠拢。这其中《黄帝书》起到了很大作用,将"道"看作"法"的本原,强调"时"的作用,将人的活动与天地四时关联起来,贯彻了"自然"精神。

在道家学派进行生命哲学建构的同时,神仙家则注重把人类生命理想注入传统的祖先崇拜、天帝与鬼神信仰之中。神仙思想来源久远,至少有五个源头:山海幻景、火葬风俗、飞行动物、内修外炼、药物作用。这些在后来的道教文化中经常被发现。到了秦汉时期,特别是秦始皇,特别热衷寻找神仙,追求长生。

对神灵的崇拜和信仰传统在秦国源远流长。《史记·封禅书》记载秦襄公攻戎救国有功,被封为诸侯,率领族人居于西陲,认为应主少皞之神,于是建西畤,祠祭所谓白帝。后来秦文公即位,夜梦一条黄蛇白天下属地,其蛇口止于鄌衍。史敦为他圆梦道:这是上帝的象征,应当祠祭。于是秦文公建了鄌畤。秦穆公大病后说他梦见了上帝,称上帝命令他要帮助晋国平定内乱。后来穆公"三置晋国之君,平其乱",[①]开始祠祭上帝。秦灵公建了上畤下畤,分别祠祀黄帝和炎帝。秦国还相信万物有灵论,秦文公得到一块质地像石头似的东西,以为是个神物,便将其置于陈仓北阪城祠祭之。此外,秦国还有祭河伯、山神、树神的记载。《史记·六国表》记秦灵公八年(前417),秦首次取臣民之女为公主,以嫁给河伯。[②]《秦会要订补》引《长安志》说秦孝公曾在蓝田山建立了虎侯山祠,用来祭祠山神。[③]据《水经·渭水注》载:在故道县建怒特祠祭祀"南山大梓"。

秦始皇接受了这些思想,对祠祭鬼神表现出无比浓厚的兴趣,不仅祭秦地之神,有时也大举祭祀六国之神,如秦始皇封禅结束后,祠祭了八神。八神是古代齐国所奉祀的神祇。秦始皇对八神一律用一牢具祠,表现了他对神祇的崇敬之心。在祠祭名山大川方面,秦始皇也表现了"开拓"精神。秦始皇下令崤山以东奉祠名山五、大川二。

---

① 《史记》卷28《封禅书》,第1361页。
② 《史记》卷15《六国年表》,第705页。
③ 孙楷:《秦会要订补》卷5,中华书局,1959,第52页。

秦始皇鬼神之祀的目的，主要是企图求得鬼神的保护，实现其"传至万世"的理想。事实上，秦始皇是一个现实感极为强烈的帝王，他的目光始终关注现实。鬼神不能很快使他实现自己最根本的愿望——长生不死。因此，在奉祠鬼神的同时，秦始皇开始寻找长生之药。为了达到目的，他寄希望于一些方士，走上了求神仙、寻仙药的虚幻之路。

早在战国时期，燕国和齐国等地方士十分兴盛，各种神仙学说流行。《史记·封禅书》中记载的齐威王、燕昭王等人派人入海求仙人、仙药的故事，就能看到当时的盛况。

秦始皇统一六国后，方士们为了讨好这位天下之主，争先恐后前来，"不可胜数"。①《史记集解》引用《太原真人茅盈内纪》中记载：秦始皇三十一年，太原人茅濛成（字初成）升仙飞天。其故邑有这样一个歌谣："神仙得者茅初成，驾龙上升入泰清，时下玄州戏赤城，继世而往在我盈，帝若学之腊嘉平。"②秦始皇听说后询问此歌谣的缘故。一些父老说：这个仙人歌谣，是劝皇帝求长生的法术。于是，秦始皇十分高兴，从此有了寻仙的志向，为了对应歌谣中的词语，他将腊月改为"嘉平"。

在诸多方士中，齐人徐巿最为著名，《史记》中记载徐巿等人为秦始皇求仙的事情，《史记·秦始皇本纪》记载："（秦始皇）二十八年……齐人徐巿等上书，言海中有三神山，名曰蓬莱、方丈、瀛洲，仙人居之。请得斋戒，与童男女求之。"这些话都迎合了秦始皇的内心世界：他渴望长生不老，永享世间的人生，保障这至高无上的权位。因此，他甚至不惜耗费巨资和人力，"遣徐巿发童男女数千人，入海求仙人"。③

徐巿入海寻求神药好多年，尽管耗费大量资金，当然是不可能有结果的，但都以船遇到大风，靠不近神山等谎言欺骗秦始皇。到了秦始皇三十七年，为了避免被秦始皇责罚和惩治，徐巿又想出新的谎言欺骗秦始皇，他说："蓬莱药可得，然常为大鲛鱼所苦，故不得至。"要求皇帝带几个"善射者……以连弩射之"。除了徐巿，卢生等人也备受秦始皇重视，"（秦始皇）三十二年，始皇之碣石，使燕人卢生求羡门高誓"等传说中的古仙人，又派遣"韩终、侯公、石生求仙人不死之药"。

除了耗费大量财物外，平时生活中秦始皇经常穿上望仙鞋和氅云短褐，以表达

---

① 《史记》卷 28《封禅书》，第 1370 页。
② 《史记》卷 6《秦始皇本纪》，第 251 页。
③ 《史记》卷 6《秦始皇本纪》，第 247 页。

对神仙的仰慕,"以对隐士求神仙",①甚至对向卢生说他因为仰慕真人,就自称"真人",不再称"朕"了。②

卢生认为对秦始皇求仙不至的主要原因是:"人主所居而人臣知之,则害于神。"他建议秦始皇在咸阳方圆几百里内建了270座宫观,用复道甬道相连,其中有帷帐钟鼓美人,对臣下严格保密其住处,对于泄露者处以极刑。

由于最高统治者对方士的日益青睐,神仙学术传播广泛,并开始了它与道家文化融合之路,并形成新的学说——黄老学派,其融合发展代表著作有《吕氏春秋》、《淮南子》等。

《吕氏春秋》是一部政治理论著作,面对方士的活跃,卜筮、祷祀之风的盛行,厚葬之风的炽烈,《吕氏春秋》的总的倾向是自然观念的。它认为,人的出生和成长是一种自然现象:"达士者,达乎死生之分……生,性也;死,命也……凡人物者,阴阳之化也。阴阳者,造乎天而成者也……命也者,不知所以然而然者也。"③这里强调生死是一种自然现象:"凡生于天地之间,其必有死,所不免也。"④这是说有生必有死,这是自然规律,非人力所能改变的。

生的意义却各不相同。物质生活、精神生活都能得到满足,可叫"全生"。物质生活即使相当富裕,而精神生活却处于屈辱之中,叫作"迫生"。《吕氏春秋》是赞扬前者而批评后者。死的意义也不尽相同。"黄帝之贵而死,尧、舜之贤而死,孟贲之勇而死。人固皆死。若庆封者,可谓重死矣。"⑤黄帝、尧、舜,乃至孟贲,都是死得其所,唯有庆封是死有余辜。庆封原是齐国大夫,在齐国干尽坏事,逃到鲁国。在鲁国待不住,又逃到吴国。吴王把他封在朱方,引起楚国的进攻。庆封被俘。楚王令庆封背着"斧质",游毕乃杀之。

《吕氏春秋》对厚葬是持否定态度的,认为丧葬只是为了表达孝子的感情,所以没有必要厚葬:"孝子之重其亲也,慈亲之爱其子也,痛于肌骨,性也。所重所爱,死而弃之沟壑,人之情不忍为也,故有葬死之义。"⑥

《吕氏春秋》认为当时厚葬之风之所以盛行,只是为了夸耀和示富,并非为了死

---

① 马缟:《中华古今注》,中华书局,1985,第21页。
② 《史记》卷6《秦始皇本纪》,第257页。
③ 许维遹:《吕氏春秋集释》卷20《知分》中华书局,2010,第552~556页。
④ 许维遹:《吕氏春秋集释》卷10《节葬》,第220页。
⑤ 许维遹:《吕氏春秋集释》卷22《慎行》,第603页。
⑥ 许维遹:《吕氏春秋集释》卷10《节葬》,第220页。

者。"今世俗大乱之主愈侈，其葬则心非为死者虑也，生者以相矜尚也。"① "以此（指厚葬）观世示富可矣，以此为死则不可也。夫死，其视万岁犹一瞚（瞬）也。"②

但对于是否有鬼神，《吕氏春秋》各篇认识不同，如"王者厚其德，积众善，而凤凰、圣人皆来至矣……以此言物之相应也。"③ "贤者所聚，天地不坏，鬼神不害，人事不谋，此五常之本也。"④ 又如，《音初》载："夏后氏孔甲田于东阳萯山，天大风，晦盲。孔甲迷惑，入于民室，主人方乳（正在分娩——笔者注），或曰：'后（孔甲——笔者注）来，是良日也，之子是必大吉！'或曰：'不胜也，之子是必有殃！'后乃取其子以归，曰：'以为余子，谁敢殃之？'子长成人，幕动坼橑，斧斫斩其足，遂为守门者。孔甲曰：'呜呼！有疾，命矣夫！'乃作为《破斧》之歌，实始为东音。"⑤ 这个故事说得更是活灵活现。

但《吕氏春秋》有些章节认为人死后并无灵魂："盖闻孔丘、墨翟，昼日讽诵习业，夜亲见文王、周公旦而问焉……故曰精而熟之，鬼将告之。非鬼告之也，精而熟之也。"⑥ 孔丘、墨翟"夜亲见文王、周公旦而问焉"，并非文王、周公旦死后灵魂不灭，而是孔、墨用心专一，习业精熟的结果。因此，对一些事情上求卜筮、祷祠，表示明确反对："今世上卜筮祷祠，故疾病愈来。"⑦ 生病不求良医，而去求神问卜，这样非但治不好病，反而延误时机，使疾病更加严重。《吕氏春秋》这种认识上的互相矛盾，正是初期融合的表现。

西汉前期的《淮南子》继承和沿袭了道家的生死观念，从自然主义的角度对生死问题进行了探讨。

《淮南子》继承了老子"贵柔尚弱"观念，"是故柔弱者生之干也，而坚强者死之徒也"。⑧ 同时，《淮南子》中也有庄子的影子，"以利害为尘垢，以死生为昼夜"，⑨ 这里受庄子的影响，将生死看作一个循环的自然更替过程。《淮南子》讨论的是宇宙生命大化流行的存在状态，而不是个体生命的存在状态。个体生命只有一次，而人类整体而言，生死如同更替的四季或昼夜循环不息。

---

① 许维遹：《吕氏春秋集释》卷10《节葬》，第220页。
② 许维遹：《吕氏春秋集释》卷10《节葬》，第224页。
③ 许维遹：《吕氏春秋集释》卷21《开春论》，第581~582页。
④ 许维遹：《吕氏春秋集释》卷22《求人》，第616页。
⑤ 许维遹：《吕氏春秋集释》卷6《音初》，第139页。
⑥ 许维遹：《吕氏春秋集释》卷24《博志》，第653页。
⑦ 许维遹：《吕氏春秋集释》卷3《尽数》，第68页。
⑧ 何宁：《淮南子集释》卷1《原道训》，中华书局，1998，第50页。
⑨ 何宁：《淮南子集释》卷2《俶真训》，第109页。

在《淮南子》看来,"夫死生同域,不可胁陵,勇武一人,为三军雄"。①既然生死同处于一个宇宙之下,因此可以说生死无界。"故知宇宙之大,则不可劫以死生",②生死对无限的宇宙来说并没有过多的差别,只是一种相对的存在而已。在庄子"死生存亡之一体"的基础上,③《淮南子》直接明确提出"死生一体"。④从根本上解决了生死关系的对立统一问题。

《淮南子》主张"生死一体",它认为人的寿命只是一个自然的历程,时间长短与生命自身关系不大,所以说"明死生之分则寿矣"。⑤生死之间的关系一旦明晰,就不会被困惑其中,就能心平气和的面对生死,也就能完成自然的生命。

《淮南子》反对"生生之厚"的厚生观念:"夫人之所以不能终其寿命,而中道夭于刑戮者,何也?以其生生之厚也,夫惟能无以生为者,则所以修得生也。"⑥并进一步举例说,那种刺灸求生者的未必不是祸,那些绞胫而求死者也未必不是福,所以不要强求生死。有形为生,无形为死,生未必可怕,死也未必解脱。人的生命源于天地,归于天地,走完生命的过程是一个天地共存的自然过程。这样,《淮南子》发展庄子"生为徭役,死为休息"的看法,这种对生死超脱淡然的态度超越了庄子的憎生乐死观点。

《淮南子》作为融合的产物,其观念是多元的,不仅有道家的,还有儒家的重生轻死的观点。有的篇章明显是在儒家建功立业的观念上谈论生死的,如"立是废非,明示后人,死有遗业,生有荣名"。⑦只有在生的时候享有功业和盛名,死后个人的事业和精神才能流传于世。这是一种强调生时应积极进取作为、立功立名的观念,本质上是重生轻死的。这与道家从个体心性和生命自然的角度,超越世俗功名的羁绊谈论生死关系有明显的区别。

《淮南子》中的确主张薄葬,但更多是建立在儒家重民观念之上的。"古者……非不能竭国縻民,虚府殚财,含珠鳞施,纶组节束,追送死也,以为穷民绝业而无益于槁骨腐肉也,故葬埋足以收敛盖藏而已",⑧这种站在天下和民众利益考虑的角度,从

---

① 何宁:《淮南子集释》卷6《览冥训》,第447页。
② 何宁:《淮南子集释》卷7《精神训》,第547页。
③ 王先谦:《庄子集解》卷2《大宗师》,第62页。
④ 何宁:《淮南子集释》卷7《精神训》,第545页,原句为:"死之与生,一体也。"
⑤ 何宁:《淮南子集释》卷11《齐俗训》,第757页。
⑥ 何宁:《淮南子集释》卷7《精神训》,第514~515页。
⑦ 何宁:《淮南子集释》卷19《修务训》,第346页。
⑧ 何宁:《淮南子集释》卷11《齐俗训》,第786~787页。

节约的方面反对只重形式的厚葬，既是一种超脱的道家情怀，也是儒家民本思想的反映。

儒墨思想与谶纬神学对道教的作用，早期道教经典《太平经》、《抱朴子》等有很强的儒家思想的印迹。以"仁"为核心思想和自我修养为道教道德养生提供了精神支持和方法借鉴。以"礼"为基本框架调整人际关系的规范，对道家伦理也有启迪。儒家"忠孝仁义"等伦理成为道教神仙修行程序中的一个环节。因此，道教强调"欲修仙道，先修人道"。儒家的"神道设教"传统为道教神学伦理建立奠定了基础。"神道设教"是沟通天道与人道的中介，以天道为法则引申出人道教化。早期儒家仪式伦理在民间有着非常大的影响力。西汉武帝时期，董仲舒将儒学向"天人感应"的神学方向发展，使得儒学走向宗教化之路，后来加上谶纬神学的推波助澜，这种趋向更加明显，对道教的形成都有影响。

医药养生理论和术数思想对道教文化的影响也很大。药物、针灸治疗为先民所使用，导引行气行为起源颇早。《黄帝内经》中生命养护思想对道教的影响也不容忽视。后来兵家与医家出现了融通，提出"身国共治"、"养治顺时"等观念，也丰富发展了道教思想。

三 儒道兼容观念的发展

西汉后期，各种殡葬观念融合日趋明显，许多思想家对此都有深刻的认识，其中的代表人物如扬雄等。扬雄生于西汉宣帝甘露元年（前53年），逝于王莽新朝天凤五年（公元18年）。扬雄出身于一个"家产不过十金"的家庭，自少年起就好学，曾投师一位淡于势利、情趣沉静、人品高尚的学者严君平。严君平在哲学、自然观上主张老庄思想，但在伦理上又坚持儒家的忠孝观念，这些都对扬雄的人生观产生了重要的影响。《汉书·扬雄传》说："雄少而好学，不为章句，训诂通而已，博览无所不见。为人简易佚荡，口吃不能剧谈。默而好深湛之思，清静无为，少嗜欲，不汲汲于富贵，不戚戚于贫贱。不修廉隅以徼名当世。"[①]

扬雄生活的时代是西汉由盛到衰的西汉后期，这一时期，政治紊乱、腐败，外戚擅权，统治阶级内部斗争激烈、险象丛生。"旦握权则为卿相，夕失势则为匹夫"。[②] 由于政治的腐败，社会上出现"灾异数见，岁比不登，仓廪空虚，百姓饥馑。流离道

---

① 《汉书》卷87《扬雄传》，第3514页。
② 《汉书》卷87《扬雄传》，第3514页。

路，疫疾死者以万数，人至相食，盗贼并兴。"① 面对这样的社会动荡局面，儒家治平入世的思想已显得苍白无力。当政治日益腐败、暴虐危及己身时，老庄的人生哲理给人指出了一个理想的避所。扬雄正是在这样的背景下，将儒道学说进行融合，建立了以太玄为主干，并渗透于人生领域，儒道兼有的人生哲学。

太玄的"玄"，是扬雄的最高哲学范畴，这并不是他首创的。《老子》中就有"玄之义玄，众妙之门"的说法。因此，所谓"玄"等同于先秦道家的"道"，具有哲学本体意义的宇宙生成论。"玄"隐藏在万物之中，它由虚无而生成万物。它确定了万物的度数，贯穿了古今而区别了万物的种类，通过阴阳交通生成了气，通过气的一分一合之运动，形成天地；天体和太阳的运动，出现了昼夜。性命之道就在这种运动循环往复，通过万物的生死变化中显现出来。②

扬雄接受了先秦道家"气一元论"的思想，把"玄"看作构成万物的物质基础和支配万物的总规律，类似于道家的"道"，但玄又不完全等同于老子的"道"。他认为对老子"捶提仁义，绝灭礼学，吾无取焉耳"。③ 因此，他也肯定了"人道"，认为"夫玄也者，天道也，地道也，人道也"。④ 将天、地、人并列为三玄，这显然是儒家礼学思想的体现；另外，他将自然规律、儒家政德教化、伦理道德等相联系，形成了天地与人伦、自然与社会协调统一的观念，提出"通天地人曰儒"。⑤

扬雄的这种儒道融合的人生理论，对后来儒道融合的成熟起着重要作用。就儒学而言，先秦儒学到董仲舒的儒学体系化，发展到扬雄这里开启了儒道合一；就道学而言，先秦道家发展到魏晋玄学的一关键环节就在扬雄这里。道家自然生死观和儒家重生敬死观也进一步相互融合。这种儒道融合的人生论"结两汉思想之局，开魏晋思想之路"。⑥

在死亡观上，扬雄从天道自然无为的观点出发，认为死是一种自然规律，反对神秘、不死之说，但赞同儒家的厚葬观念。

在秦汉时期，以秦皇汉武为代表的统治阶级希图永享人世间的荣华富贵，从而掀起一股追求成仙、以图长生不死的社会思潮。扬雄针对这种思潮，认为幻想长生不死

---

① 《汉书》卷83《薛宣传》，第3393页。
② 扬雄撰，司马光集注《太玄集注》卷7《玄摘》，刘韶军点校，中华书局，1988，第184~185页。
③ 汪荣宝：《法言义疏》卷6《问道》，陈仲夫点校，中华书局，1987，第114页。
④ 扬雄撰，司马光集注《太玄集注》卷10《玄图》，第212页。
⑤ 汪荣宝：《法言义疏》卷18《君子》，第514页。
⑥ 冯友兰：《中国哲学史》上册，商务印书馆，2011，第78页。

是不合自然之道的，人们幻想成仙以求长生的想法是"非人之所及也，仙亦无益子之类矣"。① 他还指出："或曰：圣人不师仙，厥术异也。圣人之于天下，耻一物之不知；仙人之于天下，耻一日之不。曰：生乎！生乎！名生而实死也。"② 讽刺那些修仙以求长生不死的人是"名生而实死"。扬雄还从根本上否定追求长生和成仙，认为这都是无根据的幻想。他指出："或问：'人言仙者有诸乎？'曰：'吁，吾闻伏羲、神农殁，黄帝、尧、舜殂落而死，文王，毕；孔子，鲁城之北。独子爱其死乎？非人之所及也！'"③ 意即人们说的神仙不死到底有没有呢？我所知道的伏羲、神农死了，黄帝、尧、舜也死了，文王葬于毕地，孔子葬于鲁城之北。圣人皆有死，何况一般人？不死是人力所不能做到的。因此，人死是一种自然规律，"有生者，必有死；有始旨，必有终；自然之道也。"④

在汉代，人们讲孝道，于是厚葬成俗，当时黄老学者杨王孙反对厚葬，认为人的生死是自然的规律，临终时要求儿子对他行裸葬。对这种做法扬雄从儒家的孝亲观念出发加以反对，他说："矫世以礼，倮乎？如矫世，则葛沟尚矣。"⑤ 认为只能用儒家的礼义来矫正时弊。杨王孙的裸葬是不合乎礼义的，是不值得肯定的。扬雄强调"孝子有祭"。⑥ 认为斋戒祭祀先人，是培养一个人孝心的重要方式："孝，至矣乎！一言而该，圣人不加焉！父母，子之天地与。""事父母自知不足者，其舜乎。""人而不祭，豺獭乎？"⑦ 认为每个人都应该孝敬父母，如果父母死了而不祭祀，岂不是如同豺与獭一类的禽兽了吗？

对于人死后可为鬼神，扬雄态度并不明确，显得十分模糊，他说："或问赵世多神，何也？"神到底有没有呢？"神怪茫茫。若存若亡，圣人曼云。"⑧ "圣人曼云"即圣人不说，对于鬼神到底有没有，圣人不说。他还说："问也者，忠孝之问也。忠臣孝子，偟乎不偟。"⑨ 即对有无鬼神不必过问，人应该过问的是忠孝的问题，忠臣、孝子哪有时间谈鬼神呢？这也与孔子的"未知生，焉知死"的话类似。

扬雄儒道兼容的生死观，对后世特别是对东汉时的王充，对魏晋玄学以至宋明理

---

① 汪荣宝：《法言义疏》卷18《君子》，第517页。
② 汪荣宝：《法言义疏》卷18《君子》，第517~518页。
③ 汪荣宝：《法言义疏》卷18《君子》，第517页。
④ 汪荣宝：《法言义疏》卷18《君子》，第521页。
⑤ 汪荣宝：《法言义疏》卷15《重黎》，第412页。
⑥ 汪荣宝：《法言义疏》卷19《孝至》，第525页。
⑦ 汪荣宝：《法言义疏》卷19《孝至》，第523~525页。
⑧ 汪荣宝：《法言义疏》卷13《重黎》，第327页。
⑨ 汪荣宝：《法言义疏》卷18《君子》，第518页。

学都产生了重要影响。扬雄的人生哲学是汉代儒学向魏晋玄学转变的一个中间环节，学术风气由独尊儒术向儒道兼重转变。后来很多士人都走上了这种儒道融合的人生之路，而儒道互补也成了中国人的传统心态。

王充，字仲任，会稽上虞人，出身寒门庶族。西汉中叶汉武帝时，先祖王贺做过绣衣御史。他的曾祖因军功受封于会稽阳亭，但仅一年就失去官爵，降为庶民，"以农桑为业"。① 他的家世有任侠传统，他的祖父王汛勇武任侠，为避仇人，移居钱塘县。他的父亲王诵也性格豪侠. 得罪豪门，徙家避祸，迁到浙江上虞县。王充自幼聪明好学，六岁开始学习写字，八岁出入书馆，学习儒家经典《论语》、《尚书》，日诵千言，聪颖过人。后游学京师洛阳，"受业太学"，曾拜当时的名儒班彪为师。他喜好博览群书，"不守章句"，"家贫无书，常游洛阳市肆，阅所卖书，一见辄能诵记，遂博通众流百家之言"。② 游学回乡后，教过书，还先后做过短时间的郡功曹和州从事等小官，但因政治主张和生活作风与当道的权贵豪强格格不入，一生仕途艰难，很不得志。他家境贫寒，"贫无一亩庇身"，"贱无斗石之秩"，③ 但他"居贫苦而志不倦"，④ 终生奋斗不止，一生的主要精力和大部分时间用来著书立说，成为汉代一位杰出的哲学家。

王充生活在东汉初年，历经光武帝、明帝、章帝、和帝四朝。这一时期相对稳定，生产力得到恢复和发展。但是，东汉谶纬神学盛行，呈泛滥成灾的局面。王充用三十年写成了《论衡》一书，详细地驳斥了作为当时统治思想的谶纬神学的荒谬。作为"博通众流百家之言"的思想家，王充批判地吸收了儒道及其他各家的思想，系统地论述了以元气自然论为核心的哲学思想。"气一元论"是王充哲学的基石，也是理解他生死观念的钥匙。

王充认为，宇宙间的一切都是由气组成的，并进一步指出"元气"是天地万物所由发生的始基和根本，"万物之生，皆禀元气"。⑤ 认为宇宙之间无处不充满着气的矛盾运动，从而造成了千姿百态的自然万物，"万物之生，俱得一气"，⑥ 气的聚散分合，构成了自然万物的生、死、存、灭。

王充从气一元论的自然观出发，指出："人，物也，万物之中有智慧者也。其受

---

① 王晖：《论衡校释》卷30《自纪》，中华书局，1990，第1187页。
② 《后汉书》卷49《王充传》，第1629页。
③ 王晖：《论衡校释》卷30《自纪》，第1190页。
④ 王晖：《论衡校释》卷30《自纪》，第1190页。
⑤ 王晖：《论衡校释》卷23《言毒》，第949页。
⑥ 王晖：《论衡校释》卷18《齐世》，第803页。

命于天，禀气于元，与物无异。"① 认为人是由气构成的，是从无生命之气转化而来的，是由阴阳二气的运动形成的。"夫人之所以生者，阴阳气也"。②"犹夫妇合气，子则自生也。夫妇合气，非当时欲得生子，情欲动向合，合而生子矣"，③"人之含气在腹肠之内，其生十月而产，共一元气也。"④ 即人的出生是由于夫妇情欲所动，发生性行为，而使阴阳二气结合而怀孕，胚胎在腹中经十个月的孕育而生产。因此，人是自然界中含气的有机体。

人因气而生，而且人的性、命同禀一气，认为人的寿命长短、贫富贵贱、福祸吉凶即命和人的善恶、贤愚即性都是由气构成的。但王充又对命与性作了区分："夫性与命异"，"操行善恶者，性也；福祸吉凶者，命也。"⑤ 性即一个人的善恶可以通过人的主观努力而改变，而命的福祸吉凶却是人的主观所无法操纵的。他强调修养对人性为善去恶的意义，强调人通过自身的修养去端行励志、增善去恶。

在回答人们普遍关心的现实生活中诸如生死寿夭、富贵贫贱、吉凶福祸即关于命的问题时。王充认为一切决定于命："凡人遇偶及遭累害，皆由命也。有死生寿夭之命，亦有贵贱贫富之命，自王公逮庶人，圣贤及下愚，凡有首目之类，含血之属，莫不有命。"⑥ 这种命定论的主张同他的自然观有共同的理论基础，就是自然无为、自然气化。"人禀元气于天。各受寿夭之命，以立长短之形"，⑦ 人的寿命长短是与出生时禀气的多少，薄厚相一致的。"富贵贫贱，皆在初禀之时，不在长大之后随操行而至也"，"凡人受命，在父母施气之时，已得吉凶矣"。⑧ 这样，命决定人的生命现象——生死寿夭；决定人的社会地位——富贵贫贱；决定人在社会关系中所发生的种种结果——福祸吉凶。

在命定论的基础上，王充也提出"人之行求有为也。人道有为，故行"。⑨ 发展了道家的天道自然观点。他认为"天道无为"而"人道有为"。但他的"人道有为"主要指那些遵自然规律的春耕夏耘、秋收冬藏的活动："然虽自然，亦须有为辅助。耒耜耕耘，因春播种者，人为之也。及谷入地，日夜长大，人不能为也。或为之者，败

---

① 王晖：《论衡校释》卷24《辨祟》，第1011页。
② 王晖：《论衡校释》卷22《订鬼》，第946页。
③ 王晖：《论衡校释》卷3《物势》，第144页。
④ 王晖：《论衡校释》卷23《四讳》，第978页。
⑤ 王晖：《论衡校释》卷2《命义》，第51页。
⑥ 王晖：《论衡校释》卷1《命禄》，第20页。
⑦ 王晖：《论衡校释》卷2《无形》，第59页。
⑧ 王晖：《论衡校释》卷2《命义》，第50页。
⑨ 王晖：《论衡校释》卷11《说日》，第502页。

之道也。宋人有悯其苗之不长者，就而揠之，明日枯死。夫欲为自然者，宋人之徒也。"① 因此，他的"人道有为"还是局限于很小的范围之内。

在元气自然论的基础上，王充针对秦汉方士所宣扬的长生不死和世俗流行的人死为鬼等问题进行了系统的批判，阐明了他的自然死亡观。

王充认为人的生死寿夭是一个客观的自然过程，每个人都有一个由生长、衰老到死亡的过程，他指出："有血脉之类，无有不生，生无不死，以其生，故知其死也。天地不生故不死；阴阳不生故不死。死者生之效，生者死之验也。夫有始者必有终，有终者必有始，唯无终始者，乃长生不死。"② 认为人终有一死，死亡是不可抗拒的自然规律。

虽然人"生无不死"，但每个人的生死寿夭之"命"却不尽相同。因此，寿命长短也不一样。王充认为，对个人而言，人的生死寿夭受"命"的支配，但"命"有两类："凡人禀命有二品：一曰所当触值之命，二曰强弱寿夭之命。所当触值，谓兵、烧、压、溺也。强弱寿夭，谓禀气渥薄也……夫禀气渥则其体强，体强则其命长；气薄则其体弱，体弱则命短，命短则多病寿短。"③ 这就是说，人的"死生寿夭之命"有两种情况：一是"所当触值之命"，像"兵、烧、压、溺"等意外的遭遇就是"触值之命"，这是由人自身之外的原因造成的，也称"遭命"。二是"强弱寿夭之命"，这是由"禀气渥薄"决定的，是指生时禀赋所具有的年命，也称"正命"。这样，个人寿命的长短，除了一些意外的由社会原因造成的凶祸外，主要是由个人生时"禀气渥薄"所决定。"人禀元气于天，各受寿夭之命"，④ 生的禀气厚，就体强寿长；生的禀气薄，就体弱命短。可以看出，人的寿命长短是先天的禀气所决定的。

王充还认为人的一切生理现象都是由气决定的，人的寿命如同一件铜器或陶器，禀气薄厚先天已成形，不可改变，人们进食用药也只能保持或恢复固有之气，却不能增加人之气。但他还认为，无论人的寿命长短，是遭命还是正命，都要"年终寿尽"。⑤ 他认为人生于气，气聚形立；死之形坏，复还于气。他还形象地用水凝为冰的例子，比喻生和死的关系："人之生，其犹水也。水凝而为冰，气积而为人，冰极一

---

① 王晖：《论衡校释》卷18《自然》，第780页。
② 王晖：《论衡校释》卷7《道虚》，第338页。
③ 王晖：《论衡校释》卷1《气寿》，第28页。
④ 王晖：《论衡校释》卷2《无形》，第59页。
⑤ 王晖：《论衡校释》卷20《论死》，第877页。

冬而释，人竟百岁而死，人可令不死，冰可令不释乎。"①"隆冬之月，寒气用事，水凝为冰；逾春气暖，冰释为水；人生于天地之间，其犹冰也。阴阳之气，凝而为人，年终寿尽，死还为气。"②他认为人是含气而生的有机体，人和气的关系如同冰和水的关系。人之生如同水之凝为冰；人的死亡如同冰之释为水；人在未生之时，生的契机就存在于气之中；人死之后，形骸解体，又复归于气。生与死是一种自然而又必然的运动过程，是相互矛盾又相互制约的两个方面，"生无不死"是生命发展的自然规律。

从生与死是一种自然规律的观点出发，王充驳斥了当时得道成仙、长生不死和人死变鬼的两种思潮。

神仙方术在王充生活的时代非常盛行，一些方士极力宣扬成仙得道之术，如飞升、寡欲、食气、辟谷、服药等，宣扬黄帝铸鼎骑龙升天，淮南王刘安举家飞升，老子逾百度世成为真人，王子乔之辈食气不食谷成为仙人等故事。王充对此给予了驳斥。他指出："夫人，物也。虽贵为王侯，性不异于物。物无不死，人安能仙。"认为人和世间万物一样都是有生有死的，也都不可能长生不死的，所以怎么能成仙呢？而且万物由于受气禀性不同，所以气质和官能也各有不同，"鸟有毛羽，能飞，不能升天。人无毛羽，何用飞升？使有毛羽，不过与鸟同；况其无有，升天如何？"③人既不能靠自身的条件升天，也不能乘龙以升天，因为龙生于水中，乘龙就只有落水被淹死，怎么能升天呢？另外，对于辟谷食气，王充指出，饮食是人生存的基本条件，是人的生理本性，辟谷不食是违反生命之理的，又怎得以长寿呢？"夫人之生也，禀食饮之性，故形上有口齿，形下有孔窍。口齿以噍食，孔窍以注泻。顺此性者，为得天正道；逆此性者，为违所禀受：失本气于天，何能得久寿。"④至于人靠吞风饮露即靠食气使之长寿不死，他认为更是无稽之谈。对于方士们的服药可长生不死的说法，王充说："服食药物，轻身益气，颇有其验；若夫延年度世，世无其效。"⑤服食药物可以去病，却不能令人长生不死。

人活着不能成仙，死后是否为鬼呢？王充针对当时广泛流行的人死变鬼的观点，从气一元论出发，论述了形神关系。王充认为，人的生命是由阴阳二气形成的，"夫

---

① 王晖：《论衡校释》卷7《道虚》，第338页。
② 王晖：《论衡校释》卷20《论死》，第877页。
③ 王晖：《论衡校释》卷7《道虚》，第318页。
④ 王晖：《论衡校释》卷7《道虚》，第335页。
⑤ 王晖：《论衡校释》卷7《道虚》，第338页。

人之生所以生者，阴阳气也。阴主为骨肉，阳主为精神"①。阳气和精神都与精气相通，形成智慧等精神现象。而精神必须依赖于形体，"形须气而成，气须形而知。天下无独燃之火，世间安得有无体独知之精。"②正像没有不依赖于燃烧物而独立存在的火一样，也绝没有不依赖于形而独立存在的精神现象。正因为形神是不可分离的，因此，"人之所以生者，精气也，死而精气灭，能为精气者，血脉也。人死血脉竭，竭而精气灭，灭而形体朽，朽而成灰土，何用为鬼？"③认为人靠精气而生，精气又靠血脉而维护，人死血脉竭而精气灭，朽而成灰土，怎么能为鬼呢？王充的形神观强调精神和形体的依存关系，为后来范缜的神灭论奠定了基础。

王充还指出："世谓死人为鬼，有知，能害人。试以物类验之，人死不为鬼，无知，不能害人。何以验之？验者以物。人，物也；物，亦物也，物死不为鬼，人死何故独能为鬼。"④人不过是一种自然物，物死不为鬼，人死也不为鬼。

针对世间所说的鬼都是衣冠楚楚，与人无异。王充指出，假定人死形体朽而精神独存，有鬼的话，那鬼就应该是裸体的，因为"衣服无精神，人死，与形体俱朽，何以得贯穿之乎？"⑤而人们认为鬼穿衣服，也证明鬼是不存在的。若只见一两个鬼，而不见到处皆鬼，则人死为鬼的说法是没有根据的。对于世间所谓的见鬼者，王充认为见鬼之人是由"思念存想之所致也"，⑥即由疾病劳累所致。人因病而畏惧，"畏惧则存想，存想则目虚见"。⑦而且，"人病亦气倦精尽，目虽不卧，光已乱于卧也，故亦见人物象"，⑧便认为是鬼了。王充指出有三种情况使人误以为是鬼，即"卧、病及狂"，卧者是正常人因劳累睡觉梦见死人，则认为见鬼；病者因精疲气倦，昏昏沉沉，似睡非睡，精神恍惚，误以为见鬼；狂者即癫狂病人，狂者见鬼是由"精乱"，即由精神错乱引起的。所谓见鬼是主观的虚幻和错觉。

王充在元气论基础上，认为鬼神现象不过是气现象，"非死人之精神也"。⑨"鬼神，阴阳之名也"。⑩鬼神是阴阳二气的运动变化过程，"阴气逆物而贵，故谓之鬼：

---

① 王晖：《论衡校释》卷22《订鬼》，第946页。
② 王晖：《论衡校释》卷20《论死》，第875页。
③ 王晖：《论衡校释》卷20《论死》，第871页。
④ 王晖：《论衡校释》卷20《论死》，第871页。
⑤ 王晖：《论衡校释》卷20《论死》，第874～875页。
⑥ 王晖：《论衡校释》卷22《订鬼》，第931页。
⑦ 王晖：《论衡校释》卷22《订鬼》，第931页。
⑧ 王晖：《论衡校释》卷22《订鬼》，第932页。
⑨ 王晖：《论衡校释》卷20《论死》，第875页。
⑩ 王晖：《论衡校释》卷20《论死》，第872页。

阳气，导物而生，故谓之神"。① 人由生到死，精气升天，骸骨归土，复归到原来的状态，称为归，就是"鬼"，"鬼者，归也"。② 因此，鬼神不过是"精气"的聚散而已。

在批判鬼神观的同时，王充认为，既然"死人不为鬼，无知"，那么，人死就应该"薄丧葬"。③ 他反对儒家的厚葬说，汲取了墨家的"薄葬"说，但反对墨家的"明鬼"论，把无鬼与薄葬有机地结合起来，抨击了东汉时期流行的厚葬风气。在王充生活的时期，东汉帝国经过几十年的休养生息，社会上累积了大量的物质财富，厚葬成为一种社会风气。不仅帝王贵族死后要厚葬，就是中小人家，甚至贫穷百姓也不得不"破家尽业，以充死棺"，"竭财以事神，空家以送终"，④ 对死者进行厚葬。王充认为此风发展下会引起一定的社会危机，指出："论死不悉，则奢礼不绝，不绝则丧物索用。用索物丧，民贫耗之至，至危亡之道也。"⑤ 而且，厚葬之举没有任何意义，因为人死后无知不为鬼，人们所以要葬死者，是因为"亲之生也，坐之高堂之上；其死也，葬之黄泉之下。黄泉之下，非人所居。然而葬之不疑者，以死绝异处，不可同也。"⑥ 人们埋葬死者的目的，不过是使尸体迅速化为灰土而已，用不着厚葬。对于当时与厚葬和流行的"祭祀"风俗，王充并不是完全反对，因为这不过是"主人自尽恩勤"的纪念性活动，⑦ 并不能通过祭祀来求福避祸。

到了东汉后期，王符发展了王充的思想。王符生年约在和、安之际，卒年约在桓、灵之际，是东汉后期著名的思想家。王符认为自己是一个隐藏在下位的"潜夫"，于是把他的著作定名为《潜夫论》。

王符主张元气自化论，认为元气是宇宙的终极根源。在元气自然论的基础上，提出了他的生死观念。他的生死观可概括为：生要曰为，死不厚葬。

厚葬是东汉后期普遍存在的社会问题，王符对这种社会风气进行了揭露和批判。指出："今京师贵戚，郡县豪家，生不极养，死乃崇丧。或至刻金镂玉，檽梓楩楠。良田造茔，黄壤致藏，多埋珍宝，偶人车马，造起大冢，广种松柏，庐舍祠堂，崇侈上僭。宠臣贵戚，州郡世家，每有丧葬，都官属县。各当遣吏赍奉，车马帷帐，贷假待

---

① 王晖：《论衡校释》卷20《论死》，第872页。
② 王晖：《论衡校释》卷20《论死》，第872页。
③ 王晖：《论衡校释》卷23《薄葬》，第967页。
④ 王晖：《论衡校释》卷23《薄葬》，第962页。
⑤ 王晖：《论衡校释》卷23《薄葬》，第966页。
⑥ 王晖：《论衡校释》卷23《薄葬》，第965页。
⑦ 王晖：《论衡校释》卷25《祠义》，第1047页。

客之具,竟为华观,此无益于奉终,无增于孝行,但作烦搅扰,伤害吏民。"① 王符这里虽针对"京师贵戚",但"生不极养,死乃崇丧"的现象并非只出现在贵戚之家,已成为一种社会风气。王符指出:"今多违志俭养,约生以待终,终没之后。乃崇伤丧纪以言孝,盛飨宾旅以求名,诬善之徒,从而称之。"② 即一些人在父母生前不厚养,父母死后却大办丧事,以表白自己的孝心,大宴宾客,企求得到好的名声,使一些伪善之人对此种行为大加称赞,更加速了这种不良社会风气的蔓延。王符对这种"无益于奉终,无增于孝行"但"作烦搅扰,伤害吏民"的行为给予有力的抨击,阐明了他反对厚葬的态度,对后世产生了重要的影响。

---

① 王符著,汪继培笺,彭铎校正《潜夫论笺校正》卷3《浮侈》,中华书局,1985,第137页。
② 王符著,汪继培笺,彭铎校正《潜夫论笺校正》卷1《务本》,第20页。

第二章
殡葬制度

第一节　殡葬礼制

作为礼仪制度文化中的重要组成部分，殡葬礼制是一种顺应社会等级差异而制定的制度。秦汉殡葬礼制在整体上遵循了儒家的礼仪程序。儒家主张"慎终追远"，在《仪礼》和《礼记》中记载了具体丧葬程序，根据现实中的血缘关系别亲疏，以政治等级关系别身份，以此来定位各自在丧礼中位置，实现"小不得僭大，贱不得逾贵"。[①]

就秦而言，尽管与西周有诸多不同，但也因袭了周朝制度。如睡虎地秦简中出土的秦律中有《法律答问》篇，其中有"士五（伍）甲斗，拔剑伐，斩人发结，可（何）？当完为城旦"的规定，意为如果在争斗中斩断了别人的头发，就要被处以"城旦"的刑罚。从"斩发"的处罚被纳入秦律可以看出，"身体发肤，受之父母"的观念已经被秦人所接受，在秦人丧礼中，同样也会出现爱惜发爪的习俗。因此，秦汉时期总体上因循了《仪礼》和《礼记》中记载的丧礼程序。

一　秦汉殡葬制度的演变

从古代丧葬礼仪的演变过程来看，秦汉是一个十分重要的时期。它不但沿袭先秦之制，同时又变革古礼，增补仪节，形成了一套完整的丧葬典礼仪式。比之先秦，其礼仪更加复杂化、隆重化。而后世之丧葬礼制，基本上都是以此为基础，并参以当时的丧葬习俗演化而来。

---

① 《汉书》卷91《货殖传》，第3679页。

原来那种认为秦代没有礼制的观点需要修正。如此一个庞大帝国的运行，没有礼制是不可想象的。何况，秦王朝本有礼仪，否则叔孙通就无法与"秦仪杂就之"了。而且，秦始皇的泰山石刻记载"贵贱分明，男女礼顺"，也证明了秦朝对礼仪的重视。

《秦始皇本纪》这样写道："上病益甚，乃为玺书赐公子扶苏曰：'与丧，会咸阳而葬。'"秦始皇让公子扶苏"与丧"，实际上是命他为丧主，即理所当然的帝位继承人。

汉初，因秦始皇的焚书坑儒，大量的先秦礼书荡然无存，造成礼无可考的局面。面对这种现状，汉高祖刘邦令叔孙通损益制作汉礼。《续古今考》卷29载："叔孙通朝仪颇采古礼，与秦仪杂就之。夫秦仪尊君抑臣而已，夫尊君抑臣，则人主之于礼也不难矣。高祖患其难，叔孙通为其易。"也就是说汉承秦制，西汉初年所使用的丧葬礼仪在承袭秦制的同时，也大量参考乃至将部分周礼直接沿用。如《周礼·天官·凌人》："大丧，共夷盘冰。"郑玄注："《汉礼器制度》大盘广八尺，长丈二尺，深三尺，漆赤中。"贾公彦疏："叔孙通前汉时作《汉礼器制度》，多得古之周制，故郑君依而用之。"[①] 郑玄注与贾公彦疏间接证实了叔孙通所制的汉礼"颇采古礼"。虽然叔孙通等人制定的汉礼在具体使用过程中也有所修改，但它奠定了汉代四百多年礼仪的基础，其丧葬礼制到东汉依然被继续沿用，由此可见其影响相当深远。

文景之时，黄老之术盛行，秉承清静无为、休养生息的为政原则，丧葬礼仪也基本上沿用旧制。所以《汉书》中有"文景务在养民，至于稽古礼文之事，犹多阙焉"的记载。[②] 然而汉文帝在临终之际颁布了遗诏，规定了自己死后丧葬事宜的具体处理方式，对汉朝乃至整个中国古代丧葬礼制的发展趋向都产生了深远的影响。比之先秦丧礼，这种改变体现在三个方面：缩短服丧时间，改变丧服形制，变革居丧礼仪。汉文帝的初衷肯定是简约节欲、与民休息。然而，自此诏书颁布之后，原本的三年之丧逐渐成为西汉之定制。文帝短丧诏的本意只是"诏天下以为己而服，非诏天下以尽为其亲而服"，[③] 但这个诏令却被西汉诸侯王、列侯、公卿、大臣重新解读，作为实行短丧制的凭证，无意中推动了西汉丧葬礼制的变革。

汉武帝"罢黜百家，独尊儒术"，使得儒家学说在汉代逐渐兴盛起来，也为汉代

---

① 孙诒让：《周礼正义》卷10《天官·凌人》，王文锦、陈玉霞点校，中华书局，1987，第375~376页。
② 《汉书》卷6《武帝纪》，第212页。
③ 阎若璩：《潜邱札记》卷4《丧服翼注》，文渊阁《四库全书》本，台北：商务印书馆1983影印本，第859册，第492页。

礼制（包括丧礼和祭祀）的完善提供了契机。汉武帝时期，对丧葬仪制也做出了很多变革，上至天子，下至平民百姓，丧葬所包含的治丧礼仪、殡葬及居丧制度等几乎都是在这段时间逐步固定下来的。随后的昭、宣、元、成时期，治理思想上延续了汉武帝尊崇儒术的方针，重用儒生，也十分重视丧葬礼制。甘露三年（前51年），汉宣帝召集刘向、韦玄成、萧望之、施雠等儒生，在长安未央宫北部的石渠阁召开会议，对当时流行丧服礼仪进行激烈的讨论。这一时期儒生倡导"循古"，因此认为汉初丧葬的种种礼仪不合古制，要求还原周礼，修正汉初以来礼仪，这种"修正"造成汉代丧葬典礼上的隆重厚葬之风。

王莽篡政后，继续推演了这种复古思潮，主张实行"托古改制"。在全盘复古的主导思想下，王莽对西汉已实行的丧葬礼制进行了颠覆性的变革，以致"自王莽篡乱，旧典不存"。① 他废除了文帝以来已经实行的短丧之制，重新规定吏六百石以上者要为天子服丧三年。但王莽的改革不切合实际，但凭自己的主观意愿，以致"天下散乱，礼乐分崩，典文残落"。②

东汉建立后，面对这样一个混乱的局面拨乱反正，采取积极的措施以回归礼制的本来发展轨道。建初四年（公元79年），汉章帝效法汉宣帝，召集各地大儒，召开白虎观会议，商讨厘定礼制的问题。《后汉书·章帝纪》载："于是下太常，将、大夫、博士、议郎、郎官及诸生、诸儒会白虎观，讨论《五经》同异，使五官中郎将魏应承制问，侍中淳于恭奏，帝亲称制临决，如孝宣甘露石渠故事，作《白虎议奏》。"③ 随后，班固根据《白虎议奏》的内容编写了《白虎通义》。这次会议对汉代丧葬典礼相关仪制问题涉及的诸多问题进行了讨论，诸如丧服制度、大丧礼仪、谥号制度等。汉章帝又命曹褒制礼，《后汉书·曹褒传》载，章和元年（公元87年），汉章帝"乃召褒诣嘉德门，令小黄门持班固所上叔孙通《汉仪》十二篇，敕褒曰：'此制散略，多不合经，今宜依礼条正，使可施行。'……褒既受命，乃次序礼事，依准旧典，杂以《五经》谶记之文，撰次天子至于庶人冠婚吉凶终始制度，以为百五十篇，写以二尺四寸简"。④ 可惜曹褒当初制定的礼仪最终却因被指"破乱圣术"而停留在纸面上，未能得以大规模的推行。

此后，两汉统治阶层对于丧葬典礼的修补一直都没有停止，在修补更新之中最终

① 《后汉书》卷26《赵憙传》，第914页。
② 《后汉书》卷79《儒林传》，第2545页。
③ 《后汉书》卷3《章帝纪》，第138页。
④ 《后汉书》卷35《曹褒传》，第1203页。

使礼制逐渐趋于成熟，更加符合实际需要。东汉时期，丧葬礼仪与汉初相比已相当完备，并在以后的丧葬中发挥着至关重要的功用。

二 殡葬仪程

秦汉代丧葬礼俗的程序化，反映了其思想的趋同性。我们以文献记载为基础，结合考古资料，大致勾勒出秦汉丧葬的一些程序，试图解析其背后的文化意义。

1. 招魂

为什么要进行招魂的复礼呢？人们面对至亲骨肉的死亡，很难在短时间接受这样的事实。生者对死者抱着"若将复生"的一丝希望，于是在丧礼中安排"复"礼为第一道仪式："复者一人，以爵弁服，簪裳于衣，左何之，扱领于带；升自前东荣，中屋，北面招以衣，曰：'皋某复！'三，降衣于前。受用箧。升自阼阶，以衣尸。复者降自后西荣。"①

复者穿着正式的朝服，代表对复礼的郑重其事，并以最明显的屋脊中央最高处为神魂归来的目标，代表对神灵归来的企盼。由于鬼尚阴暗，因此，面向北方幽暗招魂。借着魂气与自身衣裳同气相应的道理，于是挥舞着衣裳，并拉长了声音呼喊着死者的名字，希望借此呼喊唤回死者的魂气。经过大家轮流登上高处，挥舞死者的衣裳不停地呼唤，如果真是魂气飘逝，也应该可以迷而知返，如果还不能使死者复生，那么大家也都已经尽心尽力，死者的家属也能认清死亡是不可挽回的事实，可以为死者做小殓的准备。

"复，尽爱之道也，有祷祠之心焉，望反诸幽，求诸鬼神之道也。北面，求诸幽之义也。"② 行使"复"礼，是亲人对死者表示爱慕不舍的方式，所以行"复"礼的人必须是死者亲近的人，这样漂浮的灵魂容易辨认而归来。而且复者要身穿朝服，表示对"复"礼的敬慎，要以生者看待死者，希望经由祈祷般的呼唤，灵魂能从天上、地下或天地之间回来，使死者苏醒。以"祷祠之心"行"尽爱之道"是行使"复"礼的心理基础，而"求诸鬼神"是当时社会现状的反映。

汉代招魂仪式参照了先秦仪制。考古发现也证明了这一点。湖南长沙马王堆一号汉墓中出土一件帛画，上面绘有日、月、升龙等图案。帛画中部有一拄杖而立的

---

① 李学勤主编《十三经注疏（标点本）》5《仪礼注疏》卷35《士丧礼》，彭林整理，王文锦审定，北京大学出版社，1999，第658~670页。
② 孙希旦：《礼记集解》卷10《檀弓下》，第252页。

图2-1　长沙马王堆一号汉墓帛画

资料来源：《长沙马王堆一号汉墓》上册，第40页。

老妪，头插长簪，身着曲裾长袍，左侧有两男子举案跪迎，右侧三个侍女拱手相迎。上方屋顶之上，两男子衣着整齐，头戴爵弁，拱手对坐（图2-1）。① 李如森认为："持杖妇女当即墓主轪侯妻的画像，在她头上屋顶形图案的上面又有褒衣带冕二人，口部稍大，略似张口而呼，这二人都位于屋顶上而皆作呼号状，应当就是'中屋履危，北面三号'的复者。"② "这二人戴冕褒衣，冠、服的等级是很高的，应是轪侯的祭服，这也表明二人当是复者，是轪侯的内小臣。"③ 此外李如森还结合《楚辞·招魂》的内容对帛画进行考察，认为这就是描绘汉代丧葬典礼中招魂场景的，其内容也表明汉代招魂礼仪的具体仪式与《士丧礼》的记载是基本相一致的。另据《礼记·丧大记》记载："其为宾，则公馆复，私馆不复。其在野，则升其乘车之左毂而复。"④ 可见由于死亡的地点不同，是否行招魂之礼，行礼的地点也不尽相同。

汉代灵魂不灭观点兴盛，当时人们普遍持有"人死则为神鬼而有知"的观念，认为死后魂归于泰山。《后汉书·乌桓鲜卑列传》载："如中国人死者，魂神归岱山也。"⑤ 汉人相信只要魂魄不归于泰山，便可以重新返回躯体，因此死后要行招魂复魄之礼。《后汉书志·礼仪志下》"疾病，公卿复如礼"。⑥《后汉书·赵咨传》记载，赵咨令故吏在其死后为之薄葬，特别提出不行"招复含敛之礼"，⑦ 这反映出当时社会上招魂复魄之礼的盛行。

---

① 中国科学院考古研究所、湖南省博物馆：《长沙马王堆一号汉墓》上册，文物出版社，1973，第39～42页。
② 李如森：《汉代丧葬礼俗》，沈阳出版社，2003，第1～2页。
③ 李如森：《汉代丧葬礼俗》，第1～2页。
④ 孙希旦撰《礼记集解》卷43《丧大记》，第1134页。
⑤ 《后汉书》卷90《乌桓鲜卑列传》，第2980页。
⑥ 司马彪：《后汉书志》卷6《礼仪下》，第3141页。
⑦ 《后汉书》卷39《赵咨传》，第3141页。

招魂复礼是以灵魂不灭为基础的："魂，阳气也。从鬼，云声。魄，阴神也。从鬼，白声。"也就是说，"魂"、"魄"都是从鬼而来的。什么是"鬼"？"鬼，人所归为鬼"。① 鬼的观念产生后，逐渐衍生出鬼的不同属性——"魂"或"魄"。由于人与鬼同样有形体和精气的属性，所以魂魄也可以用在生人身上："气也者，神之盛也；魄也者，鬼之盛也……众生必死，死必归土，此之谓鬼。骨肉毙于下，阴为野土。其气发扬于上，为昭明，焄蒿，凄怆，此百物之精也，神之著也。"② 可见当时人们认为，人同时有魂与魄。当人活着的时候，魂魄形体是合二为一的。当人死亡后，则魂魄脱离形体，魂表阳，为轻清，所以可以归于天而无所不在。魄表阴，为重浊，所以下降而归于地。由于存亡有别，因此人在死后将生前附于形体的魂魄改称鬼神。

神是人活着的时候气的表现，由于气的作用，产生各种精神知觉。当这种气充盈到极致时，就形成一股强大的气氛，具有强大的力量，产生神奇的效果。鬼则为归，凡是一切有生命的，死后都将回归尘土；存留人间的仅仅是一些片段的记忆和缥缈的感觉。当这种感觉或记忆，处于极盛状态下，魂气仍浮游在空中，存于天地之间。这种生物的精气，在极度显著的状态下，呈现出"神"的存在，这种神的情感，可以与其他活着的人中具有类似情感的人相互接触、感应。

由于人们认为神鬼的感觉意识强，在人气绝以后，就准备举行招魂，希望能将游离不远的神魂召回来，使死者复生，所以复者必定由象征"阳生之道"的东方而上，等到招魂之后，死者仍然无法复生，则改从象征"幽阴之处"的西北边而下，虽然深感无奈，却也尽了生者欲使死者复生的心愿。

复礼起源于对鬼神观念的信仰，目的在于使死者能因神魂归来而复生。复礼开始施行的确切时间已无法考证，但据《礼记》记载："复与书铭，自天子达于士，其辞一也。"③ 因为殷商时期重质，因此行使复礼时，臣得以名君。到了周代尚文，臣不得名君。所以，周天子的"复"礼，则称"天子复矣"。④ 诸侯的"复"，则称"某甫复矣"。⑤ 也就是"复"的用辞，因人的社会地位不同而不同。不仅"复"辞不同，举行复礼的地点也有多少之分："君复于小寝、大寝、小祖、大祖、库门、四郊。"⑥ 国

---

① 许慎：《说文解字》，中华书局，1963，第188页下。
② 孙希旦：《礼记集解》卷46《祭义》，第1219页。
③ 孙希旦：《礼记集解》卷33《丧服小记》，第881页。
④ 孙希旦：《礼记集解》卷5《曲礼下》，第127页。
⑤ 孙希旦：《礼记集解》卷6《曲礼下》，第142页。
⑥ 孙希旦：《礼记集解》卷9《檀弓上》，第231页。

君作为一国之君，招魂礼要求礼数完备与礼仪尊崇，需要在其生前所到的地方为其招魂。士则仅在自己家的屋顶上行施复礼。

招魂用的衣服也各有区别。"君以卷，夫人以屈狄，大夫以玄赪，世妇以襢衣，士以爵弁，士妻以税衣。"① 也就是说招魂使用的衣服，是人所属的阶层中可以穿的最尊贵的衣服，代表着对复礼的敬意和对神魂的礼敬。

复生的机会虽然不能说绝对不可能，但的确很渺茫。所以为了使复礼合理化，并且能行之久远。因此招魂的意义进而加以深化、扩大，使死者的神魂可以回归接受祭享，然后才能依次举行各项礼仪。

2. 沐浴

在招魂的复礼之后，死者不可复生已是事实，生者开始为死者料理后事。

丧礼正式开始的第一项就是替死者净身，在此之前，要先进行一些准备工作。"甸人掘坎于阶间，少西。为垼于西墙下，东乡。新盆、槃、瓶、废敦、重鬲，皆濯，造于西阶下。"② 坎是用来掩埋沐浴所剩余的潘水、毛巾等物。掘坎于堂下东西两阶之间而稍微近于西，以方便丢弃沐浴后的余物。人们对丧事抱有严肃的态度，所用的器物都是新的。至于沐浴所用的潘水要求十分干净，应在庭中筑建新垼煮水。

沐浴时以新瓶取水，新盆盛水，新槃盛濡濯弃于坎。在净身的时候，"御者入浴，小臣四人抗衾，御者二人浴……其母之丧，则内御者抗衾而浴。"③ 也就是说男为外御，女为内御，男女有别。就沐浴所用的谷物，也因等级不同而有别："君沐粱，大夫沐稷，士沐粱。"④

由于人都有清洁身体与整理容颜的需要，因此，为死者净身就成为处理尸体的第一步工作，并借此希望人由婴儿出生时的纯净到死亡时的干净，始终如一。

在汉代丧礼中盛行沐浴之礼。《汉书·原涉传》记载："人尝置酒请涉，涉入里门，客有道涉所知母病避疾在里宅者。涉即往候，叩门。家哭，涉因入吊，问以丧事。家无所有，涉曰：'但絜扫除沐浴，待涉。'"⑤《后汉书志·礼仪志下》载："登遐，皇后诏三公典丧事……沐浴如礼……槃冰如礼。"⑥ 由此可知，在汉代大丧中使用冰盘

---

① 孙希旦:《礼记集解》卷43《丧大记》，第1132页。
② 李学勤主编《十三经注疏（标点本）》5《仪礼注疏》卷35《士丧礼》，第667~688页。
③ 孙希旦:《礼记集解》卷44《丧大记》，第1149~1150页。
④ 孙希旦:《礼记集解》卷44《丧大记》，第1151页。
⑤ 《汉书》卷92《原涉传》，第3716页。
⑥ 司马彪:《后汉书志》卷6《礼仪志下》，第3141页。

来保存尸体已经成为一种仪式，这种仪制当与先秦相似。至于汉代士大夫阶层的丧葬中是否用冰，文献未见有明确的记载。但据《礼记·士丧礼》所载推测，汉代士大夫阶层的丧礼中应当用冰，出于等级之分，所用的盘在形制上应该与天子所用之大盘稍有不同。

在沐浴之后，就要迁尸于含床。杨树达的《汉代婚丧礼俗考》及李如森的《汉代丧葬礼俗》均依据《汉书·原涉传》中所载"人亲卧地不收，涉何心乡此！愿彻去酒食"之语，①认为在沐浴之后应将尸体陈放于地，这显然是一种误解。结合语境和上下文不难看出，《原涉传》中所言只是一种婉辞，意在表明因人亲尚未及殓葬，自己悲痛万分，而无心于酒食。如若将其落到实处，不免有以辞害意之弊。《礼记·丧大记》载："含一床，袭一床，迁尸于堂又一床，皆有枕席。君、大夫、士一也。"孙希旦注曰："浴于中霤，饭于牖下。"又曰"浴与含别床明矣"。②可知在沐浴之后，应将尸体陈放于南牖含床之上，而绝非地上。

3. 饭含

在沐浴之后，接着是行饭含之礼。《荀子》载："饭以生稻，啥以槁骨，反生术矣。"③《礼记》中说："饭用米贝，弗忍虚也。不以食道，用美焉尔。"④ 在事死如生的原则下，由于米为生者所食，因此饭含礼用米。这是死者最后一次进食，生者对死者的追思就表现在"实米唯盈"的仪式之中。⑤饭含礼用稻不用饭，原因在于稻为天然植物，没有经过人为加工。人死为鬼，仪礼贵在取意，所以用稻。

"所以饭啥何？缘生食，今死，不欲虚其口，故啥。"⑥侍奉亲人饮食，为人子平日应尽的常道。如今遭逢亲人去世，人道大变，而生者以其哀戚之心，不忍之情，仍如原来事亡如存。因此，以饭含之礼盈实亲人之口，使其可以从此终饱。

人们在为死者尽饱食之爱后，又担心死者死后有钱财的困窘，因此为之含币。在没有钱币之前，以贝为通行货币，故含贝。饭含贝的数量因死者社会等级不同而不同。"天子饭九贝，诸侯七，大夫五，士三。"⑦而后来饭含之物发生变化，"天子

---

① 《汉书》卷92《原涉传》，第3716页。
② 孙希旦：《礼记集解》卷43《丧大记》，第1154页。
③ 王先谦：《荀子集解》卷13《礼论》，第367页。
④ 孙希旦：《礼记集解》卷10《檀弓下》，第253页。
⑤ 李学勤主编《十三经注疏（标点本）》5《仪礼注疏》卷36《士丧礼》，第680页。
⑥ 陈立：《白虎通疏证》卷10《崩薨》，第548页。
⑦ 孙希旦：《礼记集解》卷42《杂记下》，第1110页。

饭以玉，诸侯以珠，大夫以璧，士以贝也。"① 这样，饭含礼由数量之别转为实物之别。

这一习俗在秦墓中也同样被发现。不过已发掘的秦代大中型墓葬，特别是秦公墓，因历史上盗掘严重，口含具体情况不得而知。目前考古发掘所获秦墓口含实物资料多发现于小型墓葬中，如西安山门口秦墓、② 凤翔西村秦墓等，③ 口含物几乎全部石器，也许因下层人民贫穷之故，只能就地取材，以石块"实亲口"，来遵循"饭含"的习俗。

两汉时期，将先秦饭含之礼继续沿用。《白虎通·崩薨》云："所以有饭唅何？缘生食，今死，不欲虚其口，故唅。"④《汉书·原涉传》载邻里有丧，原涉"削牍为疏，具记衣被棺木，下至饭含之物，分付诸客。诸客奔走市买，至日昳皆会。"⑤《后汉书·孝崇匽皇后纪》载元嘉二年（152）匽皇后崩，"敛以东园画梓寿器、玉匣、饭含之具，礼仪制度比恭怀皇后"⑥。一些不行饭含之礼的特例，从另一个角度恰恰说明当时盛行饭含之礼。如《汉书·杨王孙传》载其临终遗言不举行饭含之礼，说"口含玉石，欲化不得，郁为枯腊"⑦。《后汉书·梁商传》："商病笃，敕子冀等曰：'吾以不德，享受多福。生无以辅益朝廷，死必耗费帑臧，衣衾饭唅玉匣珠贝之属，何益朽骨？'"⑧《后汉书·丁鸿传》载丁鸿留书曰："生不供养，死不饭唅。"⑨ 特意遗言要求不举饭含之礼，这恰恰证明了汉代丧葬典礼中饭含的普遍存在。

在汉代由于死者身份地位的不同，所含物品也不一样。《白虎通·崩薨》载："用珠宝物何也？有益死者形体。故天子饭以玉，诸侯以珠，大夫以璧，士以贝也。"⑩ 汉代帝王死后多含珠玉。《后汉书志·礼仪下》载："登遐，皇后诏三公典丧事……饭含珠玉如礼。"⑪ 刘向《说苑·修文》则说："天子含实以珠，诸侯以玉，大夫以玑，士以贝，庶人以谷实。"⑫ 但从考古发掘的情况来看，汉代诸侯含玉当为常制。如河北

---

① 陈立：《白虎通疏证》卷11《崩薨》，第548页。
② 王久刚：《西安南郊山门口战国秦墓清理简报》，《考古与文物》1994年第1期。
③ 雍城考古队：《陕西凤翔西村战国秦墓发掘简报》，《考古与文物》1986年第1期。
④ 陈立：《白虎通疏证》卷11《崩薨》，第548页。
⑤ 《汉书》卷92《原涉传》，第3716页。
⑥ 《后汉书》卷10《皇后纪》，第442页。
⑦ 《汉书》卷67《杨王孙传》，第2908页。
⑧ 《后汉书》卷34《梁商传》，第1177页。
⑨ 范晔：《后汉书》卷37《丁鸿传》，第1263页。
⑩ 陈立：《白虎通疏证》卷11《崩薨》，第548页。
⑪ 司马彪：《后汉书志》卷6《礼仪下》，第3141页。
⑫ 刘向撰，向宗鲁校证《说苑校证》，中华书局，1987，第493页。

满城中山靖王刘胜墓和他的妻子窦绾墓各出土月牙形玉含一件。① 定县八角廊村中山怀王刘修墓出土蝉形玉含两件。② 河北定县北庄中山简王刘焉墓出土蝉形玉含一件。③ 可以说刘向之说是比较可信的，从天子至庶人，其饭含之物在汉代应有不同之定制。然而饭含之礼在实际推行的过程中，并不是完全按照这样的等级规定进行的。《后汉书·袁安传》载，袁逢卒，"朝廷以逢尝为三老，特优礼之，赐以珠画特诏秘器，饭含珠玉二十六品"。④ 这种殊遇既是出自朝廷嘉奖，自然也不算违礼。此外汉墓考古发掘中也常常发现石含、琉璃含、玛瑙珠含等，含以铜钱及玉印的也常有发现。

图2-2 汉代玉含
资料来源：现藏杭州博物馆。

汉代后期玉含的形状以蝉形为主（图2-2）。中国人对蝉的观念，如"蝉蜕于浊秽，以浮游尘埃之外，不获世之滋垢，皭然污泥而不滓者也"。⑤ 蝉风餐露宿，代表着品格高洁。蝉蜕以后则脱去旧壳，进入新环境，但蝉并非死亡，而是转化的开始。这也反映出秦汉时期人们的生命观念——生命蜕化观念。当然，玉在古代中国人的心目中带有神秘的色彩，能驱邪避凶，带来福祉。

以玉比德是儒家君子所推崇的："夫昔者君子比德于玉焉，温润而泽，仁也；缜密以栗，知也；廉而不刿，义也；垂之如队，礼也；叩之，其声清越以长，其终诎然，乐也，瑕不掩瑜，瑜不掩瑕，忠也；孚尹旁达，信也；气如白虹，天也；精神见于山川，地也；珪璋特达，德也；天下莫不贵者，道也。《诗》曰：'言念君子，温其如玉。'故君子贵之也。"⑥ 在儒家士人看来，玉有十德。故君子贵之。

饭含之礼，除了表达生者对死者的饮食、钱财之关怀以外，更透露出人们对君子之德的向往，不但有生之年愿意成为君子，就是死亡之后仍愿意如蝉之蜕化，由死转生，永葆君子的美德。

---

① 中国社会科学院考古研究所：《满城汉墓发掘报告》，文物出版社，1980，第139页。
② 河北省文物研究所：《河北定县40号汉墓发掘简报》，《文物》1981年第8期。
③ 河北省文化局文化工作队：《河北定县北庄汉墓发掘报告》，《考古学报》1964年第2期。
④ 《后汉书》卷45《袁安传》，第1523页。
⑤ 《史记》卷84《屈原列传》，第2482页。
⑥ 孙希旦：《礼记集解》卷61《聘义》，第1466页。

汉代饭含之礼虽然是沿袭先秦，但也发生了一定的变化。郑玄注《仪礼·士丧礼》曰："士之子亲含……大夫以上宾为之含。"[①] 可见由于先秦死者地位不同，为其饭含的人员也不同。士阶层由子亲自为之饭含，大夫以上由僚属为之饭含。到汉代这种情况可能发生了变化，都由死者之子为之饭含。《后汉纪·章帝纪》载耿恭为骑都尉，"先，恭未还，恭母亡。自恨不得亲饭含，追行丧服"[②]。耿恭作为骑都尉，不能亲自为亡母饭含，深以为恨，这就表明当时的士大夫阶层，在亲人死后要亲自为他们行饭含之礼。从某种程度来说，这正是儒家孝亲思想对汉代丧葬礼仪产生影响中的一个体现。

4. 插笄

据《仪礼·士丧礼》记载，在死者沐浴之后，入殓之前，还要对尸体进行整理，其中包括插笄、施掩、掩瑱、设幎目、设握、袭、设冒等一系列的仪式。

笄就是古代用来固定发髻或弁冕的簪子。古代男子死后不冠，用绳子或者丝带将发髻束好后，再用笄插入其间以固定发髻。汉代为死者沐浴完毕后也要用笄固定发髻，这在汉墓中大量各种形制笄的出土就足以证明当时确有此礼。但这些笄却并不仅限于用桑木制成，其材质多种多样，汉墓考古中发现有骨质、角质、竹质、木质、玉质，或者金属制成（图2-3）。

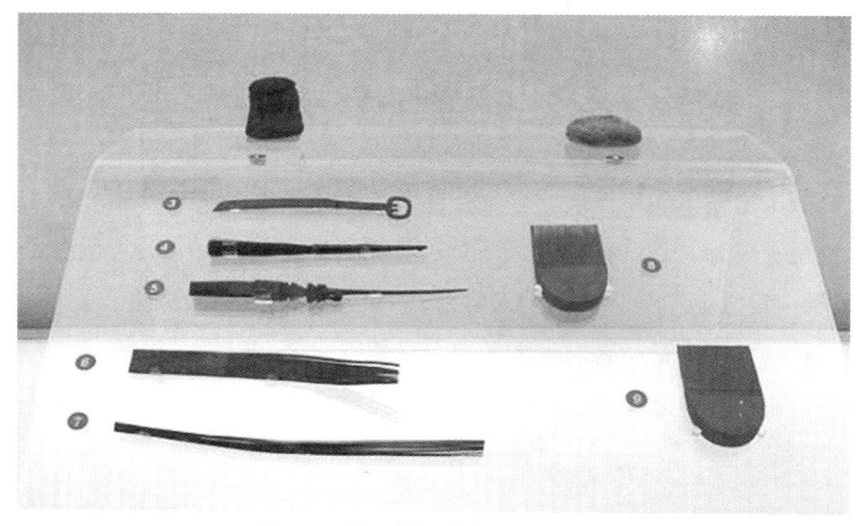

图2-3 马王堆汉墓出土的"笄"

资料来源：现藏湖南省博物馆。

---

① 李学勤主编《十三经注疏（标点本）》5《仪礼注疏》卷35《士丧礼》，第669页。
② 袁宏：《后汉纪》卷11《章帝纪》，中华书局，2002，下册，第205页。

亳县凤凰台一号汉墓出土骨笄一件，①滕县柴胡店 34 号汉墓出土银发笄一件，②宜昌前坪九号汉墓出土铜笄一件，③襄阳擂鼓台一号汉墓出土竹笄一件。④长沙马王堆一号汉墓女尸发髻上插梳形笄 3 支，分别为玳瑁质、角质和竹质，长 19.5～24.6 厘米，⑤比《仪礼·士丧礼》所言"四寸"之数长出一倍以上。这些考古发现表明，"髻笄用桑"这一仪制在汉代已有所变化，汉代丧葬礼仪中所用笄的材质与生前所用并没有太大差别。莱西岱墅一号汉墓，死者为女性，发髻保存尚好，插一支角质发笄；二号汉墓，死者为男性，棺内也出土角质发笄 1 件。⑥武威磨咀子 48 号墓和 62 号墓的女尸，均在半高髻上插有竹钗一支。⑦海州西汉霍贺墓，女棺内死者头部位置，出土角笄一对，而同墓内男棺死者则头戴黑冠帻，未用笄。⑧按先秦礼制所载，女人死后不能用笄，男子不能冠。而以上几则考古材料则表明在汉代不存在这样的禁忌，死后之礼同于生前，这也反映出汉代事死如生、事亡如存的丧葬观念。

5. 施掩、瑱、幎目

当人们面对亲人去世，其心理感受有悲哀、恐惧和厌恶等情感。悲哀之情，是人性的自然流露；恐惧之感，是对鬼魂崇拜的信仰；厌恶之情，是因为死者尸体的变形。在敬爱死者与厌恶尸体变形的双重情绪交织下，为了减轻对鬼魂的恐惧心理和表达生者对死者的情意，需要对尸体作进一步的整理工作："充耳而设瑱，饭以生稻，啥以槁骨，反生术也。设袭衣，袭三称，缙绅而无钩带矣。设掩面儇目，髻而不冠笄矣。"⑨司祭之人先撤去饭含时覆面之巾，循着由上而下的顺序，设掩、瑱、幎目。

掩，即用锦帛将亡者的头部裹起来。《仪礼·士丧礼》记载掩的形状为"掩练帛，广终幅，长五尺，析其末"。汉代文献中未见有关于掩的相关记载。由于其质为丝帛，极易被腐蚀，因此已发掘的汉墓中也尚未见有其实物出现。卢兆荫《试论两汉的玉衣》中认为，从汉代出土的玉衣形制来看，其头罩当是从裹首的"掩"演变而来的。⑩据此推测，汉代丧葬中当有施掩这一礼仪。

---

① 亳县博物馆：《亳县凤凰台一号汉墓清理简报》，《考古》1974 年第 3 期。
② 山东省博物馆：《山东滕县柴胡店汉墓》，《考古》1963 年合集第 8 期。
③ 湖北省博物馆：《宜昌前坪战国两汉墓》，《考古学报》，1976 年第 2 期。
④ 襄阳地区博物馆：《湖北襄阳擂鼓台一号汉墓发掘简报》，《考古》1982 年第 2 期。
⑤ 中国科学院考古研究所、湖南省博物馆：《长沙马王堆一号汉墓》，文物出版社，1973，第 128 页。
⑥ 烟台地区文物管理组：《山东莱西县岱墅西汉木椁墓》，《文物》1980 年第 12 期。
⑦ 甘肃省博物馆：《武威磨咀子三座汉墓发掘简报》，《文物》1972 年第 12 期。
⑧ 南京博物馆：《海州西汉霍贺墓清理简报》，《考古》1974 年合集第 3 期。
⑨ 王先谦：《荀子集解》卷 13《礼论》，第 367 页。
⑩ 卢兆荫：《试论两汉的玉衣》，《考古》1981 年第 1 期。

瑱，《说文》解释曰："以玉充耳也"。① 本义是指古人所戴冠冕上垂于两侧用以塞耳之玉。《仪礼·士丧礼》曰："瑱用白纩。"郑玄曰："瑱充耳纩，新绵。"贾公彦疏曰："生时人君用玉，臣用象……生时以黄以素，又以玉象等为之，示不听谗。今死者直用纩塞耳而已，异于生也。"②

幎目，《淮南子·原道训》曰："舒之幎于六合。"高诱注："幎，覆也。"幎目，就是覆盖在死者面部的巾。如《仪礼·士丧礼》所言，就是用一块黑表赤里，中间充以棉絮的长宽各二尺的方布，覆盖在死人脸上，四角有带，可以系结。

据汉墓考古发掘的材料可以证明，汉代掩、瑱与幎目之礼一直存在，只是与《仪礼》所记已有变化。汉代丧礼中掩瑱之礼多以玉充耳，亦有骨质及琉璃质耳瑱出土。至于是否同时有用"纩"的情况，由于其材质极易腐烂，考古发掘中未能见到实例。但在汉墓考古发掘中大量玉瑱的发现，足矣证明用玉瑱塞亡者之耳已为汉之常制，而且也反映出在汉代并无生死不同制的忌讳。

至于幎目，汉墓考古发掘中也有发现，其形制与质料虽与《仪礼·士丧礼》的描述略有差异，但是大体上还是类似的。甘肃武威磨咀子48号汉墓男尸、女尸的头部均蒙覆内絮丝绵的黄绢面罩，62号汉墓的女尸亦有米黄绢面罩。③长沙马王堆一号汉墓女尸的头部，脸上覆盖长方双层丝织物两件：一件酱色织锦，双层线缝，盖在前额及两眼上，长11厘米，宽4厘米；另一件素绢，内絮丝绵，作束腰形，掩盖在鼻梁上，长10厘米，两端宽4厘米，中间宽2～5厘米。④ 这些覆盖在死者脸上的长方形饰物，尽管与《士丧礼》所载幎目的颜色等略有差异，但总体看来当是幎目无疑。江苏扬州东风砖瓦厂三号汉墓，男女两棺内各出漆面罩一件，也应为幎目。⑤

6. 屦綦结跗

《仪礼·士丧礼》载："商祝掩，瑱，设幎目，乃屦，綦结于跗，连絇。"郑玄注："跗，足上也。絇，屦饰，如刀衣鼻在屦头上，以余组连之，止足坼也。"⑥ 可见先秦丧礼在为死者设幎目后，接着要为死者穿鞋，并用组带从鞋子的"絇"中穿出，于足背打结，两脚绑在一起，意在"防止死者的灵魂出走向生人作祟"。⑦ 从汉墓考古材

---

① 许慎：《说文解字》卷1上，中华书局，1963，第11页。
② 李学勤主编《十三经注疏（标点本）》5《仪礼注疏》卷35《士丧礼》，第669页。
③ 甘肃省博物馆：《武威磨咀子三座汉墓发掘简报》，《文物》1972年第12期。
④ 湖南省博物馆、中国科学院考古研究所：《长沙马王堆一号汉墓》。
⑤ 扬州博物馆：《扬州东风砖瓦厂汉代木椁墓群》，《考古》1980年第5期。
⑥ 李学勤主编《十三经注疏（标点本）》5《仪礼注疏》卷36《士丧礼》，第680页。
⑦ 李如森：《汉代丧葬礼俗》，第15页。

料来看，丧礼中的捆扎的方式与先秦并不完全相同。长沙马王堆一号汉墓女尸，除了"屦綦结跗"之外，还将组带连至两臂，系在一起。①甘肃武威磨咀子48号汉墓两具尸体的捆扎方法，其中女尸用三道丝带分别从臂、手和小腿处加以捆扎；而男尸则横扎四道麻绳，两者均不见手脚连系。②这看上去更接近于小殓时束尸的方式，只是前者用的是丝带，而后者依礼当用布绞。李如森视为屦綦结跗仪式的一种变形。尽管捆扎形式不同，但是也表明汉代丧葬礼仪中还保留着这一仪节。

死者所穿鞋子的颜色，汉代也不同于先秦礼制。《仪礼·士丧礼》载："夏葛屦，冬白屦，皆繶缁絇纯，组綦系于踵。"郑玄注："冬皮屦变言白者，明夏时用葛亦白也。"③也就是说死者应穿白色葛屦。但是长沙马王堆一号汉墓中女尸却穿着一双青丝屦。屦面用丝线编织而成，④无论颜色、材质均不同于《仪礼》所载之葛屦，当系生者所用之物，用以陪葬亡者，这与汉代事死如生的丧葬观念也是相一致的。

7. 设握

握，又叫握手，《释名·释丧制》曰："握以物，著尸手中使握之也。"⑤《仪礼·士丧礼》载："握手，用玄，纁里，长尺二寸，广五寸，牢中旁寸，著，组系。"郑玄注："牢读为楼，楼谓削约握之中央以安手也。"⑥又说："设握者，以綦系钩中指，由手表与决带之余连结之，此谓右手也。"⑦《仪礼·既夕礼》云："设握，里亲肤，系钩中指，结于掔。"郑玄注："掔，掌后节中也。手无决者，以握系一端绕掔还，从上自贯反与其一端结之。"⑧设握的方式为"握手的广五寸的一端，覆着在手背上，绕过来恰巧中间的广四寸覆着在手掌中，再绕过来把广五寸的另一端掩在上面；食指、中指、无名指露在握手外面，于是把两端之带，钩绕中指，缚住握手，回结于手腕。握手玄面向外，纁里覆着在手背手掌，所以称之为'里亲肤'；而握手的中间四寸握在手掌中，所以要'牢中旁寸'。"⑨

汉墓中出土的握手与礼经的记载大相径庭，不论形制，还是设握的方式都有很大的变化。湖南长沙马王堆一号汉墓出土的握手，是两件绣花绢面香囊，长约12厘米，

---

① 中国科学院考古研究所、湖南省博物馆：《长沙马王堆一号汉墓》，第29页。
② 甘肃省博物馆：《武威磨咀子三座汉墓发掘简报》，《文物》1972年第12期。
③ 李学勤主编《十三经注疏（标点本）》5《仪礼注疏》卷35《士丧礼》，第673页。
④ 中国科学院考古研究所、湖南省博物馆：《长沙马王堆一号汉墓》，第28页。
⑤ 王先谦：《释名疏证补》，商务印书馆，1937，第412页。
⑥ 李学勤主编《十三经注疏（标点本）》5《仪礼注疏》卷35《士丧礼》，第670页。
⑦ 李学勤主编《十三经注疏（标点本）》5《仪礼注疏》卷36《士丧礼》，第680页。
⑧ 李学勤主编《十三经注疏（标点本）》5《仪礼注疏》卷40《既夕礼》，第772页。
⑨ 沈文倬：《菿闇文存》，商务印书馆，2006，第408页。

直径约4厘米，内盛以香草。其设握方式，女尸两臂肱部系以酱色丝带，结集于腹部，并不见握手与手腕系连。① 虽然已经有很大的不同，马王堆一号汉墓所出握手在一定程度上还是保留了《士丧礼》中握手的部分特征。更多的汉墓考古中发现的则是死者双手握有玉器，如玉璜和玉豚之类，还有铜器，诸如铜镜、铜钱之类。不仅是设握的方式不同，连握手的材质都发生了较大的变化。可见在汉代丧葬典礼依然有设握之仪节，而且较为流行，但是具体内容已不同于先秦，当为汉制。

8. 袭尸

《释名·释丧制》曰："衣尸曰袭。袭，匝也。以衣周匝覆衣之也。"②《仪礼·士丧礼》载："袭，三称。明衣不在算。"郑玄注："迁尸于袭上而衣之。凡衣死者，左衽，不纽。"③ 在为死者沐浴之后，穿明衣，然后迁至含床，饭含、插笄、施掩等一系列仪式结束后迁尸到袭床，才正式开始袭尸之礼。

袭礼要为死者再穿三称衣服，而且其服均要左衽，反于生时，以示"不复解也"。三称只是士的待遇，级别不同，袭时所穿衣服的称数也有差异。《礼记·杂记上》说："子羔之袭也，茧衣裳与税衣、纁袡为一，素端一，皮弁一，爵弁一，玄冕一……公袭：卷衣一、玄端一、朝服一、素积一、纁裳一、爵弁二、玄冕一、褒衣一。"④ 子羔以大夫之位袭五称，公九称，从中可以看到鲜明的等级观念。小殓于户内，用"衣十有九称，在于法天地的终数也"。⑤

天之数以九为终，地之数以十为终，而人生于天地之间，与天地合称三才，为天地之间最贵者。如今要回归于天地，因此取天地的终数，小殓为十九称。所以，自天子至士，小殓之衣均为十九称。这种生命本于天地，回归天地的思想，呈现出生命的自然性。也说明人禀阴阳以生，死后阳魂归于天，阴魄复于地。小殓之衣，九象征着魂气的归属，十象征着魄的去处。

汉代亦行袭尸之礼，这从汉代墓葬的考古发现中已经得到充分的证明，尤其是保存较为完好的长沙马王堆一号汉墓女尸所裹服饰，充分说明了其死后经过袭、小殓、大殓三个过程。⑥ 但值得注意的是在袭尸所用衣服衽式问题上，汉代考古发现与先秦

---

① 中国科学院考古研究所、湖南省博物馆：《长沙马王堆一号汉墓》，第28~29页。
② 王先谦：《释名疏证补》，第410页。
③ 李学勤主编《十三经注疏（标点本）》5《仪礼注疏》卷36《士丧礼》，第681页。
④ 孙希旦：《礼记集解》卷40《杂记上》，第1068、1070页。
⑤ 孙希旦：《礼记集解》卷44《丧大记》，郑玄注，第1160页。
⑥ 范志军：《长沙马王堆女尸所穿裹衣衾探析》，《中国文化研究》2005年冬之卷，第141~142页。

礼文献的记载是完全相反的。马王堆一号汉墓女尸穿在身上的绵袍以及随葬的十五件服饰中可以识别衽式的均为右衽。① 武威磨咀子48号汉墓两具尸体所穿四件衣服也都是右衽。左衽之服饰在汉代墓葬中尚未发现。这也再次验证了汉代奉行儒家"事死如事生"的丧葬观念,生死同制。

9. 设冒

袭尸之后,设冒以掩藏其形体。《礼记·杂记下》:"冒者何?所以掩形也。自袭以至小敛,不设冒则形,是以袭而后设冒也。"②《仪礼·士丧礼》云:"冒,缁质,长与手齐,赪杀。掩足。"郑玄注:"冒,韬尸者,制如直囊,上曰质,下曰杀。质,正也。其用之,先以杀韬足而上,后以质韬首而下。齐手,上玄下𫄸,象天地也。"③可见冒由"质"和"杀"两个部分组成,形如直囊,分别自头、脚而至于中间齐于手,将整个尸体装入其中。人死之后,尸体会僵硬变形,而与平常模样不同。因此,除了将尸体的容貌加以装饰外,仍须将尸体加以遮掩,以避免生者对尸体产生厌恶与畏惧的心理。所以在"袭"之后,死者的头脸虽然已经看不到,但是尸体仍然可见,因而要再用"冒"套住全身。至此,则整个尸体都在布袋的包裹之中。只有克服了对尸体的畏惧感,悲哀之情才能尽情地流露。"死之为道也,不饰则恶,恶则不食……故变而饰,所以灭恶也。"④由于冒是用布帛做成,在墓穴中极易腐烂,故在汉墓的考古发掘中很少发现。

10. 设铭旌、制重

先秦以来,人们认为人死后虽然肉体腐朽,但灵魂依然不灭,为了让亡者的灵魂有所依托,就要制作铭旌,用以依神。先秦礼书中已有相关仪制的详细记载。而汉代文献资料以及汉墓考古发现表明,在两汉时期为死者设铭旌的丧葬礼仪大行其道。

铭旌也称铭、旌铭,它并非一般意义上的旗帜,而是被赋予了特殊的含义。《礼记·檀弓下》云:"铭,明旌也。以死者为不可别,故以其旗识之。"郑玄注:"明旌,神明之旌。"⑤可见其含有代表死者灵魂之意义,同时也作为表明死者身份之用。贾公彦疏《仪礼·既夕礼》"祝取铭,置于茵"曰:"初死,为铭置于重,启殡,祝取铭置于重,祖庙又置于重。今将行置于茵者,重不藏,拟埋于庙门左,茵是入圹之物,铭亦入圹

---

① 中国科学院考古研究所、湖南省博物馆:《长沙马王堆一号汉墓》,第31页。
② 孙希旦:《礼记集解》卷41《杂记下》,第1095页。
③ 李学勤主编《十三经注疏(标点本)》5《仪礼注疏》卷35《士丧礼》,第671页。
④ 王先谦:《荀子集解》卷13《礼论》,第362页。
⑤ 孙希旦:《礼记集解》卷10《檀弓下》,第253~254页。

之物，故置于茵也，是以郑云'重不藏，故于此移铭加于茵上'也。"①也就是说，先秦之制，在初死之际就要设铭旌，制重。重制好之后，铭旌便悬于重之上。在下葬之时要置于茵，并在葬礼结束后与之一起埋入坟墓，而重则埋于庙门之左。

《汉书·薛宣传》记载："县所举廉吏狱掾王立，家私受赇，而立不知，杀身以自明。立诚廉士，甚可闵惜！其以府决曹掾书立之柩，以显其魂。府掾史素与立相知者，皆予送葬。"②这里柩即是铭旌的别称。③又《后汉书·赵咨传》曰："表以旌铭之仪。"《后汉书志·礼仪下》记大丧礼云："大驾……立乘四马先驱。旐之制，长三仞，十有二游，曳地，画日、月、升龙，书旐曰'天子之柩'。"④显然这是天子铭旌，其"三仞"的长度也远远超过了先秦天子铭旌"九尺"之制。⑤由以上几个例子可知汉代从普通小吏至天子，其丧礼均有设铭旌。汉墓出土资料亦证明了这一点。关于铭旌的形制，《仪礼·士丧礼》记载："为铭，各以其物。亡则以缁，长半幅，赪末，长终幅，广三寸。书铭于末曰：'某氏某之柩。'"郑玄注："半幅一尺，终幅二尺"。⑥可见铭旌分为上下两个部分，但上半部分宽度却未见书，据贾疏当是用整幅，即二尺。也就是说铭旌上部长一尺，宽二尺，下部长二尺，宽三寸，呈T形。而长沙马王堆一号汉墓出土的帛画亦呈T形，质地为绢帛，顶部横裹一根竹竿，上系棕色丝带，作悬挂之用，朝下的四个角梢各缀一条青色细麻的筒状绦带。上端系带处置有一璧，璧上系以麻带。⑦从形状上分析，当是铭旌（图2-4）。⑧

图2-4 长沙马王堆一号汉墓帛画
资料来源：现藏湖南省博物馆。

---

① 李学勤主编《十三经注疏（标点本）》5《仪礼注疏》卷38《既夕礼》，第741页。
② 《汉书》卷83《薛宣传》，第3390页。
③ 郑玄注《周礼·春官·小祝》"设熬，置铭"云："铭，书死者名于旌，今谓之柩。"贾公彦疏："铭所以表柩，故汉时谓铭为柩。"
④ 司马彪：《后汉书志》卷6《仪礼下》，第3144~3145页。
⑤ 李如森：《汉代丧葬礼俗》，第33页。
⑥ 李学勤主编《十三经注疏（标点本）》5《仪礼注疏》卷35《士丧礼》，第665页。
⑦ 王鸣盛：《十七史商榷》，中国书店出版社，1987，第39页。
⑧ 金景芳：《关于长沙马王堆汉墓一号汉墓帛画的名称问题》，《社会科学战线》1978年创刊号。

汉代铭旌上也如《仪礼·士丧礼》所载，书写有某人之柩的文字。不仅如此，还增加了一些新的内容，即书以死者生前之官爵、籍贯等。上引《汉书·薛宣传》所说的"以府决曹掾书立之柩"，就是一个佐证。该现象还可以在汉代出土文物中得到证实。武威磨咀子四号汉墓，棺顶上置旌幡一件，丝织，紫红色，上墨书"姑臧西乡阉道里壶子梁子"十一字。武威磨咀子23号汉墓出土的铭旌，在麻布上有篆文两行，曰"平陵敬事里张伯升之柩过所毋留"。武威磨咀子22号汉墓出土的铭旌，丝质、形制比较简单，上面没有图像，仅书"姑臧渠门里张口口之柩"，①不书官爵，据此推断墓主的地位不高，故仅书名字而已。

按照先秦丧礼之规定，棺柩落葬之后才可以为死者做木主。作为过渡，死者下葬之前，要在庭中立一根称为"重"的木柱，让死者的灵魂有依附之处。《仪礼·士丧礼》云："重，木刊凿之。甸人置重于中庭，参分庭一，在南。"②"重，主道也。始死未作主，先作重，以木为之，悬物焉，曰重。刊斫治凿之，为悬，簪孔。士重木长三尺，大夫五尺，诸侯七尺，天子九尺。既虞埋之，始作主以易重。"③可见重的形制类似于可以悬挂重物的木架，位置设在庭南三分之一处，同铭旌一样作为死者灵魂暂时依托的凭借，因此铭旌悬挂"重"上。等到下葬之时由亲人举着，从庙门的中央出来，将之停放到门外。待庙内立主之后，再将它掩埋到庙门左边。

重与铭旌在丧葬典礼中常被放置在一起，由此可知，设铭旌之礼在汉代被沿用是毫无疑问的。然而，在汉代史籍中却罕有丧礼中用重的记载。晋代司马彪作《礼仪志》，后被纳入《后汉书》，其中记载了东汉大丧礼用重："以木为重，高九尺，广容八历，裹以苇席。"④通过对比可知，汉代天子的丧仪是参照先秦之礼来实行的，有重。那么我们也可由此推出在汉代诸侯、大夫、士阶层的丧礼中，也应当有重，而且都应是有前制可以参考的。

11. 小殓、大殓

同先秦一样，殓分大殓、小殓。《释名·释丧制》曰："敛者，敛也，敛藏不复见也。"⑤小殓以衣，大殓以棺。《礼记·丧大记》云："小敛于户内，大敛于阼。"⑥两者

---

① 甘肃博物馆：《甘肃武威磨咀子汉墓发掘》，《考古》1960年第9期。
② 李学勤主编《十三经注疏（标点本）》5《仪礼注疏》卷36《士丧礼》，第683页。
③ 马端临：《文献通考》卷122《王礼考十七·立铭旌》，中华书局1986年影印本，第1103页下。
④ 司马彪：《后汉书志》卷6《礼仪志下》，第3144页。
⑤ 王先谦：《释名疏证补》，第412页。
⑥ 孙希旦：《礼记集解》卷44《丧大记》，第1159页。

区别在于其行礼的地点和时间的不同。小殓在死后次日清晨在户内举行，而大殓则在小殓举行之后的第二天在室外东阶上进行。在小殓仪式开始之前，要预先在室内将所用衣服陈设好，但不管地位尊卑，衣服层数均有十九称。当然，《仪礼·士丧礼》也强调"不必尽用"。① 但是小殓时衣服的摆放位置和衣服的质地显示出等级的差异。《礼记·丧大记》："君锦衾，大夫缟衾，士缁衾……君陈衣于序东，大夫、士陈衣于房中。"② 在此之后，还要在东堂之下设冥奠。小殓时，首先要"布席于户内，下莞上簟。商祝布绞、衾，散衣、祭服"。并且规定"祭服不倒"。其次"士举迁尸，反位。设床笫于两楹之间，衽如初，有枕"。③ 在小殓完毕之后，才彻帷，行哭踊之礼。

两汉时期，在整个丧葬典礼中小殓之礼也是重要的一环。汉代史籍中还有许多关于举行小殓礼仪的记载。如：《汉书·龚胜传》载："积十四日死……使者、太守临敛，赐复衾祭祠如法"。④《汉书·朱云传》载："遗言以身服敛，棺周于身，土周于椁。"⑤《汉书·赵广汉传》载："（劫持郎官苏国者）至冬当出死，豫为调棺，给敛葬具。"颜师古注曰："棺敛，以棺衣敛尸也。"⑥ 再如，《后汉书·李固传》载："南阳人董班亦往哭固，而殉尸不肯去。太后怜之，乃听得襚敛归葬。"⑦《后汉书·梁商传》载："即时殡敛，敛以时服，皆以故衣，无更裁制。"⑧《后汉书·铫期传》："十年卒，帝亲临襚敛。"⑨《后汉书·顺帝纪》载："庚午，帝崩于玉堂前殿，时年三十。遗诏无起寝庙，敛以故服，珠玉玩好皆不得下。"⑩《后汉书·邓骘传》载："建光元年，太后崩，未及大敛……封骘为上蔡侯。"⑪《后汉书志·礼仪志下》载："小敛如礼……大敛于两楹之间。"⑫

小殓之后，就是大殓。小殓的目的是对尸体善加处理，而大殓的目的是在于使尸体妥为保存。此外，大殓所用的衣服数量不同，其代表的意义也不相同。"君百

---

① 李学勤主编《十三经注疏（标点本）》5《仪礼注疏》卷36《士丧礼》，第686页。
② 孙希旦：《礼记集解》卷44《丧大记》，第1159页。
③ 李学勤主编《十三经注疏（标点本）》5《仪礼注疏》卷36《士丧礼》，第690页。
④ 《汉书》卷73《龚胜传》，第3085页。
⑤ 《汉书》卷67《朱云传》，第2916页。
⑥ 《汉书》卷76《赵广汉传》，第3202~3203页。
⑦ 《后汉书》卷63《李固传》，第2088页。
⑧ 《后汉书》卷34《梁商传》，第1177页。
⑨ 《后汉书》卷20《铫期传》，第733页。
⑩ 《后汉书》卷6《顺帝纪》，第274页。
⑪ 《后汉书》卷16《邓骘传》，第616页。
⑫ 司马彪：《后汉书志》卷6《礼仪下》，第3141~3142页。

称……大夫五十称……士三十称。"① 可以看出，因死者社会地位不同，所用衣数也有别。由此说明人禀于阴阳变化的自然生命虽然相同，但由于个人生命活动的空间与服务社会的能力不同，因此有社会阶层的区分。这种区分在尸身的最后的包装中，呈现出它的社会意义，代表对于为社会辛苦劳累一辈子的生命，给予相应的回报。因此，以不同的衣称与不同的社会阶层相对应，作为死后的哀荣。

《后汉书志·礼仪下》中对大行皇帝大殓之礼的全过程有较详细的记载：

> 大敛于两楹之间。五官、左右虎贲、羽林五将，各将所部，执虎贲戟、屯殿端门陛左右厢，中黄门持兵陛殿上。夜漏，群臣入。昼漏上水，大鸿胪设九宾，随立殿下。谒者引诸侯王立殿下，西面北上；宗室诸侯、四姓小侯在后，西面北上。治礼引三公就位，殿下北面；特进次中二千石；列侯次二千石；六百石、博士在后；群臣陪位者皆重行，西上。位定，大鸿胪言具，谒者以闻。皇后东向，贵人、公主、宗室妇女以次立后；皇太子，太子在东，西向；皇子少退在南，北面：皆伏哭。大鸿胪传哭，群臣皆哭。三公升自阼阶，安梓宫内圭璋诸物，近臣佐如故事。嗣子哭踊如礼。东园匠、武士下钉衽，截去牙。太常上太牢奠，太官食监、中黄门、尚食次奠，执事者如礼。太常、大鸿胪传哭如仪。②

我们可以看出，为大行皇帝举行大殓时，首先要戒严戍卫。其次，文武百官、皇室贵戚都要亲临。然后参与大殓的人员都要根据自己的身份站好丧位。卿大夫根据职位高低依次立于殿下，面向西以北为上位；皇后及妃嫔、公主、宗室妇女等也按照身份地位依次立殿上西方面向东；皇子则立于殿上东方面向西，并特意突出皇太子的地位。站好丧位之后，群臣听到大鸿胪传哭，则行哭踊之礼。然后由三公亲自"安梓宫内圭璋诸物"。入殓之后，以太牢祭之。据《后汉书志·礼仪下》所载，在举行大殓之礼的时候，丧主袒，即褪下左衣袖，直至整个仪式结束。而汉礼则无此仪节。此外按先秦礼制，大殓之礼在东阶上进行，而汉代却大殓于两楹之间，举行大殓礼的位置也是不同的。

但不论是象征自然生命一律平等的小殓，还是代表社会生命价值区分的大殓，二

---

① 孙希旦：《礼记集解》卷44《丧大记》，第1160页。
② 司马彪：《后汉书志》卷6《礼仪下》，第3142页。

者之间有其共同之处，即"小敛、大敛祭服不倒，皆左衽，结绞不纽"。①由于大小殓时，所用的服数很多，而且袭尸之后，尸身已经用"冒"套住，因此不论小殓还是大殓，衣裳均非直接穿在尸身上。又由于要求包扎完善，因而散衣可以因需要而倒置，但祭服尊贵，不可倒放，只更改衣襟为向左，并且不用屈纽，而用布绞的末端打结，表示此结已不必再解开，也代表着生命的不可回复性。因为经此大殓后，即将包扎妥当的尸体奉入棺内，以后不可再见了。

经过层层包裹尸体，是希望衾布隔绝空气，达到延缓尸体腐朽的目的，这是生者对死者遗体妥善收藏的表现，也是人子爱亲的心意流露。从死亡之日的袭，到三日而殓，是孝子最为伤痛的时间，"故曰三日而后敛者，以俟其生也。三日而不生，亦不生矣。孝子之心亦益衰矣，家室之计，衣服之具，亦可以成矣。亲戚之远者亦可以至矣。是故圣人为之断决，以三日为之礼制也"。②"丧三日而殡，凡附于身者，必诚必信，勿之有悔焉耳矣"。③

丧礼的进行，每前进一个步骤，生者就距离死者远了一点。对于每一个步骤的进行，都要求敬慎诚信，以免他日有所遗憾。三日而殓，可以配合生者的情感适应，也可以有足够的时间筹办陪葬所需要的物品，安排礼仪的进行。

12. 停殡

死者在小殓以后，尸体由内寝转移至堂中床席之上。第二天天明之后，在靠近西阶之处掘坑，将棺木放在坑上，然后主人将大殓后包扎妥当的尸体抬入棺中，盖上棺盖。自奉尸入棺后，直到出殡安葬前，棺柩一直停放在此，即为之"殡"。

"三日而敛，在床曰尸，在棺曰柩。动尸举柩，哭踊无数。"④凡是动尸举柩，都会触动生者的情感，由大殓到下葬，又要经历由有形到无形的剧烈转变，对于具有深情的亲人而言是不容易接受的。因此，停殡的安排，就含有调适心情的缓和作用。停殡期间，早晚各有一次奠拜，作为平时生活中昏定晨醒的延续，希望借此凭柩奠拜，逐渐体会生命的从有归于无的过程。停殡的设计，就是在于顺应生者对死者情感的需要。此外，这段时间，可以筹备安葬所需要的用品，以尽人子孝亲的心意。经过这个阶段，然后"远者可以至矣，百求可以得矣，百事可以成矣"，以达到"其忠至矣，

---

① 孙希旦：《礼记集解》卷44《丧大记》，第1164页。
② 孙希旦：《礼记集解》卷54《问丧》，第1352页。
③ 孙希旦：《礼记集解》卷7《檀弓上》，第170页。
④ 孙希旦：《礼记集解》卷54《问丧》，第1350页。

其节大矣，其文备矣"的情境。① 要办妥一切人事礼节的准备，也是停殡仪式存在的客观原因。

至于停殡的时间，则因每个人的社会地位不同而有别："天子七日而殡，七月而葬。诸侯五日而殡，五月而葬。大夫、士、庶人三日而殡，三月而葬。"② 殡期从三个月到七个月不等，除了大夫以上用冰镇尸体以外，士庶人只能用水略表心意，并设熬。君四种为黍、稷、粱、稻，共八筐；大夫三种为黍、稷、粱，共六筐；士两种为黍、稷，共四筐。尽管按照今天的科学观点看，设熬对尸身的保存可能适得其反，但对于古人而言，却能显示出生者对死者尸身不坏的渴望。

长短不等的殡期，除了考虑尸体防腐措施繁简不同外，更是要符合死者生前的社会地位与身份："天子之丧动四海，属诸侯；诸侯之丧动通国，属大夫；大夫之丧动一国，属修士；修士之丧动一乡，属朋友；庶人之丧合族党，动州里。"③

由于每个人的社会地位与身份不同，因此由死亡产生的悲哀气氛所笼罩的范围不同，前来悼唁的人多少也不同。惊动的人多，则需要较长的殡期供生者思慕致哀。天子之死曰崩，哀恸四海，合聚诸侯，所以殡期长达七月之久。诸侯之死称薨，哀恸通好之国，合聚大夫，殡期达五月之久。大夫之死称卒，哀恸国内在朝之人，殡期为三个月。士之死，为不终仕禄，哀恸于一乡，合聚朋友，殡期为一个月。庶人之死，哀恸州里，合聚族党，殡期未见记载。

在设施上，棺柩殡放也各有差异："天子之殡也，菆涂龙輴以椁，加斧于椁上，毕涂屋，天子之礼也。"④ "君殡用輴，攒至于上，毕涂屋。大夫殡以帱，攒置于西序，涂不暨于棺。士殡见衽，涂上。帷之。"⑤ 棺柩之殡，自天子至诸侯、大夫、士依次降低等次。

由大殓到安葬，是死者由有形进入无形的一大剧变。对于丧亲者而言，是情感上的严重考验。因此，停厝待葬，既是消极地舒缓丧亲者的情绪，体会死亡是无可挽回的事实，又是积极地强化丧亲者的理智认同，领悟死别是人生必然的结局。更为重要的是，将这种属于个人情感的舒缓扩大为社会意义的呈现，并由于设施及装饰的不同，表达不同的象征意义，呈现不同的层级秩序。

---

① 王先谦：《荀子集解》卷13《礼论》，第362页。
② 孙希旦：《礼记集解》卷13《王制》，第340页。
③ 王先谦：《荀子集解》卷13《礼论》，第360~361页。
④ 孙希旦：《礼记集解》卷9《檀弓上》，第237页。
⑤ 孙希旦：《礼记集解》卷44《丧大记》，第1181页。

殡以待葬，是通过时（殡期的长短）空（殡处的设施）的双重作用，将原来用以调适个人情感的目的，提升到社会意义的价值遵循。因为人是社会的，具有追求意义的潜在力。因此，为求社会运作的顺利，故有不同的社会等级；各等级服务社会的广狭面不同，所以对社会的意义也不同。当其死亡时，通过凭借对灵柩的瞻仰，殡处的装饰，重新认定其生前的生命意义。通过生者对死者生命意义的认定，转而确立自我生命价值的追寻，懂得在自己的位置上做自己应该做的事，掌握自己的生命，努力找到自己的方向。

汉代对于葬期并没有确切的时间规定。郝经《续后汉书》中在论述汉代天子的殡葬期限时说："天子七月而葬，汉高帝以夏四月甲辰崩，五月丙寅葬，凡二十三日。孝惠以八月戊寅崩，九月辛丑葬，凡二十四日。孝文以六月己亥崩，乙巳葬，凡七日。孝武以二月丁卯崩，三月甲申葬，凡十八日。其后诸帝葬，皆如是。"[1] 不仅汉代帝王的葬期不固定，就连普通民众的葬期也不固定。杨树达曾经在《汉代婚丧礼俗考》一书中对汉代的葬期作了详细考证："自始死至葬，其间最近者七日，次者或十日，或十余日至二十日，或二十余日至三十日，或二十余日至四十日，或四十余日至五十日，或五十余日至六十日，或六十余日，或七十余日，或八十余日，或百余日，或二百余日，或三百余日。又有迟至四百三十三日始葬者。虽死者为一年仅十二龄之童子，亦久殡至二百三十余日焉。"[2] 分析其中原因，他认为："大抵西汉末年之后，颇有停丧不葬之风，观于王丹为其里人制留殡之期可以知矣。盖汉人有时日禁忌之说，又有求择吉地之风，稽迟之故，或以此欤？"[3] 在汉代谶纬神学的笼罩下，选择风水宝地作为墓地，下葬要选吉日等为人们广泛认同。

13. 发丧、奔丧

发丧，即报丧，目的在于将死讯公之于众。先秦礼节，家中有丧则要向外发出程式化的报丧文书，将其告知死者的亲朋好友以及上司下属。若无文书发送，则要由主人亲自登门，或遣人将消息当面告知。在整个丧礼期间，还要停止一切书信来往，以书信形式来吊丧的信件也要待到丧礼结束后方可回复。

在汉代丧葬典礼中也存有这种礼仪。《史记·高祖本纪》曰："四月甲辰，高祖崩

---

[1] 郝经：《续后汉书》卷87中下《礼乐录》，文渊阁《四库全书》本第386册，第525页上。
[2] 杨树达撰，王子今导读《汉代婚丧礼俗考》，上海古籍出版社，2000，第87~95页。
[3] 杨树达撰，王子今导读《汉代婚丧礼俗考》，第95~97页。

长乐宫……乃以丁未发丧,大赦天下。"①《后汉书·安帝纪》:"帝崩于乘舆……辛未夕,乃发丧。"②

先秦以来,人们十分看重奔丧之礼,故此《礼记》中专有"奔丧"一节,其中详细记载着五服以内奔丧者的丧位变化、丧服变除、奔丧而哭等诸多相关内容。此外,汉代在奔丧礼仪上比先秦更为看重,朝廷甚至以诏令的方式强制规定官员必行奔丧之礼。汉初,"高祖受命,萧何创制,大臣有宁告之科,合于致忧之义。"③宁告就是指官吏闻丧后应当及时向朝廷请告丧假,因此可见汉初在政府层面,是鼓励官员奔丧的。

地节四年(前72年),汉宣帝下诏:"今百姓或遭衰绖凶灾,而吏繇事,使不得葬,伤孝子之心,朕甚怜之。自今诸有大父母、父母丧者勿繇事,使得收敛送终,尽其子道。"④汉代以孝立国,所以宣帝下诏,凡应服繇役者在祖父母、父母丧事期间可暂缓服繇役,"使得收敛送终",以尽孝道。

对于少数不回家奔父母丧的,朝廷严惩不贷。《汉书·陈汤传》载:"初元二年(前47年),元帝诏列侯举茂材,(富平侯张)勃举汤。汤待迁,父死不奔丧,司隶奏汤无循行,勃选举故不以实,坐削户二百,会薨,因赐谥曰缪侯。汤下狱论。"⑤西汉哀帝建平元年(前6年)又下诏曰:"博士弟子父母死,予宁三年。"⑥从哀帝的这一诏令来看,文帝的"短丧"仪制在西汉末年已被三年丧制所取代。

汉代奔丧有多种规格,有大臣、诸侯奔天子之丧者,如《后汉书·王允传》"及帝崩,乃奔丧京师"。⑦有为亲属奔丧者,如《后汉书·桓荣传》:"(桓晔)姑为司空杨赐夫人。初鸾(桓荣孙,桓晔父)卒,姑归宁赴哀……"⑧还有门下弟子奔师丧者,如《后汉书·延笃传》载延笃"以师丧弃官奔赴,五府并辟不就"。⑨诸如此类,在汉代史籍中相当常见。

奔丧也有规定的礼节。闻丧,首先要哭以示悲哀。《礼记·奔丧礼》:"奔丧之礼:

---

① 《史记》卷8《高祖本纪》,第392页。
② 《后汉书》卷5《安帝纪》,第241页。
③ 《后汉书》卷46《陈宠传》,第1561页。
④ 《汉书》卷8《宣帝纪》,第250~251页。
⑤ 《汉书》卷70《陈汤传》,第3007页。
⑥ 《汉书》卷11《哀帝纪》,第336页。
⑦ 《后汉书》卷66《王允传》,第2174页。
⑧ 《后汉书》卷37《桓荣传》,第1259页。
⑨ 《后汉书》卷64《延笃传》,第2013页。

始闻亲丧,以哭答使者,尽哀;问故,又哭尽哀。"① 汉代丧葬礼仪中闻丧后也要哭丧尽哀。《白虎通》曰:"闻丧,哭而后行何?尽哀舒愤然后行。"②《汉书·刘旦传》记载:"帝崩,太子立,是为孝昭帝,赐诸侯王玺书。旦得书,不肯哭……"③ 结果以不孝治罪。闻丧哭尽哀后,要尽快奔赴亡者家中。《后汉书·李固传》注引《楚国先贤传》曰:"(李固弟子郭)班字季,宛人也。少游太学,宗事李固,才高行美,不交非类……闻固死,乃星行奔赴,哭泣尽哀。"④ 在奔丧途中还应节欲、素食、不近女色、哭避市朝,以示对亡者的尊重和沉痛哀悼。违之者轻则受到谴责,重则要受到朝廷严惩。《汉书·刘贺传》载:"昭帝崩,无嗣,大将军霍光征王贺典丧……贺到济阳,求长鸣鸡……过弘农,使大奴善以衣车载女子。"⑤ 这些行为成为昌邑王刘贺被废的主要罪状之一。《汉书·霍光传》记载霍光等人奏其罪状时言道:"废礼谊,居道上不素食,使从官略女子载衣车,内所居传舍。"⑥

当然,这种制度在执行过程中已经有所变通。东汉时,朝廷一方面要求低级官吏和百姓继续行三年之丧;另一方面又强制朝廷重臣大员坚守职位,不得私自奔丧,甚至父母之丧亦不可奔。汉安帝元初中,邓太后下诏:"'长吏以下不为亲行服者,不得典城选举。'……诏下公卿,议者以为不便……太后从之。"⑦《后汉书·安帝纪》记载,安帝在永初元年(107)下诏说:"自今长吏被考竟未报,自非父母丧无故辄去职者,剧县十岁、平县五岁以上,乃得次用。"⑧ 这一时期,长吏被限制到只被允许奔父母之丧。到桓帝时期,社会动乱,这一制度又发生变化,公卿及二千石"父母之丧不得奔赴"。⑨

颁布这样诏令的目的在于防止朝廷官吏擅离职守,而使国家机器无法运作,然而这一纸诏令并没能阻止官员奔丧的脚步。《礼记·奔丧》载:"案:古人期功皆弃官奔丧,汉安帝初以长吏多避事去官,乃令非父母丧不得去职,然如韦义、杨仁以兄忧去,谯元弟忧去,贾逵祖忧去,原未尝不奔也。但去职必待君命,或请之而君

---

① 孙希旦:《礼记集解》卷53《奔丧》,第1334~1335页。
② 陈立:《白虎通疏议》卷11《丧服》,第530页。
③ 《汉书》卷63《刘旦传》,第2751页。
④ 《后汉书》卷63《李固传》,第2089页。
⑤ 《汉书》卷63《刘贺传》,第2764页。
⑥ 《汉书》卷68《霍光传》,第2940页。
⑦ 《后汉书》卷39《刘恺传》,第1307页。
⑧ 《后汉书》卷5《安帝纪》,第208页。
⑨ 《后汉书》卷62《荀爽传》,第2051页。

许，或请之而君不许，则外从公事，退而私丧之，如其伦耳。"①东汉的实际情况可能比其描述更甚。有些官员根本不主动向朝廷请示，就直接弃官奔丧。如《后汉书·党锢传》："（孔昱）补洛阳令，以师丧弃官，卒于家。"②反之，这些现象反映出丧葬典礼在汉代社会中已经有了相当的认同感，宁可弃官，也要遵行奔丧礼仪，以显其德。

14. 启殡朝祖

停殡后，亲属要着手准备送葬用的各种明器，"既殡，旬而布材与明器"。③《仪礼·既夕礼》郑玄注明器对曰："大夫以上兼用鬼器、人器也"，④也就是说明人器和祭器的适用范围只限于地位在大夫以上的人群，士和庶人只能用明器。从考古勘察来看，秦国在明器的使用上基本都严格遵循了这一原则。然而，从春秋中期开始，依礼制本来可用"人器"的大夫，其"人器"也逐渐向明器化的方向发展，器型变小，器壁更薄，花纹逐步简化，制作工艺上也较粗糙。

葬前一日，自殡宫启殡朝祖，代表为人子之礼，凡是外出必面告父母，以尽孝子之情。"丧之朝也，顺死者之孝心也。其哀离其室也，故至于祖考之庙而后行。殷朝而殡于祖，周朝而遂葬。"⑤由于即将离开平时住的宫室，因此到祖考庙前辞行，以表达死者徘徊留恋，不肯离去的哀伤之情。

生时将行，有饮饯之礼，谓之"祖"。死者即将入葬，孝子仍以生者看待死者，因此为之设饮饯之礼，"出祖，释軷，祭酒脯，乃饮酒于其侧"。⑥孝子之心本于祈祷祝福将行者一路顺风心意，为即将出行的死者设祭，并由于丧礼每动必远，于是祖道之祭一般均在效外举行，也就是说"死别"愈来愈近了。

据《仪礼·既夕礼》所载，棺柩朝祖的顺序是"重先，奠从，烛从，柩从，烛从，主人从"。⑦在朝祖路上，为防止棺柩出现倾覆，由"司马执铎，左八人，右八人。匠人执羽葆御柩"，⑧指挥柩车前进。《后汉书志·礼仪》载汉天子崩后朝祖仪节时说：

---

① 《钦定仪记注疏》，文渊阁《四库全书》影印本，第126册，第294页下。
② 《后汉书》卷67《党锢传》，第2213页。
③ 孙希旦：《礼记集解》卷9《檀弓上》，第232页。
④ 李学勤主编《十三注疏（标点本）》5《仪礼注疏》卷38《既夕礼》，第739页。
⑤ 孙希旦：《礼记集解》卷10《檀弓下》，第264页。
⑥ 李学勤主编《十三注疏（标点本）》5《仪礼注疏》卷24《聘礼》，第452页。
⑦ 李学勤主编《十三注疏（标点本）》5《仪礼注疏》卷38《既夕礼》，第726页。
⑧ 孙希旦：《礼记集解》卷42《杂记下》，第1111页。

> 大驾，太仆御。方相氏黄金四目，蒙熊皮，玄衣朱裳，执戈扬楯，立乘四马先驱。旐之制，长三仞，十有二游，曳地，画日、月、升龙，书旐曰"天子之柩"。谒者二人，立乘六马为次。大驾甘泉卤簿，金根容车，兰台法驾。丧服大行载饰如金根车。皇帝从送如礼。①

由上述材料可见，汉天子大丧礼朝祖时，顺序依次为：最前面是方相氏立乘四马先驱，其次为立乘六马的谒者，手持旐铭，铭旐"长三仞，十有二游，曳地"，上面画有日、月、升龙，并书写有"天子之柩"。最后是谒者二人立乘六马。在用车上，天子大驾用金根车，而柩车则装饰同金根车。

据《仪礼·既夕礼》的记载，从朝祖至下葬，先后要设迁祖奠、祖奠和大遣奠之礼。《后汉书志·礼仪》记曰："皇帝从送如礼。太常上启奠。"在迁祖奠完成之后后，要举行告谥之礼："夜漏二十刻，太尉冠长冠，衣斋衣，乘高车，诣殿止车门外。使者到，南向立，太尉进伏拜受诏。太尉诣南郊。未尽九刻，大鸿胪设九宾随立，群臣入位，太尉行礼。执事皆冠长冠，衣斋衣。太祝令跪读谥策，太尉再拜稽首。治礼告事毕。太尉奉谥策，还诣殿端门。"②

告谥于南郊是由太尉完成的，其目的是显示对上天的虔诚，太尉要在仪式完成之后的夜漏二十刻，长冠、斋衣，到殿上接受南郊告谥的诏书。在未尽九刻，大鸿胪召集九宾、百官会集于南郊，均长冠、斋衣。太祝令跪宣谥策，太尉拜稽首，以示得谥于天。

在灵柩出发之前还要设祖奠。《后汉书志·礼仪》曰："太常上祖奠，中黄门尚衣奉衣登容根车。东园战士载大行，司徒却行道立车前。治礼引太尉入就位，大行车西少南，东面奉谥策，太史令奉哀策立后。太常跪曰'进'，皇帝进。太尉读谥策，藏金匮。皇帝次科藏于庙。太史奉哀策苇箧诣陵。太尉旋复公位，再拜立。太常跪曰'哭'，大鸿胪传哭，十五举音，止哭。"③

汉代天子丧礼设祖奠，祭法同迁祖奠，而且在祖奠后要读"谥策"，结束之后新帝要将谥策藏之于庙。太史则带哀策前往陵墓，之后再行哭踊之礼，哭十五声而止。

大遣奠是专门为安葬死者遗体而设。安葬之日，天明之时，就要将葬。奠的祭品

---

① 司马彪：《后汉书志》卷6《礼仪下》，第3144~3145页。
② 司马彪：《后汉书志》卷6《礼仪下》，第3145页。
③ 司马彪：《后汉书志》卷6《礼仪下》，第3145页。

预先设在祖庙门外。因为这是最后一次为死者举行的奠祭，所以在规模上格外隆重，祭品的规格远超过前面，"陈鼎五于门外，如初"。①按照郑玄注，五鼎有羊、豕、鱼、腊、鲜兽各一鼎也。士礼特牲三鼎，盛葬奠，加一等，用少牢。如初，如大敛时也。特牲馈食礼为士礼，仅有豕、鱼、腊三鼎。少牢馈食礼为大夫之礼，有羊、豕、鱼、腊、鲜五鼎。葬日遣奠不用特牲三鼎，而用少牢五鼎，在于丧礼为大事，而葬礼又为丧礼中特别重要者，代表着尊重之意。但豚解而非体解，并以鲜兽代替，腊用兔而不用麋，又有异于大夫少牢礼。《后汉书志·礼仪下》："太常行遣奠皆如礼。请哭、止哭如仪。"②由此可知，汉代设奠之礼仪节与先秦礼经所载大体一致。

撤去遣奠之后，就以陈器中的二苞包裹羊、豕之肉，以供入圹的时候用，其余三俎因非正牲，所以不用入圹："夫既遣而包其余，犹既食而裹其余与？君子既食，则裹其余乎？……夫大飨乎？既飨，卷三牲之俎，归于宾馆。父母而宾客之，所以为哀也。子不见大飨乎？"③父母本是一家之主，如今却只能以宾客相待，而且是永远不再回来的宾客，所以对孝子而言，十分悲哀。因此虽然设有遣奠，仍然希望亲人能将飨食所余带走，以备不时之需。

"大夫之丧，既荐马。荐马者哭踊，出，乃包奠，而读书。"④读书即读赗。因此，士大夫之丧礼也有读赗的礼节："读赗，曾子曰：'非古也，是再告也。'"⑤读赗从什么时候开始不好确认，但《周礼》已有读赗之礼是可以确认的。不但读赗，还要读遣。遣为主人所备以供入圹的物品。遣的数量，按照礼制都有定数，目的是"成其得礼之正以终"，达到"死葬之以礼"的要求。⑥读赗的意义在于，表示宾客赠赗行为的完成和死者对赠赗者心意的领受。死者与赠赗者经此仪式，共同完成了以礼相授的赠受之礼。读遣，则可以使死者明了孝子准备物品的礼成。

15. 发引送葬

读赗、读遣之后，棺柩即将移至柩车。在棺柩上安置好横三直二的五根大木棍，用粗绳绑紧，并把绳尾留长，以便下葬时执绋使用。另外，再用大绳将棺柩固定在灵车上，也留下绳尾供人持执。因此，在灵车行进到圹所的途中，就全靠亲朋故旧的助

---

① 李学勤主编《十三经注疏（标点本）》5《仪礼注疏》，第748页。
② 司马彪：《后汉书志》卷6《礼仪下》，第1154页。
③ 孙希旦：《礼记集解》卷41《杂记下》，第1095页。
④ 孙希旦：《礼记集解》卷39《杂记上》，第1048页。
⑤ 孙希旦：《礼记集解》卷9《檀弓上》，第226页。
⑥ 李学勤主编《十三经注疏（标点本）》5《仪礼注疏》卷39《既夕礼》，郑玄注、贾公彦疏，第756页。

力执引而行，这就是助葬，即所谓"吊于葬者必执引"。① 执引所用的人，则因死者的贵贱不同而各有定数。当人数达到规定的数目后，其他人在只能随行在棺柩之后。

《后汉书志·礼仪下》记载了汉代天子丧礼发引送葬的情景：

> 昼漏上水，请发。司徒、河南尹先引车转，太常跪曰"请拜送"。载车着白系参缪绋，长三十丈，大七寸为挽，六行，行五十人。公卿以下子弟凡三百人，皆素帻委貌冠，衣素裳。校尉三百人，皆赤帻不冠，绛科单衣，持幢幡。候司马丞为行首，皆衔枚。羽林孤儿、《巴俞》擢歌者六十人，为六列。铎司马八人，执铎先。②

关于皇后、贵人死后发引送葬的情形，史书中也有记载。《后汉书志·礼仪下》刘昭注引丁孚《汉仪》曰：

> 孝灵帝葬马贵人，赠步摇、赤绂葬、青羽盖、驷马。柩下殿，女侍史二百人着素衣挽歌，引木下就车，黄门宦者引出宫门。③

再如，关于汉代皇太后死后当如何送葬的诏令，《后汉书志·礼仪下》刘昭注引丁孚《汉仪》曰：

> 永平七年（公元64年），阴太后崩，晏驾诏曰："柩将发于殿，群臣百官陪位，黄门鼓吹三通，鸣钟鼓，天子举哀。女侍史官三百人皆着素，参以白素，引棺挽歌，下殿就车，黄门宦者引以出宫省。太后魂车，鸾路，青羽盖，驷马，龙旗九旒，前有方相，凤皇车，大将军妻参乘，太仆妻御，女骑夹毂悉道。公卿百官如天子郊卤簿仪。"后和熹邓后葬，案以为仪，自此皆降损于前事也。④

从以上三例我们可以看出，无论天子、皇妃还是太后，其送葬过程中都包含有发引的仪节。但发引的规模、发引活动的参与者又依据亡者身份的不同而有所区别。天子之

---

① 孙希旦：《礼记集解》卷10《檀弓下》，第245页。
② 司马彪：《后汉书志》卷6《礼仪下》，第3145页。
③ 司马彪：《后汉书志》卷6《礼仪下》，第3152~3153页。
④ 司马彪：《后汉书志》卷6《礼仪下》，第3151页。

引长三十丈，发引者为三百公卿以及以下子弟；皇妃以女侍两百为之发引；皇太后以三百女侍史官发引，群臣百官陪位。

此外，以上例证中均提到在汉代丧葬典礼中存在挽歌送葬的礼节，在天子之丧还有"《巴俞》擢歌者"出现在送葬队伍中，这都表明挽歌送葬的这一习俗在汉代尤其是东汉已经相当普遍。儒家主张丧葬表达哀思，反对丧礼中用歌舞、酒肉。汉初叔孙通在制礼时也将丧中歌舞视作非礼。[①] 因此在西汉初年，丧中用乐还是为官方所不允许的，这种形式只是流传于民间。西汉中期，因俗制仪，这种民俗逐步被儒家礼学接受，挽歌送葬的仪式才开始真正流行。东汉时期，这一仪式发展已较为完备，除了挽歌送丧外，还有黄门鼓吹、司马振铎等新的音乐演奏形式被应用于送葬。[②]

16. 下葬

送葬队伍到达墓穴之后，送葬礼仪结束，接下来就要举行下葬之礼。在下葬之时，要先陈明器于墓前。明器又称为冥器或葬器，《释名·释丧制》："送死之器曰明器，神明之器异于人也"。[③] 汉代丧葬礼仪中也有明器陪葬的记载。《汉书·周亚夫传》载："居无何，亚夫子为父买工官尚方甲楯五百被可以葬者……召诣廷尉。廷尉责问曰：君侯欲反何？亚夫曰：臣所买器，乃葬器也，何谓反乎？"[④] 周亚夫之子为其买的甲楯，就是作为明器陪葬之用的陈明器。《后汉书志·礼仪下》记汉代大丧礼陈明器礼仪：

> 东园武士执事下明器。筲八盛，容三升，黍一、稷一、麦一、梁一、稻一、麻一、菽一、小豆一。甒三，容三升，醯一、醢一、屑一。黍饴。载以木桁，覆以疏布。瓨二，容三升，醴一、酒一。载以木桁，覆以功布，瓦镫一。彤矢四，轩輖中，亦短卫。彤矢四，骨，短卫。彤弓一。卮八，牟八，豆八，笾八，彤方酒壶八。槃匜一具。杖、几各一。盖一。钟十六，无虡。镈四，无虡。磬十六，无虡。埙一、箫四、笙一、篪一、柷一、敔一、瑟六、琴一、竽一、筑一、坎侯一。干、戈各一。笮一，甲一，冑一。挽车九乘，刍灵三十六匹。瓦灶二，瓦釜二，瓦甑一。瓦鼎十二，容五升。匏勺一，容一升。瓦案九。瓦大杯十六，容三

[①] 据沈家本考证，叔孙通所制定的"汉仪"中有"山陵未成置酒歌舞失礼"为"不敬"的规定（沈家本：《汉律摭遗》卷16《傍章》，载氏著《历代刑法考》，邓经元、骈宇骞点校，中华书局，1985，第1661页）。
[②] 韩国河：《秦汉魏晋丧葬制度研究》，陕西人民出版社，1999，第72页。
[③] 王先谦：《释名疏证补》，第423页。
[④] 《汉书》卷40《周亚夫传》，第2062页。

升。瓦小杯二十，容二升。瓦饭槃十。瓦酒尊二，容五斗。匏勺二，容一升。①

材料中所谓"下明器"，指的就是陈明器这一礼仪。从其所列明器来看，不但包括各种生活用品，还有礼器、乐器、武器等物品，种类相当丰富。此外，汉墓考古发掘中也出土了大量明器。因后有专章论述陪葬品，在此不再赘述。

送葬人员在墓地上站立的方位，在《后汉书志·礼仪下》也有记载："大鸿胪设九宾，随立陵南羡门道东，北面；诸侯、王公、特进道西，北面东上；中二千石、二千石、列侯直九宾东，北面西上。皇帝白布幕素里，夹羡道东，西向如礼。容车幄坐羡道西，南向，车当坐，南向，中黄门尚衣奉衣就幄坐。"②也就是说东汉大丧时，站在羡门道西的是诸侯、王公、特进等人，以东边为上位；站在羡门道东的中二千石、二千石、列侯，以西边为上位；其余送葬人员分别站立在陵南羡门道的东西两侧，面朝北。这与《仪礼·既夕礼》中主人、妇人的丧位是不同的。

送葬人员站好各自的丧位后，接下来还有方相氏驱鬼等仪节。如前面在阴太后送葬仪节中就有提到"方相氏先驱"，可知汉代丧葬典礼中出殡到达墓地后，存在方相氏入圹驱方良的仪节。驱鬼完毕，接着就要下葬。

灵车行至墓地，除去棺枢上的所有装饰后，移送至圹口，准备安葬："君葬用辁，四绰二碑，御棺用羽葆。大夫葬用辁，二绰二碑，御棺用茅。士葬用国车，二绰无碑，比出宫，御棺用功布。凡封，用绰君去碑负引。君封以衡，大夫、士以咸。君，命毋哗，以鼓封；大夫，命毋哭；士，哭者相止也。"③

由于每个人所处的社会地位不同，因此棺椁的重数、厚薄与棺枢的装饰各有不同。因此，执引所需的人数也不同，下棺的方式也有别。但其中相同的是，棺枢的两旁都系着很多的绳尾，以供所有亲朋好友执以吊助棺枢入圹，这就是所谓的"执绋"。在解开棺枢上的大木棍后，在统一的指挥下，先将两头的辁辘缓缓放松，接着执绋的人也慢慢松动绳绋，棺枢在大家的共同努力下，平稳地放到墓底。这就是所谓"若从枢及圹皆执绋"。④

执引、执绋的礼节，使死者与亲朋故旧紧密地连接在一起。灵车的前行，靠亲友的牵引。棺枢的入圹，是故旧的执绋。圹穴的充盈，更是大家一次又一次将黄土奉

---

① 司马彪：《后汉书志》卷6《礼仪下》，第3146页。
② 司马彪：《后汉书志》卷6《礼仪下》，第3145~3146页。
③ 孙希旦：《礼记集解》卷44《丧大记》，第1187页。
④ 孙希旦：《礼记集解》卷10《檀弓下》，第245页。

上。黄土进入坎中，是生者对死者的关怀，希望死者最后的安息。

《后汉书志·礼仪下》记载了汉代大丧礼下棺的具体仪节：

> 车少前，太祝进醴献如礼。司徒跪曰"大驾请舍"，太史令自车南，北面读哀策，掌故在后，已哀哭。太常跪曰"哭"，大鸿胪传哭如仪。司徒跪曰"请就下位"，东园武士奉下车。司徒跪曰"请就下房"，都导东园武士奉车入房。司徒、太史令奉谥、哀策。①

从上述记载可以看出，皇帝下棺的仪节如下：首先有太祝行醴献之礼，其次在墓地读谥策，随后行哭踊之礼，最后东园武士则负责将天子灵柩放入墓穴之中。

棺柩落葬之后，下一步就是丧主赠丧的仪节。《仪礼·既夕礼》云："袭，赠用制币玄纁束，拜稽颡，踊如初。"②汉代天子赠丧的内容有所不同。《后汉书·礼仪志》云：

> 太常导皇帝就赠位。司徒跪曰"请进赠"，侍中奉持鸿洞赠玉珪长尺四寸，荐以紫巾，广袤各三寸，缇里，赤纁周缘；赠币，玄三纁二，各长尺二寸，广充幅。皇帝进跪，临羡道房户，西向，手下赠，投鸿洞中，三。东园匠奉封入藏房中。太常跪曰"皇帝敬再拜，请哭"，大鸿胪传哭如仪。太常跪曰"赠事毕"，皇帝促就位。③

赠丧，就是向死者赠以财物。常见赠送的物品有玉珪、币帛等物。赠丧完毕后，以容根车载亡者遗物回宗庙，尚衣官将亡者未随葬遗物藏在宗庙便殿之内，以便日后祭奠。接下来，太祝行醴献之祭，最后，司空带领士兵填土覆盖墓道，成封。至此，葬礼结束。

葬礼结束后，要为死者立主。《后汉书志·礼仪下》云："皇帝、皇后以下皆去粗服，服大红，还宫反庐，立主如礼。桑木主尺二寸，不书谥。"④汉代大丧礼虞祭使用桑木主，"不书谥"，而且均藏于庙，这就表明汉代的丧葬典礼中作主这一仪节与先秦之制大体相同。此外，按照先秦礼制，在下葬之后还有虞祭和祔祭之礼。在

---

① 司马彪：《后汉书志》卷6《礼仪下》，第3146页。
② 李学勤主编《十三经注疏（标点本）》5《仪礼注疏》卷40《既夕礼》，第760页。
③ 司马彪：《后汉书志》卷6《礼仪下》，第3147~3148页。
④ 司马彪：《后汉书志》卷6《礼仪下》，第3148页。

《后汉书志·礼仪下》对大丧礼之后举行的虞祭和祔祭也有记载:"虞礼毕,祔于庙,如礼。"①

三 葬地、葬日

在古代,生产力较低,人类生活对自然环境的依赖性较强,包括营造村落、安葬死者,都会选择一些土地广阔肥沃、水源丰富、阳光充足、通风良好等自然环境优越的地点。到了商周时期,人们一般是通过占卜进行选择。当时的人认为,占卜的结果只是代表了神的意愿,并非人力可以改变的。因此通过自然环境或占卜都是墓地选择的方式,但当时的人们并没有明确认为阴宅的选择会关系到子孙后代的祸福。

春秋战国前后,人们进一步将墓地与子孙后代的祸福联系起来。从《史记·樗里子传》的记载可知,战国时期,秦国国君秦惠王之弟名"疾",曾在生前选定了自己的墓地——渭南章台之东,他认为这是一块风水宝地,并曾预言"后百岁,是当有天子之宫夹我墓"。果如其言,至汉初营建宫殿,"长乐宫在其东,未央宫在其西"。②因秦惠王的墓地选在樗里乡,后世即称"疾"为"樗里子"。

秦汉时期,风水说的理论方向有了重大发展,那时占卜、看相、求仙、封禅等甚嚣尘上。在阴阳学说和五行学说的基础上,系统性的风水理论终于在汉代得以形成。在《汉书·艺文志》里,有关风水理论的著作共有两种。一种是《堪舆金匮》十四卷,被班固列在六术之一的五行类。另一种是《宫宅地形》,被班固归于形法类。此外,《葬经》、《周公卜宅经》、《图宅卜》等也传为这一时期形成。如《葬经》一书的作者,即"青乌先生",其生平虽然不详,却被后世堪舆家尊为正宗的前辈。这一时期,更进一步认为阴宅关系到子孙后代的前程,流传下来的事例也多。据《史记·淮阴侯传》的记载,汉代开国名将韩信幼时即胸怀大志,但贫病交加。他在安葬母亲时,虽无力厚葬,却为母亲选择了一个开阔的"高敞"之处,有着与众不同的气势。按当时的观点,这就决定了韩信日后的荣耀,也令《史记》作者司马迁在韩母冢前徘徊良久,感慨万端。

葬日,即选择丧葬的吉日。在汉代我国就已出现了专门用于卜选丧葬吉日的专著——葬历。王充《论衡·讥日》载:"葬历曰:'葬避九空、地臽,及日之刚柔,月

---

① 司马彪:《后汉书志》卷6《礼仪下》,第3148页。
② 《史记》卷71《樗里子传》,第2310页。

之奇耦。'日吉无害，刚柔相得，奇耦相应，乃为吉良。不合此历，转为凶恶。"① 其中"九空"、"地邑"都是葬历上规定的忌日的名称。所谓日之刚柔，是指天干、地支中的日期，俗称甲、丙、戊、庚、壬等为刚日；乙、丁、己、辛、癸等为柔日。按照这种说法，人在刚日死，应选在柔日下葬；柔日死，应选在刚日下葬，刚日、柔日要配合好才行。否则，不吉。所谓月之奇耦（偶），是指单月、双月而言。按照这种解释，凡于奇月死者，应在偶月下葬，偶月死者，应选在奇月下葬。奇月、偶月也要配合好才行。否则，不吉。若不能及时葬埋，可先柩起来。《论衡·辨祟》又云："世俗信祸祟，以为人之疾病死亡……皆有所犯。起功、移徙、祭祀、丧葬、行作、入官、嫁娶，不择吉日，不避岁月，触鬼逢神，忌日相害。故发病生祸。"② 可见当时择葬日风气甚盛。

第二节　服丧制度

丧礼的结束并不意味着丧葬典礼的终止，亡者亲故在葬礼结束后还要继续为其服丧。先秦时期对服丧制度有了比较明确的界定，春秋战国时期的秦国已经深受影响，如秦晋韩原之战后，秦获晋侯以归，"穆姬（晋侯的姐姐）闻晋侯将至，以太子䓨、弘与女简璧登台而履薪焉。使以免服衰绖。"③ 穆姬的丧服"免服衰绖"与《仪礼·丧服》中规定的"为人后者"应服"斩衰裳，苴绖"基本相合。西汉以后，则更为明确。

一　居丧

在殡葬期间，对于死者的亲人，会因关系的远近产生不同的悲伤之情。如何将悲伤之情得以合理适时的表达，儒家文化为此设计了一套适当的模式。

对居丧者的哀伤要求有具体规定："斩衰貌若苴，齐衰貌若枲，大功貌若止，小功、缌麻容貌可也。此哀之发于容体者也。"④ "敬为上，哀次之，瘠为下。颜色称其情，戚容称其服。"⑤ "始死，充充如有穷；既殡，瞿瞿如有求而弗得；既葬，皇皇如

---

① 黄晖：《论衡校释》卷24《讥日》，第989～990页。
② 黄晖：《论衡校释》卷24《辨祟》，第1008页。
③ 杨伯峻编著《春秋左传注》僖公十五年，第358页。
④ 孙希旦：《礼记集解》卷55《间传》，第1364页。
⑤ 孙希旦：《礼记集解》卷41《杂记下》，第1088页。

有望而弗至。练而慨然，祥而廓然。"①

"苴"为有子之麻，其色黧黑；"枲"为无子之麻，其色枯黯。斩衰、齐衰之丧，孝子内心极为悲痛，无心修饰容貌，所以面色灰黑。大功之人，则不动于喜乐之事，容貌若止。小功、缌麻则能有哀伤之情即可。丧礼以哀情为止，但因为彼此的情感深厚不同，所承受的痛苦程度也有别。但总的要求是容貌表情与内心的感受相一致，达到内外合一的境地。

对居丧者的声音、言行也有要求："斩衰之哭若往而不反，齐衰之哭若往而反，大功之哭三曲而偯，小功、缌麻哀容可也。"②斩衰之丧，由于情感强烈，因此一哭就要到底，没有余地。齐衰之丧，感情稍有减轻，因此哭起来可以有换气的余地。大功之丧，悲哀之情又减，因此哭声有转折且有余音。小功、缌麻之丧，则只要求哭的时候有哀伤之情即可。哭是人类情感表达的基本方式。因此，"哭"在丧礼中占有极为重要的地位。

在言行上，"斩衰唯而不对，齐衰对而不言，大功言而不议，小功、缌麻议而不及乐。此哀之发于言语者也"。③居丧者仅有应人之声，到回答他人的话而自己不多说，再到可以发言而不能议论，最后到虽然可以议论但不能享受乐事等，这都是为了配合哀情的言语要求。当然，不是说所有的事都不讨论："父母之丧……非丧事不言……既葬，与人立。君言王事，不言国事；大夫、士言公事，不言家事。"④丧礼不言的目的是能一心尽孝子之情，但要是公事，经官方释服，方可处理。《后汉书·赵憙传》载："代虞延行太尉事，居府如真。遭母忧，上疏乞身行丧礼，显宗不许，遣使者为释服，赏赐恩崇甚渥。"⑤这种也就是"后世夺情起复之制也"。⑥

在衣服方面："斩衰三升，齐衰四升、五升、六升，大功七升、八升、九升，小功十升、十一升、十二升，缌麻十五升去其半。有事其缕，无事其布，曰缌。此哀之发于衣服者也。"⑦丧服越重者，内心的哀痛就越深，自然无心修饰衣容。因此，以粗疏的麻缝制丧服。丧服较轻者则随之递减，丧服的用布也依次加细。因此，"丧礼必制衰麻何？以副意也，服以饰情，情貌相配，中外相应。故吉凶不同服，歌哭不同

---

① 孙希旦:《礼记集解》卷7《檀弓上》，第178页。
② 孙希旦:《礼记集解》卷55《间传》，第1365页。
③ 孙希旦:《礼记集解》卷55《间传》，第1365页。
④ 孙希旦:《礼记集解》卷44《丧大记》，第1170~1171页。
⑤ 《后汉书》卷26《赵憙传》，第915页。
⑥ 杨树达撰，王子今导读《汉代婚丧礼俗考》，第170页。
⑦ 孙希旦:《礼记集解》卷55《间传》，第1367页。

声,所以表中诚也。"①

饮食上也有具体要求:"斩衰三日不食,齐衰二日不食,大功三不食,小功、缌麻再不食,士与敛焉则一不食。故父母之丧,既殡食粥,朝一溢米,莫一溢米;齐衰之丧疏食水饮,不食菜果;大功之丧不食醯酱;小功、缌麻不饮醴酒。此哀之发于饮食者也。"②亲人刚刚离世,悲痛之情充满心中,食物无法入口,是人之常情。在尽情宣泄情感之后,三日而殓,既殡成服以后就可以进食,以维持体力。但由于三天没有吃食物,肠胃的蠕动缓慢,为了适应肠胃的吸收状况,这时应对饮食有所限制,只能吃分量较少的粥,将饮食条件降低到最低,一方面体验饿其体的感觉,提醒自己注意身体;另一方面也表达亲人已离去,自己不忍多食的心意。齐衰以下,饮食则由吃粥改为疏食饮水,然后依次递增。

君之丧,与父丧相同:"君之丧,子、大夫、公子、众士皆三日不食。子、大夫、公子食粥,纳财,朝一溢米,莫一溢米,食之无算;士疏食水饮,食之无算;夫人、世妇、诸妻皆疏食水饮,食之无算。大夫之丧,主人、室老、子姓皆食粥,众士疏食水饮,妻妾疏食水饮。士亦如之。"③君丧与父丧同礼,因此在饮食上也与斩衰之丧相同。当然,居丧饮食有时需要权变:"丧食虽恶,必充饥,饥而废事,非礼也;饱而忘哀,亦非礼也。视不明,听不聪,行不正,不知哀,君子病之。故有疾饮酒食肉,五十不致毁,六十不毁,七十饮酒食肉,皆为疑死。"④丧礼的最高原则是不能以死伤生,因此只要有危及生者生命的,均在权变的范围之内。

饮食的要求根据父母的丧期有所变化:"父母之丧既虞,卒哭,疏食水饮,不食菜果;期而小祥,食菜果;又期而大祥,有醯、酱;中月而禫,禫而饮醴酒。始饮酒者先饮醴酒,始食肉者先食干肉。"⑤这是因为生者在体悟到死者死亡的事实后,仍需继续生活下去,逐渐回到生活的平衡状态。

有关汉代居丧饮食的记载,文献方面也是很多的。《汉书·爰盎传》载:"淮南王至雍,病死。闻,上辍食,哭甚哀。"⑥《后汉书·钟离意传》载:"县人防广为父报仇,系狱,其母病死,广哭泣不食。"⑦《后汉书·戴良传》载:"戴良字叔鸾……及母卒,

---

① 陈立:《白虎通疏证》卷11《丧服》,第510页。
② 孙希旦:《礼记集解》卷55《间传》,第1365页。
③ 孙希旦:《礼记集解》卷43《丧大记》,第1155~1156页。
④ 孙希旦:《礼记集解》卷41《杂记下》,第1100页。
⑤ 孙希旦:《礼记集解》卷55《间传》,第1366页。
⑥ 《汉书》卷49《晁错传》,第2269页。
⑦ 《后汉书》卷41《钟离意传》,第1407页。

兄伯鸾居庐啜粥，非礼不行。"①《后汉书·邓皇后纪》载，邓皇后父亲邓训卒："后昼夜号泣，终三年不食盐菜，憔悴毁容，亲人不识之。"②

居丧期间如果出现饮酒食肉的情况，就会被视为非礼之举，会受到谴责和惩处。《汉书·刘舜传》载常山宪王刘舜薨，"太子勃私奸、饮酒、博戏、击筑，与女子载驰，环城过市，入狱视囚"，结果"废徙房陵"。③上文提到的《后汉书·戴良传》中在戴良的母亲死后，"兄伯鸾居庐啜粥，非礼不行"，而戴良却"独食肉饮酒，哀至乃哭"，遭到同乡的讥刺，曰："子之居丧，礼乎？"④

在居住方面也有具体的规定："父母之丧，居倚庐，寝苫枕块，不说绖、带；齐衰之丧，居垩室，苄翦不纳；大功之丧，寝有席；小功、缌麻，床可也。此哀之发于居处者也。"⑤在父母未葬之前，孝子应居住在殡宫外的草篷里，晚上睡觉没有席，只能以茅草为垫，以土块为枕，绖带不能解开。孝子倚庐而居，更能体会死亡的经验，更能与死去的亲人相接近。同时，也在提醒自己要继续生活下去。服齐衰之丧，则可以住在没加涂饰的垩室，睡在齐边但没有扎缘的席子上；服大功之丧的，可以用平常的席子；服小功、缌麻之丧的，则可睡在寝室的床席上。

两汉时期服父母丧期间对居处的记载颇多：《汉书·江都易王非传》："（江都）易王刘非薨未葬，建（刘非子）居服舍……"⑥葬后则居倚庐。也有在服丧期间不离墓所，睡以草席，枕以土块。《汉书·原涉传》记载："及涉父死，让还南阳赙送，行丧冢庐三年，繇是显名京师。礼毕，扶风谒请为议曹，衣冠慕之辐辏。"⑦《后汉书·江革传》载："建武末年，与母归乡里……及母终，至性殆灭，尝寝伏冢庐，服竟，不忍除。"⑧《后汉书·济北惠王寿传》："（济北孝王）次九岁丧父，至孝……父没哀恸，焦毁过礼，草庐土席，衰杖在身，头不枕沐，体生疮肿。"⑨《后汉书·韦彪传》载："彪孝行纯至，父母卒，哀毁三年，不出庐寝。"这些都反映了服斩衰者的居处情况。这样做的目的有二：一是表示慎终追远，二是表示对死者的沉痛哀悼。

以上居丧期间的各种规定和限制，都是控制人们的欲望，接近死后状态的生活。

---

① 《后汉书》卷83《戴良传》，第2772~2773页。
② 《后汉书》卷10《邓皇后传》，第418页。
③ 《汉书》卷53《刘舜传》，第2434~2435页。
④ 《后汉书》卷83《戴良传》，第2773页。
⑤ 孙希旦：《礼记集解》卷55《间传》，第1366页。
⑥ 《汉书》卷53《江都易王非传》，第2414页。
⑦ 班固：《汉书》卷92《原涉传》，第3714页。
⑧ 范晔：《后汉书》卷39《江革传》，第1302页。
⑨ 《后汉书》卷55《济北惠王寿传》，第1807页。

生者只有经历了这段虽生如死的痛苦过程之后，才能解开与死者的情感联系，重新回到生活之中。

二 丧服制度

古代的丧服制度虽然起源于西周，完成于春秋战国，但在秦汉时期，尤其是汉代社会，则更为制度化。这套制度与封建制、宗法制相互配合，在精神上把握人文意识的觉醒，注重亲亲思想的延展。其目的在于加强家族的凝聚力和向心力，巩固社会基础。丧服制度包括丧服与丧期两方面的内容。

1. 五服制度

先秦时期的宗法和封建制度，偏重于家族的纵向发展，而横向联系的方式有所不足；而丧服制度则更有利于整个家族的关联，形成家族网络，达到血脉相通、亲情连接的目的。

丧服制度以自我为中心，将周围的族人相互联系，按照血缘关系的远近，以上杀、下杀、旁杀的方式，规划处理各类亲等，在丧事发生时，各种不同的亲人，穿其该穿的丧服以表达其内心的哀痛。这种制度的根据是"四世而缌，服之穷也"[①]和"亲亲以三为五，以五为九，上杀、下杀、旁杀而亲毕矣"[②]的原则。

服术的原则："服术有六：一曰亲亲，二曰尊尊，三曰名，四曰出入，五曰长幼，六曰从服。"[③]"亲亲"是依据血缘关系的亲疏远近而订立丧服的轻重，即所谓"其恩厚者其服重，故为父斩衰三年，以恩制者也"。[④]对于与族内亲属有婚姻关系的异性女子，也依据"名分"制度丧服。自己家的女子因出嫁，与在室内的女子不同，则依据"出入"制定丧服。自己家中没有成年的孩子，则依据"长幼"制度制定殇服。一些因间接原因建立起来的关系，则依据"从服"制定丧服。

"从服有六：有属从，有徒从，有从有服而无服，有从无服而有服，有从重而轻，有从轻而重。"[⑤]"属从"就是由亲属关系而服其支党，如子为母党，妻为夫党等。"徒从"就是与其没有亲属关系，而空服的支党，如臣为君之党。"从有服而无服"，如公子为其妻之父母。"从无服而有服"，如公子之妻为公子之外兄弟。"从重而轻"，如

---

① 孙希旦：《礼记集解》卷34《大传》，第909页。
② 孙希旦：《礼记集解》卷32《丧服小记》，第864页。
③ 孙希旦：《礼记集解》卷34《大传》，第912页。
④ 孙希旦：《礼记集解》卷49《丧服四制》，第1469页。
⑤ 孙希旦：《礼记集解》卷34《大传》，第912页。

夫为妻之父母。"从轻而重",如公子之妻为其皇姑。

丧服大体分为斩衰、齐衰、大功、小功、缌麻五等,各等之中又有不同程度的差异。加上各种成员之间相对关系非常复杂,于是在五服之外又有加服、降服的措施,使得丧服制度更加精密化。丧服制度不仅是社会礼俗的表现,就其内涵而言,由此还可以区分各成员在家族组成中的位置,可以促进个人对家族的向心力。也就是说五服之内是一家人,每个个人不是独自的个体存在。

汉代丧服基本上沿用了《仪礼·丧服》中所记载的五服之制,包括斩衰、齐衰、大功、小功、缌麻五等。汉文帝的短诏令虽然把三年之丧缩短为葬后三十六日,但是其间五服的划分还是相当明确的。不过,从汉文帝短丧诏可以看出汉代对丧葬服饰要求有了细微的变化。如汉文帝遗诏要求服丧者"皆无践",这是对传统丧服的一项重大的改变。此外,帻是汉代丧服中新出现的形制。《后汉书志·舆服下》载:"古者有冠无帻……其后稍稍作颜题。汉兴,续其颜,却摞之,施巾连题,却覆之,今丧帻是其制也……至孝文乃高颜题,续之为耳,崇其巾为屋,合后施收,上下群臣贵贱皆服之……丧帻却摞反本,礼也。升数如冠,与冠偕也。期丧起耳有收,素帻亦如之,礼轻重有制,变除从渐,文也。"① 由此可知先秦的丧服中并不包括帻,直到汉代,帻才在丧服中出现,此后又经过屡次改进,最终成为汉代丧服中的重要部分。

汉代丧礼,不仅是在服饰上有变化,服丧情况也跟先秦有所不同。一个最为突出的现象就是服丧的范围突破血缘关系,出现弟子为师服丧的现象。尽管孔子死后,许多弟子为其守孝三年,但并未成为服丧定制。《礼记·学记》曰:"师无当于五服,五服弗得不亲。"郑玄注曰:"当,犹主也。五服,斩衰至缌麻之亲。"② 可知为师服丧不属于五服亲内之丧。《礼记·檀弓上》曰:"事师无犯无隐,左右就养无方,服勤至死,心丧三年。"郑玄注曰:"心丧,戚容如父而无服也。"③ 在先秦,师死,弟子并不在服饰上有所表示,只是为其服心丧而已。但到汉代尤其东汉以后,弟子门生不但要为师服丧,而且必须服重丧。如《汉书·龚胜传》载龚胜死后,"门人衰绖治丧者百数"。④《后汉书·郑玄传》载:郑玄卒后,"自郡守以下尝受业者缞绖赴会

---

① 司马彪:《后汉书志》卷30《舆服下》,第3670~3671页。
② 孙希旦:《礼记集解》卷36《学记》,第971页。
③ 孙希旦:《礼记集解》卷7《檀弓上》,第165页。
④ 《汉书》卷92《龚胜传》,第3085页。

千余人"。① 这也反映了儒家学说在汉代盛行，尊师重道之风渐涨，以致出现服师丧的现象。

2. 丧期

五等丧服之外，加上丧期不等的变化，才能使丧服制度更加完备。由于彼此间血缘关系的亲疏关系，情感的深厚有别，对于亲属的亡故，服丧的期限也各有不同。

"再期之丧，三年也。期之丧，二年也。九月、七月之丧，三时也。五月之丧，二时也。三月之丧，一时也。"② 丧期的划分，是以情感为衡量原则的。以三年之丧为最高限制，以下依次有期年之丧，及三时、二时、一时之丧，以丧期之长短，配合哀情的深浅。

由于自然界的生态变化周而复始、循环往复，在变动不居的过程中，又有永恒不变的规律存在。在农耕社会里，四季分明的现象是人们最容易体察观察到的。因此，在人们遭遇丧事时，总是习惯以四时的区分为依据。

"至亲以期断……天地则已易矣，四时则已变矣，其在天地之中者，莫不更始焉，以是象之也。"③ "期"是一年的周期，天地万物已经度过一个完整的循环期，因此生于天地万物的人，也应该配合自然界的循环规则。所以，对至亲的哀思，应以期年为限，这种礼仪内顺人情，外合自然。"然则何以三年也？曰：加隆焉尔也，焉使倍之，故再期也。"④ 儒家认为，孩子经三年才能离开父母的怀抱，所以应服三年之丧。至亲本应以期断，然而为加隆父母恩，于是再期而行大祥之祭。二十五个月禫祭除服，因为二十五个月已经跨入第三年，因此号称三年之丧。代表三年一闰，表示天道小成。对于死者，亲人能有长期的悼念，是一个圆满的结束。对于生者，可以有一个完整的思慕尽哀的过程，然后再重新回到社会，心理上更加自然。

当然，亲属间的关系不同，不能统一用期年之丧为准则，恩情较浅的，就比照准则适当降低等级："由九月以下何也？曰：焉使弗及也。故三年以为隆，缌小功以为杀，期九月以为间。上取象于天，下取法于地，中取则于人，人之所以群居和壹之理尽矣。"⑤ 因此，在期年以下，有大功九个月，小功六个月，缌麻三个月，各等级以三个月为间隔，正好配合四季的交替。而且，季节的转换、物产的交替，这个时节

---

① 《后汉书》卷35《郑玄传》，第1211页。
② 孙希旦：《礼记集解》卷32《丧服小记》，第875页。
③ 孙希旦：《礼记集解》卷55《三年问》，第1375页。
④ 孙希旦：《礼记集解》卷55《三年问》，第1375页。
⑤ 孙希旦：《礼记集解》卷55《三年问》，第1375~1376页。

也是人情感最容易变化的时刻。以一季三个月为丧期的最低等级，代表着哀情的最短周期。

通过亲人的丧期，让生者深切体验到何谓生命的分离，由粗恶的苴杖衰麻的配饰，感受何谓情感的悲哀，再由大自然四时的变化，让人明白生命的现象，死亡是人所体验到的成长经历。这种居丧的体验，让人理解人也是天地间的生命存在，只是人可以通过死亡的教化，明白自身的有限性与内心的永恒性，并经由别人的死亡，领悟到人生的价值意义。

两汉的丧期问题，沈文倬做过详细的考证，他认为，西汉丧期实际上存在着两种标准：一是"皇帝、诸侯王、列侯、公卿是不行三年丧的"；① 二是"公卿以下的中下级官吏以至民间是实行三年丧的"。② 沈先生的考证资料翔实，论证严密，结论当是较为可信的。但到了东汉，三年之丧相当普遍。杨树达在《汉代婚丧

图2-5　马王堆三号汉墓出土"丧服图"

资料来源：傅举有、陈松长《马王堆汉墓文物》，湖南出版社，1992，第36页。

礼俗考》中也言道："光武时，虽尝绝告宁之典。然后汉初世，实多行三年丧者……而世自若行之者，盖上自诸侯王，次至公卿，下及士大夫云。"③ 据杨树达考证，东汉甚至天子都有不遵文帝短丧诏而行三年丧者，三年之丧在东汉十分盛行。当然，三年之丧，其期限并非满三年，而是只有二十五个月。马王堆三号汉墓出土之"丧服图"中记载："三年丧：属服，廿十五月而毕。"（图2-5）④

服丧结束即可除服，文献中关于释服礼仪的记载并不多见。《汉书·文帝纪》中

---

① 沈文倬：《菿闇文存》，第301页。
② 沈文倬：《菿闇文存》，第303页。
③ 杨树达撰，王子今导读《汉代婚丧礼俗考》，第159～164、167页。
④ 范志军、贾雪岚：《马王堆汉墓〈丧服图〉再认识》，《中原文物》2006年第3期。

载其短丧诏云："以下，服大红十五日，小红十四日，纤七日，释服。"①《后汉书·礼仪志》载："皇帝近臣丧服如礼。醳大红，服小红，十一升都布练冠。醳小红，服纤。醳纤，服留黄，冠常冠。近臣及二千石以下皆服留黄冠，百官衣皂。每变服，从哭诣陵会如仪。祭以特牲，不进毛血首。司徒、光禄勋备三爵如礼。"②两者都是关于为天子服丧的释服情况。比照之下不难发现，汉代百官要为天子服斩衰，但其释服礼仪已经不同于先秦。

第三节 祭祀制度

"国之大事，惟祀与戎"。先秦以来，祭祀文化就源远流长。就秦汉而言，祭祀包括祭天、祭祖和祭社"三祭"。其中，祖先去世下葬后，有各种隆重的祭祖仪式。而且祭祖一直传承到现代，对今天的中国人的思想信仰和生活方式都有着重要影响。

许慎在《说文解字》中解释"祭"的含义："祭，祭祀也，从示，以手持肉。"③"示"在甲骨文中代表祇，即地神。所以，"祭祀"即为以牺牲来供献鬼神。"报本返始"是儒家祭祀的重要目的："万物本乎天，人本乎祖，此所以配上帝也。郊之祭也，大报本反始也。"④儒家所提倡的感恩意识中，首要的就是感谢父母与祖先的生养之恩。由于宗庙之祭和先贤之祭等，将感恩报德作为重要的道德意识加以提倡。

"礼有五经，莫重于祭。"⑤祭祀之礼在吉、凶、军、宾、嘉五礼中属于吉礼之列，而且是其中最重要的，通过定期的祭祀活动起到文化和价值观念的传承。

作为象征性活动的祭祀，要求对待受祭者应该用死生参半、情理统一的态度，也就是儒家强调的中道原则。孔子认为："之死而致死之，不仁而不可为也；之死而致生之，不知而不可为也。"⑥送别死者，若只用对待死物的办法处理之，没有爱亲之心，是不仁的，也是不可取的。因此，祭祀要"事死如事生"，其背后的含义就是不能

---

① 《汉书》卷4《文帝纪》，第132页。
② 司马彪:《后汉书志》卷6《礼仪下》，第3148~3149页。
③ 许慎:《说文解字》，第8页上。
④ 孙希旦:《礼记集解》卷25《郊特性》，第694页。
⑤ 孙希旦:《礼记集解》卷47《祭统》，第1236页。
⑥ 孙希旦:《礼记集解》卷9《檀弓上》，第216页。

"忘"和"不敬"。但同时，这里的"如"，并不是要求祭礼死者等同于活人，因为这样既不明理，又不可取。孔子采用"明器"作为媒介。"明器"象征神明之道的器具。这些器具既具有生者日常生活用品的特征，又仅仅是象征意义上而不可使用，这表明受祭者确实已死。

儒家要求"祭思敬"，① 祭祀时必须严肃恭敬，才合于礼，也才能交于神明。因此，祭礼的核心是"敬"。孔子认为："祭如在，祭神如神在。""吾不与祭，如不祭。"② 祭祀要全身心投入，否则，这种祭祀就只是形式。所以，子路传孔子之言："祭礼，与其敬不足而礼有余也，不若礼不足而敬有余也。"③

秦国有没有祭祀之礼呢？礼是适应人类社会需求产生的，从理论上讲，秦国也不能例外。而且，秦国有自己的宗庙制度。如秦始皇在刚刚统一天下时曾对群臣说："寡人以渺渺之身，兴兵诛暴乱，赖宗庙之灵，六王咸伏其辜。"秦始皇去世后，"二世下诏，增始皇寝庙牺牲及山川百祀之礼，令群臣议尊始皇庙……群臣以礼进祠，以尊始皇庙为帝者祖庙。"后来赵高杀秦二世，"令子婴斋，当庙见，受玉玺"。尽管子婴害怕被骗杀，"称病不往……遂刺杀高于斋宫"。④ 但这个故事本身说明秦王登基是要"庙见"的。

就秦代地方官或普通百姓而言，也有祭祀活动。这些记载并不多，我们从湖北云梦睡虎地秦简《日书》中可略窥一斑。如：

（简10正贰）外阴日，利以祭祀。

（简15）赢阳之日，利以见人、祭、作人事。

（简241）成决光之日，利以起大事、祭。

可以看出，秦人（至少南郡地区的人）认为，祭祀应在规定的吉日进行。秦人祭祀的对象是鬼神。至于祭祀的原因，有些是鬼神作祟所致。如：

（简68正贰）甲乙有疾，父母为祟。

（简71正贰）丙丁有疾，王父为祟。

---

① 孙希旦：《论语集释》卷38《子张》，第1301页。
② 孙希旦：《论语集释》卷5《八佾上》，第175页。
③ 孙希旦：《礼记集解》卷8《檀弓上》，第202页。
④ 《史记》卷6《秦始皇本纪》，第266、275页。

（简73正贰）戊己有疾，巫堪行，王母为祟。

此外，秦人不但祭祀祖先，还要祭祀外鬼。对于外鬼，除了要选定时间和日子外，我们还可以从《日书》中获得一些信息："（简143）凡行祠常行道右"；"（简147）戊辰不可祠道旁，道旁以死。丁不可祠道旁。"这可以证明，当时祭祀时有固定地点的。不仅如此，还要有礼物和祝辞。

除了《日书》外，《法律答问》的记载也反映了秦人的祭祀情况；"简公祠未阕（阕），盗其具，当赀以下耐为隶臣。"从下文中，我们可以得知，当时的祭祀，公共祠堂有供品，而且，最好还要把供品埋掉。同时，《法律答问》还记载："（简161）擅兴奇祠，赀二甲。"① 秦朝用法律对擅自立"奇祠"的行为加以约束。

宗庙制度决定了祭祀先人之礼。到了汉代，对先秦宗法制度进行了补充修改，规定"兄弟不相入庙"。同时，继承了皇帝登基，"见命高庙"的传统，表示尊重祖宗创业的艰辛和对其合法性的认可。

此外，西汉帝王对立庙祭祀十分重视。刘邦父亲去世，"令诸侯王皆立太上皇庙于国都"。② 汉高祖去世，惠帝"令郡国诸侯各立高祖庙，以岁时祠"。③

西汉帝王宗庙祭祀中的具体礼仪，也可从文献中略知一二，《汉书·韦玄成传》载丞相韦玄成等奏议："《祭义》曰：'王者禘其祖自出，以其祖配之，而立四庙。'言始受命而王，祭天以其祖配……高帝受命定天下，宜为帝者太祖之庙。"④《史记·叔孙通传》记载汉惠帝采纳叔孙通"古者有春尝果"的建议，用樱桃献于宗庙。⑤

西汉统治者对非刘姓祖先也并非漠不关心。汉高祖刘邦是祭祀孔子的第一位皇帝。高祖十二年（前195）十一月，"行自淮南还，过鲁。以大牢祠孔子"。⑥ 不仅如此，元鼎四年（前113），汉武帝也替周天子找到后嗣，进行祭祀，这就是经常说到的"继灭国，续绝祀"。

相关的例子在《汉书》有不少记载。如《南粤传》记载"文帝元年初镇抚天下，

---

① 分见睡虎地秦墓竹简整理小组编《睡虎地秦墓竹简》，文物出版社，1990，第181、231、232、193、99、131页。
② 《汉书》卷1《高帝纪》，第68页。
③ 《史记》卷8《高祖本纪》，第392页。
④ 《汉书》卷43《叔孙通传》，第2131页。
⑤ 《汉书》卷73《韦玄成传》，第3118页。
⑥ 《汉书》卷1《高帝纪》，第76页。

使告诸侯四夷外从代来即位意，谕盛德焉。乃为佗亲冢在真定置守邑，岁时奉祀。"①《循吏传》记载召信臣去世后，"岁时郡二千石率官属行礼，奉祠信臣冢。而南阳亦为立祠"。民间也有自发祭祀有贡献之人的祭祀行为，如"文翁终于蜀，吏民为立祠堂，岁时祭祀不绝"。②

王莽新朝建立后，在宗庙祭祀制度上进行部分改革，于地皇元年（公元20年）下令建九庙，总体上以《周礼》为依据进行的。但新朝时间较短，资料较少，无法详加说明。

东汉建立后，建武元年（公元25年）八月，光武帝刘秀"祠高祖、太宗、世宗于怀宫"；建武二年正月，"起高庙建社稷于洛阳"。《后汉书·伏湛传》：建武三年冬"蒸祭高庙"。③可以说东汉初年，刘秀就意识到祭祀祖宗礼仪的重要性。

建武二十六年，刘秀要张纯就禘祫之祭根据经典进行理论论证，并最终采纳了张纯的意见，"自是禘祫遂定"。④刘秀去世后，被尊为世祖，汉明帝、汉章帝死后被尊为宗，这样，东汉形成二祖五宗之庙的宗庙常制。汉明帝以下的东汉皇帝都藏主世祖庙，不另外起寝庙。

东汉各个诸侯国也各自有自己的宗庙。东海恭王刘彊本传中记载了将作大匠有责任为诸侯王国修建其始封之王陵庙事。⑤但西汉朝廷要求的各个郡国有责任修建帝庙的事，东汉没有相关记载。

《后汉纪》中曾记载："皇太后初亲祭于宗庙，与皇帝交献，大臣命妇相礼仪"。⑥这是继承了先秦祭祀礼仪，但在此进行记载，有可能汉代有一段时间此种礼仪有所中断。

东汉的族外祭仍十分盛行，记载颇多，如谯玄去世后，刘秀策诏"本郡以中牢"。⑦侯霸逝世后，"临淮吏人共为立祠，四时祭焉"。⑧王涣死后，"民思其德，为立祠安阳亭西，每食辄弦歌而荐之"。⑨

秦汉时期，人们祭祀祖先的祭祀日期较多，如腊日祭祀。《太平御览》引袁山松

---

① 《汉书》卷95《南粤传》，第3849页。
② 《汉书》卷89《循吏传》，第3643、3627页。
③ 《后汉书》卷1《光武帝纪》，第24、27页；卷26《伏湛传》，第896页。
④ 《后汉书》卷35《张纯传》，第1195页。
⑤ 《后汉书》卷42《刘彊传》，第1424页。
⑥ 袁宏：《后汉纪》卷16《安帝纪》，张烈点校，《两汉纪》下册，第316页。
⑦ 《后汉书》卷81《谯玄传》，第2668页。
⑧ 《后汉书》卷26《侯霸传》，第902页。
⑨ 《后汉书》卷76《循吏·王涣传》，第2469页。

《后汉书》曰："韩卓，字子助，陈留人。腊日，奴窃食祭其母，卓义其心，即日免之。"① 秦汉老百姓的腊日祭祀特别注重宗族伦理，《列女传》记载："母师者，鲁九子之寡母也。腊日休作者，岁祀礼事毕，悉召诸子，谓曰：'妇人之义，非有大故，不出夫家。然吾父母家多幼稚，岁时礼不理。吾从汝谒往监之。'"② 这里是说一位寡母腊日在自家的"岁祀礼事"结束后，又要赶到娘家，因为娘家人"多幼稚，岁时礼不备"，她回家的目的是帮助家人操办祭祀祖先之礼。

祭祀仪式中需要供奉牺牲。秦汉时期多供奉哪些呢？首先是酒，古人认为酒是人与神交往的媒介。河南洛阳西汉晚期壁画墓的星象图中就有酒旗星，与汉画像石中酿酒、庖厨、飨宴等画面对应。高祖刘邦"甚重祠而敬祭"，常"春以羊彘祠之……岁时祠以牛"；③ 百姓庶民"事一万六千神，为人解除，祠祀或杀牛犊、猪、羊、鸡、鸭"。④ 徐州汉画像石中有"庖厨图"（图2-6）、"狩猎图"及祭案中出现的牺牲有兔、鹿、鸡、鱼、羊、鹤及虎与狗等。在古人看来，此类动物均具有神性，把所崇尚的动物作为牺牲，"欲与神通……以致天神"。

图2-6　徐州汉画像石"庖厨图"

资料来源：现藏徐州汉画像石艺术馆。

祭祀是用乐的。《汉书·礼乐志》载汉高帝时，"叔孙通因秦乐人而制宗庙乐"，继承秦宗庙乐，具体用法为：

---

① 李昉等：《太平御览》卷33《时序部一八·腊》，中华书局1992年影印本，第155页下。
② 刘向：《列女传》卷1《鲁之母师》，中国文史出版社，1999，第6页。
③ 《史记》卷28《封禅书》，第1378页。
④ 李昉等：《太平御览》卷735《方术部·巫下》，第3259页上。

大祝迎神于庙门，奏《嘉至》，犹古降神之乐也。皇帝入庙门，奏《永至》，以为行步之节，犹古《采荠》、《肆夏》也。乾豆上，奏《登歌》，独上歌，不以管弦乱人声，欲在位者遍闻之，犹古《清庙》之歌也。《登歌》再终，下奏《休成》之乐，美神明既飨也，皇帝就酒东厢，坐定，奏《永安》之乐，美礼已成也。①

汉代既用秦乐人制宗庙乐，其用乐情况当与秦相似，有时还配以用诗，如西汉时期著名的宗庙祭祀诗《安世房中歌》。

第四节　殡葬礼俗与社会生活

秦汉时期，无论是皇室贵族、官僚巨富，还是一般百姓，从对死者的装殓、埋葬到修建坟墓、祭祀等，形成了一整套隆重而复杂的礼俗。这套礼俗多讲究"事死如事生"，与人们的生活形成密切联系。

一　葬俗中的社会福利

秦汉殡葬礼俗，以现代人的眼光看，是一种政府慈善和社会福利行为。当然，这种丧葬福利主要对象是贵族、官僚等阶层，有着典型的身份性特征。丧葬福利内容主要有丧假、赙赠、赐茔地、赠印绶、荫子等，根据不同等级，福利各有差别。这种丧葬福利，到东汉时期形规定更加具体，其目的是对死者生前的社会贡献有所承认与回报，凝聚人心，推行"孝"道教化。

1. 丧假

秦统一后，规定天下臣民皆为天子居丧三年。汉承袭秦制，西汉"率天下为天子终服三年"。② 汉文帝崇尚节俭，在遗诏中改变了这一制度，规定"以日易月"。③ 三年三十六个月，于是丧期便定为三十六日，官员丧假成为三十六日，如丞相翟方进的母亲去世，"既葬三十六日，除服起视事，以为身备汉相，不敢逾国家之制"。④ 汉哀帝即位，令博士弟子为父母服三年之丧，"博士弟子父母死，予宁三年"。西汉末年

---

① 《汉书》卷22《礼乐志二》，第1043页。
② 杜佑：《通典》卷80《凶礼二·总论丧期》，王文锦等点校，第2160页。
③ 《汉书》卷4《文帝纪》颜师古注，第132页。
④ 《汉书》卷84《翟方进传》，第3416～3417页。

三年之丧已成定制。

东汉初年，光武帝为保持国家行政机构运转的连续性，下诏绝告宁之典，要求公卿、二千石、刺史等不得行三年之丧。至东汉安帝元初三年（116），"初听大臣、二千石、刺史行三年丧"。建光元年（121），又停止"大臣二千石以上服三年丧"。①东汉政府关于大臣服丧假期的争论一直没有停止过。如邓太后从以孝治国考虑，实行三年之丧，甚至规定"长吏以下，不为亲行服者，不得典城选举"。②另一些统治者看到不少官吏尤其是高级官吏行三年之丧荒废政务，又明令禁止三年之丧，有时还下令提前释服或夺服，直接破坏三年之丧的规定。如太尉赵憙、骑都尉耿恭等在服丧期间，都被皇帝遣使者强令释服。顺帝太傅桓焉为母服丧刚逾一年，即被"赐牛酒，夺服"。③由于东汉诸帝既想维持官僚机构的行政效率，又想推行孝道，对官吏丧服之期态度不一。两汉官吏丧假假期不同，西汉在哀帝之前基本上是三十六天，东汉时或三年，或三十六日。

戍边将士也享有料理亲属丧事的丧假。戍边吏卒在戍守期间，如果家中亲属病逝，可以按照军令回家奔丧，谓之"取宁"。居延汉简（160·16）说："□甲渠候长愿以令取宁即日遣书到日尽遣如律令。"④该简中"以令取宁"、"尽遣如律令"说明西汉时有关于"取宁"一类的法令存在。戍边吏卒奔丧的亲属对象有父、母、妻、子、同胞姊妹等。葬后服丧时间包括奔丧的往返时间最多为三个月左右。

2. 赙赗

汉代丧葬福利在经济上主要表现为赙赗。赙，以财物助人办丧事；赗，送丧家送葬之物。《白虎通》曰："赙者，助也；赗者，覆也。所以相佐给不足也，故吊词曰：'知生者则赗赙。'货财曰赙，车马曰赗。"⑤也就是说，赙赗是在吊丧时给丧家捐赠一定的明器、财物的一种礼仪。赙赠分为官赙与私赙两种。私赙广泛存在于社会各阶层中，如《后汉书·张禹传》记载，张禹的父亲死于汲县县令任上，官吏百姓赙送前后达数百万，张禹"悉无所受"。

官赙亦称法赙，是汉代政府对皇室、贵族和官僚阶层的丧葬补贴，不仅具有助丧的经济意义，而且还表明死者在朝廷中的地位和影响。西汉皇室赙赠记载不详，但已

---

① 《后汉书》卷5《安帝纪》，充226、234页。
② 《后汉书》卷39《刘般传》，第1307页。
③ 《后汉书》卷37《桓焉传》，第1257页。
④ 谢桂华、李均明、朱国炤：《居延汉简释文合校》，文物出版社，1987，第264页。
⑤ 陈立：《白虎通疏证》卷11《崩薨》，第549页。

有制度可循。景帝中元二年（前148）规定："王薨，遣光禄大夫吊襚祠赗，视丧事，因立嗣子。"①《后汉书·礼仪志下》详细记述了自诸侯王、列侯、始封贵人、公主、三公直至六百石的丧葬礼仪，赗赐葬器、钱物各有不等。

从汉代典籍及出土文献资料来看，赠送的助丧财物的种类相当丰富，最常见的是赠以钱财，此外还有车马服具、棺椁、口含等丧葬用品的记录。

赗礼常以财物，例如缣帛、钱财以及其他日用之物的形式出现。汉代常以缣帛为赗，作为助丧之资。《后汉书·刘般传》："诏使者护丧事，赐东园秘器，钱五十万，布千匹。"②《后汉书·杜诗传》载：杜诗病卒，"诏使治丧郡邸，赙绢千匹"。③《后汉书·张堪传》载，张堪病卒，"赐帛一百匹"。④《后汉书·独行传》载，温序死，"光武闻而怜之……赐城傍为冢地，赗谷千斛、缣五百匹"。⑤《后汉书·儒林传》载，欧阳歙死狱中，"帝乃赐棺木，赠印绶，赙缣二千匹"。⑥《后汉书·独行传》载，公孙述闻李业死，"大惊，又耻有杀贤之名，乃遣使吊祠，赙赠百匹，业子翚逃辞不受"。⑦

赙赠的例证在史书中更多。《汉书·苏武传》载，苏武之兄苏嘉为奉车都尉，因"触柱折辕，劾大不敬，伏剑自刎，赐钱二百万以葬"。⑧《汉书·霍光传》："光薨，赐金钱、缯絮，绣被百领，衣五十箧，璧珠玑玉衣，梓宫、便房、黄肠题凑各一具，枞木外臧椁十五具。东园温明，皆如乘舆制度。"⑨《汉书·贡禹传》记载："为御史大夫数月卒，天子赐钱百万……"⑩《汉书·夏侯胜传》记载："年九十卒官，赐冢茔，葬平陵。太后赐钱二百万……"⑪《汉书·尹翁归传》："元康四年病卒。家无余财……其赐翁归子黄金百斤……"⑫《后汉书·周荣传》记载："卒于家，诏特赐钱二十万……"⑬

---

① 《汉书》卷5《景帝纪》，第145页。
② 《后汉书》卷39《刘般传》，第1310页。
③ 《后汉书》卷31《杜诗传》，第1097页。
④ 《后汉书》卷31《张堪传》，第1101页。
⑤ 《后汉书》卷81《独行传》，第2673页。
⑥ 《后汉书》卷79上《儒林传》，第2673页。
⑦ 《后汉书》卷81《独行传》，第2670页。
⑧ 《汉书》卷54《苏武传》，第2464页。
⑨ 《汉书》卷68《霍光传》，第2948页。
⑩ 《汉书》卷72《贡禹传》，第3079页。
⑪ 《汉书》卷75《夏侯胜传》，第3159页。
⑫ 《汉书》卷76《尹翁归传》，第3109页
⑬ 《后汉书》卷45《周荣传》，第1537页。

《后汉书·郭贺传》记载："在官三年卒……赐车一乘,钱四十万。"①

另外,赗赠还有粮食、冢田、爵、印绶等。例如,汉代大臣、妃嫔贵人死,皇帝或使者前往吊丧时还往往赠以印绶,或策书谥。如《汉书·孔光传》："霸薨,上素服临吊者再,至赐东园秘器钱帛,策赠以列侯礼,谥曰烈君。"②《后汉书·楚王英传》记载："元和三年,许太后(楚王刘英母)薨,诏光禄大夫持节吊祠,加赐列侯印绶,以诸侯礼葬于泾……追爵,谥曰楚厉侯。"③这都反映了汉代丧葬所秉承的"事死如生"的观念——凡是世间生者所用之物,均可作为向死者丧赠之物,这种观念在先秦是不可想象的。

赗礼中常赠以各种助葬物品,常见的种类有口含、车马、襚衣等。

口含用途的特殊性决定了赠含必须要早,要在为死者举行饭含之礼前送到。《后汉书·袁逢传》载："朝廷以逢尝为三老,特优礼之,赐以珠画特诏秘器,饭含珠玉二十六品。"④《太尉刘宽碑》载刘宽崩,"使右中郎将张良持节临吊,赠车骑将军印绶,位特进,赐含赗襚有加。"⑤

赠襚。《说文》曰:"襚,衣死人也"。⑥襚作为死者的殓葬之物,这也决定了赠襚必须在死者举行殡殓仪式之前进行。依据赠送者对象的关系地位的不同,襚可以分为君襚、大夫襚、亲者襚、庶兄弟襚、朋友襚等。根据《仪礼·士丧礼》中的对于如何致襚也有规定,应左手执衣领,右手执裳腰,入室后覆盖在死者的敛被上,主丧者拜而还礼。根据致襚者与丧者的亲疏关系,丧主行礼的繁简程度不同。汉代保留了这一礼俗。《汉书·霍光传》记载:"光薨,赐金钱、缯絮,绣被百领,衣五十箧,璧珠玑玉衣。"《汉书·郇越传》记载:"(郇越同族昆弟郇相)王莽时征为太子四友,病死,莽太子遣使祱以衣裳。"⑦《后汉书·杨震传》载,杨赐"复代张温为司空。其月薨。天子素服,三日不临朝,赠东园梓器襚服。"⑧《后汉书·李固传》载,李固死后,"南阳人董班亦往哭固,而殉尸不肯去。太后怜之,乃听得襚敛归葬。"⑨

---

① 《后汉书》卷26《郭贺传》,第909页。
② 《汉书》卷81《孔光传》,第3353页。
③ 《后汉书》卷42《楚王英传》,第1429~1430页。
④ 《后汉书》卷45《袁逢传》,第1523页。
⑤ 洪适:《隶释》卷11《太尉刘宽碑》,中华书局,1985,第124页。
⑥ 许慎:《说文解字》卷8上,第173页。
⑦ 《汉书》卷72《郇越传》,第3095页。
⑧ 《后汉书》卷54《杨震传》,第1785页。
⑨ 《后汉书》卷63《李固传》,第2088页。

赠车马。《汉书·霍光传》记载："载光尸柩以辒辌车。"①辒辌车本为天子死后专用载柩工具，霍光作为大臣被许以使用，表明柩车乃天子赙赠之车。《史记·游侠列传》："剧孟母死，自远方送丧盖千乘。"②《汉书·孔光传》元始五年（公元5年），孔光薨，"葬白太后，使九卿策赠以太师、博山侯印绶，赐乘舆秘器，金钱杂帛"。③《后汉书·郭贺传》记载："（郭贺）在官三年卒，诏书愍惜，赐车一乘，钱四十万。"④

赠奠。汉代史籍中也有赠以羊豕助奠的记载。如汉初，刘邦命令为从军死者"祠以少牢，长吏视葬"。⑤《后汉书·崔瑗传》载崔瑗临终，嘱咐子寔曰："夫人禀天地之气以生，及其终也，归精于天，还骨于地。何地不可藏形骸，勿归乡里。其赙赠之物，羊豕之奠，一不得受。"⑥这证明了汉代丧葬典礼中赙赠羊豕之奠的情况存在。

赠棺椁等殓葬之具。汉代史籍中此类记载很多。如霍光薨，"赠梓宫、便房、黄肠题凑各一具，枞木外藏椁十五具"。《后汉书·耿秉传》载耿秉卒，"赐以朱棺、玉衣，将作大匠穿冢，假鼓吹，五营骑士三百余人送葬"。⑦《后汉书·卓茂传》载卓茂"建武四年，薨，赐棺椁冢地，车驾素服亲临送葬"。⑧

3. 恤典赠官、荫子

这是汉代丧葬福利在政治上的表现。汉代文武官员都有印绶，印绶的意义，一是表明官员的职权受命于天子，二是表示官阶级别和职权大小。高级官员逝世，按规定应交还印绶，对受宠大臣，皇帝或追爵，或赐谥，或赠予印绶，以示褒宠之恩。根据谥法的规定，帝王之谥由礼官议定，臣下之谥由朝廷赐予。朝廷赐予谥号，是一种政治褒奖。如丞相韦贤谥曰节侯，于定国谥曰安侯。孔光薨，赠以丞相、博山侯印绶。

此外，任子是汉代选拔官吏的制度之一。二千石以上的高级官员任职满三年以上，得任其子弟一人为郎。一些官吏因公死亡，虽然不符合任子条件，作为奖赏，亦可荫子为官。《后汉书·南蛮传》记载：延熹三年（160），"武陵蛮六千余人寇江陵"，

---

① 《汉书》卷68《霍光传》，第2948页。
② 《史记》卷124《游侠传》，第3184页。
③ 《汉书》卷81《孔光传》，第3364页。
④ 《后汉书》卷26《郭贺传》，第909页。
⑤ 《后汉书》卷52《崔瑗传》，第17324页。
⑥ 《汉书》卷1《高帝纪》，第65页。
⑦ 《后汉书》卷19《耿秉传》，第718页。
⑧ 《后汉书》卷25《卓茂传》，第871页。

南郡太守李肃弃城逃走，主簿胡爽抱马固谏，被李肃杀死。桓帝褒奖胡爽，"拜家一人为郎"。① 军事将领阵亡的丧葬优抚另有规定，方法之一就是培养其后代成为特定的职业人群，以保障其生活。如《汉书·百官公卿表》说："又取从军死事之子孙养羽林，官教以五兵，号曰羽林孤儿。"② 还有"期门羽林皆家世为之，则长从如此"，③ 期门是一种类似于羽林孤儿的士兵，当属于同一优抚范畴。下级武官阵亡，也会受到类似任子的优抚，据居延汉简（267·19），"各持下吏为羌人所杀者，赐葬钱三万，其印绶吏，赐葬钱五万，又上子一人，名尚书卒长☒"。④

二　吊丧与社会网络

吊丧又被称为"吊唁"，"哀悼死者称吊，安慰死者家属称唁"。⑤ 吊丧和奔丧之间的最大的区别，在于自己与死者亲疏关系不同。奔丧是以至亲的身份直接去参与各种治丧事宜，而吊丧则是以客人的身份去丧家慰问哀悼。

春秋时，助丧之风极盛，"诸侯相吊"，并演化成国与国之间巩固联系的重要途径之一，"秦人来归僖公、成风之襚"，⑥ 处于关中的秦向千里之遥的鲁国赠助丧之物，说明赠赙之礼已成为秦人丧礼中的重要一部分。

汉代对于吊丧礼仪也相当重视，设有专门掌管吊丧事宜的光禄大夫一职，这一官职无定员，如遇王公、诸侯、公卿大臣家有丧事，皇帝选派大夫、议郎充光禄大夫，代表政府前去吊唁。《汉书·景帝纪》载："王薨，遣光禄大夫吊襚祠赗，视丧事，因立嗣子。列侯薨，遣太中大夫吊祠，视丧事，因立嗣。"⑦《后汉书·百官志二》载："光禄大夫，比二千石……凡诸国嗣之丧，则光禄大夫掌吊。""谒者仆射一人，比千石……将、大夫以下之丧，掌使吊。"⑧ 东汉还增设了谒者仆射一职，由临时委派到专门执掌，这与东汉更为崇礼的事实也是相一致的。

史书中有不少有关皇帝派遣官吏前去吊丧的记载，如《后汉书·安帝纪》载："延平元年十二月甲子，清河王薨，使司空持节吊祭。"⑨《后汉书·楚王英传》载：

---

① 《后汉书》卷86《南蛮传》，第2834页。
② 《汉书》卷19《百官公卿表》，第727页。
③ 章如愚：《群书考索续集》卷41《兵制门·汉兵》，文渊阁《四库全书》影印本，第938册，第513页上。
④ 谢桂华、李均明、朱国炤：《居延汉简释文合校》，第448页。
⑤ 李如森：《汉代丧葬礼俗》，第44页。
⑥ 杨伯峻编著《春秋左传注》文公九年，第571页。
⑦ 《汉书》卷5《景帝纪》，第145页。
⑧ 司马彪：《后汉书志》卷25《百官二》，第3577～3578、3583页。
⑨ 《后汉书》卷5《安帝纪》，第205页。

"英至丹阳，自杀……诏遣光禄大夫持节吊祠。"①《后汉书·孝崇匽皇后纪》载："元嘉二年崩……使司徒持节，大长秋奉吊祠。"②

如遇朝中重臣有丧，为了以示嘉宠，皇帝往往也亲自前往临吊，甚至有时携同皇后前往。如《汉书·元后传》载："阳朔三年（前22年）秋，（大将军王）凤病，天子数自临问……凤薨，天子临吊赠宠。"③《汉书·霍光传》载："光薨，上及皇太后亲临光丧。"④《后汉书·李通传》载："建武十八年（公元42年），大司空李通卒，帝及皇后亲临吊，送葬"。⑤《后汉书·邓彪传》载：永元五年（公元93年）春，太傅邓彪"薨于位，天子亲临吊临"。⑥《白虎通》对这种现象评价说："臣子死，君往吊之何？亲与之共治民，恩深义重厚，欲躬见之。"⑦也就是要显示天子的德政，同时勉励在世的臣属要"忠君之事"。

吊丧还成为加强国与国之间和谐交往的一种媒介。如遇邻国遭丧，也要主动派人前去吊唁，以示两国友好。春秋时期各诸侯国之间吊丧活动非常频繁，如《礼记》中记载秦穆公曾派人到晋国吊唁。到了汉代，诸如匈奴等有丧，朝廷也常派遣使者吊唁。《汉书·天文志》云："鸿嘉元年（前20年）正月，匈奴单于雕陶莫皋死。五月甲午，遣中郎将杨兴使吊。"⑧

吊服根据吊唁者的身份有所不同，在《礼记》和《仪礼》中对此都有详细的记载，汉代对于吊丧的服制也有规定。《通典·凶礼三》载：

> 又按《汉仪注》，诸侯王薨，天子遣使者往，皆言使者素服。又礼自天子下达于士，临殡殓之事，去玄冠，以素弁。君子临丧，必有哀素之心，是以去玄冠，代之以素。是以汉中兴，临丧之事与礼合。自是之后，或言临丧，使者常吉服布巾。以为使者亦宜去玄冠，代以布巾，示不纯吉。侍中、散骑诸会丧，亦宜去玄冠，代以布巾。⑨

---

① 《后汉书》卷42《光武十王列传》，第1429页。
② 《后汉书》卷10《皇后纪》，第442页。
③ 《汉书》卷98《元后传》，第4024页。
④ 《汉书》卷68《霍光传》，第2948页。
⑤ 《后汉书》卷15《李通传》，第576页。
⑥ 《后汉书》卷44《邓彪传》，第496页。
⑦ 陈立：《白虎通疏证》卷11《崩薨》，中华书局，1994，第544页。
⑧ 《汉书》卷26《天文志》，第1132页。
⑨ 杜佑：《通典》卷81《凶礼三》，王文锦等点校，第2202页。

遇到臣下丧，汉代天子在服制也应改变，著素服，去玄冠代之以布巾。如《汉书·夏侯胜传》载："年九十卒官，赐冢茔，葬平陵。太后赐钱二百万，为胜素服五日，以报师傅之恩，儒者以为荣。"①《汉书·孔光传》载："及霸薨，上素服临吊者再。"②《后汉书·张酺传》载："月余薨，乘舆缟素临吊，赐冢茔地，赗赙恩宠异于它相。"③《后汉书·来歙传》载："谒者护丧事，丧还洛阳，乘舆缟素临吊送葬。"④《后汉书·祭遵传》载："遵丧至河南县，诏遣百官先会丧所，车驾素服临之，望哭哀恸。"⑤《后汉书·卓茂传》载："建武四年薨，赐棺椁冢地，车驾素服亲临送葬。"⑥

从上述例证中，我们可以看出，汉代天子去临吊公卿大臣之丧时，"变服缟素"的说法有史可征；至于"去玄冠代以布巾"，暂未见有相关例证。

遣使吊祭是秦汉官员丧礼中采取的主要方式。到了东汉时，遣使吊祭有了明确的规定：除在诸侯王、贵人、公主的丧礼中，国家要遣使吊祭外，对于官员来说，遣使吊祭只在中央六百石以上官员范围内实行。不仅如此，国家对担任使者的官员秩级也有规定，依据爵位的等级与官员的秩级，并根据受吊祭对象的具体情况，派出相应秩级的官员担任使者。因此，遣使吊祭就成为衡量亡故者丧礼规格的一个重要标准。

吊丧之礼不仅在君臣之间，在普通民众间非常盛行。《汉书·食货志》载西汉的贫民，"四时之间亡日休息，又私自送往迎来，吊死问疾，养孤长幼在其中，勤苦如此。"⑦到东汉时，吊丧已变成一种社会风气。《后汉书·陈寔传》记载："中平四年（187），年八十四，卒于家……海内赴者三万余人，制衰麻者以百数。"⑧《后汉书·郑玄传》记载，郑玄卒，"自郡守以下尝受业者，缞绖赴会千余人。"⑨《后汉书·独行传》载中平二年，范冉卒于家，"会葬者二千余人"。⑩《读礼通考》载汉代："蒋诩遭父忧，

---

① 《汉书》卷75《夏侯胜传》，第3159页。
② 《汉书》卷81《孔光传》，第3353页。
③ 《后汉书》卷45《张酺传》，第1533页。
④ 《后汉书》卷15《来歙传》，第2067页。
⑤ 《后汉书》卷20《祭遵传》，第741页。
⑥ 《后汉书》卷25《卓茂传》，第871页。
⑦ 《汉书》卷24《食货志》，第1132页。
⑧ 《后汉书》卷62《陈寔传》，第2067页。
⑨ 《后汉书》卷35《郑玄传》，第1211页。
⑩ 《后汉书》卷81《独行传》，第2690页。

吊者盈门。"①

东汉时期，参与私人丧葬吊祭活动者，可以分为与丧主有亲属关系和无亲属关系两类。东汉社会中的各家庭有丧事，一般说来，与丧主有亲属关系者都要参与吊丧。例如，桓晔父桓鸾卒，桓晔姑为司空杨赐夫人，"姑归宁赴哀，将至，止于传舍，整饰从者而后入。"又如，季姜"梓潼文氏女，将作大匠广汉王敬伯夫人也……季姜年八十一卒。四男弃官行服，四女亦从官舍交赴。"②

东汉社会中，与丧主无亲属关系的人参加吊祭已形成社会风气。《后汉书·马援传》载马援诫兄子说："杜季良豪侠好义，忧人之忧，乐人之乐，清浊无所失，父丧致客，数郡毕至。"③上引《读礼通考》蒋诩父丧，"吊者盈门"事，都反映了这种情况。虽然这些吊祭者与丧主无亲属关系，可是大多数吊丧者都与丧主具有不同的社会联系。大体说来，可以分为亲友关系和主从关系。《太平御览》卷561引《续汉书》曰："郭泰，字林宗，退身隐居教授，徒众甚盛。丧母，友人或千里来吊之。"④就是友人参与丧主吊祭的情况。

东汉时期，社会中主从关系开始形成，因此在私人丧葬吊祭活动中就有明显的体现。《后汉书·马援传》记载：马援遭诬陷，"援妻孥惶惧，不敢以丧还旧茔，裁买城西数亩地槁葬而已。宾客故人莫敢吊会。"⑤马援蒙冤才导致其宾客不敢吊祭，很明显，在正常情况下，宾客是必须为主人吊祭的。这正是社会中主客关系形成，在丧葬活动中的一种表现。在业师与门生的关系中，不仅表现为对学业的一种传授关系，实际上，开始表现出业师对门生的支配。因此在业师亡故后，门生必须要吊祭业师。《太平御览》卷420引谢承《后汉书》："刘翊字子相，陈国人也。张季礼尝吊师丧，大冰寒，车毁牛病，不能进，罢曳道路。翊行行汝南界中，逢之，素与疏阔，下马与语，便推所乘牢车强牛与之，供其资粮，不告姓名。"⑥可见门生参加业师的丧礼，吊祭业师，已经成为必须参与的活动，即使在特殊情况下，也是不能轻易放弃的。

东汉时期，故吏与举主之间已经形成特殊的主从关系，因此，故吏必须要为举主

---

① 徐乾学：《读礼通考》卷58《丧仪节二十一·吊礼》，文渊阁《四库全书》影印本，第113册，第407页上。
② 常璩撰，刘琳校注《华阳国志校注》卷10下《梓潼士女》，巴蜀书社，1984，第825~826页。
③ 《后汉书》卷24《马援传》，第845页。
④ 李昉等：《太平御览》卷561《礼仪部四十·吊》，第2535页下。
⑤ 《后汉书》卷24《马援传》，第846页。
⑥ 李昉等：《太平御览》卷420《人事部六一·义上》，第1938页上。

服丧、吊祭。当然，受这种特殊的主从关系的影响，在社会中，一些曾为举主征辟，但没有赴任者也效法故吏，为亡故的举荐者吊祭。如《后汉纪·孝桓帝纪》记载，延熹四年（161）：徐稚"诸公所辟虽不就，其有死丧者，负笈徒步，千里赴吊，斗酒只鸡，藉以白茅，酹毕便退，丧主不得知也。"① 徐稚这种为亡故举荐者吊祭的活动，正是利用故吏与举主的特殊关系在当时的影响来表现他为丧主吊祭的合理性，以便体现出一种不同于常人的追求。

东汉私人吊祭活动除了受到当时社会中特殊主从关系的影响外，也受到名士风气的影响。在东汉后期，社会中出现了一批名士。这些名士相互标榜，不同宦官合流，因此，吊祭活动开始成为名士行为的一种体现。《后汉书·陈寔传》记载："灵帝初，大将军窦武辟以为掾属。时中常侍张让权倾天下。让父死，归葬颍川，虽一郡毕至，而名士无往者，让甚耻之，寔乃独吊焉。乃后复诛党人，让感寔，故多所全宥。"② 可见，社会中的名士已经将吊祭与他们的政治态度结合在一起。在这种风气的影响下，一些士人常要借助为名士的丧葬活动吊祭，来提高他们的声望。《后汉书·徐穉传》记载："及林宗有母忧，穉往吊之，置生刍一束于庐前而去。众怪，不知其故。林宗曰：'此必南州高士徐孺子也。《诗》不云乎："生刍一束，其人如玉。"吾无德以堪之。'"③ 郭林宗为东汉后期的大名士，徐穉在郭林宗母亲的葬礼上，采取一种独特的吊祭方式，使自己由此获得名士的赞誉，进而抬高身价。

总之，东汉私人丧葬的吊祭活动已经渗入了当时社会关系诸多方面，成为各种私人联系在丧葬活动中的表现。使一些吊祭的参与者要借助丧葬吊祭活动，与丧主建立起密切的社会联系。

三 葬俗中的音乐

秦汉前期宫廷丧仪音乐制度秉承了周礼"丧中禁乐"的思想，未将音乐引入仪式过程。随着"黄老"思想的渗入与推行，道家生死观成为一种介于先秦周礼与楚地民俗之间的"风俗调和剂"，它一方面对儒家礼制产生强烈冲击，另一方面也加速了汉代宫廷丧葬音乐礼制向民间形态的转化。在汉初"好楚声"的社会音乐背景下，民间丧葬形成了以"楚声"为特征的主流丧仪音乐风格，与国家礼制

---

① 袁宏：《后汉纪》卷22《桓帝纪》，第419页。
② 《后汉书》卷62《陈寔传》，第2066页。
③ 《后汉书》卷53《徐穉传》，第1747~1748页。

形成鲜明对比。

汉武帝后的西汉，是中国丧仪音乐礼俗发展的重要时期。此时的丧乐文化无论在国家礼制还是在民间风俗层面，都呈现出许多新特点。一方面，从国家礼制层面看，"罢黜百家，独尊儒术"的政策使儒家学说影响不断扩大，被视为正宗的丧葬"禁乐"制度，在恪守古礼的正统儒者心目中得到进一步加强，排斥民间丧乐行为的言论一浪高过一浪；另一方面，一些思想开明、善于融会各派学说的汉儒，由于认识到民间风俗自身的传承性特征及礼、俗二者间的辩证关系，并未一味恪守先秦旧礼，从而为民间丧乐风俗在国家正统礼制中的存在争得了一席之地。

民间丧乐习俗在社会环境、思想观念等多重因素影响下，表现出隆重、盛大的特点，"厚死崇丧"成为此时丧仪音乐的总体风尚。民间丧礼的气氛发生了重大转变，在原本以悲哀为主的丧葬仪式中，充斥大量以调笑逗乐、取悦丧宾为目的的歌舞表演，形成汉代独特的民间丧乐文化。国家礼仪在制度层面对民间丧乐风俗的认可，最终促成全国性丧葬音乐风尚的形成。自此，丧葬仪式音乐便成为汉民族固有的风俗而存留下来，影响后世两千年之久。

东汉是丧仪音乐礼俗制度化、固定化、完善化的重要时期。宫廷丧仪音乐礼制，从"挽歌送葬"、"鼓吹助丧"到"方相逐鬼"，一应俱全。不仅如此，东汉宫廷的各项丧仪音乐礼制，还逐渐被纳入汉家"故事"之中，成为后世宫廷丧仪音乐效法的范本。"因俗制礼，礼变成俗"的礼、俗辩证关系，在两汉丧仪音乐礼俗的发展中得到了生动的体现。

民间丧仪音乐风俗鬼神观、孝道观、谶纬迷信学说及宗教思想的综合作用下，东汉的"厚葬乐丧"之风愈演愈烈，达到了两汉历史的最高峰。汉画像中大量的"乐舞图"，为我们了解当时社会中的丧仪音乐表演，提供了生动而形象的资料。

四 葬俗的商品化倾向

随着秦汉社会商品经济的发展，在"葬俗的市场经济"杠杆的驱动下，处于社会中下阶层群体中，出现了一群专门服务于丧葬活动的从业人员。

如汉代砖室墓的盛行，说明当时砖的产量是相当大的，而砖在墓葬中主要用途是营建墓室，如砖室墓，或在墓中用来封门、砌棺、覆排水沟等。从其形制来观察，有长方形、条形、梯形、楔形、弧形等。因其用途又有大小、形制的区别，如铺底砌壁（包括棺壁）以长方形、条形砖为主，券顶以梯形、楔形砖为主，砖棺的棺盖一般为弧形砖。不管是砖室墓，还是崖墓，砖的规格、形制和纹饰都是多样的，但都是模制而成（图2-7）。汉砖比现在的砖块更大，其生产和烧造当需要相当的技术，不可能是每家每户都可以从事的行业，应有专门的部门或一批掌握这种技术的人群。

图2-7 汉墓砖

资料来源：现藏苏州昆山中国古砖瓦博物馆。

汉代陶器制造手工业分为官府和私人经营两种形式。官府的陶器作坊中有生产砖的，如《后汉纪》载："杜陵南山下有孝武帝故陶作砖处，一朝一夕可办。"[1]

砖为模制，可以大批量生产，墓主可以根据自己的需要选择大小、规格、形制等不同的样式。当然，也存在定制产品的情况。我们认为墓中的纪年砖、介绍墓主身份的铭文砖等均为定制。墓主人不可能为了几块特殊需要的砖而去自己烧造（除非自己是窑主），所以定制的产品也是商品。这些充分说明墓砖是葬俗中的商品化因素之一。

"因为汉代制陶正进入模具生产时代，生产画像砖亦用模具成批烧制……成为商品，可供用户选购，并不全为某用户单独烧制"。[2] 同时，不同墓葬出现同模画像砖，画像内容表现现实生活题材的，不一定反映的是墓主人的真实生活或生活场景，或并不是直接与墓主人有关的，而与历史题材和神话传说故事一样，它反映的是墓主人的喜好，寄托了死者的希望和梦想。富人希望死后继续过着钟鸣鼎食的生活，并升仙成道，穷人梦想死后也能拥有这样的生活。当然，画像砖中的有些内容也不排除是墓主真实生活的

---

[1] 袁宏：《后汉纪》卷26《献帝纪》，第503页。
[2] 帅希彭：《彭县近年出土的汉代画像砖》，《四川文物》1991年第2期。

写照。墓内装饰"车马出行"、"宴饮"等题材的画像砖就是墓主真实生活的写照，可能是专门烧制的，但它也同样是商品。

从汉代画像石一些题记考察，参与画像石制作的画师、石工等的技术是有价的，即墓主与匠人的关系是一种商品的买卖的关系。如1934年在山东省东阿县发现的芗他君祠堂画像石（图2-8），上有长篇题记，题记前半部分记述了芗他君夫妇及其死去的长子萝伯南的一生经历，后半部分记述了祠堂的建造始末："取石南山，更逾二年，这（迄）今成已。使师操义、山阳虾丘荣保，画师高平代盛、邵强生等十余人，价钱二万五千。"① 又如1980年，山东嘉祥县的魏晋墓中出土了一块东汉"永寿三年"（157）的祠堂盖顶石，内面右刻画像，左题长篇题记，其中一段题记叙述了祠堂的建造经过："以其余材，造立此堂，募使名工，高平王叔、王坚、江胡、繦石、连车，采石县西南小山阳山。琢砺磨治，规矩施张，褰帷反月，各有文章。调文刻画，交龙委蛇，猛虎延视，玄猿登高，狮熊嚎戏，众禽群聚，万狩云布。台阁参差，大兴舆驾。上有云气与仙人，下有孝友贤仁。遵者俨然，从者肃侍。煌煌濡濡，其色若备。作治连月，工扶无亟，贾钱二万七千。"②

秦汉墓葬中的随葬用品有实用器，如各种铜器、漆器、陶器（主要为容器）、钱币，

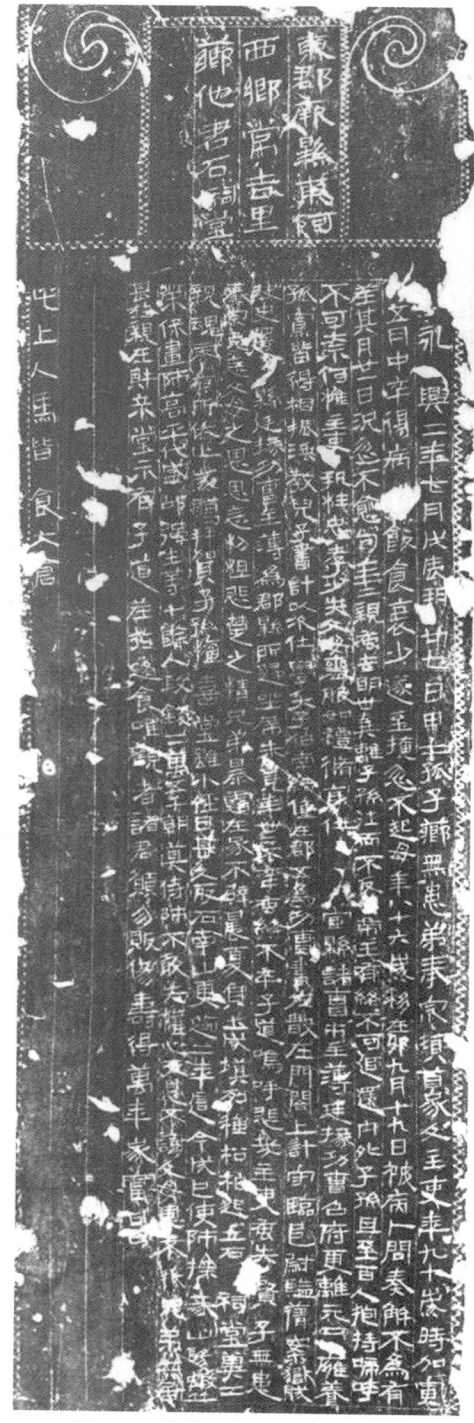

图2-8　芗他君祠堂画像石题记

资料来源：刘正成主编《中国书法全集》（7），荣宝斋，1993，第203～204页。

---

① 罗二虎：《汉代画像石棺研究》，《考古学报》2000年第1期。
② 济宁地区文物组、嘉祥县文管所：《山东嘉祥宋山1980年出土的汉画像石》，《文物》1982年第5期。

以及各种衣物、布料和多种食物等,而更多的是专门用以随葬的各种质地的冥器,如陶人物、动物、房屋、水田、车马等模型。有些专用冥器(主要指代表礼器的冥器)、生活实用器在汉代由官营和私营部门生产,官营除去供官府使用部分外,剩余部分和私营部门的产品一样,都是作为商品在市场上出现。

我们认为,秦汉葬俗中已经出现了各方面的商品化因素。这种葬俗中的商品化因素的出现和普及与社会经济生活中的商品经济的发展息息相关。西汉时期全国已经形成了若干经济区域,每个区域都有大的经济都会。每个区域以经济都会为中心,形成了不同的葬俗。

第三章
墓葬演变

第一节 帝陵

一 秦始皇帝陵

在建造方式上,秦始皇帝陵于春秋时代的秦陵有继承也有创新,如在形制上,虽然受到秦陵的影响,但改变了以隍壕或墙垣与隍壕结合的方式,只是筑以墙垣。又如陵园为内外两重城垣组成,帝陵在陵园中央位置等,都是先秦王陵陵园所没有的。秦始皇帝陵设"阙",也是帝王陵园中最早的(图3-1)。

图3-1 秦始皇帝陵

(一) 陵墓修建与国家观念

1. 帝陵的总设计师：皇帝

秦始皇帝陵是中国第一个皇帝的陵墓。秦人认为，陵墓修建的愈早，就愈长寿。秦王嬴政即位后就开始修建陵墓计划，但在他未亲政之前和亲政前期，主要忙于统一战争。陵墓修建即使开始，也不会有更多的精力顾及。秦朝统一后，秦始皇充分发挥国家机器的职能，在全国范围内大规模地征发劳动力，投入帝陵建设之中，极大地加快了陵墓工程的修建速度。《史记·秦始皇本纪》记载了修陵的情况："始皇初即位，穿治郦山，及并天下，天下徒送诣七十万人，穿三泉，下铜而致椁，宫观百官奇器珍怪徙臧满之。"①

《文献通考》引《汉旧仪》曰："（秦始皇）使丞相李斯将天下刑人徒隶七十二万人作陵。凿以章程，三十七岁，锢水泉绝之，塞以文石，致其丹漆，深极不可入。"清楚的说明当时帝陵设计有"章程"，而且这个"章程"是经秦始皇同意认可的。修建陵墓遇到障碍，"凿之不入"，李斯只能向秦始皇汇报："臣所将隶徒七十二万人治骊山者，已深已极，凿之不入，烧之不然，如下天状。"在接到"旁行三百尺"②的命令后，才敢修改图纸，继续施工。这说明无论是骊山陵位置的选择，还是形制与规模、样式和结构，秦始皇都是总体设计者。

《周礼·春官宗伯》记载："冢人掌公墓之地，辨其兆域而为之图。先王之葬居中，以昭穆为左右。凡诸侯居左右以前，卿大夫居右，各以其族。""墓大夫掌凡邦墓之地域，为之图。令国民族葬，而掌其禁令，正其位。掌其度数，使其皆有私地域"。③就是说，先秦时期建造族墓地有专职的人员统一规划设计，这种设计叫"兆域图"（图 3-2），也就是《汉旧仪》上所说的"章程"。

秦始皇帝陵设计的指导原则是什么呢？即《礼记·中庸》所记载的"事死如事生，事亡如事存"。《吕氏春秋·安死》说："设阙庭，为宫室、造宾阼也若都邑。"④这既是战国以来诸侯陵园的实际，也是秦始皇帝陵建造的理论依据。"若都邑"只是强调一种一致性，并非完全的模仿。如秦始皇帝陵园有陵有园，就类似于咸阳城的有

---

① 《史记》卷 6《秦始皇本纪》，第 265 页。
② 马端临：《文献通考》卷 124《王礼考二十五·山陵》，上海师范大学古籍研究所、华东师范大学古籍研究所点校，中华书局，2011，第 3836 页。
③ 孙诒让：《周礼正义》卷 41《春官·冢人》、《春官·墓大夫》，王文锦、陈玉霞点校，第 1694～1695、1705～1706 页。
④ 许维遹：《吕氏春秋集释》卷 10《安死》，第 224 页。

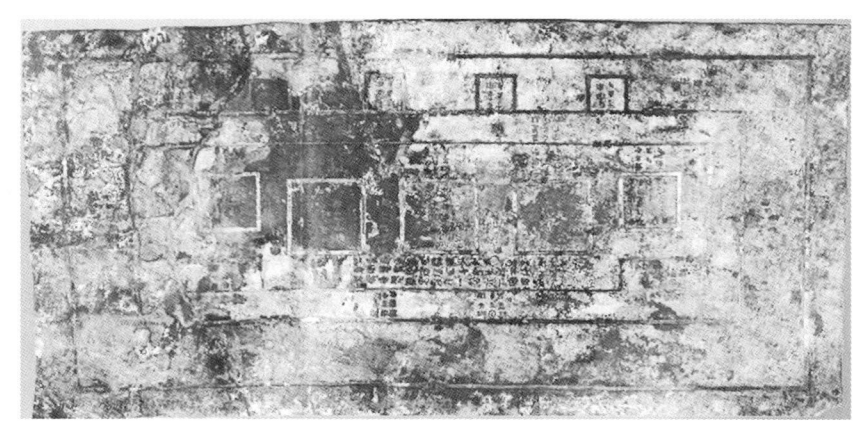

图3-2　战国铜版兆域图

资料来源：现藏河北省博物馆。

城有宫。从葬的马厩、铜车马、兵马俑、珍禽兽等坑，也与都城中的园囿、御府、宿卫等相仿。但是陵园分布多变，结构复杂，本身有其发展规律，加上现实生活无论如何不可能全部"搬"到地下，所以二者不一致是很正常的现象。

修陵墓初期，秦始皇还采取过一项重大的行政措施，于公元前231年"置丽邑"。丽邑就是汉代的新丰。陵邑的设立是秦始皇的一个创造，也为汉代所继承。丽邑的设立，保证了在中央集权制政治建立过程中，丽山陵墓工程的顺利进行，也有利于保护陵墓、繁荣陵邑经济。所以，到了汉代，设立陵邑成为制度。西汉"五陵"——高祖长陵、惠帝安陵、景帝阳陵、武帝茂陵和昭帝平陵均有陵邑，并徙民陵邑，像"汉兴，立都长安，徙齐诸田，楚昭、屈、景及诸功臣家于长陵。后世世徙吏二千石、高訾富人及豪桀并兼之家于诸陵。盖亦以强干弱支，非独为奉山园也。"[①]

2. 丞相是修建帝陵的总指挥

从《文献通考》所引《汉旧仪》可知，丞相李斯在修建帝陵中发挥着至关重要的作用。

公元前221年，秦统一前后，李斯已经担任三公九卿中主管监狱和司法建设的廷尉，开始在秦国政坛发挥举足轻重的作用。到公元前213年，李斯已被擢升为丞相，直到公元前207年，李斯被秦二世腰斩于咸阳。考虑到李斯在秦朝所处的地位，他的意见有可能在建设秦始皇帝陵园的规划设计上起到一定的作用。

文献记载："（地宫）以水银为百川江河大海，机相灌输，上具天文，下具地

---

① 《汉书》卷28下《地理志下》，第1642页。

理。"① 经过两次科学测试证实无误。这反映了秦始皇对死后理念的追求，即将国家的版图置于墓中，以便死后继续关注帝国的未来。而且，考古发现也证明了这种理念：秦始皇帝陵园东西内外城之间发现了两组独立的三出阙，其形式和概念不是秦王时期的产物。又如，分布在陵园内外数量众多的陪葬坑是皇帝制度下中央集权体制在地下的模拟再现，一座座陪葬坑代表了现实所具有的中央政府和皇宫管理机构。这些只有在新型政治体制建立后才可能产生的陵寝制度因素，也只能在秦统一后才会出现。

3. 陵墓工程的组织部门

丞相是陵墓工程的总指挥，李斯就是以丞相身份主持修陵的。具体主持者是九卿之一的少府及其相关的属官。此外，掌握大量徒刑的其他中央部门也参与了陵墓的某些专项工作。

少府是修筑帝后陵墓的主要组织机构。秦朝大将章邯在秦二世时为少府，当周章率领的农民起义军攻入关中，抵达今新丰东戏水时，他曾建议赦免骊山徒授兵抗击。他也确实带着这支临时组建的队伍进行有效反击，就是因为他主管陵墓工程并且具有军事指挥才能。

将作少府的职能是"掌治宫室"，有两丞，其属官有石库、东园主章、左右前后中校七令丞，又主章长丞。石库是主管石材的官职。东园主章，按颜师古的解释是"掌大材，以供东园大匠也"，② 实际也就是木工之长。在秦始皇帝陵园的陶盆上，发现刻有"东园主章'的刻文。在秦始皇帝陵园出土的砖瓦上发现有很多带"大"字的印戳，如"大匠"、"大"、"匠"、"大瓦"、"大水"等，这是"将作大匠"的省文，说明将作少府也掌管着一部分铜明器的生产任务。

在秦始皇帝陵园出土的砖瓦上还发现了一些带"都"字的陶文，如"都船"、"都船工□"、"都昌"、"都欧"、"都高"等（图3-3）。"都船"本是中尉的属官，"都"是其省文。《汉书·百官公卿表》记载："中尉，秦官，掌徼循

图3-3 刻字陶瓦
资料来源：现藏秦始皇帝陵博物院。

---

① 《史记》卷6《秦始皇本纪》，第265页。
② 《汉书》卷19上《百官公卿表》，第733页。

京师，有两丞、候、司马、千人。"①

此外，在鱼池遗址采集到一片板瓦上，有"□司空□"四字，可能是"都司空"辖下工匠的印记。"都司空"是九卿之一宗正的属官，颜师古注引如淳曰："司空主水及罪人。"②秦俑身上和砖瓦上多按有带"宫"字的印戳，如"宫疆"、"宫得"、"宫臧"、"宫水"、"宫水壹"、"宫水顺"、"宫甲"等，表明这些都出自宫廷匠工之手。"宫"当为"宫水"的简称，属于同"都水"有关的职官。

（二）秦始皇帝陵的组成

1. 陵园方向

陵园的方向，"四向"说都有。有的说"南面而王"，有的说"背山面水"，有的说"西望咸阳"。但笔者认为"东向"说比较合理。由钻探材料可知，地宫的"方城"设有四座门，但东面并列五门；陵园四周，只有东门外放置一组表现秦军阵营的大型兵马俑坑，而且俑向面东；陵西的铜车马坑中，导从的高车在前，主者的安车在后，一律伫立朝东。陵园东的马厩坑、陵西内外城间的苑囿坑，均呈东西向，其中的陶俑也无一例外地向东，同墓向保持一致，陵墓的正方向无疑向东，是承袭了秦人从陇东高原带来的古老葬俗的反映。

2. 地宫

关于秦始皇地宫的构筑及设置，各种文献记载得绘形绘声。《史记·秦始皇本纪》记载："始皇初即位，穿治郦山，及并天下，天下徒送诣七十余万人，穿三泉，下铜而致椁，宫观百官奇器珍怪徙臧满之。令匠作机弩矢，有所穿近者辄射之。以水银为百川江河大海，机相灌输，上具天文，下具地理。以人鱼膏为烛，度不灭者久之。"③《汉书·刘向传》记载："秦始皇帝葬于郦山之阿，下锢三泉……石椁为游棺，人膏为灯烛，水银为江河，黄金为凫雁。珍宝之藏，机械之变，棺椁之丽，宫观之盛，不可胜原。"④《汉书·贾山传》记载："（始皇）死葬乎骊山，吏徒数十万人，旷日十年，下彻三泉合采金石，冶铜锢其内，漆涂其外，被以珠玉，饰以翡翠，中成观游，上成山林。为葬薶之侈至于此。"⑤《水经注·渭水》也记载："秦始皇大兴厚葬，营建冢圹骊戎之山，一名蓝田，其阴多金，其阳多美玉，始皇贪其美名，因而葬焉。斩山凿石，

---

① 《汉书》卷19上《百官公卿表》，第732页。
② 《汉书》卷19上《百官公卿表》，第731页。
③ 《史记》卷6《秦始皇本纪》，第265页。
④ 《汉书》卷35《刘向传》，第1954页。
⑤ 《汉书》卷51《贾山传》，第2328页。

下锢三泉，以铜为椁。旁行周回三十余里，上画天文星宿之象，下以水银为四渎、百川、五岳、九州，具地理之势。宫观百官，奇器珍宝，充满其中。令匠作机弩，有所穿近，辄射之。以人鱼膏为灯烛，取其不灭者久之。"①此外，《拾遗记》、《太平御览》也有类似记述。

但是，这些记载过于简略，并不能为我们了解地宫的结构提供多少线索。经现代探测手段分析，它也确实超越了我们已知的秦代建筑水平。从总体上讲，墓室为竖穴石圹墓，在主室周围环绕侧室，墓道两侧旁开耳室。地宫大致包括墓室、侧室、耳室、墓道几大部分。

墓室是秦始皇地宫中放罩棺椁的主体墓穴，或称"椁室"，汉代称为"方中"。根据新的勘探，秦始皇帝陵地宫比原来的推测要小。地宫宫墙最初是勘探出封土北侧的墙体，然后勘探出北墙呈直角状的东北角和西北角，依此向南，分别勘探出西侧边墙200余米，东侧边墙约250米。为避免陵区雨水径流灌注墓室而造成塌方，除采取导流措施外，还在方城之内收分、斜行地向下挖掘墓圹。在墓底，再笔直地挖筑椁室。秦始皇墓室这个由巨型的竖井式圹穴构成的三维空间，犹如一个倒置内空的"四棱台体"，也就是考古工作者常说的口大底小的"仰斗"状。

秦始皇帝陵墓道的名称，在《史记》中有明确的记载，被称为"羡"。《史记·秦始皇本纪》有"闭中羡，下外羡门"之说。②由此推测，墓道上应当设有三道门禁，即内羡门、中羡门、外羡门。

秦始皇帝陵的墓道数量至今没有得到合理的解释。秦始皇帝之前最高等级的墓葬是四条墓道，其后的西汉皇帝陵墓是四条墓道。但新一轮考古勘探的深入开展，秦始皇帝陵墓道仅设置在外圹的东西两侧，而且各自只有一条。对这一现象目前只能存疑。

3. 封土

封土是指在墓穴之上用土堆垒成坟丘形状的一种制度，适用于皇帝、诸侯王和高级官吏。《周易·系辞下》云："古之葬者，厚衣之以薪，葬之于中野，不封不树，丧期无数。"③自战国后期，出现了有封土的王陵，其后封土变得越来越高，越来越壮观。秦人奉行"非壮丽无以重威"的价值观念，映射在秦始皇帝陵上，就出现了最为辉煌高大的封土。

---

① 郦道元著，陈桥驿校证《水经注校证》卷19《渭水》，中华书局，2007，第461页。
② 《史记》卷6《秦始皇本纪》，第265页。
③ 《周易·系辞下》，廖名春校点，辽宁教育出版社，1997，第57页。

《汉书·刘向传》中最早记载了秦始皇帝陵封土的高度,"秦始皇帝葬于郦山之阿,下锢三泉,上崇山坟,其高五十余丈,周回五里有余"。① 其后各时期文献也有类似记载。如《三辅故事》载"始皇葬骊山,起陵高五十丈"等。② 北魏郦道元《水经注·渭水》载"坟高五丈,周回五里余",③ "五丈"应为"五十丈"之误。

由于文献记载和实测有很大的差距,秦始皇帝陵封土的高度在学者中仍存在争议,有35.5、45.72、46、52.5、55.05、73、76、77、116米等多种观点。段清波的解释相对合理,他认为,文献上关于秦陵高度的记载仅是当初设计时的高度,由于秦始皇突染重病而亡,以及秦末战争的影响,陵墓工程本身并未完工。④

20世纪60年代以来,在现代测量技术的辅助下,学者们对秦始皇帝陵封土的高度进行了多次勘测,获得一批很有价值但相差迥异的数据。秦始皇帝陵园的区域内,南北海拔差异较大,南低北高,如将测点定在离陵墓中心位置较远,数据就会变小;而将测定地点在外城垣的北墙上,相应地就会提高数据。此外,还应对秦始皇帝陵的陵寝制度有所了解,比如陵园的方向、地宫的基本形式、封土的建造过程等。

根据考古勘探,在秦始皇帝陵的内外城之间的东西两侧各发现一组规模壮观的三出阙。阙为表示等级威仪的建筑物,三出阙规格最高。依照阙的朝向,可推知陵园建筑是以东为上的设计意图。这样,以陵园东西门附近的秦代地面为测点,测量封土的高度可能要合理些。

4. 礼制性建筑

秦始皇帝陵园内有无礼制性建筑?如有,是怎样的建筑形制?这类问题长期来备受各方关注。但长期以来囿于考古资料所限,一直迟迟未能得到解决。2002年,在前期考古工作的基础上,国家启动了"863"计划"秦陵考古遥感与地球物理综合探查技术"工程项目:工程分两期实施,第一期工程的主要任务是对已有的遥感、物探化探技术方法的验证,秦始皇帝陵考古队以洛阳铲勘探的手段结合物探技术方法的验证。经过物探、考古专家的共同努力,秦陵封土建筑形式的相关问题逐步得到解决。

通过勘探发现,在秦始皇帝陵墓圹周围有一周高出地面30米的夯土台,平面上呈九级的台阶式,在此之上还建造有木质建筑,上有瓦铺设,我们推测这一建筑的功用是供皇帝灵魂出游时登高望远用的。《汉书·贾山传》中"中成观游"的记载也反

---

① 《汉书》卷35《刘向传》,第1955页。
② 李昉等:《太平御览》卷44《地部九·骊山》,第209页上。
③ 郦道元著,陈桥驿校证《水经注校证》卷19《渭水》,第461页。
④ 段清波:《秦始皇帝陵园考古研究》,北京大学出版社,2011,第87~88页。

映了这一说法。"中成观游"的建筑是用来满足墓主死后灵魂世界的需要,化解肉体入土后皇帝的灵魂意图继续维持生前统治的焦虑。"观游"这一高台式建筑正是为此需要而修建。它符合高台建筑"观"的外形特征,九级台阶的设计也与皇帝的身份吻合,可以想象秦始皇死后,灵魂登上九层台观俯瞰统治域内的众生,极大地满足他继续管理帝国的愿望。

秦始皇帝陵封土中的这种木构建筑的形制,是从前的地面享堂墓、台阶状享堂墓发展到汉代帝陵建筑之间的过渡形态,也是迄今所见唯一的形式。这种木构建筑属于享堂类的祭祀性建筑,但并不具备汉代陵寝中寝殿和陵庙的祭祀的功能。因为它不是封顶式的堂式建筑,而且被覆盖在封土之下,无法承担日后的祭祀功能。此外,在秦始皇帝陵园也发现了位于封土之外祭祀性的陵寝建筑,表明祭祀的场所已从封土之上转移到封土之外。

到西汉时,这一陵寝制度的转变已完成。汉代帝陵流行高大的覆斗状封土,封土位于陵园之内,在陵园内建有寝殿、陵庙等礼制性建筑,这些建筑没有一处位于封土之上,说明西汉时期举行祭祀的场所已固定在封土之外。所以在汉陵封土上不会存在享堂类的祭祀性建筑以及秦陵封土内的台阶式高台建筑。

5. 外藏系统

秦始皇帝陵寝制度中有"正藏"和"外藏"两大埋藏系统之分,由此构成了秦汉陵寝制度中功能性空间区隔的基本格局。陵寝制度中外藏系统的产生、发展乃至成熟,先后经历了先秦时期的肇始、秦统一时期的发展以及西汉时期的成熟等三个不同的历史发展时期。以秦始皇帝陵园陪葬坑为代表的秦陵外藏系统,是秦王朝中央集权政体在皇帝陵墓中的模拟再现。

近年来,一些学者结合文献记载和考古发掘资料就帝王陵墓的外藏系统或者说是外藏椁系统开展了研究。《汉书·霍光传》中仅有"外藏"一词。2003年以来,俞伟超等人提出"外藏系统"。"外藏"是相对于"正藏"而出现的一个与墓葬形制、格局相关的概念。大体说来,玄宫以内俱为正藏系统,玄宫以外为外藏系统。

大约从商代晚期开始出现外藏系统的一些痕迹。殷墟发掘了一些高等级的墓葬,除墓室中棺椁内贵重的随葬品外,开始出现棺椁外的殉人、墓道内的车马、墓内壁龛以及腰坑或墓外的车马坑现象,它们是显示墓主人身份的重要标志物;而墓道内或墓葬外的车马坑构成了日后真正意义上的外藏系统因素。商周时期的车马随葬很可能是秦汉时期外藏系统形成的直接根源。春秋时期,随葬车马被普遍放置在墓外的车马坑中,但

图3-4　秦始皇帝陵一号陪葬坑

图3-5　秦始皇帝陵二号陪葬坑

图3-6　秦始皇帝陵三号陪葬坑

其墓葬外藏系统中的埋藏内容也基本仅此。单调的外藏内容到了战国晚期开始发生了巨大的变化，秦人的政治军事胜利以及墓葬文化的实践成就了外藏系统的成熟。

秦始皇帝陵园整合了传统意义上的帝王陵园陵寝因素，加上统一后秦帝国的政治创新，模拟构建了皇帝制度下的中央集权政体，由此开创了古代陵墓制度方面的一个新阶段。其中创新之一就是在陵园内外所发现的大量大小不一、内涵丰富的各陪葬坑构成的外藏系统。

迄今为止在秦始皇帝陵园范围内已发现184座大小、内容、形制皆不相同的陪葬坑，其中陵园内现有77座，位于陵园外的有107座，而且这些可能仅仅是陪葬坑的冰山一角，在封土之下、内城之内、内外城之间和外城之外皆广泛分布着大量陪葬坑（图3-4、图3-5、图3-6）。

这些陪葬坑的大小相差极大，有面积达14000多平方米的大陪葬坑，也有仅有2～3平方米的小陪葬坑。至于各类陪葬坑的平面形制更是多样，有长方形、几何形、近似方形等等。

陪葬坑中的随葬品大体分为以下几种：一为各类人物俑，有文官俑、武官俑、从事宫廷娱乐的百戏陶俑、看护饲养动物的跽坐俑等（图3-7）；二是各种兵器和军事用品，有实战用长短冷兵器，仿真的石质铠甲等；三是各种仿真动物，如青铜质水禽等（图3-8）；四是各种实用性生活类陶器；五是生殉的马和车。

图3-7　秦始皇帝陵出土的"秦俑"
资料来源：现藏秦始皇帝陵博物馆。

图3-8　秦始皇帝陵出土的"青铜鹤"
资料来源：现藏秦始皇帝陵博物馆。

从陪葬坑的构造看，有在坑内用木板构建出类似"木椁"的结构，有仅仅在坑底用青砖漫铺的。

秦始皇帝陵园184座陪葬坑，从空间布局上观察，以帝陵为中心由内向外可分为四个层次。

第一层次：位于地宫之内的陪葬坑。迄今为止，考古工作仅限于地上建筑，对地宫部分未开展任何考古勘探工作，因此对各层台阶上是否存在陪葬坑，以及数量的多寡无法确定。

第二层次：位于内城之内的陪葬坑，也就是陵园内城之内、地宫外圹之外发现的各类陪葬坑。在封土西南角发现的K0003陪葬坑，出土大量制作精美的彩陶器皿，据分析可能与"厨"有关。封土西南侧的K0006陪葬坑，保存情况较好，未遭到焚烧和劫掠，出土有陶俑和马骨，有原大陶俑12件。对陶俑的发掘及研究表明，该陪葬坑象征的是中央政府三公九卿系统中，执掌国家司法建设和监狱管理的廷尉机构。

第三层次：位于内外城之间的陪葬坑。在该区域目前发现的陪葬坑主要集中在内外城之间的西部和东部。其中最为著名的是曲尺形陪葬坑，面积约1700平方米，出土有殉马、原大陶俑、真马等，排列非常密集。陶俑高1.8~1.9米，身着长襦，足蹬方口齐头翘尖履，头戴长板冠，双手拢于袖管内，作站立状。在区域内的东部还发现三座规模较大的陪葬坑，K9801、K9901和K9902陪葬坑，其中K9801试掘出土了大批石质甲胄；K9901出土了一批象征秦代宫廷娱乐活动的百戏类陶俑。

第四层次：位于外城之外的陪葬坑。这一区域之内发现的陪葬坑包括有兵马俑坑、马厩坑、动物陪藏坑、含青铜水禽的陪葬坑等。其中与陵园空间距离最近的是位于陵园东侧上焦村的大量马厩坑。在这里发现有98座陪葬坑，南北向分三行排列，有俑坑、马坑和俑马同坑三种形式。马为活埋，俑为跽坐状。发掘中出土的刻画文字有"中厩"、"宫厩"、"三厩"、"左厩"、"大厩"五种厩苑名，马厩坑的属性一目了然，象征了秦王朝的中央厩苑。距离秦陵1500米处有兵马俑陪葬坑，各种仿真陶俑显示出强烈的军事文化性质。在陵园东北的动物坑内发现鱼、鳖等8种动物的骨骼。K0007陪葬坑出土了包括青铜鹤在内的水禽和乐工俑。

上述四个层次陪葬坑构成了秦始皇帝陵园一套完整的外藏系统，为我们进一步认识和研究秦始皇帝陵园，以及了解中国古代帝陵墓葬制度展现了一个新领域。

由此可知，古代陵寝制度中的外藏系统发展至秦代，随着大一统中央集权国家体制的建立，在墓葬外藏系统的设置中也表现出了对前代的继承、突破和创新。若将其置于中国古代社会发展的历史长河中进行审视的话，秦代外藏系统对前代制度的损益，则与社会、政治、文化等其他方面的发展一样，表现出一种与时代发展的同步性。汉承秦制，汉代陵寝制度中的外藏系统在很大程度上延续了秦代的模式。

（三）丽山园 [①]

丽山园是秦始皇陵的山园，也就是后世的陵园。它因"丽山"而得名，这也是秦始皇陵园的本来称呼。同高大的丽山陵冢、肃穆庄严的寝殿建筑、雄阔巍峨的重城墙垣一样，"丽山园"的规模巨大，气势宏伟。这种彼此协调又浑然一体所造就的美，

---

① 在秦始皇帝陵区出土的文物中已发现三种带有地域概念的铭刻文字："丽山"、"丽山园"和"丽邑"。"丽山"指秦始皇帝陵，应是秦代按骊山称陵的本来叫法，"丽山园"指秦始皇帝陵寝和礼制建筑集中的陵区，包括垣墙以内和附近与拱卫陵墓设施有关的地方；"丽邑"则是专管陵区的陵邑。

足以体现出秦始皇这位"千古一帝"的个性和秦帝国的气魄。

丽山园范围很大,东自今陕西临潼代王镇东晏村西侧的古鱼池水一带,西至姚池头、赵背户、五里沟西边的古河道,南接骊山,北临鱼池、安沟一线,基本上呈边长约为7500米的正方形,占地面积大约56平方公里。① 秦始皇帝陵雄踞丽山园的中心位置,陵侧起寝,绕以重城。

丽山园布局既反映出继承中的开创性,又反映发展中的历史性。它继承了"惠文、武、昭、(孝文)、严襄五王皆大作丘垅"②的厚葬之风,开创了"秦始出寝,起于墓侧"③的先例,证实了"园邑之兴,始自强秦"④的结论,既没有汉、唐时代园寝的规正化,也不像明、清两代的程式化,而更多地体现着个人意志的趣味化。

秦始皇帝陵、园寝和一些礼制建筑外围有园墙围护。墙垣作内外两重,形成一个南北长的"回"字形;因为墙垣早已坍塌,从地面上很难看到它存在过的踪迹。考古工作者以断崖上暴露的墙基夯层为线索,经过探测得知,秦始皇帝陵园有内外套合的三城,陵园三城,计有十门。重城的四面墙各辟有门;其中东、西、南三面的六门是内外相对但都指向陵冢。外城的北门和南门不同,虽然通过陵冢南北垂直,但因为小城南北各有一门,就使得内城的北门向西偏移,重城的两北门也不再对直了。这些门原来是有门楼建筑的,在门址上还多有夯土和瓦砾的遗存。外城西门址上堆积的瓦砾、红烧土和灰烬,厚为1~1.5米,筒瓦、板瓦及多有印戳模压的"寺水"、"左水"、"宫水"等陶文。内城的西门址上曾出过"甲百"二字的石门槛一条。内城的南门台基范围大可48.5米×52米,至今还高出地面3米有余,板瓦、筒瓦和脊瓦的残片俯拾即是。明人都穆在《游骊山记》中说到秦始皇帝陵"自南登之,二丘并峙。人曰:此南门也。南门石枢,犹露土中"。⑤ 这里的"二丘"就是指内城南门的门楼遗址。经探测,内城门址一般宽8.9米,外城门宽12.2米,附近堆有大量的残砖碎瓦、红烧土和灰烬,可见当年城楼巍峨宏大的气魄。1964年冬,在陵园外城北门附近的毛家村南的一块青石板下发现一柄铜钥匙,重约半斤,造型奇特,篆刻"北门钥"三字,说明陵园各门是定时启闭的。

---

① 王学理:《咸阳帝都记》,三秦出版社,1999,第236页。
② 马端临:《文献通考》卷124《王礼考十九·山陵》,第3841页。
③ 司马彪:《后汉书志》卷9《祭祀下》,第3219页。
④ 《后汉书》卷42《光武十五列传》,第1437页。
⑤ 都穆:《游骊山记》,载何镗《古今游名山记》卷7《西岳华山》,《续修四库全书》编纂委员会编《续修四库全书》,第736册,上海古籍出版社2002年影印本,第569页。

围墙的四角原有角楼建筑。像内城东南角楼在下陈村西北角，原存的夯土基址已于20世纪80年代初平毁。再有，位于岳家沟东北隅的内城西南角楼夯土基址仍高出地面3.2米，夯层异常清晰，层厚5.5~9.1厘米，夯土细密夹细砂，色黄而质地坚硬，下部为原生褐土。可知角楼的建筑用土是取自本地的。由于角楼建筑早已荡然无存，所以夯基上层系瓦片和地面拢土的杂乱堆积。在今郑家庄东南处，也就是陵园外城的西北角，夯土层较深，入地近2米，地面上也散布有大板瓦的残片，应当是角楼建筑的遗留物。

　　陵园的墙垣，除通过用探铲可以追踪它的地下走向外，在断崖上暴露的墙基夯土也每每给人以探索奥秘的兴味：北外城中段，因平整土地而露出的部分形成断崖，高1.5~2米，西南角呈直角走向。内城南门之东的夯土，长140.8米、厚3.8米，门匮墙基在岳家沟断崖上更为清晰，角楼以东的一段长达120米。两段南墙沿线都有板瓦、筒瓦、脊瓦夹杂在木炭和红烧土间，可知墙头当年是有遮护的。墙的厚度也是内外有别的，岳家沟的一段外城基宽14米，内城基宽8.3米。基槽都是深入地下1米的呈现条沟状。

　　陵园设墙之制，兴起于春秋战国之间。河南辉县周围村的魏王陵是1950年发掘的，在这三座并列的战国大墓四周，就有围墙建筑遗迹。1978年发掘的河北平山县战国中山王陵《兆域图》中表现的陵园围墙有两重，图上注明是"中宫垣"和"内宫垣"。这同秦始皇帝陵正方向在东，而陵园围墙作南北长方形的情况相同。说明帝王陵墓围以垣墙，作为一种制度已经确立。汉、唐以至明清陵园，只是不再向纵深的长方形发展而已。

　　在陵墓四周围墙的做法，源于春秋时代的秦国。雍都的秦公陵园不但围有堑隍（无水的壕沟），就连整个陵区的四周也都用绵亘十多平多公里的大型堑隍环绕着。雍都的秦公陵区包括十三座陵园，每一个陵园均围以双层或单层的堑隍。秦始皇帝陵园的"重城"在继承春秋秦公陵园"重隍"基础上，展示出由地下之隍变成地上之城，以至于城隍结合的实例。

二　汉代皇帝陵

（一）两汉帝陵修建概况

　　秦始皇帝陵开创了古代帝陵制度的新时代。继秦而立的西汉，前承秦制，将秦创立的政治经济体制进一步加以完善和巩固。在帝陵修建上也将秦所创立的建制加以完备，奠定了后世帝陵修建的基本格局，产生了深远影响。而东汉帝陵因考古工作进展较少，帝陵具体情况不甚了解。这里对汉代帝陵的探讨，以西汉为主。

自刘邦建国至王莽篡汉，西汉共经历了皇帝十三位。除吕后废除的汉少帝刘恭及末帝傀儡孺子婴未纳入帝陵外，其余十一位皇帝均在生前就开始为自己修建陵墓。东汉十二位皇帝，则有十一位建有帝陵。

现存西汉十一陵为：汉高祖高皇帝刘邦长陵、汉孝惠帝刘盈安陵、汉太宗孝文帝刘恒霸陵、汉孝景皇帝刘启阳陵、汉世宗孝武皇帝刘彻茂陵、汉孝昭皇帝刘弗陵平陵、汉中宗孝宣皇帝刘询杜陵、汉高宗孝元皇帝刘奭渭陵、汉统宗孝成皇帝刘骜延陵、汉孝哀皇帝刘欣义陵以及汉元帝孝平皇帝刘衎康陵。而东汉帝陵虽知道具体方位，但具体每座陵主是谁，学界并未达成共识。

从空间上来看，与前代王陵或帝陵居于都城附近相同，西汉十一陵均位于都城长安附近，分立于咸阳原南北两侧。渭北陵区的西汉帝陵，自西向东依次为汉武帝茂陵、汉昭帝平陵、汉成帝延陵、汉平帝康陵、汉元帝渭陵、汉哀帝义陵、汉惠帝安陵、汉高祖长陵和汉景帝阳陵。长安城东南陵区有汉文帝霸陵和汉宣帝杜陵。东汉十一陵，有五座位于汉洛阳城的西北（今孟津县境内），有六座居于汉洛阳城的东南（今偃师市境内）。

为何西汉帝陵会出现南北分立，而不是集中于一地？一般解释为与传统礼制中的昭穆制度相关。《周礼·春官·冢人》曰："冢人掌公墓之地，辨其兆域而为之图，先王之葬居中，以昭穆为左右。"[1]昭穆制度是古代禘祫宗庙制度的核心，是礼制的重要组成部分，以此别父子亲疏。具体来说，以祖为核心，将"毁庙与未毁庙之祖皆合食于太祖，父为昭，子为穆，孙复为昭。"[2]因此，西汉帝陵中位于昭位的为高祖、景帝、昭帝、宣帝和成帝。处于穆位的为惠帝、文帝、武帝、元帝、哀帝和平帝。从西汉帝陵的分布中看，辈分相同者，如惠帝刘盈和文帝刘恒皆为高祖之子，在昭穆关系上平行，但因其帝位为前后承接，故不可以葬于同一区域。最终惠帝葬于高祖长陵之旁，而文帝的霸陵则坐落于渭水之南。

但帝陵昭穆排序并非如禘祫之制可以通过毁庙祧祔来进行改变，加之处于渭水北面的帝陵呈线型排列，因此有些学者认为西汉帝陵的选址与昭穆制度无关。

与前代帝王陵地相比，西汉历代帝陵占地面积大为扩大，东西绵延近百里。其原因一方面由于陵墓本身规模变大，另一方面由于大量陪葬墓陪葬坑的出现以及陵寝建筑的大规模营建等。变化的根源，更重要的是基于西汉王朝国力雄厚与王权控制力的强化。

---

[1] 孙诒让：《周礼正义》卷41《春官·冢人》，王文锦、陈玉霞点校，第1694页。
[2] 《汉书》卷73《韦贤传》，第3118页。

郑玄注《周礼·春官·冢人》条："图谓画其地形及丘垄所处而藏之。"贾公彦疏："谓未有死者之时，先画其地址形势，豫图出其丘垄之处。"① 从此条注疏可以看出，在未死之前而选择陵地的礼俗由来已久。特别是战国以后封土墓葬风行后，在生前就为自己建寿陵成为王侯的普遍行为。西汉诸位皇帝往往登基后即考虑陵墓的修建问题。除前面提到的昭穆制度之外，在陵墓选址的问题上，皇帝的个人喜好及风水占卜等因素往往影响力更为巨大。如汉成帝先修延陵为初陵，十余年未成，而后又修昌陵，永始元年（前16年）秋七月，成帝又因"过听将作大匠万年言昌陵三年可成。作治五年，中陵、司马殿内尚未加功"，从而导致"天下虚耗，百姓罢劳，客土疏恶，终不可成"，② 于是罢昌陵，复修延陵，最终汉成帝葬于成陵。此外，在选择帝陵之址之前，选派术士利用传统的风水占卜吉凶更是必需的。这一举动在后世形成了专门的一门学问——堪舆学。在陵寝选址上，堪舆学讲求要依山傍水，明堂开阔，"地贵平夷，土贵有支"③ 等原则。以此反观西汉帝陵，渭水北区九陵位于咸阳原北面高凸之地，反衬于咸阳长安所处的渭河平原，帝陵如山峦挺拔，蔚然耸立。南与都城长安隔河相望，居高临下，视野开阔。且周围有秦岭、北山等山脉，有泾河、渭水等蜿蜒环绕，地势开阔，交通便利，也有利于祭祀和下葬，符合堪舆学的原则。

在选定帝陵地址后，还必须有人力物力的支持来保障工程的进展。两汉帝陵的修建虽有官吏监作，但具体营建工作是由将作大匠全局统筹负责的。《汉书·百官公卿表》记载："将作少府，秦官，掌治宫室，有两丞、左右中候。景帝中六年更名为将作大匠。属官有石库、东园主章、左右前后中校七令丞，又主章长丞。武帝太初元年更名东园主章为木工。成帝阳朔三年省中候及左右前后中五丞。"④《后汉书志·百官四》曰："将作大匠一人，二千石。本注曰：承秦，曰将作少府。景帝改为将作大匠，掌修宗庙、路寝、宫室、陵园木土之功，并树桐梓之类列于路侧。"⑤《后汉书志·礼仪下》注引《汉旧仪》曰："天子即位明年，将作大匠营陵地，用地七顷，方中用地一顷，深十三丈，堂坛高三丈，坟高十二丈。"⑥ 史书中也记载了不少将作大匠参与帝陵修建的实

---

① 孙诒让：《周礼正义》卷41《春官·冢人》，王文锦、陈玉霞点校，第1694页。
② 《汉书》卷10《成帝纪》，第320页。
③ 郭璞撰，吴澄删定《葬书》，《四库术数类丛书》，上海古籍出版社，1990，第6册，第18页。
④ 《汉书》卷19上《百官公卿表上》，第733页。
⑤ 司马彪：《后汉书志》卷27《百官四》，第3610页。
⑥ 司马彪：《后汉书志》卷6《礼仪下》，第3144页。

例。《汉书·陈汤传》载：从事中郎陈汤与将作大匠解万年相善。早在元帝时，渭陵不复徙民起邑。成帝要建昌陵，解万年为了自身利益，鼓动陈汤说："武帝时工杨光以所作数可意，自致将作大匠，及大司农中丞耿寿昌造杜陵赐爵关内侯，将作大匠乘马延年以劳苦秩中二千石；今作初陵而营起邑居，成大功，万年亦当蒙重赏。子公妻家在长安，儿子生长长安，不乐东方，宜求徙，可得赐田宅，俱善。"① 于是陈汤上书请起昌陵邑。东汉建武二十六年（公元50年），初作寿陵时，"将作大匠窦融上言园陵广袤，无虑所用。"② 由此可见，将作大匠这一官职在帝陵修建中起着重要的组织作用。

在将作大匠之下，有将作大匠丞两人为其副手，又有石库、东园主章、左右前后中校七令丞等官员。此外，汉代还将前代本属少府负责营造陵内各种陪葬器物的东园匠，划归到将作大匠辖内。在这一机构运营之下，帝陵的土木建筑及其相关各种配套器物设施得以有条不紊地进行。当然，在西汉后期，由于国力衰弱、经济拮据，陵墓的规格也不得已加以缩减，将作大匠下属官员的配额也随之减少。成帝阳朔三年（前22年），裁撤了中候及左右前后中校五丞，直到东汉安帝时才得以恢复。

西汉帝陵修建开始的时间，上引《汉旧仪》说，天子即位次年就开土动工。实际上据文献记载，在汉代帝陵中，即位后第二年开始营建陵墓的只有汉武帝的茂陵（图3-9），《汉书·武帝纪》：建元二年（前139）"初置茂陵邑"；③ 汉成帝的延陵，《汉书·成帝纪》：建始二年（前31年）"春闰月，以渭城延陵亭部为初陵"；④ 汉哀帝的义陵，《汉书·哀帝纪》：建平二年（前5年）"七月，以渭城西北原上永陵亭部为初陵"。⑤ 其余有史料记载的，汉景帝的阳陵建于即位后第五年（前152）（图3-10），汉宣帝的杜陵建于即位后的第八年也就是元康元年（前65年），汉元帝的渭陵建于即位后的第九年也就是永光四年（前40年）。而汉高祖的长陵、汉惠帝的安陵、汉文帝的霸陵、汉昭帝的平陵具体的营造时间则未录于史书。因陵墓修建工程浩大，整个工程必定历时持久。如汉武帝的茂陵修建时间前后跨度长达53年，直到汉武帝去世前两年才完工，而修建最为迅速的汉哀帝义陵也用了

---

① 《汉书》卷70《傅常郑甘陈段传》，第3023~3024页。
② 《后汉书》卷1下《光武帝纪》，第77页。
③ 《汉书》卷6《武帝纪》，第158页。
④ 《汉书》卷10《成帝纪》，第305页。
⑤ 《汉书》卷11《哀帝纪》，第340页。

图3-9　汉武帝茂陵

图3-10　汉景帝阳陵

5年的时间。

  如此庞大的工程，仅仅依靠国家机构所辖的工匠或农民力役征发是不可能完成的，而且大量地征发百姓营建陵墓，势必耽误农时，引发民怨，影响到国家的赋税乃至造成不安定因素。所以军队和刑徒被调发参与到帝陵营造工程中去，并成为其中首选的主体劳动力。汉景帝中元四年（前146）"秋，赦徒作阳陵者死罪；欲腐者许之"。[1]汉文帝死后，"令中尉亚夫为车骑将军，属国悍为将屯将军，郎中令张武为复土将军（如淳曰：'主穿圹窴瘞事也。'师古曰：'穿圹，出土下棺也。已而窴之，又即

---

[1]《汉书》卷5《景帝纪》，第147页。

以为坟，故云复土。'），发近县卒万六千人，发内史卒万五千人，臧郭穿复土属将军武。"① 汉成帝建始三年（前 30 年）"壬午，行幸初陵，赦作徒"。②

近些年对两汉帝陵考古勘察也发现，在帝陵周围存在着大量的刑徒墓地。汉景帝阳陵西北约 1.5 公里处，面积达 8 万多平方米，据估计埋葬在此的刑徒达万人以上。考古工作者对其中的 29 具墓葬进行了挖掘，发现有 35 具人体骨架，其墓葬排列无序，埋葬草率，无任何随葬品。骨架上大多戴着"钛"、"钳"等铁制刑具，有的骨架上还有明显的砍斫痕迹。此外，东汉帝陵周围还出土了大量的刑徒墓志砖。通过篆刻在上面的铭文可以得知，从汉明帝五年（公元 62 年），到汉灵帝熹平元年（172），有大量都城洛阳周边州县的刑徒参与了陵墓修建，所犯罪名有"髡钳"（五岁刑，剃发，颈带铁钳）、"完城旦"（四岁刑，不剃发）、"鬼薪"（三岁刑，负责上山砍柴）、"司寇"（二岁刑，服劳役）等，③ 男刑徒负责陵墓的修建，女刑徒负责修建的后勤工作，由"左部"、"右部"进行具体的管理工作。

如此旷日持久的工程，除了必须的人力保障外，雄厚的财政基础也为帝陵的修建成功起到了决定性的作用。"汉天子即位一年而为陵，天下贡赋三分之，一供宗庙，一供宾客，一充山陵。"④ 日本学者加藤繁在《中国经济史考证》中指出，汉代帝陵的修建费用主要来自国家财政而非帝室财政。⑤ 在汉代，掌管国家财政支出的为大司农。《汉书·百官公卿表》对这一官职解释为"治粟内史，秦官，掌谷货，有两丞。景帝后元年更名大农令，武帝太初元年更名大司农。属官有太仓、均输、平准、都内、籍田五令丞，斡官、铁市两长丞。又郡国诸仓农监、都水六十五官长丞皆属焉。"⑥ 永始二年，汉成帝在罢修昌陵诏中说："常侍（王）闳前为大司农中丞，数奏昌陵不可成。侍中卫尉（淳于）长数白宜早止，徙家反故处。朕以长言下闳章，公卿议者皆合长计，首建至策。闳典主省大费，民以康宁。"⑦ 大司农中丞为大司农属官。《汉书·陈汤传》载："大司农中丞耿寿昌造杜陵赐爵关内侯。"大司农中丞为大司农属官，说明在整个陵墓的修建的开支问题上，大司农起到了统筹作用。当然，也有例外。

---

① 《汉书》卷 4《文帝纪》，第 132 页。
② 《汉书》卷 10《成帝纪》，第 314 页。
③ 中国社会科学院考古研究所编《汉魏洛阳故城南郊东汉刑徒墓地（1964 年发掘报告）》，文物出版社，2007，第 136~138 页。
④ 《晋书》卷 60《索琳传》，中华书局，1997，第 1650 页。
⑤ 〔日〕加藤繁：《汉代国家财政和帝室财政的区别以及帝室财政的一斑》，《中国经济史考证》（上），吴杰译，中华书局，2012，第 103~105 页。
⑥ 《汉书》卷 19 上《百官公卿表上》，第 731 页。
⑦ 《汉书》卷 10《成帝纪》，第 322 页。

《汉书·宣帝纪》本始二年条有"春,以水衡钱为平陵,徙民起第宅"。颜师古注引应劭语曰:"水衡与少府皆天子私藏耳。"水衡属于上林三官,主管上林苑,掌铸造皇家私藏的钱。汉宣帝把本属于皇室财政的钱拿出来为先帝修建陵墓,其原因,应劭分析曰:"县官公作,当仰给司农,今出水衡钱,言宣帝即位为异政也。"①

(二)两汉帝陵的遗址情况

从整个建筑格局上说,帝陵的建构分为地上部分和地下部分。地上建筑包括封土、陵园、寝园、陵庙等,地下建筑为墓室、墓道、陪葬墓、陪葬坑等,还有因造陵而附设的陵邑。目前,帝陵考古对汉帝陵的方中,也就是墓室,未进行过考古发掘,对于地上部分及地下陪葬品的情况已较为清晰。

1. 陵园

帝陵所有的建筑都被依制分列于陵园之中。考古勘察报告也证实帝陵四周存在着围墙的遗迹,也就是陵园与外界由筑墙实现空间上的分隔。如汉景帝阳陵陵园四边垣墙由夯土构筑,墙宽4~4.2米。汉平帝康陵四周除北侧陵园墙破坏严重外,其余墙址保存相对较好。墙体距离地表0.3~1.5米,夯筑,夯层清晰,厚0.06~0.08米,土质坚硬,土色黑褐,墙宽4.1~4.3米,现在残存的厚度仍有现在残存的厚度仍有0.5~2米。②

东汉刘秀原陵沿用了这种以垣墙为界的做法,"山方三百二十三步,高六丈六尺。垣四出司马门。寝殿、钟虡皆在周垣内。堤封田十二顷五十七亩八十五步。"③

但光武帝以后,这种实隔的垣墙被虚隔的"行马"所代替,为竹木架的围墙形式,"明帝显节陵,山方三百步,高八丈。无周垣,为行马,四出司马门。石殿、钟虡在行马内。寝殿、园省在东。园寺吏舍在殿北。堤封田七十四顷五亩。"④这种形制被随后的章帝敬陵、和帝慎陵、殇帝康陵、安帝恭陵、顺帝宪陵、冲帝怀陵、质帝静陵沿用。

在葬式上,西汉东汉有所不同。西汉时期,虽然在史书中也记载为"合葬",如《史记·外戚世家》:"高后(吕后)合葬长陵",⑤但遵循同茔不同穴的风俗,即帝后二人处于同一陵园中,但分葬于不同的墓穴内。这一原则在汉初的墓葬中非常明显,汉高祖的长陵内就包含高祖刘邦和吕太后的陵墓,汉高祖陵墓在吕后陵墓的西北280米。汉惠帝

---

① 《汉书》卷8《宣帝纪》,第242页。
② 岳起、刘卫鹏、邓攀、骆选良:《西汉昭帝平陵钻探调查简报》,《考古与文物》2007年第10期。
③ 司马彪:《后汉书志》卷6《礼仪下》注引《古今注》,第3149页。
④ 司马彪:《后汉书志》卷6《礼仪下》注引《帝王世纪》,第3149页。
⑤ 《史记》卷49《外戚家》,第1969页。

和孝惠皇后同葬于安陵之中，两者的陵墓东西相距 270 米。自汉文帝的霸陵开始，皇帝皇后的陵墓分立于各自陵园之内，各自筑有独立的围墙和门阙，这似乎有悖于上述风俗。但据近年来的考古发现，在帝后陵园之外，还存在着一个包含帝后二陵园之外的大陵园。如汉景帝的阳陵考古勘探发现，在帝陵后陵门墙之外，还残存有外垣墙，其中东外司马门遗址和南外司马门遗址考古资料已被系统地挖掘梳理，从而证实阳陵的确有外城的存在。[①] 汉平帝康陵的布局有着更直观地显示，在平帝陵园和王皇后陵园的外围有一条封闭的围沟将两者包围起来。[②] 这些证明了同茔不同穴原则的一贯性。

在东汉帝陵中，典籍记载已经实行夫妻合葬。《后汉书志·礼仪下》中有合葬条："合葬：羡道开通，皇帝谒便房，太常导至羡道，去杖，中常侍受，至柩前，谒，伏哭止如仪。"[③] 但东汉帝陵未经过考古挖掘，具体情况不得而知。

从总体看，已知的西汉帝陵的走向均为坐西朝东，帝陵、后陵及陪葬妃嫔的墓葬皆位于各自陵园的正中心处，陪葬墓区在帝陵的东北方或东方，而陵邑设置于帝陵的北方或东方。从建筑形制上体现出崇方和居中的原则。

西汉帝陵陵园在形制上一般为方形。汉高祖长陵陵园边长为 780 米。汉惠帝安陵陵园东西长 940 米，南北长 840 米。在此之后的帝陵陵园多呈近似正方形。阳陵、茂陵、平陵、杜陵、渭陵、延陵、义陵、康陵的帝陵陵园边长分别为：417.5～418 米、425.5～435.5 米、370 米、433 米、400～410 米、382～400 米、325.4～360 米、216～209.7 米。[④] 皇后陵园的规模一般比帝陵陵园小。如景帝王皇后陵园边长 347.5～350 米，（图 3-11），宣帝王皇后陵园边长 335 米。但也有个别皇后陵园规模较大的，如昭帝上官皇后的陵园边长为 404～429 米，长于昭帝的 370 米。在陵园方向上，除了汉平帝的为南北向，其余均为东西走向。

在陵园四周每面墙的正中央，均开有一扇门，文献中称之为"门"、"司马门"、

---

① 刘瑞：《秦、西汉帝陵的内、中、外三重陵园制度初探》，《中国文物报》2007 年 5 月 18 日。
② 咸阳市文物考古研究所：《西汉昭帝平陵钻探调查简报》，《考古与文物》2007 年第 5 期。
③ 司马彪：《后汉书志》卷 6《礼仪下》，第 3152 页。
④ 咸阳市文物考古研究所编著《西汉帝陵钻探调查报告》，文物出版社，2010；陕西省考古研究院、咸阳市文物考古研究所、茂陵博物馆：《汉武帝茂陵考古调查·勘探简报》，《考古与文物》2011 年第 2 期；岳起、刘卫鹏、邓攀、骆选良：《西汉昭帝平陵钻探调查简报》，《考古与文物》2007 年第 10 期；中国社会科学院考古研究所编《汉杜陵陵园遗址》，科学出版社，1993；陕西省考古研究所、咸阳市文物考古研究所：《汉元帝渭陵考古调查、勘探简报》，《考古》2013 年第 11 期；刘卫鹏、岳起：《陕西咸阳市西汉成帝延陵调查记》，《华夏考古》2009 年第 3 期；焦南峰、岳起、马永嬴等：《汉哀帝义陵考古调查、勘探简报》，《考古与文物》2012 年第 10 期；焦南峰、岳起、马永嬴等：《汉平第康陵考古调查、勘探简报》，《文物》2014 年第 6 期。以下凡涉及帝陵考古数据均来源如上。

图3-11　汉景帝阳陵与后陵

"门阙"或"阙"。在陵园内使用一般称为"阙"或"门阙",位于帝陵外城的被称为"司马门"。在陵园中,门与地下的四条墓道相对,是帝陵的重要组成部分,出现在西汉所有帝陵建筑之中。阙作为一种建筑形态,也出现在宫廷建筑中。

史书中曾多次提到帝陵中的门。《史记·李将军列传》记载:"(李)广死明年,李蔡以丞相坐侵孝景园壖地,当下吏治,蔡亦自杀,不对狱,国除。"索引曰:"壖地,神道之地也。"①《汉书·成帝纪》记载:"(鸿嘉三年)秋八月乙卯,孝景庙阙灾;永始元年春正月癸丑,太官凌室火。戊午,戾后园阙火;(永始四年)夏六月甲午,霸陵园门阙灾。出杜陵诸未尝御者归家。"②《汉书·五行志上》记载:"永光四年六月甲戌,孝宣杜陵园东阙南方灾……园陵小于朝廷,阙在司马门中,内臣石显之象也。"③《汉书·外戚列传上》记载:"五官以下,葬司马门外。"服虔注曰:"陵上司马门之外。"④

虽然称为"门阙",但门阙实际上是一组建筑,一般由门道、阙台、门塾、回廊和散水组成。且帝陵中的阙分为三种:一种为独立的阙,多出现在宫门或陵园中的司马门外;一种为门阙,兼具门的形制和阙制的因素,为门阙合一的建构;还有一种为凹形阙,为外有双阙,并与垣墙连在一起的建筑。阙的使用有着严格的等级地位之分,一般官吏使用一对单阙;诸侯、二千石以上用一对二出阙,由一主阙和一子阙构成;而皇室则使用规格最高的三出阙,由一主阙和两子阙组成。但西汉后期,随着国

---

① 《史记》卷109《李将军列传》,第2876页。
② 《汉书》卷10《成帝纪》,第318页。
③ 《汉书》卷27上《五行志上》,第1336页。
④ 《汉书》卷97《外戚传》,第3935页。

家控制力的减弱，门阙制度流于滥觞。虽然仍为身份地位的象征，但独立的阙门的形制已开始出现在普通官吏的墓葬中，甚至为帝王专用的三重阙的也开始被大臣僭越使用。昭宣中兴的辅臣霍光去世后，儿子霍禹继承爵位："禹既嗣为博陆侯，太夫人显改光时所自造茔制而侈大之。起三出阙，筑神道，北临昭灵，南出承恩，盛饰祠室，辇阁通属永巷，而幽良人婢妾守之。"①

现存帝陵遗迹中，汉宣帝杜陵陵园的东门遗址和汉景帝阳陵的南门遗址保持较为完好。阳陵南阙门遗址的发掘很好地说明了阙门形制（图3-12）。

图3-12　汉景帝阳陵南阙门遗址

1997年和2000年陕西考古研究队两次对阳陵陵园南门遗址进行了考古发掘，面积达4200多平方米，发现了大型建筑遗址一组，出土了大量瓦当、板瓦、筒瓦、铁夯头、铜器、陶俑、脊兽等遗物。②

阳陵南阙门遗址位于陵园南部正中，北距帝陵封土120米，阙门与垣墙连接在一起。南阙门遗址东西长134米，南北宽10.4～27.2米，占地面积达2380平方米。南阙门遗址由一组两三出阙相连接构成，以门为对称轴，呈东西对称结构，体现了汉代建筑讲究对称、以高大为美的思想。其中的东侧建筑结构保持较好，因其对称性结构，右侧建筑形制可以相应推出。

南门阙正中为中央门道，它不仅为南阙门的中心，也与整个陵园南北向的中轴线相重合。门道两侧紧贴门庭，南北长20米，东西宽7.5米，中间各有东西向的夯土墙

---

① 《汉书》卷68《霍光传》，第2950页。
② 焦南峰、王保平、马永赢等：《汉阳陵帝陵陵园南门遗址发掘简报》，《考古与文物》2011年第10期。

一道，墙残长为 3.7 米和 2.5 米，宽 2 米，地面均有方砖铺地。

门庭和门道左右为二塾。《尔雅·释宫》中对塾的释义为："门侧之堂谓之塾。"① 塾为夯土结构，平面为长方形，南北长 19.8 米，东西宽 10.7 米，塾的地面高度要高出门庭及廊道地面 2 米。塾的中部都有东西向的夯土墙一道，将二塾分为等大的两部分，亦内塾和外塾。东侧加上西侧的内塾外塾，正好符合清人江永在《乡党图考》中引晋人郭璞语曰的形制"一门而塾四"。② 在东侧塾的东侧有南北向踏步台阶，一南一北，可以由此进入二塾。台阶由夯土筑成，上面铺瓦片或薄砖块，现存北侧踏步台阶东西宽 1.35 米，每级宽 0.2~0.3 米，高 0.2~0.25 米，两段踏步入口处原应有门的存在，内塾外塾的外边缘有配廊存在。由此可以推知原本只是装饰作用的高台门阙，开始有了登高望远的实际功用。

塾东侧与塾西侧相连的为东西向狭长的"凸"字形配廊，全长 41.2 米。塾东侧的廊道长 27.6 米，南北宽 8.2 米，最高处高出廊道 6 米，地面铺素面方砖。配廊中部有一字形排列的柱洞 5 个，间距 4.4~5.1 米，下有长方形础石，推测原来应有承重的柱子存在。廊道也为夯土筑成，但土色与塾明显不同，为红褐色，外壁涂有草拌泥墙皮，外有红色朱砂墙面。有学者推测，汉阳陵的设计可能受到传统五行观念的影响。根据五行思想，黄色为中央正色，东青色，西白色，南红色，北黑色。阳陵考古发现东阙门的遗址为青灰色彩绘，南阙门为红色彩绘，这正与五行观念不谋而合。③

塾与配廊外侧均为相互连接的廊道。廊道地面由素面或回纹形方砖铺成。在廊道之外为散水，保护建筑不受雨水的侵蚀。散水用卵石铺设，卵石为成行规则排列。截面呈现中间高、两边略低的屋脊状，散水的边缘均砌立砖为界。

皇后陵园中也存在门阙建筑，汉宣帝皇后陵园中东门遗址保存较好，相关考古数据不再赘述。与帝陵门阙相比，除了在规模上小外，其主要的不同之处在于：第一，帝陵的陵园门道，塾、配廊和廊道地面均在夯土之上铺设有素面或回纹形方砖。而皇后陵园只在塾内地面铺设有长方形地砖。第二，帝陵的塾与配廊的外侧设有卵石散水，而在皇后陵园门阙在中央通道两侧，单侧门廊外有卵石散水。第三，从出土遗物上看，皇帝陵园门阙位置出土的陶器、瓦当、石器、铁器等，皇后陵园门阙位置出土的主要是"长乐未央"、"长生无极"一类的瓦当类建筑材料，未见其他品类物品出土。

① 李学勤主编《十三经注疏（标点本）》13《尔雅注疏》卷 5《释宫》，郭璞注，邢昺疏，李传书整理，徐朝华审定，北京大学出版社，1999，第 130 页。
② 江永：《乡党图考》卷 4《宫室》，文渊阁《四库全书》影印本，第 410 册，第 792 页下。
③ 石宁：《西汉五行思想与汉阳陵帝陵陵园设计》，《文博》2013 年第 5 期。

与门阙相对,从陵墓到外城之间修有道路,称为"神道"。《史记·李广列传》索隐引《黄图》记载:"阳陵阙门西出,神道四通。茂陵神道广四十三丈也。"①地上的神道与地下的羡道相对,在神道外缘的一定区域设墙地,禁止普通人入葬。对遗址进行考古挖掘发现,在阳陵的帝陵、后陵陵墓四方向上都有汉代人工夯筑的道路遗存,残长 180~660 米,宽

图3-13 秦君神道石柱
资料来源:现藏北京真觉寺石刻艺术博物馆。

15~20 米,路土厚 0.1~0.2 米。在汉强盛之时,辟神道为帝陵所特有,后来被诸侯、重臣所僭越效仿,神道也出现在王侯陵庙之中。《后汉书·中山简王刘焉传》载:"是时窦太后临朝,窦宪兄弟擅权,太后及宪等,东海出也,故睦于焉而重于礼,加赐钱一亿。诏济南、东海二王皆会。大为修冢茔,开神道,平夷吏人冢墓以千数,作者万余人。"②

东汉年间,在神道路两侧上,开始出现大型石雕。根据文献记载,在东汉的神道石刻有石柱、石象、石人、石羊、石阙等十二种。近些年汉墓也出土了不少达官贵人的墓前石刻:山东省博物馆藏汉琅琊刘君石柱、曲阜汉魏碑刻馆藏汉墓石人,北京艺术博物馆藏秦君神道石柱等(图3-13)。在洛阳象庄村南出土了一具石马,栩栩如生、雕法古朴,有些学者认为是东汉帝陵中的神道石刻。《水经注·阴沟水》中也有"不匹光武隧道所表象马也"之语,③但对此学界仍存疑。

2. 两汉帝陵的地宫与封土

西汉帝陵的地宫墓葬形制遵循中国传统建筑形态,呈"亞"字形结构,多见于陵墓和礼制建筑明堂等。自殷商以后,"亞"字形陵墓都比较常见。《后汉书志·礼仪下》南朝萧梁时人刘昭注引《汉旧仪》曰:"天子即位明年,将作大匠营陵地……其设四通羡门,容大车六马,皆藏之内方,外陟车石。"④表明汉陵的"亞"字形结构也是墓室居中,四条羡道(墓道)与墓室呈现十字交叉结构,这是一种级别最高的墓葬形

---

① 《史记》卷109《李广列传》,第 2876~2877 页。
② 《后汉书》卷42《中山简王刘焉传》,第 1449 页。
③ 郦道元著,陈桥驿校证《水经注校证》卷32《阴沟水》,第 553 页。
④ 司马彪:《后汉书志》卷6《礼仪下》,第 3144 页。

态。其次为两条墓道的"中"字形墓,还有一种为一条墓道的"甲"字形墓,这种单条墓道的主人身份较复杂。

为何会选用"亞"字形结构?美国汉学家艾兰认为,"亞"字形是殷人对土地象征的概念,是殷人心目中的土地之形。"亞"所代表的土地可以划分成中央和四方五部分,也就是中庭连接四厢的格局。人站立四方之中,更容易获得和谐之感。而死者安睡于"亞"字形的陵墓正中,灵魂也可以直接享受四方贡品。在甲骨文中,东西南北这四方,都只是"位于一个中央方形之外",而不可能居于方形的"四方之内"。这样来看,整片土地实际上就是一个"亞形"。[①]

这种由中央、四边组成的五分格局之法根源于传统阴阳数术之学。五为阳数,并在阳数中处于居中的位置,有调和之意。五为会意字,从二,从X,二代表天地,X代表交错。许慎在《说文解字》中解释道:"五,五行也,从二阴阳在天地之间交午也。"[②]也就是五代表阴阳平衡,是一个足以支配天地之气之数。

按"亞形"五分法来建构陵墓,是为了把广阔无垠的土地缩小为可以以建筑的形式来体现整个宇宙,而让自己处于宇宙的中心,足以俯观四周,控制八荒,并与四方神灵得以无限地接近。在古代统治者的观念中,活着的时候,他们位于天下的中心,向天下臣民发号施令;死后,自己依然处于天地的中心,能够继续他们的威严统治,从而凸显出帝王极强的中心观念。这种"亞"字形结构在陵墓中广泛应用,显现出古人的宇宙观念、方位观念以及对死后复生的生命信念。

从汉景帝阳陵、汉武帝茂陵、汉宣帝杜陵、汉元帝渭陵、汉平帝康陵考古调查、勘探资料来看,帝陵与皇后陵的墓室四面居中位置各开有一条墓道。墓道上接地面,下通地宫。在西汉前期,帝陵四条墓道有着明显主次之分,其中南、北、西三条墓道大小相近,而东墓道大于上述三条墓道,应为主墓道。以汉景帝阳陵为例,四条墓道中东墓道长69米,其余三条墓道分别为南墓道17米、西墓道21米和北墓道23.1米。墓道均呈入口窄,愈靠近墓室愈开阔之势,如东墓道东端宽8米,西端宽32米;南墓道南端宽18米,北端宽12米。墓道内均为五花夯土,土质坚硬,呈红褐色或黄褐色。同时为便于排水,东墓道的底部还设计有13度的斜坡。到西汉中晚期,帝陵的规模缩小,四条墓道也相应变短,且形制、大小基本相同,如汉宣帝杜陵的东、西、南、北四个墓道封土以外长均为20米。汉平帝康陵东墓道长21米,南墓道长15米,

---

① 〔美〕艾兰:《龟之谜——商代神话、祭祀、艺术和宇宙观研究》,汪涛译,四川人民出版社,1992,第162页。
② 许慎:《说文解字》卷14下《五部》,第307页下。

西墓道长 15.5 米，北墓道长 14.5 米。

据文献记载，结合考古勘探可知，东汉帝陵的墓道由四条墓道改为一条墓道，仅在墓室南方存在一条斜坡墓道，其原因在于建筑材料由木材转向砖石，以及南北"中轴线"观念的兴起。

在地下墓道、墓室之上，两汉帝陵都堆有规模巨大的封土。但汉文帝的霸陵除外（见图3-14），它"因其山，不起坟"。封土一般是在陵墓修筑工程完工后再夯筑而成，起到凸显威仪、保护墓室的作用。其形制受到当时主流的高台宫廷建筑的影响。《礼记·礼器》篇："有以大为贵者：宫室之量，器皿之度，棺椁之厚，丘封之大，此以大为贵者。"①《吕氏春秋·节葬》篇："世之为丘垄也，其高大若山，其树之若林，其设阙庭、为宫室、造宾阼也若都邑。"② 这种以大为贵的陵墓修建模式被秦始皇发展到极致，也被西汉帝陵所继承。

图3-14 汉文帝霸陵

西汉帝陵和皇后陵的现存封土遗址一般为覆斗形，也就是《礼记》记载的"堂"形，如同一个被截去顶部的方锥体，又像一个倒着放置的古代量器"斗"。《礼记》："昔者夫子言之曰：'吾见封之若堂者矣，见若坊者矣。'"郑玄注曰："封，筑土为垄。堂形四方而高。坊形旁杀平上而长。"③ 如汉高祖长陵封土，底部东西长 160 米，南北宽约 134 米，顶部东西长约 49.5 米，南北宽约 17 米，封土高 30 米。吕后陵底部东西长约 160 米，南北宽约 136 米，顶部东西长约 46 米，南北宽约 18 米，封土高约 30 米。④ 汉武国力强盛，茂陵规模更为宏大。封土底边长东 243 米，南 238 米，西 243.2 米，北 240 米，顶部边长东 36 米，南 41.6 米，西 39.2 米，北 41.7 米，封土高度现存 48.5 米。即使在西汉中后期，帝陵建筑仍保留规模巨大的封土，汉平帝康陵封土，底部边长，东长 235.2 米，西长 232.3 米，北长 222.3 米，南长 214.5 米，顶部边长，东长 55 米，西长 54.5 米，北长 56 米，南长 61 米，封土现存高度为 36 米。

---

① 孙希旦：《礼记集解》卷 23《礼器》，第 637 页。
② 许维遹：《吕氏春秋集释》卷 10《节葬》，第 224 页。
③ 孙希旦：《礼记集解》卷 8《檀弓上》，第 228 页。
④ 焦南峰：《秦、西汉帝王陵封土研究的新认识》，《文物》2012 年第 12 期。

皇后陵的封土，其形制与帝陵相同，都为覆斗形，但二者的高度多不相同。一般情况下帝陵要高于皇后陵。如汉景帝阳陵封土高 31 米，王皇后封土高 26 米。汉平帝王皇后陵的封土高 11 米，也远远低于平帝的 36 米。极少数的帝陵和皇后陵的封土的规模相近。汉高祖长陵与吕皇后陵的高度都为 30 米。其原因在于历史肯定吕皇后的历史功绩："孝惠皇帝、高后之时，黎民得离战国之苦，君臣俱欲休息乎无为，故惠帝垂拱，高后女主称制，政不出房户，天下晏然。"①

东汉时帝陵封土形制与西汉迥然不同，为一种平面圆形类似于馒头形，并影响到魏晋南北朝时期的王侯陵墓形制，直到隋唐才复归于覆斗形。这种馒头形封土由光武帝刘秀首创。直到建武二十六年（公元 50 年），刘秀才开始为自己修建陵墓。《后汉书·光武帝纪》载："帝曰：古者帝王之葬，皆陶人瓦器，木车茅马，使后世之人不知其处。太宗识终始之意，景帝能述遵孝道，遭天下反覆，而霸陵独完受其福，岂不美哉！今所制地不过二三顷，无为山陵，陂池栽令流水而已。"②《太平御览·皇王部十五》转引《东观汉记》亦载："二十六年正月，初作寿陵，始营陵地于临平亭南……帝曰：'……无为山陵，陂池栽令流水而已。迭兴之后，亦无丘垄，使合古法。今日月已逝，当预自作。臣子奉承，不得有加。'乃令陶人作瓦器。"③

这种墓葬在形式上突出表现为"无为山陵"。"无为山陵"并非不建隆起的山陵形坟墓，而是摒弃过去西汉帝陵的传统定式，尽量模仿自然界中的山丘。这就势必要去掉覆斗形封土的棱角，让整个陵墓的平面由方形向圆形转变。与西汉帝陵封土高大巍峨相比，东汉帝陵规模缩小很多。西汉帝陵封土底边长度为 150~260 米，高度为 26~46.5 米；东汉帝陵封土底边长直径为 70~130 米，高度往往不足 20 米。帝陵规模的缩小，一方面体现出光武帝节俭薄葬的风格，另一方面也可以掩人耳目，减少盗墓的风险。

3. 两汉帝陵中的礼制建筑

帝陵和皇后陵中的礼制建筑主要包括由寝殿、便殿组成的寝园、陵庙，以及东汉时增加的石殿和钟虡等。这一组礼制建筑目的在于力图复原死者生前的生活状态。寝本来是君主宫廷生活中日常所居之处。古人相信灵魂不灭，事死如事生，生前有

---

① 《史记》卷 9《吕太后本纪》，第 412 页。
② 《后汉书》卷 1 下《光武帝纪》，第 77~78 页。
③ 刘珍等撰，吴树平校注《东观汉记校注》卷 1《世祖光武皇帝纪》，中州古籍出版社，1987，第 11~12 页。

寝有朝，死后也应该有寝有庙。《后汉书志·祭祀下》记载："古不墓祭，汉诸陵皆有园寝，承秦所为也。说者以为古宗庙前制庙，后制寝，以象人之居前有朝，后有寝也。"①

（1）寝园

寝园由寝殿和便殿组成（图3-15），具体功用，颜师古注曰："园者，于陵上作之，既有正寝以象平生正殿，又立便殿为休息闲宴之处耳。"② 据史籍记载，西汉的皇帝、皇后、皇太后以及部分贵戚在各自陵园内均设置有寝

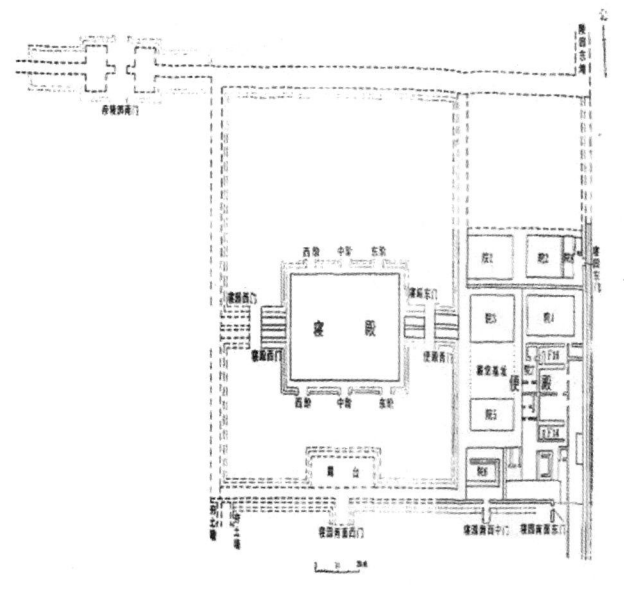

图3-15 杜陵寝园遗址平面图

资料来源：中国社会科学院考古研究所编《汉杜陵陵园遗址》，科学出版社，1993，第24页。

园。《西汉会要》记录的寝园有32所，分别为：太上皇寝园、高祖皇帝寝园、孝惠皇帝寝园、孝文皇帝寝园、孝景皇帝寝园、孝武皇帝寝园、孝昭皇帝寝园、孝宣皇帝寝园、孝元皇帝寝园、孝成皇帝寝园、孝哀皇帝寝园、孝平皇帝寝园、昭灵后寝园、武哀后寝园、昭哀后寝园、孝文太后寝园、孝昭太后寝园、卫思后园、戾园、戾后园、皇曾祖悼考庙园、孝宣许皇后南园、薄太后父灵文侯园、薄太后母灵文夫人园、窦皇后父安成侯园、孝景王皇后父共侯园、孝景王皇后母平原君园、赵婕伃父顺成侯园、史皇孙王夫人父恩成侯园、霍皇后父博陆侯园、孝宣王皇后父共侯园、恭皇帝寝园。③

其中，部分寝园经历了几次被毁和重建，原因在于后世子孙对昭穆制度的争议，更主要在于主流思想的变迁。汉初，布衣侯将立国，汉承秦制，实行无为而治。祭祀上，"汉承亡秦灭学之后，宗庙之制，不用周礼。每帝即世，辄立一庙，不止于七，不列昭穆，不定迭毁。"④

汉武帝采纳董仲舒建议，实行"罢黜百家，独尊儒术"，尤其是昭宣之后，儒家思想提倡的礼制思想在主流意识和社会舆论上逐步占据了主导地位。元帝时，一批大

---

① 司马彪：《后汉书志》卷9《祭祀下》，第3199页。
② 《汉书》卷6《武帝纪》，第159页。
③ 徐天麟：《西汉会要》卷19《礼十四·凶礼》，中华书局，1985，第203～205页。
④ 司马彪：《后汉书志》卷9《祭祀下》，刘昭注引《袁山松书》载蔡邕议曰，第3197页。

儒援引礼学经典，要求实行宗庙制度的改革。贡禹奏言："古者天子七庙，今孝惠、孝景庙皆亲尽，宜毁。及郡国庙不应古礼，宜正定。"① 即主张毁惠帝庙和景帝庙，保留五代祖庙，加上始祖两代凑成七庙。这一提议在永光四年（前40年）被变相地采纳，"秋，七月，戊子，罢昭灵后、武哀王、昭哀后、卫思后、戾太子、戾后园，皆不奉祠，裁置吏卒守焉。"胡三省注引颜师古语曰："昭灵后，高祖母也。武哀王，高祖兄也。昭哀后，高祖姊也。卫思后，戾太子母也。戾后，即史良娣也。"② 随后在永光五年，依据出身儒学世家的韦玄成奏议："祖宗之庙，世世不毁；继祖以下，五庙而迭毁。今高皇帝为太祖，孝文皇帝为太宗，孝景皇帝为昭，孝武皇帝为穆，孝昭皇帝与孝宣皇帝俱为昭。皇考庙亲未尽。太上、孝惠庙皆亲尽，宜毁。"③ 于是在"十二月乙酉，毁太上皇、孝惠皇帝寝庙园"。④

建昭四年（前35年），汉元帝久病未愈，自认为是因毁庙而遭祖宗谴怒，所以将所毁太上皇寝庙园、原庙、昭灵后、武哀王、昭哀后、卫思后寝园一一复原。在随后的竟宁元年（前33年）二月，又"复孝惠皇帝寝庙园，孝文太后、孝昭太后寝园"。⑤

到汉平帝元始四年（公元4年），王莽认为汉文帝和汉宣帝皆为以兄、孙之位继承大统，"此两统贰父，违于礼制"，⑥ 于是将汉宣帝寝园更名为"悼园"，罢文帝母薄太后和昭帝母昭太后陵园为县。

今天，其中部分寝园遗址被考古发现，还有一些陵园中发现有大型建筑遗址，但并未被证实用途。在被确认的寝园建筑中，汉宣帝杜陵和皇后寝园遗址保存较好（图3-16）。关于寝园在陵园中的位置，《后汉书志·祭祀下》说："秦始出寝，起于墓侧，汉因而弗改。"⑦

图3-16 杜陵寝园遗址

① 《汉书》卷73《韦贤传》，第3116页。
② 司马光：《资治通鉴》卷29"孝元皇帝永兴四年"，第923页。
③ 《汉书》卷73《韦玄成传》，第3116页。
④ 《汉书》卷9《元帝纪》，第293页。
⑤ 司马光：《资治通鉴》卷29"孝元皇帝竟宁元年"，第949页。
⑥ 《汉书》卷73《韦贤传》，第3131页。
⑦ 司马彪：《后汉书志》卷9《祭祀下》，第3199页。

《三辅黄图》载:"高祖长陵在渭水北,去长安城三十五里……长陵城周七里百八十步,因为殿垣,门四出,及便殿、掖庭、诸官寺皆在中。"[1] 因此,长陵寝园是在陵园之中。汉武帝建元六年(前135)六月,高祖庙及长陵寝殿失火,"上素服五日",董仲舒曾提到:"今高庙不当居辽东,高园殿不当居陵旁,于礼亦不当立,与鲁所灾同。"[2] 可知,在汉武帝之前,寝殿居于陵旁,也就是陵园内。董仲舒的意见对于茂陵的修建产生一定影响。加上陵园中陪葬坑的大量增加导致剩余空间的狭小,此后,寝园开始被移出陵园。茂陵的寝园位于陵园外东南,汉宣帝的寝园也位于陵园外东南角,宣帝王皇后的寝园在陵园外西南角。我们以考古发掘报告中的宣帝及王皇后寝园情况为例做一分析。

从寝园全体看,宣帝和王皇后寝园平面都呈长方形。皇帝寝园东西 174 米,南北 120 米,占地 20880 平方米;皇后寝园东西 129 米,南北 86 米,规模小于帝园。帝后寝园均寝殿居西,便殿居东。因都利用了陵园北墙的一段,故寝园只有东、南、西三面墙。在三面墙中均辟有门,皇帝寝园南门为正门,后寝园西门为正门。正门墙两侧设有檐廊和卵石散水,帝檐廊廊道地面铺素面砖,后廊道无任何铺设。皇后寝园三面墙均设置门一扇,皇帝寝园在南墙有门三扇。

皇帝寝殿为单独一处院落,东西长 116 米,南北长 120 米,南、北、西三面有墙,东面设廊。南、北分别利用了寝园南、北墙的西段。东廊和南墙的北廊廊道均有三排素面方砖铺地。寝殿院落辟有三座门,西门为寝园西门,南门为寝园的南面的西门,南门居整个寝殿东西居中位置,正对寝殿露台的正中央。东、西二门形制大小基本相同,与寝殿东、西门相对,阔 12.75 米,进深 11.5 米。门由门道和两侧的檐廊和散水组成。门道居中,中设有东西向夯土墙,将门道分隔成南、北两个空间,门道尽头各置一门。

通道通往寝园主建筑——寝殿,居于院落的中部偏南,东西长 74.3 米,南北宽 37.5 米。在寝殿中部为殿堂台基,四壁均有方形壁柱,四周设有回廊,廊道地面铺设素面方砖。回廊之外有卵石散水,散水之外铺设几何纹方砖。

寝殿的四面都设门,东、西门规模较大,对称分布在寝殿的东、西面,大小、形制相近,东门略小于西门,门址的形制与寝殿院落门相似,也有夯土隔墙将门道分成两通道,通道为微斜坡设计,中段高,两侧平,中段地面作了防滑处理,铺设几何形

---

[1] 何清谷:《三辅黄图校释》卷6《陵墓》,第362页。
[2] 《汉书》卷27下《五行志下》,第1332页。

方砖，两端为素面方砖。寝殿南、北面都辟有三扇门，被称为东阶、中阶和西阶。三阶进深相同，大小略异，阶的通道铺几何形砖，两侧铺设卵石散水。

便殿位于寝殿东侧，东西长73.5米，南北宽120米。便殿的东、南、北三面筑墙，西面设廊。南、北墙分别于寝园南墙、北墙的东段重合；东墙即寝园东墙，西廊与寝殿相连。在东、西、南三面墙辟门，东门为寝园东门，西门为寝殿院落东门，南面墙有二门，也就是寝园的南门的中门和东门。

整个便殿院落由堂、室和院子组成，它们之间用夯土墙分隔。便殿中的建筑物主要是堂和室，其中堂又是便殿中的主体建筑物。

以堂为主体的建筑群集中于便殿院落的西部，东部是以室为主的房屋建筑群。所有院落的中央都为天井，并配设了完备的排水设施。

西部建筑群包括殿堂一座，院子三个，房屋一套两间和一个庭院，并附有西门和南门各一座。整组建筑南北长58.2米，东西长29.1米。殿堂在整个便殿建筑的西部居中，后有一处院落，前有两处院落，前面两处院落地面铺设方砖。

室的建筑群位于殿堂的东南部，南北长58.2米，东西长31.4米，包括三套房屋、三个院子和三座庭院。整组建筑的最中心的两座大房屋为主要建筑。在三座套间内各有一座窖穴，直径达0.98米，深达6.95米。窖穴修建于便殿主体建筑完成之后。

与宣帝寝园建筑相比，王皇后寝园中寝殿和便殿分布设置类似，但无论从规模上还是从形制上都大为减小。寝殿遗址位于寝园西部，寝殿院落的中央，东西90米，南北86米。院落在东、西、南三面墙辟门，无露台。寝殿台基四周置回廊，廊道铺设素面方砖，外侧有卵石散水。寝殿北面置二门，其余具体形制与宣帝寝殿相同。王皇后便殿遗址东西长42米，南北72.5米，未进行深入挖掘。

据考古可知，便殿出土的物品远远多于寝殿，包括大量的瓦片、铜器、铁器和动物遗迹等。同时，在三座套间内各有一座窖穴，直径达0.98米，深达6.95米。窖穴修建于便殿主体建筑完成之后，里面出土了许多生活用品和猪、牛、羊、鸡、鸭、鳖等动物骨骼。说明便殿人员来往频繁，院落利用率较高。

在寝园中日常活动的人员主要有以下三类：第一类是陵园的管理人员。《后汉书志·百官二》："先帝陵，每陵园令各一人，六百石。本注曰：掌守陵园，案行扫除。丞及校长各一人。先帝陵，每陵食官令各一人，六百石。本注曰：掌望晦时节祭祀。"刘昭注引《汉官仪》曰："每陵食监一人，秩六百石。监丞一人，三百石。中黄门八人，从官二人。"①史书还记载有具体负责寝殿、便殿的寝令、寝中郎等官职。第二类是先帝的嫔妃和宫女。《汉书·贡禹传》载其奏言："武帝时，又多取好女至数千人，以填后宫。及弃天下，昭帝幼弱，霍光专事……又皆以后宫女置于园陵……昭帝晏驾，光复行之。至孝宣皇帝，陛下恶所言，群臣亦随故事……唯陛下深察左道……审察后宫，择其贤者留二十人，余悉遣之。及诸陵园女亡子者，宜悉遣。独杜陵宫人数百，诚可哀怜也。"②第三类是日常负责守卫和役使的人员。根据出土的文物也可推测证明，杜陵中最前面的院子为守卫士兵驻扎之所，院子旁边的一处套间为杂役人员居住。

（2）陵庙

陵庙为进行陵寝祭祀活动的重要场所。据典籍记载，西汉"京师自高祖下至宣帝，与太上皇、悼皇考各自居陵旁立庙"。③许多陵庙还有自己独立的名称，"景帝庙号德阳，武帝庙号龙渊，昭帝庙号徘徊，宣帝庙号乐游，元帝庙号长寿，成帝庙号阳池"。④下面以汉景帝阳陵陵庙为例加以说明。

阳陵陵庙名为德阳庙或德阳宫（图3-17）。据《汉书·景帝纪》，中元四年（前146）"春三月起德阳宫"。颜师古注引臣瓒曰："是景帝庙也。帝自作之，讳不言庙，故言宫。《西京故事》云景帝庙为德阳。"⑤德阳宫位于帝、后陵园之间，帝陵东南约300米处。因陵庙中心处有一"罗经石"构件，所以又被称为"罗经石"遗址。

从外貌上看，遗址地形隆起，呈缓坡状。遗址分内外两重，呈汉字"回"形结构，总面积约6.76万

图3-17 汉景帝阳陵宗庙遗址

---

① 司马彪：《后汉书志》卷25《百官二》，第3574页。
② 《汉书》卷72《贡禹传》，第3070~3071页。
③ 《汉书》卷73《韦贤传》，第3116页。
④ 《汉书》卷4《文帝纪》颜师古注引如淳曰，第121页。
⑤ 《汉书》卷5《景帝纪》，第147页。

平方米。外重边为正方形，边长260米，沿边缘的四周有壕沟遗存。壕沟内侧四角各修有一座曲尺形廊房建筑遗址，廊外铺设卵石散水。外重边的每边正中设有阙门，每扇跨度90米，门内侧两边有各有渗水井一口，共计八口。

中心建筑为正方形，夯土结构台基，边长53.7米，每边有14根柱子，现仍存有础

图3-18 罗经石

资料来源：侯卫东《汉阳陵"罗经石"遗址保护工程》，《文博》2005年第4期。

石。在每条边均设有3个门，共12个门。遗址四边房檐外门道原铺设有四方神兽空心砖，分别为东青龙、西白虎、南朱雀、北玄武。在基址四边的出土地砖也颜色各异：东青色、西白色、南红色、北黑色，以照应五行观念。

在中心夯土台基的最中央位置，放置一黑色云母花岗岩构件。其设计理念融合天圆地方传统观念，为上圆下方的结构。上部圆盘形，直径140厘米，下部方形，边长170厘米。圆形表面平整，中间刻有"十字凹槽"，经测定十字指向为正南正北方向，与现在通行的子午线方向偏差不超过0.1度。这一构件过去曾被认为是汉代为修建阳陵而特意修筑的测量标石，所以专家学者各取古代的定位仪器罗盘和现代经纬定位法的第一个字，将其命名为"罗经石"（图3-18）。当然，随着考古技术的进步和发掘的深入，有学者主张罗经石并非一独立建筑物，而是德阳庙巨型中心石柱的石础；有的认为它是西汉时期的尊天敬神的报时工具——日晷。

但无论何种说法，对这一建筑礼制性并未有争议。在遗址周围还出土了"千秋万岁"、"与天与极"等瓦当，以及玉璧、玉圭等各类祭祀用礼器，也印证了遗址的礼制特征。

（3）汉代墓祭

秦汉以来，宗庙成为皇帝祭祀祖先的礼制性场所，更是国家政治的象征。西汉初，叔孙通采撷古礼，损益秦制，创立了汉代宗庙祭祀制度。对祖先的祭祀方式有两种：庙祭和墓祭。庙祭在宗庙举行，墓祭的主要场所为寝园和陵庙。

《汉书·韦贤传》："又园中各有寝、便殿。日祭于寝，月祭于庙，时祭于便殿。

寝，日四上食；庙，岁二十五祠；便殿，岁四祠。又月一游衣冠。"①《后汉书·明帝纪》李贤注引《汉官仪》曰："古不墓祭。秦始皇起寝于墓侧，汉因而不改。诸陵寝皆以晦、望、二十四节、三伏、社、腊及四时上饭。其亲陵所宫人，随鼓漏理被枕，具盥水，陈妆具。天子以正月上原陵，公卿百官及诸侯王、郡国计吏皆当轩下，占其郡国谷价，四方改易，欲先帝魂魄闻也。"②

由此可知，汉代的墓祭主要有四种形式：一为"日祭于寝，日四上食"。这种祭祀方式就是每日按照皇帝生前的饮食礼仪习惯来进行上食祭祀。二为"时祭于便殿"，这种祭祀的具体方式为"丞相以四时行园"，③也是就丞相代替皇帝一年四次到陵寝行园时进行祭祀。三为"岁二十五祠"，如淳在为此条作注认为"月祭朔望，加腊月二十五"，④即每月的朔日和望日，在陵庙中举行祭祀先祖的仪式，一年十二个月，每月两次，加上腊月加祭一次，一共二十五次。但晋灼并不认同这种观点，他认为二十五祠应为"《汉仪注》宗庙一岁十二祠。五月尝麦。六月、七月三伏、立秋貙娄，又尝粢。八月先夕馈飨，皆一太牢，酎祭用九太牢。十月尝稻，又饮蒸，二太牢。十一月尝，十二月腊，二太牢。又每月一太牢，如闻加一祀，与此上为二十五祠。"⑤也就是除了每月固定的一次祭祀外，在"尝麦"、"三伏"、"尝稻"等具有特殊意义的时间加祀一次，如逢闰月再多一次，合计为二十五次。这种看法得到了颜师古等人的赞同。还有一种墓祭形式为"月一游冠"。古人相信在衣冠上附有死者的灵魂，平日在寝殿中陈设"衣冠几杖，象生之具"，且还有"宫人随鼓漏理被枕，具盥水，陈严具"，⑥亦如皇帝生前一样服侍。到了"月游衣冠"活动时，陵主生前的衣冠等被从寝园中请出，"威仪出而游之，于庙游已，复归藏之于寝"。⑦

此外，汉代在陵庙举行的祭祀活动还有"饮酎"，即把新鲜酿成的酒送到宗庙奉献。《西京杂记》卷1载："汉制：宗庙八月饮酎，用九酝太牢。皇帝侍祠，以正月旦作酒，八月成，名曰酎，一曰九酝，一名醇酎。"⑧"饮酎"举行时，各地的诸侯、列侯都要献金助祭，所献黄金被称为"酎金"。

---

① 《汉书》卷73《韦贤传》，第3115~3116页。
② 《后汉书》卷2《明帝纪》，第99页。
③ 马端临：《文献通考》卷124《王礼十九·山陵》，第3836页。
④ 《汉书》卷73《韦贤传》，第3116页。
⑤ 马端临：《文献通考》卷97《宗庙考七》，第2963~2964页。
⑥ 司马彪：《后汉书志》卷9《祭祀下》，第3199~3200页。
⑦ 程大昌：《雍录》卷8《陵庙·高庙》，黄永年点校，中华书局，2002，第180页。
⑧ 葛洪：《西京杂记》卷1"八月饮酎"条，周天游点校，三秦出版社，2005，第7页。

这些祭祀制度，到东汉时基本保留，而且随着儒学正统地位的确立，《礼记》中记载的祭祀制度也得以复原，如四时祭、三年祫祭、五年禘祭等。日祭制度，到汉明帝时被正式废除。在汉章帝即位初，有司奏："（汉明帝）深执谦谦，自称不德，无起寝庙，扫地而祭，除日祀之法。"①

这些祭祀活动规模宏大、场面热烈，也带来了陵园建筑布局上的部分改变。

其一，陵庙的设立。"惠帝为东朝长乐宫，及间往，数跸烦民，作复道，方筑武库南，通奏事，因请间，曰：'陛下何自筑复道高帝寝，衣冠月出游高庙？子孙奈何乘宗庙道上行哉！'惠帝惧，曰：'急坏之。'通曰：'人主无过举。今已作，百姓皆知之矣。愿陛下为原庙渭北，衣冠月出游之，益广宗庙，大孝之本。'上乃诏有司立原庙。"②汉初，高祖庙在长乐宫西，安门大街东，安门北，武库南，按照"月游衣冠"的制度，需要每个月把高祖的衣冠从寝殿中运到高帝庙一游。而惠帝住在未央宫，母亲吕后住长乐宫，为了相见方便，惠帝打算在两宫之间修一条"复道"，但这条复道正好从"月游衣冠"的必经路上通过，遭到了讲求礼制的叔孙通的反对，认为皇帝作为子孙不应当这样做。于是，惠帝在长陵重新修建了一个庙，也就是"陵庙"。从此，陵庙被独立出来，建在帝陵旁边，这一做法为西汉诸皇帝所沿用。

其二，"衣冠道"的设立。为了"远游衣冠月出游高庙"，从寝园到宗庙修有一条专有的道路，被称为"宗庙道"。随着陵庙制度的确立，这条专有的道路也被移植到帝陵周围。为了道路的日常管理和维护，朝廷指定了专门的责任人。蓼夷侯孔聚之子孔臧，"孝文九年（前171），侯臧嗣。四十五年，元朔三年（前126），坐为太常衣冠道桥坏不得度，免"。颜师古注："游衣冠之道。"③此时的"宗庙道"已被改名为"衣冠道"，由"掌宗庙礼仪"④的太常负责监管，一旦出现问题就会严惩不贷。在西汉前期，"衣冠道"作为国家宗庙礼制的重要组成部分，政府对其重视程度颇高，管理也较严格。西汉后期，随着王朝的衰败，以衣冠道为代表的礼法制度已呈江河日下之态势。《汉书·张禹传》载：

> 禹年老，自治冢茔，起祠室，好平陵肥牛亭部处地，又近延陵，奏请求之，上以赐禹，诏令平陵徙亭它所。曲阳侯根闻而争之："此地当平陵寝庙衣冠所出

---

① 《后汉书》卷3《章帝纪》，第131页。
② 《汉书》卷43《叔孙通传》，第2129页。
③ 《汉书》卷16《高惠高后文功臣表》，第551页。
④ 《汉书》卷19上《百官公卿表上》，第726页。

游道，禹为师傅，不遵谦让，至求衣冠所游之道，又徙坏旧亭，重非所宜。孔子称'赐爱其羊，我爱其礼'，宜更赐禹它地。"根虽为舅，上敬重之不如禹，根言虽切，犹不见从，卒以肥牛亭地赐禹。①

汉成帝没有听从舅舅王根的劝告，执意将衣冠道所在的土地赐给张禹作为茔地。这表明在汉成帝时，衣冠道制度日渐式微。所以，宋代学者程大昌考证"游衣冠之制，至元帝乃罢"，②应比较可信。

《后汉书志·礼仪上》记载了墓祭举行的盛况：

东都之仪，百官、四姓亲家妇女、公主、诸王大夫、外国朝者侍子、郡国计吏会陵。昼漏上水，大鸿胪设九宾，随立寝殿前。钟鸣，谒者治礼引客，群臣就位如仪。乘舆自东厢下，太常导出，西向拜，折旋升阼阶，拜神坐。退坐东厢，西向。侍中、尚书、陛者皆神坐后。公卿群臣谒神坐，太官上食，太常乐奏食毕，舞文始、五行之舞。乐阕，群臣受赐食毕，郡国上计吏以次前，当神轩占其郡国谷价，民所疾苦，欲神知其动静。孝子事亲尽礼，敬爱之心也。周遍如礼。最后亲陵，遣计吏，赐之带佩。③

东汉时期的墓祭还增加了对远祖的祭祀："建武以来，关西诸陵以转久远，但四时特牲祠；帝每幸长安谒诸陵，乃太牢祠。自雒阳诸陵至灵帝，皆以晦望二十四气伏腊及四时祠。庙日上饭，太官送用物，园令、食监典省，其亲陵所宫人随鼓漏理被枕，具盥水，陈严具。"④

如此大规模地举行一系列的墓祭活动，一方面是宣传"以孝治天下"的国策，另一方面也是为巩固政权的合法延续性。为了配合墓祭的开展，东汉的陵寝建制也发生了相应的改变，出现了石殿、钟虡等建筑。刘昭注引《古今注》记载了这一变化，如"光武原陵……寝殿、钟虡皆在周垣内。堤封田十二顷五十七亩八十五步……章帝敬陵，山方三百步，高六丈二尺。无周垣，为行马，四出司马门。石殿、钟虡在行马内……和帝慎陵，山方三百八十步，高十丈。无周坦，为行马，四出司马门。石殿、钟虡在

---

① 《汉书》卷81《张禹传》，第3350页。
② 程大昌：《雍录》卷8"高庙"条，黄永年点校，第180页。
③ 司马彪：《后汉书志》卷4《礼仪上》，第3103页。
④ 司马彪：《后汉书志》卷9《祭祀下》，第3200页。

行马内。"①

石殿，是用石材为主要建筑材料的大殿，建在墓冢之前，在殿内设有神位。石殿的出现可能是出于东汉宗庙制度的改变——设亲庙，同时实行合祭不再迁毁，这种改变造成了东汉陵园中陵庙的废止。《后汉书志·礼仪下》载："明帝临终遗诏，遵俭无起寝庙，藏主于世祖庙更衣。"②后世皇帝也沿用了这种做法。

钟虡，原为宫殿中的一套悬挂钟的物件，用于举行重大礼仪活动中。《汉书·郊祀志下》："建章、未央、长乐宫钟虡铜人皆生毛，长一寸所，时以为美祥。"颜师古注曰："虡，神兽名也，县钟之木刻饰为之，因名曰虡也。"③因上陵礼的举行，钟虡也开始出现在陵园之中。

4. 外藏和内藏系统

汉代帝陵的埋葬系统根据埋藏位置的不同可分为外藏和内藏。内藏范围为墓室之内，外藏则为墓室之外。《后汉书志·礼仪下》刘昭注补"方石治黄肠题凑便房如礼"曰：

> 《汉旧仪》略载前汉诸帝寿陵曰："天子即位明年，将作大匠营陵地，用地七顷，方中用地一顷。深十三丈，堂坛高三丈，坟高十二丈。武帝坟高二十丈，明中高一丈七尺，四周二丈，内梓棺柏黄肠题凑，以次百官藏毕。其设四通羡门，容大车六马，皆藏之内方，外陟车石。外方立，先闭剑户，户设夜龙、莫邪剑、伏弩，设伏火。已营陵，余地为西园后陵，余地为婕妤以下，次赐亲属功臣。"《汉书音义》曰："题，头也。凑，以头向内，所以为固也。便房，藏中便坐也。"《皇览》曰："汉家之葬，方中百步，已穿筑为方城。其中开四门，四通，足放六马，然后错浑杂物，扞漆缯绮金宝米谷，及埋车马虎豹禽兽。发近郡卒徒，置将军尉候，以后宫贵幸者皆守园陵。元帝葬，乃不用车马禽兽等物。"④

以墓室为限，"内方"即内藏，包括"内梓棺柏黄肠题凑"、"百官藏"和四条羡道。此外，在墓道之外的其他地下陪葬设施属于"外方"系统，包括《皇览》中称的"错浑杂物，扞漆缯绮金宝米谷，及埋车马虎豹禽兽"。

在《汉书·霍光传》中描述了内藏和外藏。"赐金钱、缯絮，绣被百领。衣五十

---

① 司马彪：《后汉书志》卷6《礼仪下》，第3149页。
② 司马彪：《后汉书志》卷6《礼仪下》，第3196页。
③ 《汉书》卷25下《郊祀志下》，第1251~1252页。
④ 司马彪：《后汉书志》卷6《礼仪下》，第3144页。

箧，璧珠玑玉衣，梓宫、便房、黄肠题凑各一具，枞木外臧椁十五具。东园温明，皆如乘舆制度。载光尸柩以辒辌车，黄屋左纛，发材官轻车北军五校士军陈至茂陵，以送其葬。"①

汉宣帝赐给霍光的物品，如"乘舆"等属于皇帝所专享的。《独断》曰："乘舆，出于律。律曰：'敢盗乘舆服御物。'谓天子所服食者也。天子至尊，不敢渫渎言之，故托之于乘舆。""凡乘舆，车皆羽盖、金华爪、黄屋、左纛、金锾、方釳、繁缨、重毂，副牵"。②由此可知内藏和外藏的具体内容。

玉衣、梓宫、便房、黄肠题凑应埋藏在墓葬当中，属于内藏。这几者的具体形制，颜师古为《汉书》做注时已有说明：

玉衣：颜师古曰："《汉仪注》以玉为襦，如铠状连缀之，以黄金为缕，要已下玉为札，长尺，广二寸半为甲，下至足，亦缀以黄金镂。"

梓宫：服虔曰："棺也。"颜师古曰："以梓木为之，亲身之棺也。为天子制，故亦称梓宫。"

便房、黄肠题凑：服虔曰："便房，藏中便坐也。"苏林曰："以柏木黄心致累棺外，故曰黄肠。木头皆内向，故曰题凑。"如淳曰："《汉仪注》天子陵中明中高丈二尺四寸，周二丈，内梓宫，次楩椁，柏黄肠题凑。"颜师古曰："便房，小曲室也。如氏以为楩木名，非也。"③

玉衣是西汉皇帝及高级贵族所穿殓衣，梓宫为棺。便房的具体含义，学界并未有共识，但其位置应在梓宫和黄肠题凑之间。黄肠题凑包裹整个墓室，起到保护作用。此外内藏系统还包括一种名为"百官藏"的形制，《后汉书志·礼仪下》刘昭注引《汉旧仪》曰："武帝坟高二十丈，明中高一丈七尺，四周二丈，内梓棺黄肠题凑，以次百官藏毕。"④"百官藏"究竟为何物，学者还未有定论。刘瑞、刘涛在《西汉诸侯王陵墓制度研究》一书中提出一种看法，认为"百官藏"是陵墓陪葬系统中代表"百官"的机构。⑤

在后世的帝陵中，梓宫和便房被后世帝陵沿用，只是便房的材质由木材变为石制。魏文帝曹丕鉴于"丧乱以来，汉氏诸陵无不发掘，至乃烧取玉匣金缕，骸骨并

---

① 《汉书》卷68《霍光传》，第2948页。
② 蔡邕：《独断》卷上、卷下，文渊阁《四库全书》影印本，第850册，第77页下、91页下~92页上。
③ 《汉书》卷68《霍光传》，第2948~2949页。
④ 司马彪：《后汉书志》卷6《礼仪下》，第3149页。
⑤ 刘瑞、刘涛：《西汉诸侯王陵墓制度研究》，中国社会科学出版社，2010，第381页。

尽"，①而主张薄葬，取消了金缕玉衣。黄肠题凑的消失则是由于东汉砖石墓的风行，变为"方石治黄肠题凑便房如礼"，②即用方石取代枋木，仿照黄肠题凑的形式排列。

《汉书·霍光传》中的外藏系统包括"枞木外臧椁十五具"。服虔注曰："在正臧外，婢妾臧也。或曰厨厩之属也。"③被称为"椁"，所以应为木质结构。而"臧"则喻示了埋于地下。具体指的是位于陵墓之外埋藏陪葬物品的陪葬坑。陪葬物品的种类和变迁在后面有专章论述，故此处不再赘述。

在西汉晚期以后，这种在墓室之外的外藏陪葬模式逐渐式微。东汉的帝陵从目前考古调查看，并没有发现单独的外藏系统。因洞室墓的流行，外藏被耳室、前室所代替。

5. 陪葬制度

由殉葬到陪葬，体现了社会的进步。生前封侯拜相，死后长眠于君王身边成为士人一生的期许。整个汉代陪葬制度盛行，根据考古发现，从高祖长陵到明帝显节陵都有大量达官贵人陪葬。

（1）西汉帝陵陪葬墓

在汉陵之中，高祖长陵的陪葬者数目最多，据史书记载，有萧何、曹参、周勃、周亚夫、张耳、王陵、纪信、戚夫人、田蚡家族、孝宣王皇后的王氏家族等。此外，《长安志》载，张良墓"与高祖长陵相去五里"，④也属于长陵的陪葬范围。长陵的陪葬墓分布于陵园东直到泾河南岸，以长陵的司马道为轴，对称分布于两侧，相对集中。陪葬墓的封土呈现覆斗形、圆锥形和馒头形三种，在规模上比帝后陵要小。

汉惠帝的安陵延续了长陵形式，陪葬墓位于陵园以东。据记载，陪葬安陵的有赵王如意、惠帝姊鲁元公主、冯唐、陈平、张苍、袁盎、扬雄等。安陵现存有陪葬封土12座，因自然或人为条件破坏呈现圆锥形，呈东西向分布。

汉文帝霸陵为因山起陵，为西汉帝陵中的一个特例。据记载陪葬者有窦太主、刘玄、武帝陈皇后、董偃等，但尚未考古证实。

从汉景帝阳陵开始，出现了独立的陪葬墓园。阳陵距离都城长安位置较近，成为公卿大臣的赐葬之地，陪葬墓数量较大。尽管阳陵陪葬者史料记载不多，但阳陵的考古工作开展得较为全面。阳陵陪葬墓集中在帝陵的北部和东部。阳陵的北司马门外

---

① 《三国志》卷2《文帝纪》，中华书局，2005，第85页。
② 司马彪：《后汉书志》卷6《礼仪下》，第3144页。
③ 《汉书》卷68《霍光传》，第2948页。
④ 宋敏求：《长安志》卷13《县三·咸阳》，文渊阁《四库全书》影印本，第587册，第172页上~下。

有一处建筑遗址和两座陪葬墓。东区陪葬墓区和帝陵核心区之间有一南北向壕沟将其分割，如棋盘状分布在东司马道两侧，西起阳陵东侧1000米处，最东端延续至咸阳原东边。北区两座墓规格较高，有独立的方形墓园，四周以壕沟为界，为墓室和两条墓道组成的"中"字形大墓。西侧墓封土现存为馒头形，外有13座陪葬坑。东侧墓封土呈"覆斗形"，环绕8座陪葬坑。东侧墓主人可能为景帝宠妃栗姬。乾隆《咸阳县志》有"景帝后陵北一百步，废太子临江王母"[①]之语，临江王母为栗姬，又距王皇后陵北偏西处，故此种猜测有其合理性。东区为主要陪葬墓区，现存封土6座，有20余座在"文化大革命"时被毁。史载此处陪葬的有武帝时丞相李蔡以及跟随大将军卫青的苏建家族等。

经钻探调查，汉武帝茂陵的陪葬墓现存有地面遗址的有113座，东侧较为集中，规模也较大，有大中型墓26座。此外南侧、西侧、北侧也有分布。陪葬墓中有14座现在仍存留封土。文献记载陪葬茂陵的有卫青、平阳公主、霍去病、金日磾、霍光、董仲舒、公孙弘、李延年、上官安、上官桀、敬夫人、京兆尹曹氏等。考古确定的有卫青墓、霍去病墓、金日磾墓、阳信家、霍光墓等。这些墓的封土有山形、覆斗形和圆丘形三种。其中，卫青墓、霍去病墓、李延年墓（延冢）、上官桀墓有独立的墓园。墓葬形式为竖穴土圹墓或洞室墓，墓道为单墓道的"甲"字形。

汉昭帝平陵周围的陪葬墓的封土大部分已被平掉，具体数量不知，根据以往文物普查资料记载有上百座。在平陵东部，上帝王村西部和北部发现有9座墓葬，已确定为平陵陪葬墓。文献记载的平陵陪葬者窦婴、夏侯胜、朱云、张禹以及韦贤、韦玄成等韦氏家族成员。

汉宣帝杜陵陪葬墓集中分布在帝陵东和东北。据《长安图志》记载，杜陵"其东南数陪葬数十冢，环拱森列，大小不等。其北里许，乱冢百余，自是以北直至城南东西延亘，高原之上垒垒皆是，但不知其名耳。"[②]这些墓葬中有些并非汉墓，但毋庸置疑杜陵陪葬墓数量众多。记于史书的陪葬者有张安世、丙吉、刘竟、金安上等。

从汉元帝开始，大汉王朝江河日下，进入末期。在此时期，在政治上，外戚逐步掌控实权。反映在墓葬上，陪葬者多为外戚重臣。

汉元帝渭陵的陪葬墓主要分布在五陵原上，渭陵东北方向，分南北两组。北方一组现存有墓冢18座，据说原有28座，呈4行，每行7座规则排列，俗称为"二十八宿"。南面现存墓冢4座，原有据说7座。文献记载陪葬者有王凤、冯奉世、冯媛、王莽妻等。

---

① 臧应桐：《咸阳县志》卷5《古迹》，道光十六年刻本。
② 李好文：《长安图志》卷中《图志杂说》，文渊阁《四库全书》影印本，第587册，第490页下。

西汉后期，国家的衰落导致礼制混乱。与前代帝陵陪葬墓集中于东侧不同，汉成帝延陵的陪葬墓园，位于延陵的西面，在南面、东面也有陪葬墓的分布。史书记载陪葬延陵的后妃有许皇后、赵皇后、赵昭仪、班婕妤、马婕妤等。许皇后有"葬延陵交道厩西"语，① 推测其墓冢与赵氏姐妹墓一起存在于陪葬墓园西北。班婕妤和其他成帝妃嫔被葬于延陵封土东北。后妃冢封土都为圆丘形。其余外戚重臣陪葬墓现存15座，11座有封土，其中大型墓封土为覆斗形，陪葬者史书未有记载。②

汉哀帝义陵陪葬墓在陵园外东、南部。现勘察了其中16座，存有封土的有12座，形状为覆斗形、圆丘形和不规则形，墓葬形制为"甲"字形竖穴土圹。③ 有史记载的陪葬者仅大司马董贤一人。

汉平帝当政时，王朝的没落导致康陵无论是在规模上还是在设施上都大大简化。康陵没有陵邑与陪葬墓，外藏坑数量也很少。

（2）东汉帝陵陪葬墓

东汉光武帝刘秀依靠豪强大族立国，刘秀给予这批人特权，造成家族势力的扩大。在丧葬上，以往作为荣耀的陪葬帝陵不再对世家大族有吸引力，反而出现了家族墓地的兴盛。

有明确记载"赐茔陪陵"的人物与西汉相比大大减少。陪葬光武帝原陵的有胡广。《后汉书·胡广传》载："年八十二，熹平元年（172）薨。使五官中郎将持节奉策赠太傅、安乐乡侯印绶，给东园梓器，谒者护丧事，赐冢茔于原陵，谥文恭侯。"④ 陪葬汉明帝显节陵的有三位：伏恭、牟融和刘般妻。《后汉书·儒林传》载："（伏恭）年九十，元和元年卒，赐葬显节陵下。"⑤《后汉书·牟融列传》载："建初四年薨，车驾亲临其丧……又赐冢茔地于显节陵下，除麟为郎。"⑥《后汉书·刘般传》载："般妻卒，厚加赙赠，及赐冢茔地于显节陵下。"⑦ 还有一些史书记载陪葬帝陵，但并未明确陪葬位置。如召驯，《后汉书·儒林传》载："章和二年，代任隗为光禄勋，卒于官，赐冢茔陪园陵"。⑧《后汉书·杨秉传》载："八年薨，时年七十四，赐茔陪陵。"⑨

---

① 《汉书》卷977《外戚传》，第3983页。
② 刘卫鹏、岳起：《陕西咸阳市西汉成帝延陵调查记》，《华夏考古》2009年第1期。
③ 焦南峰、岳起、马永嬴等：《汉哀帝义陵考古、勘探简报》，《考古与文物》2012年第5期。
④ 《后汉书》卷44《胡广传》，第1510~1511页。
⑤ 《后汉书》卷797《儒林传》，第2572页。
⑥ 《后汉书》卷24《牟融传》，第916页。
⑦ 《后汉书》卷39《刘般传》，第1306页。
⑧ 《后汉书》卷79《儒林传》，第2574页。
⑨ 《后汉书》卷54《杨秉传》，第1775页。

这些有明确记载的陪葬者，多为德高望重的帝师，享有无上荣誉的三公、三少等。如胡广，《后汉书》记载："凡一履司空，再作司徒，三登太尉，又为太傅。"① 而绝大多数为光武帝到汉章帝时的重臣，皇帝多为其"赐冢茔地"。《后汉书·郭伋传》："明年卒，时年八十六。帝亲临吊，赐冢茔地。"② 《后汉书·桓荣传》载："荣卒，帝亲自变服，临丧送葬，赐冢茔于首山之阳。"③ 但随着家族观念的强化，人们产生了聚族而葬的习惯，不少大臣，皇帝虽赐茔地，仍拒绝，要求归葬家族墓地。这种行为，皇帝是赞许的。如《后汉书·承宫传》载："建初元年，卒，肃宗褒叹，赐以冢地。妻上书乞归葬乡里，复赐钱三十万。"④《后汉书·独行传》载，建武元年，护羌校尉温序"伏剑而死……（温序子）寿即弃官，上书乞骸骨归葬。帝许之，乃反旧茔焉"。⑤

此外，东汉末年，幼主登基，太后临朝，多任用外戚以加强统治。在东汉帝陵附近也出现宦官被赐茔的现象。《后汉书·宦者传》载："（延熹）七年……（具）瑗卒，赗赠钱布，赐冢茔地。"⑥

东汉帝陵因考古工作开展较少，故对于陪葬墓的位置、形制、埋葬哪些人了解不多。历任明帝、和帝两朝的重臣袁安，其妻早卒，归葬乡里，因此遗令诸子曰："备位宰相，当陪山陵，不得归骨旧葬。若母先在祖考坟垄……不烦徙也。"⑦ 由此推测，东汉宰相等高官应当陪葬帝陵，但因考古资料有限，未能提供佐证。

6. 陵邑制度

陵邑又称为园邑，是西汉丧葬制度中的一项重要内容。它的出现是随着帝王陵区规模的扩大，帝陵陵区仿效都城布局而产生的。

陵邑的设置始于秦，为西汉王朝所承袭。史书记载，西汉的陵邑有七座，分别为高祖长陵、惠帝安陵、文帝霸陵、景帝阳陵、武帝茂陵、昭帝平陵和宣帝的杜陵。《太平寰宇记》卷26咸阳条："初，汉徙关东豪族以奉陵邑，长陵、茂陵各万户，其余五陵各五百户，皆属太常，不隶于郡。"⑧

但实际上，设陵邑并非皇帝的专属，西汉某些未与先帝合葬的皇帝的母亲，以及

---

① 《后汉书》卷44《胡广传》，第1511页。
② 《后汉书》卷21《郭伋传》，第1093页。
③ 《后汉书》卷31《桓荣传》，第1253页。
④ 《后汉书》卷27《承宫传》，第945页。
⑤ 《后汉书》卷81《独行传》，第2673页。
⑥ 《后汉书》卷78《宦者传》，第2522页。
⑦ 袁宏：《后汉纪》卷13"孝和皇帝纪永光四年"，张烈点校，《两汉纪》下册，第258页。
⑧ 乐史：《太平寰宇记》卷26《关西道二·咸阳》，王文楚等点校，中华书局，2007，第559页。

死时并未以帝陵的礼仪入葬的皇帝父母也设有陵邑。所以实际存在的陵邑达十一座。具体情况如下。

万年邑：这是西汉设置的首个陵邑。《汉书·高帝纪》载："十年（前193），秋七月癸卯，太上皇崩，葬万年。"颜师古注："《三辅黄图》云高祖初居栎阳，故太上皇因在栎阳。十年太上皇崩，葬其北原，起万年邑，置长丞也。"① 隶属于司隶左冯翊，后升为县，东汉魏晋时继续设置。据《太平寰宇记》引《周地图记》可知，虽然万年县的区域有所变化，但宋之前一直保持建制。

长陵邑：高帝时设。《汉书·地理志》载："长陵，高帝置，户五万五十七，口十七万九千四百六十九。"② 后王莽改名为长平。此后，长陵邑因战乱衰落，《后汉书志·郡国一》刘昭引蔡邕作《樊陵颂》云："（长陵）前汉户五万，口有十七万，王莽后十不存一。永初元年，羌戎作虐。至光和，领户不盈四千"。③

安陵邑：惠帝时设。《太平寰宇记》卷26《关西道二·咸阳》载："安陵故邑，周之程邑，汉为县，惠帝置。"④ 据《长安志》引《关中记》："徙关东倡优乐人五千户以为陵邑。善为诙嘲，故俗称安陵嘲也。"⑤

南陵邑：文帝母薄太后陵邑，《汉书·地理志》载："南陵，文帝七年（前173）置。"⑥ 颜师古注《汉书·外戚传》载："薄太后陵，在霸陵之南，故称南陵。"⑦ 汉景帝前元二年（前155），"置南陵及内史、祋祤为县"。⑧

霸陵邑：文帝时设。《汉书·地理志》载："霸陵，故芷阳，文帝更名。"⑨《水经注疏》载："会贞按：《史记·将相名臣表》：'孝文九年（前171），以芷阳乡为霸陵。'"⑩

阳陵邑：景帝时设。《汉书·景帝纪》载："（前元）五年（前152）春正月，作阳陵。夏，募民徙阳陵，赐钱二十万。"⑪《汉书·地理志》载："阳陵，故弋

---

① 《汉书》卷1下《高帝志》，第67页。
② 《汉书》卷28上《地理志上》，第1545页。
③ 司马彪:《后汉书志》卷19《郡国一》，刘昭注引，第3405页。
④ 乐史:《太平寰宇记》卷26《关西道二·咸阳》，王文楚等点校，第559页。
⑤ 宋敏求:《长安志》卷13《县二·咸阳》，文渊阁《四库全书》影印本，第587册，第171页上。
⑥ 《汉书》卷28上《地理志上》，第1545页。
⑦ 《汉书》卷97《外戚传下》，第3942页。
⑧ 《史记》卷11《孝景本纪》，第439页。
⑨ 《汉书》卷28上《地理志上》，第1543页。
⑩ 郦道元注，杨守敬、熊会贞疏《水经注疏》卷19《渭水下》，段仲熙点校，陈桥驿覆校，江苏古籍出版社，1989，第1609页。
⑪ 《汉书》卷5《景帝纪》，第143页。

阳，景帝更名。"①

茂陵邑：武帝时设。建元二年（前139），"春二月，初置茂陵邑。（应劭曰：'武帝自作陵也。'）"建元三年春，"赐徙茂陵者户钱二十万，田二顷。（苏林曰：'去长安四十里。'服虔曰：'在长安西北，茂陵东。'）"元朔二年（前127），"又徙郡国豪杰及訾三百万以上于茂陵。"太始元年（前96）："徙郡国吏民豪杰于茂陵、云陵。"② 经过武帝多年的经营发展，茂陵邑人口众多，《汉书·地理志》载："户六万一千八十七，口二十七万七千二百七十六。"③

云陵邑：汉昭帝为母赵婕伃设。赵婕伃又称钩弋婕伃，武帝时"有过见谴，以忧死，因葬云阳"，后元二年（前87年）秋七月，昭帝初即位，"追尊赵钩弋为皇太后，发卒二万人起云陵"。④ 始元元年（前86年），"夏，为太后起园庙云陵"。并于三年、四年两次大规模地往云陵邑迁民，"三年秋，募民徙云陵，赐钱田宅"；"四年，徙三辅富人云陵，赐钱，户十万。"⑤

平陵邑：昭帝时设。《三辅黄图·陵墓》载："昭帝平陵，在长安西北七十里，去茂陵十里。"⑥《汉书·昭帝纪》颜师古注引臣瓒曰："平陵在长安西北七十里。"⑦ 汉宣帝本始元年（前73年）春正月，"募郡国吏民訾百万以上徙平陵"。本始二年春，"以水衡钱为平陵，徙民起第宅"。⑧

杜陵邑：宣帝时设。元康元年（前65年），"以杜东原上为初陵，更名杜县为杜陵。徙丞相、将军、列侯、吏二千石、訾百万者杜陵。"（图3-19）⑨

奉明邑：宣帝为生父史皇孙设。立于元康元年（前65），"夏五月，立皇考庙。益奉明园户为奉明县。"颜师古曰："奉明园即皇考史皇孙之所葬也，本名广名，后追改也。"⑩

以上为西汉所设的十一处陵邑。经历了秦末动乱和楚汉之争，汉初百业凋敝，内有六国贵族反叛，北有匈奴伺机而动。恢复经济，实现社会稳定，达到"强干弱枝"

---

① 《汉书》卷28上《地理志上》，第1545页。
② 《汉书》卷6《武帝纪》，第158、170、205页。
③ 《汉书》卷28上《地理志上》，第1547页。
④ 《汉书》卷97《外戚传》，第3957页。
⑤ 《汉书》卷7《昭帝纪》，第219、221页。
⑥ 何清谷：《三辅黄图》卷6《陵墓》，第370页。
⑦ 《汉书》卷7《昭帝纪》，第232页。
⑧ 《汉书》卷8《宣帝纪》，239、242页。
⑨ 《汉书》卷8《宣帝纪》，第253页。
⑩ 《汉书》卷8《宣帝纪》，第254页。

图3-19 汉宣帝杜陵邑（陵邑位于杜陵西北25公里）

的目的更为迫切。娄敬向刘邦建言：

> 匈奴河南白羊、楼烦王，去长安近者七百里，轻骑一日一夕可以至。秦中新破，少民，地肥饶，可益实。夫诸侯初起时，非齐诸田，楚昭、屈、景莫与。今陛下虽都关中，实少人。北近胡寇，东有六国强族，一日有变，陛下亦未得安枕而卧也。臣愿陛下徙齐诸田，楚昭、屈、景，燕、赵、韩、魏后，及豪杰名家，且实关中。无事，可以备胡；诸侯有变，亦足率以东伐。此强本弱末之术也。①

刘邦接受娄敬建议，高帝九年（前198）十一月，"徙齐楚大族昭氏、屈氏、景氏、怀氏、田氏五姓关中"，并给予"与利田宅"②的优惠措施。

西汉设陵邑的目的不是单纯地奉祀陵庙，而是蕴藏着重要的政治目的。《汉书·地理志》载："汉兴，立都长安，徙齐诸田，楚昭、屈、景及诸功臣家于长陵。后世世徙吏二千石、高訾富人及豪桀并兼之家于诸陵。盖亦以强干弱支，非独为奉山园也。"③

---

① 《汉书》卷43《娄敬传》，第2123页。
② 《汉书》卷1下《高帝纪下》，第66页。
③ 《汉书》卷28下《地理志下》，第1642页。

因此，汉代出现了一场政府主导下的强制移民。关于移民的构成，《史记·货殖列传》载："徙豪杰诸侯强族于京师。"① 班固在《两都赋》论述道："与乎州郡之豪杰，五都之货殖，三选七迁，充奉陵邑。"② 但汉初陵邑移民多属于普通劳动者，惠帝安陵的移民为"关东倡优乐人五千户"，而景帝阳陵邑的人员来源主要是"募民"，应该其中也没有多少富商大族。自武帝建茂陵邑开始，对于陵邑徙民才可以有了严格的甄选，也就是班固所谓"三选之民"，即吏二千石以上、郡国豪杰、富訾商人，还包括游侠，如郭解，《汉书·游侠传》载："及徙豪茂陵也，解贫，不中訾。吏恐，不敢不徙。卫将军为言'郭解家贫，不中徙。'上曰：'解布衣，权至使将军，此其家不贫！'"③

大量移民涌入，使得关中地区的人口迅速增加，人口密度远高于普通地区。《汉书·地理志》统计，长陵邑人口占左冯翊郡的五分之一，茂陵邑人口占右扶风郡人口的三分之一。即使在停止大规模移民后，在陵邑居住的人口数也在持续增加。元始二年（公元2年），茂陵人口277277人，多于都城长安的人口246200人。④ 而且，富商豪杰的聚集性效应，使都城长安经济急速得以恢复，出现了以长安和陵邑为主体的特殊商圈，并在全国占到绝对统领性地位。《汉书·货殖传》记载："关中富商大贾，大氐尽诸田，田墙、田兰。韦家栗氏、安陵杜氏亦巨万。前富者既衰，自元、成讫王莽，京师富人杜陵樊嘉，茂陵挚网，平陵如氏、苴氏，长安丹王君房，豉樊少翁、王孙大卿，为天下高訾。樊嘉五千万，其余皆巨万矣。"⑤ 这些富訾商人不容小觑的经济实力，也为他们带来了政治上的话语权。茂陵富商焦氏、贾氏听闻昭帝病重，大肆囤积丧葬用品。昭帝去世后，主持修建平陵的大司农田延年，提出"商贾或豫收方上不祥器物，冀其疾用，欲以求利，非民臣所当为。请没入县官"。触及了焦氏、贾氏的利益，因此富人"出钱求延年罪"。⑥ 后虽有丞相霍光、御史大夫田广明出面求情，但田延年仍被逼自刎谢罪。这充分说明了陵邑富商有着左右朝政的资本。

除了富商大贾，陵邑地区人才辈出，聚集了大批达官显贵和社会名流。班固《两都赋》称："英俊之域，绂冕所兴。冠盖如云，七相五公。"⑦ "七相五公"均出自于陵

---

① 《史记》卷124《货殖列传》，第3261页。
② 《后汉书》卷40上《班固传上》，第1338页。
③ 《汉书》卷92《游侠传》，第3704页。
④ 《汉书》卷28上《地理志上》，第1543～1547页。
⑤ 《汉书》卷91《货殖传》，第3694页。
⑥ 《汉书》卷90《酷吏传》，第3665～3666页。
⑦ 《后汉书》卷40上《班固传上》，第1338页。

邑，即七相：车千秋、黄霸、王商、王嘉、韦贤、平当、魏相；五公：张汤、萧望之、冯奉世、史丹、张安世。这些人当中，车千秋出自长陵邑，王嘉、平当、魏相、韦贤出自平陵邑，黄霸出自云陵邑，其余二相及五公均出自杜陵邑。

这些被迁徙的精英大都文化水平较高，崇信好礼，促进了陵邑地区文化繁荣，形成了独特的文化圈，今文经学开始真正在关中地区生根，作为汉代艺术丰碑的汉赋也得到充分发展。长陵的施雠，专攻《易经》，拜为五经博士，"甘露中与五经诸儒杂论同异于石渠阁"。① 而平陵邑更是京兆地区的文化核心。自汉武帝设五经博士后，仅平陵一地就涌现出八位五经博士，如张山拊、吴章、平当、朱云、云敞等。陵邑地区文化的发展吸引了一批学者名流主动迁徙。今文经学家董仲舒、古文经学家孔安国都主动迁徙茂陵。国家的强盛，陵邑地区的富庶与汉赋竭尽铺张、气势宏大的特点相照应。汉赋大家司马相如和卓文君移居茂陵，众多汉赋大家如杜陵的王商、萧望之、杜参等也居住于此，他们把汉赋创作推进到一个新的高度。

这种政府主导的大规模移民到汉元帝时被废止。一方面出于国家控制力的加强，强干弱枝的目的已经达到。汉武帝时对北方作战的连续胜利，使得西北边疆上的威胁基本消除。各地诸侯王的势力也在推恩令的实行后逐步削弱，已构不成对中央政府的威胁。另一方面，当初为了增加吸引力同时安抚迁徙人员，国家往往都给予一定的土地和金钱上的补偿。武帝"赐徙茂陵者户钱二十万，田二顷"，② 昭帝"徙三辅富人云陵，赐钱，户十万"。③ 但元帝时，虽经历"昭宣中兴"，但政府的经济实力已大不如前，汉宣帝修平陵都不得不动用本属皇室私钱的水衡钱，如此举步维艰的情况下再拿出钱来奖励移民已不可能。此外，三番五次的大规模移民，陵邑地区人口密度大，人多地少的局面使很多人不得不弃农从商。这又进一步推动了商业的发展，促进了社会财富的高度集中，形成从上到下追求奢靡之风的社会风气。《汉书·地理志》有："是故五方杂厝，风俗不纯。其世家则好礼文，富人则商贾为利，豪桀则游侠通奸。濒南山，近夏阳，多阻险轻薄，易为盗贼，常为天下剧。又郡国辐辏，浮食者多，民去本就末，列侯贵人车服僭上，众庶放效，羞不相及，嫁娶尤崇侈靡，送死过度。"④

永光四年（前40年）冬十月，汉元帝废诸陵邑，将其分属三辅，与普通县无异。

---

① 《汉书》卷88《儒林传》，第3598页。
② 《汉书》卷7《武帝纪》，第158页。
③ 《汉书》卷7《昭帝纪》，第221页。
④ 《汉书》卷28下《地理志下》，第1642~1643页。

诏告天下曰:"安土重迁,黎民之性;骨肉相附,人情所愿也。顷者有司缘臣子之义,奏徙郡国民以奉园陵,令百姓远弃先祖坟墓,破业失产,亲戚别离,人怀思慕之心,家有不安之意。是以东垂被虚耗之害,关中有无聊之民,非久长之策也。诗不云乎:'民亦劳止,迄可小康,惠此中国,以绥四方。'今所为初陵者,勿置县邑,使天下咸安土乐业,亡有动摇之心。布告天下,令明知之。"①

此后的汉代皇帝除汉成帝外都不再修筑陵邑。嘉鸿元年(前20年),汉成帝"以新丰戏乡为昌陵县",并在第二年夏,"徙郡国豪杰訾五百万以上五千户于昌陵。赐丞相、御史、将军、列侯、公主、中二千石冢地、第宅"。②但昌陵地势低洼,不适合营建帝陵,且修建昌陵造成国库匮乏,百姓怨声载道,成帝不得已在永始元年(前16年)下诏停止修建昌陵,已迁徙的人员"皆占数于长安"。③

第二节 诸侯王墓④

汉初立国,施行分封,立二等之爵,开创了两汉分封王侯之制。这些诸侯王生前"掌治其国",设有"宫室百官",预做寿陵。这些诸侯王墓在规格上仅次于帝陵,数量多,地域上分布广泛,部分已经进行了系统的挖掘整理。

一 西汉诸侯王墓

西汉实行分封与郡县并行,一部分郡县直属中央,另一部分分属各诸侯国。《汉书·诸侯王表》载:

> 汉兴之初,海内新定,同姓寡少,惩戒亡秦孤立之败,于是剖裂疆土,立二等之爵。功臣侯者百有余邑,尊王子弟,大启九国。自雁门以东,尽辽阳,为燕、代。常山以南,太行左转,度河、济,渐于海,为齐、赵。谷、泗以往,奄有龟、蒙,为梁、楚。东带江、湖,薄会稽,为荆吴。北界淮濒,略庐、衡,为淮南。波汉之阳,亘九嶷,为长沙。诸侯比境,周匝三垂,外接胡越。天子自有三河、东郡、颍川、南阳,自江陵以西至巴蜀,北自云中至陇西,与京师内史凡

---

① 《汉书》卷9《元帝纪》,第292页。
② 《汉书》卷10《成帝纪》,第317页。
③ 《汉书》卷100上《叙传上》,第4198页。
④ 这里指的是两汉时期的诸侯王墓。

十五郡，公主、列侯颇邑其中。而藩国大者夸州兼郡，连城数十，宫室百官同制京师，可谓挢枉过其正矣。虽然，高祖创业，日不暇给，孝惠享国又浅，高后女主摄位，而海内晏如，亡狂狡之忧，卒折诸吕之难，成太宗之业者，亦赖之于诸侯也。①

班固认为分封的原因主要是以秦为鉴和安抚功臣。

但刘邦很快认识到这些诸侯王构成了对刘氏江山的威胁，于是在分封后的第二年开始逐个剪除异姓王，《汉书·韩彭英卢吴传》"赞"曰：

昔高祖定天下，功臣异姓而王者八国。张耳、吴芮、彭越、黥布、臧荼、卢绾与两韩信，皆徼一时之权变，以诈力成功，咸得裂土，南面称孤。见疑强大，怀不自安，事穷势迫，卒谋叛逆，终于灭亡。张耳以智全，至子亦失国。唯吴芮之起，不失正道，故能传号五世，以无嗣绝，庆流支庶。有以矣夫，著于甲令称忠也！②

经过多年的打击，只剩下势力单薄的长沙王吴芮。

在铲除异姓王的同时，刘邦大肆分封同姓王。《汉书·高五王传》曰："以海内初定，子弟少，激秦孤立亡藩辅，故大封同姓，以填天下。"③高祖六年（前201），刘邦"以故东阳郡、鄣郡、吴郡五十三县立刘贾为荆王"，开始分封第一位同姓王，同时分封的还有"以砀郡、薛郡、郯郡三十六县立弟文信君交为楚王。壬子，以云中、雁门、代郡五十三县立兄宜信侯喜为代王，以胶东、胶西、临淄、济北、博阳、城阳郡七十三县立子肥为齐王"。④此后又先后分封了代王刘恒、淮南王刘友、吴王刘濞、梁王刘恢、赵王刘如意、淮南王刘长、燕王刘建、楚王刘交，这些诸侯王或为高祖的子孙，或为兄弟，并约定了"非刘氏王者，天下共击之"。⑤吕后执政后，分封了一些吕姓诸侯王，但这些诸侯王在吕后去世后均被剿灭或废黜。代王刘恒登基

---

① 《汉书》卷14《诸侯王表》，第393~394页。
② 《汉书》卷34《韩彭英卢吴传》，第1895页。
③ 《汉书》卷38《高五王传》，第2002页。
④ 《汉书》卷1下《高帝纪下》，第60~61页。
⑤ 《史记》卷9《吕太后本纪》，第406页。

后，有司请立太子，为防止"人其以朕为忘贤有德者而专于子，非所以忧天下也"，①在立太子的同时，褒奖诸侯王拥立之功，确立了汉代的分封原则：一是原有诸侯王死后子承王位，二是不断将自己的子孙分封为王。至西汉末年，"凡郡国一百三，侯国二百四十一"。②

汉中期之前，诸侯国领域较大，"藩国大者夸州兼郡，连城数十"，晁错在向汉景帝建言时，描绘了当时形势："故孽子悼惠王王齐七十二城，庶弟元王王楚四十城，兄子王吴五十余城。"③只此三国，就几乎分天下半，而归皇帝直属的仅有"凡十五郡"。④在政治体制上，诸侯国有独立的用人权，"除御史大夫群卿以下众官，如汉朝，汉独为置丞相"。⑤同时广招天下名士，聚集发展力量，梁王刘武"招延四方豪桀，自山东游士莫不至"。⑥淮南王刘安"招致宾客方术之士数千人"。⑦在军事上，诸侯国有自领的军队，如吴王刘濞"精兵可具五十万"。⑧在经济上，诸侯国所在地区多膏腴之地，财政权基本独立，《史记·平准书》有："郡国多奸铸钱"，⑨说明诸侯国有铸币权。收入自支，自然条件好，诸侯国多经济富庶，吴国"吴有豫章郡铜山，即招致天下亡命者盗铸钱，东煮海水为盐，以故无赋，国用饶足"；⑩梁国"府库金钱且百巨万，珠玉宝器多于京师"。⑪

诸侯国的强大对中央政权构成了强大的威胁。文帝时采纳贾谊建议："欲天下之治安，莫若众建诸侯而少其力。力少则易使以义，国小则亡邪心。"⑫景帝继续削弱诸侯国的实力，伺察"诸侯之罪过，削其支郡"。七国之乱后，把诸侯国的重要官吏任免权收归中央。武帝时，主父偃建言："今诸侯或连城数十，地方千里。缓则骄奢易为淫乱；急则阻其强而合从以逆京师。今以法割削，则逆节萌起，前日朝错是也。今诸侯子弟或十数，而適嗣代立，余虽骨肉，无尺地之封，则仁孝之道不宣。愿陛下令诸侯得推恩分子弟，以地侯之。彼人人喜得所愿，上以德施，实分其国。必稍自销弱

---

① 《汉书》卷4《文帝纪》，第111页。
② 《汉书》卷28下《地理志下》，第1640页。
③ 《汉书》卷35《荆燕吴传》，第1906页。
④ 《汉书》卷14《诸侯王表》，第394页。
⑤ 《汉书》卷38《高五王传》，第2001页。
⑥ 《汉书》卷47《文三王传》，第2208页。
⑦ 《汉书》卷44《淮南王刘安传》，第2145页。
⑧ 《汉书》卷35《吴王刘濞传》，第1930页。
⑨ 《史记》卷30《平准书》，第1434页。
⑩ 《汉书》卷35《吴王刘濞传》，第1904页。
⑪ 《汉书》卷47《梁王刘武传》，第2208页。
⑫ 《汉书》卷48《贾谊传》，第2237页。

矣"。① 于是施行"推恩令",后佐以"左官律"和"附益之法",将王国由整化零。实行盐铁官营,铸币权收归中央,从经济上削弱王国力量。元封五年(前106),"置刺史部十三州",② 赋予刺史巡视郡国的权利。经过这一系列举动后,"诸侯惟得衣食税租,不与政事",③ 彻底解除了对中央政权的威胁。

二 西汉诸侯王墓平面形制

西汉诸侯王墓形制的变化与其在政治上的沉浮相一致。西汉时期,除了归附的南海、闽越、南越、东海四诸侯国外,共设有诸侯王国50余个,诸侯王243位。经过50多年的考古工作,调查、发现和挖掘的西汉诸侯王墓为18座,主要分布在陕西省、北京市、河北省、河南省、安徽省、湖南省、广东省、江苏省和山东省,与西汉各诸侯分布情况相一致,位于都城长安以东。除陕西发现的2处3座为帝陵的陪葬墓外,其余基本上集中聚集在各自都城周围。如楚国诸侯王墓分布在都城徐州周边,长沙王墓位于都城长沙附近。与帝陵相似,诸侯王墓也多选择地势高凸之地或建在山上,周围有河流环绕。这一方面与堪舆术讲究山水相依、地势开阔相关,另一方面大概出于防水防盗考虑。

从宏观上看,西汉的诸侯王墓规模上仅次于帝陵,结构复杂,一般由墓室、墓道、耳室、侧室、甬道、墓道和陪葬坑等几部分构成,有些陵墓还设有完善的排水设施及环绕在墓室的回廊,在地上还附有陵庙、寝庙等附属建筑。

在已发现的西汉诸侯王墓中,经过详细考察挖掘的有50余座。从平面形制上,根据所处位置和材料,这些陵墓可大体分为土坑竖穴、石圹竖穴和崖洞墓三种。

竖穴土坑墓是一种较为古老的墓葬形制,早在新石器时代早期就已出现。从地域分布上看,竖穴土圹墓主要见于今天京、津、冀地区和山东地区原属于齐国疆域之内的诸侯王墓。主要特点为墓道呈斜坡式,墓室基本上为长方形土圹,内置木质棺椁。根据有无陪葬坑及陪葬坑的位置分为三类。

一是有陪葬坑的单墓室结构。墓室结构简单,无前后室之分,墓道内侧设有两层台,在墓葬之外有陪葬坑,陪葬坑数目少,有一条墓道或两条墓道,如河北献县的河间国M36诸侯王墓,④ 由墓道、小侧室和主室三部分构成,随葬品不多,分布在主室

---

① 《汉书》卷64《主父偃传》,第2802页。
② 《汉书》卷6《武帝纪》,第196页。
③ 《汉书》卷14《诸侯王表》,第396页。
④ 河北省文物研究所、沧州市文物管理处、献县文物管理所:《献县第36号汉墓发掘报告》,《河北省考古文集》。

和侧室内。

二是有陪葬坑的复杂墓室结构。陪葬坑位于墓道侧边，或者处于封土之下。墓道内无二层台，陪葬坑数目多，主墓室无前后室之分，墓葬结构复杂，有外藏椁，有一条或两条墓道。如安徽六安双墩六安国王墓（图3-20），[①] 有东西两条墓道，墓室为黄肠题凑结构，在题凑和椁室之间的空间位置为回廊，有对称凹窝遗留，推测当时用木板分割成若干小室。陪葬品位于回廊内，在东墓道的两侧有陪葬坑两座。

三是无陪葬坑，墓道内无二层台，墓室有前后室之分，结构复杂，且功能划分非常明确，有一条或两条墓道。如北京大葆台一号燕王墓，[②] 有一条墓道和甬道，墓室为黄肠题凑结构，题凑内南部有前后室，外有回廊，墓道北部有车马坑，陪葬品因盗墓被移动，散见于墓室内，无陪葬坑。

图3-20 安徽六安双墩一号汉墓墓室
资料来源：安徽博物院编《安徽文明史陈列》（下），文物出版社，2012，第196页。

石圹竖穴墓。这种墓位于山体之上，先根据预定方位凿出墓道或墓坑，在此基础上修砌相关的设施。受制于山体，石圹竖穴墓有甬道和耳室。根据有无配置坑可以分为两类。

一类为无陪葬坑，或有少量陪葬坑未被发现，墓室呈长方形，根据有无石材构成的墓顶，有无设置耳室，可以分为三式：

甲式：墓葬外无陪葬坑，墓葬由墓道、墓室、甬道等组成，单墓室，或墓室分为前后室，墓道的两侧或墓前室开凿有耳室，墓室顶部呈平面或弧形，内置有木质棺椁。如广州象岗善南越王赵眜墓，[③] 墓室由砂岩大石板砌成，分前后室，前室有东西两耳室，后室由主室、东西侧室和后藏室组成。墓顶盖较平，上有朱墨彩绘的卷云纹图案，陪葬品位于棺椁之间。

乙式：墓葬外无陪葬坑，墓葬的主体部分由墓室、墓道组成，无耳室，墓室分为

---

① 安徽省文物考古研究所、安徽省六安市文物局：《安徽六安双墩一号汉墓发掘简报》，《文物研究》第17辑，科学出版社，2010。
② 北京市古墓发掘办公室：《大葆台西汉木椁墓发掘简报》，《文物》1977年第6期。
③ 广州象岗汉墓发掘队：《西汉南越王墓发掘初步报告》，《考古》1984年第3期。

前后室或前后室仅以位置高低来区别，墓室有石质或木质墓顶。如山东巨野红土山昌邑国王墓，[1] 有一条东墓道，墓道底部与前室地面处于同一水平面，后室地面低于前室地面 50 厘米，墓顶用木料铺盖。湖南长沙风盘岭长沙国汉墓，[2] 在墓坑南侧偏东有斜坡墓道，墓室为题凑木结构椁室，根据木枋痕迹和出土器物的位置推测，墓室为题凑环绕的前后室结构。

丙式：墓葬外无陪葬坑，墓室外四周有木结构回廊，墓室有前后室之分，或用两重椁象征前后室。陵墓上有封土，葬具为两重棺或三重棺。例如山东长清双乳山济北王刘宽墓，[3] 单墓道位于墓葬北部，墓道有两层台结构，墓室为三重棺两重椁结构，有外藏椁，无陪葬坑，陪葬品出土于棺室和外藏椁之内。

另一类为长沙地区特殊的形式，在墓道边有木质偶人，墓室为复杂木质结构，由题凑、外椁、前室、回廊、套棺等几部分组成。处于长沙国早期的古坟垸王后墓，[4] 外有"品"型三座陪葬坑环绕主墓，字在墓道东端与墓室结合处发现一对木质偶人。陵墓由墓室、梓宫、便房、黄肠题凑、外藏椁组成。

长沙象鼻嘴一号长沙王后墓，[5] 斜坡式墓道位于墓葬中部偏南。在距墓室 1.75 米处的墓道壁两边，发现相对的木质偶人各一个，墓室整体是木结构，由通道、题凑、外椁、前室、前后回廊、棺室和套棺组成。随葬品存放在外回廊和内回廊的室内。

崖洞墓。汉文帝的霸陵开创了"因其山，不起坟"[6] 的先例，虽西汉后世帝陵没有因循，但在目前发现的西汉诸侯王墓中，这种"凿山为藏"的崖洞墓占有相当大的比例。这种陵墓多利用自然山势，从山的顶部或利用天然洞穴露天修凿一条墓道，只有河南永城保安山梁王二号墓和江苏盱眙县大云山江都王刘非墓有两条墓道。等到修建到一定的高度，再在山壁上对称开凿陵墓的甬道、墓室、侧室等结构。就修建方式上而言，崖洞墓可以分为竖穴崖洞墓和横穴崖洞墓两种。

竖穴崖洞墓，这种形制的诸侯王墓很少，目前考古可知的仅有山东昌乐菑川王后墓一例。陵墓由甬道、南室、北室和四个耳室组成。墓道的底部有石板叠砌成的甬道，甬道的两头通向南北两个墓室，四个耳室位于北室的墙壁上。

---

[1] 山东省菏泽地区汉墓发掘小组：《巨野红土山西汉墓》，《考古学报》1983 年第 4 期。
[2] 长沙市文物考古研究所、长沙市望城区文物管理局：《湖南长沙风盘岭汉墓发掘简报》，《文物》2013 年第 6 期。
[3] 山东大学考古系、山东省文物局、长清县文化局：《山东长清县双乳山一号汉墓发掘简报》，《考古》1997 年第 3 期。
[4] 《西汉长沙王室墓》，《中国考古学年鉴·1994 年》，文物出版社，1995，第 247 页。
[5] 湖南省博物馆：《长沙象鼻嘴一号汉墓》，《考古学报》1981 年第 1 期。
[6] 《汉书》卷 4《文帝纪》，第 132 页。

横穴崖洞墓。这种形制的陵墓前后轴距上长，平板或斜坡式墓道狭长，除墓道外，还有甬道、主墓室和配室。根据有无侧室和耳室，可以将崖洞墓分为以下几种。

A式：墓室由多重回廊，外回廊有明确的功能划分，有外藏椁，外有陪葬坑。如江苏盱眙县大云山江都王刘非墓（图3-21），①墓室结构为黄肠题凑，包括外回廊、题凑、前室，中回廊，内回廊，内椁、外棺、内棺等部分。随葬品集中在分布在外回廊，并根据功能划分放置，在陵园内有车马陪葬坑和兵器陪葬坑。

图3-21 大云山江都王刘非墓

资料来源：南京博物院盱眙县文广新局《江苏盱眙县大云山汉墓》，《考古》2012年第3期。

B式：多耳室多侧室结构。陵墓结构复杂，在墓道和甬道两侧有多个耳室，在主室周围有多个侧室，且有明确的功能划分。如徐州狮子山楚王陵，②由内墓道、外墓道、天井、耳室、甬道、侧室和棺室、后室等部分组成，在墓道和耳室两侧，耳室呈不对称分布，因为仓促下葬，陵墓后段的很多设施未完工。但根据出土物可知，几间耳室分别为庖厨间、府库、贮藏间、钱库等。

C式：有耳室无侧室结构。墓室结构开始简化，甬道两侧有一对耳室，主室有前后室之分。如河北保定满城中山靖王刘胜墓和王后窦绾墓，③墓室都是由墓道、甬道、南北耳室、中室、后室组成。

D式：有侧室无耳室结构。在墓道或甬道两侧不再设置耳室，但在主室周围有相当多侧室。如河南保安山梁王M2号墓，④由东西两条墓道、前庭、甬道、前室、后室、后室回廊和侧室组成，外有车马陪葬坑2个。该墓无耳室，但有34个侧室。

通过对以上对西汉诸侯王墓形制的划分，同时结合部分已有年代定论的诸侯王墓，可以将西汉诸侯王墓按照时间顺序排列如下：

① 南京博物馆、盱眙县文广新局：《江苏盱眙县大云山汉墓》，《考古》2012年第7期。
② 狮子山楚王陵考古挖掘队：《徐州狮子山西汉楚王陵发掘简报》，《文物》1998年第8期。
③ 中国社科院考古研究所、河北省文物管理处：《满城汉墓发掘报告》上册，文物出版社，1980，第20页。
④ 王良田：《西汉梁王墓道述论》，《商丘师范学院学报》2006年第6期。

竖穴土坑墓：有陪葬坑单墓室——有陪葬坑的复杂墓室——无陪葬坑的前后墓室。

竖穴石圹墓：有墓道、甬道、墓室的简单墓——无陪葬坑有耳室墓——无陪葬坑有车马库墓——无陪葬坑和车马库，有前后室。

崖洞墓：无耳室有前后室——有耳室有侧室墓——有耳室无侧室墓——无耳室少侧室墓。

这三种墓的形制贯穿西汉始末，显现出明确的承前启后关系。在前后顺序上，虽然存在着部分地区差异，例如徐州铜山楚王山M1墓，[①]为有耳室无侧室的崖洞墓，为西汉早期墓。但无论哪一种形式，在规模上都经历了一个简单——复杂——简单的变化。前期多与战国时期大型墓葬类似，如结构简单，外设有陪葬坑等。随后的墓葬则在吸取前代基础上因地制宜，逐步发展形成了自身的特点。但促成其发展变化的脉络更是与西汉政治大环境相关。前期中央对于各地诸侯王多采用宽容政策，导致各国国力日渐强盛，反映在陵墓修建上，表现出规模上的宏大以及形制上的复杂。从西汉中期开始，中央几次削藩，各诸侯国由大变小，诸侯王的经济、政治实力大不如前，陵墓的规模也随之缩小，结构也变得简单。例如在河南芒砀山梁王墓群（图3-22），早期墓葬是大型凿山为室的崖洞墓，由主室和围绕主室的侧室组成。到武帝时期，出现了前后室之分及第二甬道。西汉中后期，梁国实力大不如前，无力再去修建大规模

图3-22　河南芒砀山梁王墓群

[①] 刘照建、梁勇：《徐州市铜山县楚王山汉墓群考古调查》，《汉代考古与汉文化国际学术研讨会论文集》，齐鲁书社，2006，第247页。

的崖洞墓，多数诸侯王选择了形制较为简单的竖穴石圹墓。在同时代下葬的同一陵区内，陵墓的形制也因墓主地位有所区别。保安山梁王刘武墓M1、王后墓M2都为崖洞墓，而妃嫔墓M3为竖穴石圹墓。大云山汉墓江都王刘非M1墓，王后M2墓也为崖洞墓，妃嫔墓M9、M10为竖穴石圹墓[①]。

另外，观念的改变也影响着墓葬形制的变化。事死如事生，汉代人相信死亡只是生命的另一种形式，进入另一个世界继续生活，所以墓葬形制上呈现出宅第化发展趋势。江苏盱眙大云山汉墓M1，在外回廊的下层就被划分成洗沐用品区、钱库区、车马明器区、乐器区、庖厨区等等，这种有意识的设计，正是体现了墓主人江都王刘非试图复原生前生活的意图（图3-23）。保安山梁孝王王后墓M2，在前庭北壁两室内，标着"东车"、"西车"，前室后室的壁上也有"东宫"、"西宫"的字样，这一布局说明陵墓室在模仿地上宫殿的建筑形式。中期以后，随着诸侯王墓的衰落，虽然墓葬形制一再简化，但这种宅第化趋势并未中断，如中后期诸侯王墓前厅后室的设计，崖洞墓中的立柱等等。此外，一些新形式出现在中晚期诸侯王墓中，例如横穴墓的大量出现，部分崖洞墓出现了穹隆顶等，这些都为东汉墓葬的发展奠定了基础。

图3-23 大云山汉墓黄肠题凑一号墓

资料来源：南京博物院、盱眙县文广新局《江苏盱眙县大云山汉墓》，《考古》2012年第3期。

---

① 南京博物馆、盱眙县文广新局：《江苏盱眙县大云山江都王陵M9、M10发掘简报》，《东南文化》2013年第1期。

三 西汉诸侯王墓葬的具体形制

西汉的诸侯王墓在规模上仅次于帝陵，结构复杂。与帝陵相似，诸侯王墓一般由墓室、墓道、耳室、侧室、甬道、墓道和陪葬坑等几部分构成，有些陵墓还设有完善的排水措施及环绕在墓室的回廊，在地面上有高大的封土，还建有陵庙、寝庙等附属建筑。

（一）陵园

据考古资料发现，在一些西汉诸侯王墓周围发现了有残留的环绕墓葬的夯土墙，形成陵园。如大云山汉墓"陵园平面近正方形，边长490米。四面筑有陵墙，其中东墙段较完整，地表上尚有长约150米的墙体保存较好，其余三面陵墙大多仅剩夯土墙基"。[①] 狮子山汉墓"在对狮子山河羊鬼山东104国道附近建筑遗址进行了局部抢救性考古发掘，发现有墙、疑似门阙及堆积建筑材料的灰坑等，出土较多的板瓦、筒瓦、瓦当等"。[②] 柿园汉墓，"山南侧脚下偏东处的一段夯土墙保存的比较完整，呈东西向，略直，墙的外侧距山脚下约25米，外侧上下垂直，高出地面3米，夯土层比较明显"。[③] 此外在陵墓周围出土了诸如"顷园长印"、"楚夷园印"、"楚文园印"、"齐园宫当"、"齐悼园印"等印章或封泥，也证实了诸侯王墓陵园的存在。下面以大云山汉墓和保安山汉墓为例，具体说明陵园的形制。

保安山周围皆有围墙，依山势而建，将保安山四周环绕，其中东、南、北三个方向上有夯土墙遗址。东墙位于距M1墓口东南200米处，南北长约900米，墙体为上窄下宽，上下落差3.3米，高2米。南墙位于保安山南山脚，柿园村北，距M1250米，现存东西向长50米，宽10米，高2.5米。北墙在芒山镇南，现存东西长400米，墙宽7~10米，高2米。西墙处因采石被挖成悬崖，地表结构已经遭到破坏，但在保安山西侧半腰发现一段南北向石墙，宽3米，长10米，是否为陵园西墙不得而知。根据这些数据复原出的陵园，平面为长方形，南北长900米，东西长750米。

大云山汉墓位于大云山山顶，陵园整体布局清晰，大体上呈边长490米的正方形。四面都有夯土墙残留，其中东墙的中段保留的最为完整，地表有大约150米的墙

[①] 南京博物馆、盱眙县文广新局：《江苏盱眙县大云山汉墓》，《考古》2012年第7期。
[②] 刘尊志：《试论徐州狮子山汉墓墓外设施与墓主问题》，《南方文物》2010年第12期。
[③] 阎根齐：《芒砀山西汉梁王墓地》，文物出版社，2001，第82页。

体保留,底部宽23米,顶宽15.5米,存高3.5米。其余三面墙仅剩夯土墙基,但结构、宽度都与东墙相同。陵园夯土墙的建筑较为特殊,在墙两侧都修筑有用石质护坡,外侧护坡较陡,大约为80°,内侧护坡较缓,大约45°。在陵园的东侧还发现有一条司马道存在,依山麓而建,从陵园东墙延伸到山脚,长800米,宽45米,两侧也有石块护坡。

我们知道,除了汉高祖和惠帝的陵园边长为800米左右外,西汉帝陵陵园边长一般为400米左右。上述两位诸侯王陵园大于帝陵陵园,似乎不符合礼制。出现这种现象的原因,是由于对陵园概念内涵的理解不同所致。帝陵为三重陵园,内陵园仅葬天子,中陵园为皇后墓和陪葬坑等,而外陵园则涵盖前两者并包括众多的陪葬官员和后妃。诸侯王陵园为两重,内陵园包括主墓、后妃陪葬墓、陪葬坑、地上建筑等。而外陵园包括内陵园和附属的众多陪葬墓。如大云山汉墓内陵园包括一王二后的主墓3座,陪葬墓11座,车马陪葬坑2座,兵器陪葬坑2座。保安山内陵园内也包含梁孝王和王后2座崖洞主墓,土坑竖穴陪葬墓1座以及陪葬坑。而东西两区陪葬坑、绣球山汉墓、骆驼山汉墓和汉之源工地陪葬墓应属于外陵园的范围。

陵园形制的不同是出于合葬形式的影响。西汉帝后基本上实行同茔异穴的合葬形式,诸侯墓在夫妻合葬上形式较为多样。

一为同茔异穴合葬。诸侯王和王后陵墓处于同一区域之内,之间有一定的距离,各自有独立的封土,部分中间有陪葬墓存在。如山东定陶圣灵湖定陶王刘康墓,[①] 包括有券顶石室刘康墓M1,竖穴土坑王后丁姬墓M2以及陪葬墓M3。在20世纪50年代这三座陵墓仍存有封土。M1距离M2正东320米。河南永城夫子山一号墓和二号墓分立于夫子山的南北峰,一号墓存有覆斗形封土,长12米,宽8米,中心高4米。二号墓封土几乎不存。此外,保安山M1和M2汉墓、狮子山楚王陵、满城中山国陵、长沙象鼻嘴等都为这一形制。也有两座陵墓处于同一区域,距离较近,各自有独立的封土,部分墓葬封土边缘连在一起,或中间修筑有相通的门。如在河南芒砀山梁王墓葬群中,窑山一号墓和二号墓主人推测为梁荒王刘嘉和王后,[②] 一号墓封土存高有10米,二号墓存高8米,一号墓的封土北高南低,延续到二号墓。两墓并列,二号墓位于一号墓的北侧,相距约20米。北京大葆台广阳王墓M1和王后墓M2,[③] 两墓相距

---

① 山东省文物考古研究所、菏泽市文物管理处、定陶县文管处:《山东定陶圣灵湖汉墓》,《考古》2012年第7期。
② 阎根齐:《芒砀山西汉梁王墓地》文物出版社,2001,第248页。
③ 中国社会科学院考古研究所编《北京大葆台汉墓》,文物出版社,1989,第1页。

26.5 米，有各自的封土，封土连成一座大土丘。徐州龟山楚襄王刘注和王后墓之间有壶门相通。相似形式的西汉诸侯王墓还有铁山角梁王墓、徐州南洞山楚王墓等。

二是同坟异穴合葬。两座陵墓距离非常近，共用一座封土。大云山汉墓中[①]，王后墓 M2 墓室的西南角与江都王刘非墓 M1 的东北角相距 13 米，两墓处于同一封土堆中。献县 M36 河间王刘辟疆墓的南边 36 米，有一座平面结构和墓室方向都与主墓相似的王后墓，同处于 M36 的封土之下。

三为完全意义上的合葬墓。这种形制的诸侯王墓非常少，目前有定论的仅有江苏泗阳大青墩泗水王陵一例。[②] 主椁室分东西两室，各有一棺。西侧为主室，葬诸侯王；东侧为副室，葬王后。诸侯王棺略高，棺盖装饰较为复杂。

总体来说，西汉诸侯王墓的合葬以同茔异穴位主，但从汉中期开始，各种形式的合葬形式逐渐增多。受社会中下层民众中流行夫妻同穴合葬风气的影响，王、后陵之间的距离在逐步缩短，出现了共用封土或封土叠加的现象，形成一种间接夫妻同穴合葬的形式。大青墩泗水王墓出现的夫妻同穴合葬墓虽为个例，但也体现出同穴合葬已成为社会丧葬制度中的一种趋势。

（二）封土

根据有无封土可以分两类。一类为有封土墓。竖穴土坑墓和竖穴石圹墓这两种形制的陵墓，均在墓葬上有封土存在。部分崖洞墓在山体之上再覆以夯土以形成高大封土，如保安山梁王墓、狮子山汉墓 M1、M3、M4 等。另一类为无封土墓。如河北满城汉墓和长沙咸家湖陡壁山汉墓[③]。根据封土的形状分为以下几类。

覆斗形封土。这种形式的诸侯王墓较多，例如安徽六安双墩一号墓、江苏泗阳大青墩汉墓、山东长清双乳山济北王墓和福禄山济北王墓、北京老山汉墓、[④] 陪葬安陵的赵王张敖和鲁元公主（图 3-24）、[⑤] 河南永城铁角山一号墓、[⑥] 徐州楚王山汉墓、[⑦] 大云山汉墓 M2 封土叠压在 M1 之上，[⑧] 推测为覆斗形等。

圆形、圆锥形或馒头形封土：这种封土形式的诸侯王墓有河南永城南山一号墓和

[①] 南京博物院、盱眙县文广新局：《江苏盱眙大云山江都王陵二号墓发掘简报》，《文物》2013 年第 1 期。
[②] 江苏省大青墩汉墓联合考古队：《泗阳大青墩泗水王陵》，《东南文化》2003 年第 4 期。
[③] 长沙市文化局：《长沙咸家湖西汉曹𢷨墓》，《文物》1979 年第 3 期。
[④] 王武钰、王鑫、程利：《老山汉墓考古发掘的收获》，《石景山文史》第 9 辑，2001。
[⑤] 孙铁山：《关于西汉安陵的新发现》，《考古与文物》2002 年第 4 期。
[⑥] 阎根齐：《芒砀山西汉梁王墓地》，第 300 页。
[⑦] 刘熙建、梁勇：《徐州市铜山县楚王山汉墓群考古调查》，《汉代考古与汉文化国际学术研讨会论文集》，齐鲁书社，2006，第 247 页。
[⑧] 南京博物馆、盱眙县文广新局：《江苏盱眙大云山江都王陵二号墓发掘简报》，《文物》2013 年第 1 期。

二号墓馒头形、① 河南永城铁角山二号墓封土呈截锥形、② 河南永城柿园汉墓、③ 河北献县河间王墓M36、山东淄博大武乡齐王墓、④ 山东菏泽红土山昌邑哀王刘髆墓、⑤ 徐州羊鬼山楚王刘戊王后墓、⑥ 湖南长沙望城坡汉墓⑦ 等。

图3-24 赵王张敖、鲁元公主墓

方形或长方形封土：山东章丘洛庄吕国吕台墓,⑧ 河北定县M40中山国刘修墓,⑨ 河南永城保安山M4、M5,⑩ 僖山汉墓一号、二号,⑪ 徐州龟山汉墓一号、二号,⑫ 江苏邗江县杨寿乡广陵王刘守墓,⑬ 江苏高邮天山广陵王刘胥墓⑭ 等。

其他形状封土：江苏徐州楚王山汉墓M2封土为琵琶形，河南永城保安山一号墓封土呈上平下圆形，永城黄土山汉墓一号、二号为马鞍形封土 ⑮ 等。

封土被破坏：江苏仪征团山江都王墓M1、M2、M3、M4,⑯ 河南永城夫子山M2，湖南长沙象鼻嘴一号汉墓，江苏徐州狮子山汉墓，山东曲阜九龙山鲁王墓,⑰ 江苏盱眙大云山汉墓一号，湖南长沙风盘岭汉墓、长沙古坟垸长沙国王后墓，江苏徐州北洞山汉墓,⑱ 河南永城夫子山汉墓M2等。

---

① 阎根齐：《芒砀山西汉梁王墓地》，第304页。
② 阎根齐：《芒砀山西汉梁王墓地》，第301页。
③ 阎根齐：《芒砀山西汉梁王墓地》，第81页。
④ 山东省淄博市博物馆：《西汉齐王墓随葬器物坑》，《考古学报》1985年第2期。
⑤ 山东省菏泽地区汉墓发掘小组：《巨野红土山西汉墓》，《考古学报》1983年第4期。
⑥ 耿建军：《徐州市羊鬼山西汉墓陪葬坑》，载《中国考古学年鉴（2005）》，文物出版社，2006，第170~172页。
⑦ 长沙市文物考古研究所、长沙市简牍博物馆：《湖南长沙望城坡西汉渔阳墓发掘简报》，《文物》2010年第4期。
⑧ 济南市考古研究所、山东大学考古系、山东省文物考古研究所、章丘市博物馆：《山东章丘市洛庄汉墓陪葬坑的清理》，《考古》2004年第8期。
⑨ 河北省文物研究所：《河北定县40号汉墓发掘简报》，《文物》1981年第8期。
⑩ 阎根齐：《芒砀山西汉梁王墓地》，第309页。
⑪ 阎根齐：《芒砀山西汉梁王墓地》，第277、308页。
⑫ 南京博物院、铜山县文化馆：《铜山龟山二号西汉崖洞墓》，《考古学报》1985年第1期；徐州博物馆：《江苏铜山龟山西汉崖洞墓材料的再补充》，《考古》1997年第2期。
⑬ 扬州博物馆、邗江县图书馆：《江苏邗江县杨寿乡宝女墩新莽墓》，《文物》1991年第10期。
⑭ 梁白泉：《高邮天山一号汉墓发掘侧记》，《文博通讯》第32期，1980。
⑮ 阎根齐：《芒砀山西汉梁王墓地》，第305页。
⑯ 南京博物院、仪征博物馆筹备办公室：《仪征张集团山西汉墓》，《考古学报》1992年第4期。
⑰ 山东省博物馆：《曲阜九龙山汉墓发掘简报》，《文物》1972年第5期。
⑱ 徐州博物馆、南京大学历史系考古专业：《徐州北洞山西汉墓发掘简报》，《文物》1988年第2期。

有封土，但考古报告中未说明：山东定陶圣灵湖汉墓、湖南长沙风篷岭汉墓、[1] 江苏徐州石桥汉墓、[2] 山东青州香山汉墓[3] 等。

由上可知，西汉诸侯王墓封土仍以覆斗形和圆形为主。其他形式的封土的出现，可能由于千百年来风化、水土流失和人工取土造成。这些因素对封土的高度的影响更为明显。《关中记》汉陵条："汉诸陵皆高十二丈，方一百二十步，惟茂陵高十四丈，方（一）百四十步。"[4] 郑玄注《周礼》引《汉律》曰："列侯坟高四丈，关内侯以下至庶人各有差。"[5] 折合成米，帝陵高度为27.6米，列侯墓高度为9.2米。诸侯王在级别上介于帝王和列侯之间，诸侯王墓封土的高度也应处于两者之间。存留至今的诸侯王墓也证实这一点，现存封土高度为2.4米到26米不等。最低的为河北鹿泉市高庄常山王刘舜墓2.4米，[6] 最高的为江苏徐州楚王山汉墓M2封土26.12米，平均高度在10米左右。接近帝陵"十二丈"的仅有山东淄博大武乡汉墓[7] 24米和楚王山汉墓M2两例。原因可能出于郑玄所引《汉律》为东汉规定，而非西汉时的定律。此外，这两座诸侯王墓修建都在汉文帝元年（前179）之前，或由于此时诸侯国力量较强大，同时西汉早期政府对此掌控不严的缘故。

（三）墓道

西汉诸侯王墓从平面布局上呈现"中"字形或"甲"字形，也就是有一两条墓道和一条墓道的区别。

"中"字形墓：安徽六安双墩一号墓，江苏盱眙大云山汉墓M1、M2、M8，山东淄博大武乡汉墓，山东章丘洛庄吕国吕台墓，北京大葆台汉墓M1、M2，河北鹿泉市高庄常山王墓等。

"甲"字形墓：山东定陶圣灵湖汉墓、湖南长沙象鼻嘴一号汉墓、江苏泗阳大青墩汉墓、江苏徐州狮子山汉墓、山东曲阜九龙山汉墓、山东长清双乳山济北王墓、山东青州香山汉墓、巨野红土山西汉墓、湖南长沙风盘岭汉墓、徐州楚王山汉墓M1、河南永城柿园汉墓、保安山一号汉墓等。

在西汉帝陵及陪葬墓中，随等级的递减，在墓葬形式上有"亞"形——"中"形——

---

[1] 长沙市文物考古研究所、望城县文物管理局：《湖南望城风篷岭汉墓发掘简报》，《文物》2007年第12期。
[2] 徐州博物馆：《徐州石桥汉墓清理简报》，《文物》1984年第11期。
[3] 《山东青州香山汉墓陪葬坑出土大批精美文物》，《中国文物报》2006年9月13日。
[4] 刘庆柱辑注《关中记辑注》，三秦出版社，2006，第119页。
[5] 孙诒让：《周礼正义》卷41《春官宗伯·冢人》，王文锦、陈玉霞点校，第1697页。
[6] 河北省文物研究所、鹿泉市文物保管所：《高庄汉墓》，科学出版社，2006，第3页。
[7] 山东省淄博市博物馆：《西汉齐王墓随葬器物坑》，《考古学报》1985年第2期。

"甲"形的变化。在已发掘的诸侯王墓中，这种等级差异并不存在。绝大多数的诸侯王墓选择了开凿较为容易的"甲"形结构，在墓室结构的复杂程度上体现实力的差异。少数选择"中"字形结构的墓葬，均出现在西汉早中期，所属诸侯国处于鼎盛时期。也有少数诸侯王墓的形式较特殊，献县河间王墓M36平面上呈现狭长"凸"字形，推测为"甲"字形的变形。徐州龟山二号墓为两条平行的墓道，南北两条墓道之间相距20米（图3-25）。有两条墓道的诸侯王墓，两条墓道有明显的主次之分，长短差距很大。安徽六安双墩汉墓东墓道长20米，西墓道长8米；江苏盱眙大云山汉墓M1，南墓道长55.1米，北墓道长30.6米。

依据墓道底部的坡度，墓道的形式分为平底、斜坡和竖井式三种。竖井式墓道一般出现在竖穴石圹墓，较少出现在竖穴土圹墓中，而绝大多数选择采用了斜坡形墓道。部分诸侯王墓墓道还出现了两种新形式：一分段形式墓道。河南永城保安山一号墓，墓道分两段，斜坡墓道长32.2米，平底墓道长

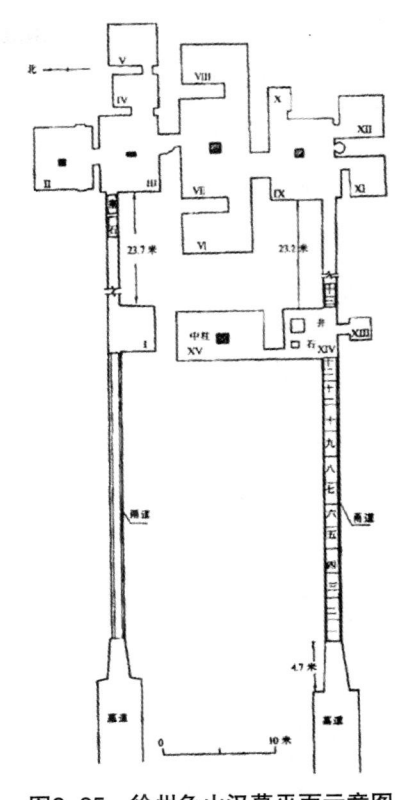

图3-25 徐州龟山汉墓平面示意图
（Ⅰ~ⅩⅤ：墓室；一~一三：塞石）
资料来源：赵化成、高崇文等《秦汉考古》，文物出版社，2002，第84页。

19.3米。江苏徐州北洞山汉墓墓道分为前、中、后三段，中间以土墩为界，据考证象征门阙。另一种出现了阶梯墓道。湖南长沙凤篷岭汉墓墓道残长11米，在墓道的北段残余3级台阶，分别宽1.9米、1.6米和1.6米。长沙古坟垸汉墓墓道保留一级台阶，宽1.3~1.4米。鹿泉高庄汉墓的西墓道中，存有38级台阶，宽1.3~2.8米。此外在徐州北洞山汉墓、铜山楚王山汉墓、长沙望城坡渔阳墓[①]中也发现了同样的形制。据考证，这种台阶式设计也许为仿造宫殿建筑模式。同时，为了防洪和加强雨水渗透，一些诸侯王墓墓道中还配设有完备的排水设施，设有排水沟或渗水井。这在山东长清双乳山汉墓、山东菏泽红土山汉墓、河北满城汉墓等都可以发现。

为了实现加固和密封的作用，诸侯王墓墓道一般都有封填，充填材料选择土或石

---

① 长沙市文物考古研究所、长沙简牍博物馆：《湖南长沙望城坡西汉渔阳墓发掘简报》，《文物》2010年第4期。

块。竖穴土坑墓和竖穴石圹墓的墓道多用土填，夹杂部分石子。竖穴崖洞多为石填，石头排列规律，部分填石上还刻有文字。河南永城保安山二号墓在墓道、甬道、门道和前庭中有 3000 多块塞石，塞石上阴刻有塞石的位置、尺寸、序号、干支纪时、工匠的姓名、监工姓名、塞石所属宫室、施工次序以及其他内容等。在山东昌乐东圈汉墓[①]的墓道封石上有 12 块有阴刻题记，有 8 块有红漆书写题记，还有两块上面有简单的线刻画。在墓道之后，连接墓道和墓室的甬道封填也如此。江苏铜山县龟山二号墓的甬道塞石上刻有铭文、朱书文字和画像。

（四）随葬系统

西汉诸侯王墓的随葬品一般置于耳室、侧室、前后室、外藏椁、回廊或棺椁内，在西汉中早期，部分王墓为了埋藏尽可能多的陪葬品，在墓室之外还设有专门的陪葬坑。西汉王墓基本上早年都遭受过数次盗挖，大量陪葬品被盗走，导致有些王墓已无陪葬品存在，有些王墓陪葬品损失严重或位置被扰动，所以部分陵墓无法考证陪葬品放置的原来位置。

下面对发掘的主要诸侯王墓中的陪葬品情况作简要论述。

1. 楚国

楚王山汉墓 M1：铜器、铁器、陶瓷、漆器等。铜器为扁壶、方鼎盖等，个别铜器上有"楚"陶器分夹砂绿陶和灰陶两种，为战国、秦代流行的器物。[②]

狮子山汉墓：包括有生活用具、兵器、榆荚半两钱、玉质礼器、封泥、动物骨骼粮食遗迹等，质地有金、银、铜、陶器、铁等，制作工艺有战国的遗风，也有西汉早期的特点（图 3-26、图 3-27）。在狮子山西南、西北、东北发现有陪葬坑十余处，有兵马俑坑、陶俑坑、车马坑或祭祀器物坑等。[③]

驮篮山汉墓：早年被盗，仍出土了文物 1000 余件，有各种特制造墓工具，各类的陶俑、磬、壶、钫、匜、熏、铜镜、玉璧、骨管等。在墓南侧 100 米有三个陪葬坑，分别为乐舞坑、兵马俑坑和器物坑，器形、陶俑面部刻画比狮子山精致。[④]

北洞山汉墓：有铜器、印章（上有"楚宫"、"楚邸"、"楚御府印"等字样）、陶俑、金器、编钟、半两钱、玉器（玉剑饰、玉珌、玉璧、玉衣片等）、残破漆器，海贝等。出土 7 万余枚半两钱，应为楚国私铸。陶俑共 422 件，分男立侍俑 61 件，女

---

① 潍坊市博物馆、昌乐县文管所：《山东昌乐县东圈汉墓》，《考古》1993 年第 6 期。
② 刘照建、梁勇：《徐州市铜山县楚王山汉墓群考古调查》，《汉代考古与汉文化国际学术研讨会论文集》，2006，第 247 页。
③ 狮子山楚王陵考古挖掘队：《徐州狮子山西汉楚王陵发掘简报》，《文物》1998 年第 8 期。
④ 肖昌琦、徐承德：《徐州驮篮山汉墓惊现神秘陪葬坑》，《新华日报》2004 年 4 月 12 日。

图3-26　狮子山汉墓编钟
资料来源：现藏徐州博物馆。

图3-27　狮子山汉墓工具
资料来源：现藏徐州博物馆。

侍俑136件、抚琴俑3件。①

龟山汉墓二号墓：陶器、铁器和铜器等25件随葬品。其余随葬品因盗挖散见于墓葬各处。现存有大量瓦片、较多数量的陶麟趾金、陶俑、五铢钱、玉器、鎏金铜车马器。墓葬已经出现将随葬品有意识的分类放置情况。②

石桥汉墓：一号墓的随葬品已被盗挖出，在墓外发现铜釜2件、玉璧2件、玉珌1件和玉衣片1件。二号墓的陪葬品大部分被取出，位置不明，有铜器、鎏金铜器、铁器、陶器、玉器、滑石器及大量漆器的铜银纽件共167件。出土的随葬物品主要是女性用品，如妆奁、首饰、"明光宫赵姬锺"、"赵姬沐盘"等。出土的铜器器形上属于汉中晚期，在其中10件铜器上篆有"明光宫"的文字，故石桥汉墓不应早于公元前101年。此外，陶猪圈也是徐州地区西汉中晚期流行的随葬品。③

南洞山汉墓：早年被盗空，出土有少量西汉晚期陶罐等。④

卧牛山汉墓：早年被盗，流存有玉器和铁兵器。还有几枚王莽时期铸造的"大泉五十"、"大布黄千"钱币，推测墓主为最后一代楚王刘纡。⑤

2. 广陵国

高邮天山汉墓M1、M2：根据"广陵私府"封泥和"六十二年八月戊戌"墨

---

① 徐州博物馆、南京大学历史系考古专业：《徐州北洞山西汉墓发掘简报》，《文物》1988年第2期。
② 南京博物院、铜山县文化馆：《铜山龟山二号西汉崖洞墓》，《考古学报》1985年第1期；徐州博物馆：《江苏铜山龟山西汉崖洞墓材料的再补充》，《考古》1997年第2期。
③ 徐州博物馆：《徐州石桥汉墓清理简报》，《文物》1984年第11期。
④ 刘尊志：《徐州两汉诸侯王墓研究》，《考古学报》2011年第1期。
⑤ 葛明宇：《徐州西汉楚王墓述略》，沛县汉文化研究会编《沛县汉文化研究》，1999，第234页。

书木楬，确定墓主为广陵王刘胥夫妇，出土的木器数量较多，其次还有陶器、玉器等。①

宝女墩新莽墓 M104 和 M105：推测为新莽时期广陵王刘守姬妾墓，宝女墩中央的主墓未发掘。出土陶器以壶、罐、瓿、灶为组合，铜器以鼎、壶、釜甑、灯、盘等实用器为主，属于西汉晚期墓葬随葬品的典型组合形式。②

3. 江都国

江都王刘非墓 M1：墓室内出土陶器、铜器、金银器、玉器、漆木器等遗物 8000 余件（图 3-28、图 3-29）。墓内的随葬品主要保存在回廊内。回廊分上下两层，上层放置模型战车 20 多辆，东回廊上层的中部有大量明器、编钟、编磬，12 件铜虎帐座和车，反映出西汉贵族的出行仪仗。南回廊上层车厢内有大量兵器出土。回廊下层的随葬品按照功能分区放置，分洗沐用品区、车马明器区、乐器区、钱库区、庖厨区。出土的鎏金龙纹铜虡业和鎏金铜虡兽座为首次发现。庖厨区内的五格濡鼎罕见，且出土了多块"江都食长"封泥。在前室和棺室出土了金缕玉衣片、玉贝带、璜、圭等器物。③M2 江都王后墓出土了 216 件文物，包括铜器、铁器、金器、漆器、陶器、和玉器等。其中金缕玉衣片、玉棺、错金银嵌宝石铜镇等极为珍贵。在墓外有四个陪葬坑。位于 M1 西南侧和 M2 东南侧的为车马陪葬坑，在陵园北墙外和西墙外的为兵器陪葬坑。④

图 3-28　江都王刘非墓错金铜虎

资料来源：现藏南京博物院。

---

① 梁白泉：《高邮天山一号汉墓发掘侧记》，《文博通讯》第 32 期，1980
② 扬州博物馆、邗江县图书馆：《江苏邗江县杨寿宝女墩新莽墓》，《文物》1991 年第 10 期。
③ 南京博物院、盱眙县文广新局：《江苏盱眙县大云山汉墓》，《考古》2012 年第 7 期。
④ 南京博物院、盱眙县文广新局：《江苏盱眙大云山江都王陵二号墓发掘简报》，《文物》2013 年第 1 期。

M9、M10：在主棺的四周的边箱里出土大量随葬品，有釉陶器、彩绘灰陶、漆器、玉器、铜器和金器等100余件，M10的漆器底部刻有铭文"淖氏"。① M13的随葬品有80多件，分布在主棺和东边箱。一件银带钩上有"长毋相忘"铭文。

4. 泗水国

大青墩泗水王墓：随葬品主要发现在外藏椁和陪葬坑中。南外藏椁有各类木俑，木质房屋模型，及木车、陶器、铜器等；东南外藏椁有大型的木质院落模型一间；东北外藏椁为粮仓；西外藏椁为厨房和储藏件，有大量生活用品；西北外藏椁出土有陶器。主棺室和南外藏椁之间有夹层，有铜器、漆器、木俑等。主椁室周围因遭盗掘，残留一些玉器、金器等。墓外陪葬坑陪葬出行仪仗队，规模壮观，组合完整。

图3-29 江都王刘非墓错金银铜镇
资料来源：《江苏盱眙县大云山汉墓》，《考古》2012年第3期。

5. 梁国

保安山一号墓、二号墓、三号墓：一号梁孝王刘武墓早年被盗，② 墓内已无任何随葬品。二号王后墓，③ 随葬品因盗而被移动位置，在清理过程中发现有铜、银、铁、玉、釉陶、带扣、带钩、弩机等器物。二号墓有陪葬坑一个，出土遗物1800多件，有车马器、兵器、生活用品等。三号墓为陪葬的妃嫔墓，④ 遭盗掘，出土了玉衣片586枚，玉衣附件3件，还有玉璧、玉环、玉饰、玛瑙贝、青铜镜等。

柿园汉墓：推测墓主为景帝至武帝早年的梁共王刘买。出土了彩色壁画、车马器、陶俑群、铜钱等大批文物。墓室顶部的绘画，在汉代陵墓中极为罕见，代表了西汉前期墓葬画的顶级水平（图3-30）。在墓道内出土铜钱225万枚，多为四铢半两铜钱和铅锡钱，为梁国自铸币。⑤

窑山一号墓、二号墓：推测为梁荒王刘嘉和王后墓：一号墓墓室随葬品被盗后追回，共313件，其中金缕玉衣片300枚，玉璧9件，青铜钫、青铜剑、骨饰各1件。

---

① 南京博物馆、盱眙县文广新局：《江苏盱眙县大云山江都王陵M9、M10发掘简报》，《东南文化》2013年第1期。
② 阎根齐：《芒砀山西汉梁王墓地》，第12页。
③ 阎根齐：《芒砀山西汉梁王墓地》，第43页。
④ 阎根齐：《芒砀山西汉梁王墓地》，第76页。
⑤ 阎根齐：《芒砀山西汉梁王墓地》，第120页。

图3-30 柿园汉墓壁画

资料来源：王良田《柿园汉墓墓室壁画》，《商丘师范学院学报》2017年第1期。

二号墓出土100多件器物，有金缕玉衣片55枚，玉璧37件，其余为玉饰品和生活用品等。玉璧大部分为青玉，纹饰为夔纹、夔龙纹、凤纹、蒲纹等。①

僖山一号墓、二号墓：一号墓出土有金缕玉衣片1000多片，多件玉璧、玉舞人、玉蝉等玉物件。二号墓多次被盗，少量遗物遗留在墓室淤泥中，有玉衣片、玉璧、玛瑙饰品、钱币等。二号墓室顶部呈平顶"八"字形和绿釉陶器都属于汉中期以后的形式，故墓主应属于西汉中晚期的梁王。②

夫子山一号墓、二号墓，推测为梁平王刘襄和王后墓：一号墓墓道东端出土随葬品57件，为车马器和陶器。在墓东150处，有陪葬坑一处，有青铜生活器皿14件。二号墓墓内无随葬品，但在墓东50米有陪葬坑一处，内有随葬品1000余件，有铜泡950余粒，还有盖弓帽、管络饰、鎏金兽面饰等，估计为一整套的车马器。③

南山一号墓、二号墓：一号墓室内有少量漆皮和陶片。东南的陪葬坑出土有青铜铜壶、铜钟，形制大及少量赤仄钱。二号墓室未发掘。④

6. 山东境内诸侯墓

危山汉墓：推定为西汉初年济南王刘辟光：发现有陪葬坑两个，一号为车马俑坑，出土俑172个，马55匹，车4辆，盾牌60面，构件150余个；二号坑有双辕车和部分立俑和跪俑。⑤

大武乡汉墓：发现有5个陪葬坑，分别为礼器和生活用品坑、殉狗坑、兵器仪仗坑、车马坑和兵器、器物坑。陪葬坑共出土遗物12100余件。因出土的铜器上刻有"齐大官"、"齐食官"等铭文，推测为汉初齐王。⑥

---

① 阎根齐：《芒砀山西汉梁王墓地》，第249页。
② 阎根齐：《芒砀山西汉梁王墓地》，第308页。
③ 阎根齐：《芒砀山西汉梁王墓地》，第295、299页。
④ 阎根齐：《芒砀山西汉梁王墓地》，第304页。
⑤ 王守功、崔圣宽：《章丘市危山汉代陪葬坑》，《中国考古学年鉴·2003年》，文物出版社，2004，第216页。
⑥ 山东省淄博市博物馆：《西汉齐王墓随葬器物坑》，《考古学报》1985年第2期。

洛庄汉墓：在陵墓外发现有大量陪葬坑，包括有祭祀坑 17 座，小坑 5 座以及大型陪葬坑 14 座。祭祀坑中主要发现兽骨、陶器、泥俑、漆器、木俑等。大型陪葬坑分为车马坑、乐器坑、生活器皿坑、兵器坑、食物坑、动物坑、犬坑、仪仗坑等等。其中第 14 号乐器坑，出土一套完整的西汉乐器 140 余件。①

香山汉墓：墓主属于西汉中前期的菑川王。在墓道西侧有陪葬坑，随葬品分两层放置，在南部的东西向还叠压一陪葬箱。随葬品以彩绘陶器为主，有成套礼器、生活用品、牺牲俑、车马仪仗、各种骑俑、侍女俑、立俑等。还有封泥、铜铁兵器等。②

红土山汉墓：根据随葬物品器形和建筑方式，推测为汉武帝中前期山阳国或昌邑国国王墓。随葬品发现在前室、后室，以铜铁器为主，有铜器 526 件，铁器 405 件。前室置铜鼎、铜勺、铜豆等铜器和漆案、漆尊、漆盒等漆器。后室木棺内有玉璧、玉璋、玉佩等玉饰品和铁质的剑、戈、矛等。椁室外有铜炉、铜缶、铜弩机等铜器和部分陶罐。在后壁的二层台有铜杵臼、擂石等制药工具，在铜鼎中有药丸、药粉和各种药石。③

双乳山汉墓和福禄山汉墓 2 处 4 座：福禄山汉墓未挖掘。双乳山汉墓墓主推测是武帝末年济北国末代王刘宽。出土了陶器、铜器、玉器、漆器、木器、骨器、车马器、兵器、金箔、银箔、封泥等随葬品 500 余件。墓内随葬品被分类埋藏在 15 个外藏椁中。④

东圈汉墓：墓主推测为汉宣、元之间的菑川王后。发现的铜器大多为配件，有铜镜、饰盘、车马件、鎏金铜泡等，其他物品也被破坏，数量最多的为五铢钱，有 769 枚。还发现有封泥 85 件，正方形，上有文"菑川后府"。⑤

山东曲阜九龙山 5 座鲁王墓：共有 5 座，出土随葬品 1900 余件，有铜器、陶器、铁器、金银器、玉石器、漆器，其中铜、铁、银车马饰器占多数。在墓道北端的耳室内专置车马，四座墓出土车 12 辆。马 50 匹，马为生殉。车有"安车"、"小车马"、"猎车"、"凤凰车"（图 3-31）。⑥

---

① 济南市考古研究所、山东大学考古系、山东省文物考古研究所、章丘市博物馆：《山东章丘市洛庄汉墓陪葬坑的清理》，《考古》2004 年第 8 期。
② 《山东青州香山汉墓陪葬坑出土大批精美文物》，《中国文物报》2006 年 9 月 13 日。
③ 山东省菏泽地区汉墓发掘小组：《巨野红土山西汉墓》，《中国考古集成》华北卷，第 3155 页。
④ 山东大学考古系、山东省文物局、长清县文化局：《山东长清县双乳山一号汉墓发掘简报》，《中国考古集成华北卷》，第 3322 页。
⑤ 潍坊市博物馆、昌乐县文管所：《山东昌乐县东圈汉墓》，《考古》1993 年第 6 期。
⑥ 山东省博物馆：《曲阜九龙山汉墓发掘简报》，《文物》1972 年第 5 期。

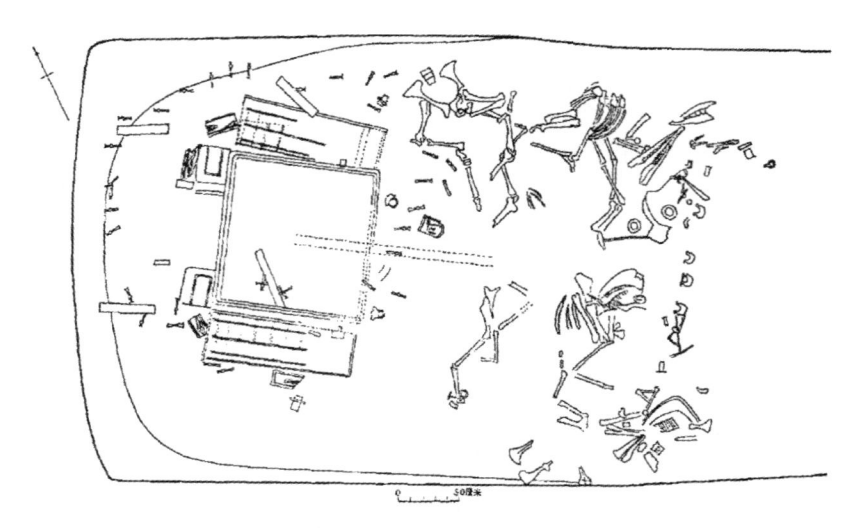

图3-31　曲阜九龙山汉墓四号墓西车马室平面图

资料来源：山东省博物馆《曲阜九龙山汉墓发掘简报》，《文物》，1972年第5期。

7. 长沙国

古坟垸汉墓：推测为西汉早期吴姓长沙王后墓。出土了金、银、玉、铜、铁、琉璃、玳瑁、漆器等各类文物2000余件。漆木器有耳杯、屏风、砚盒、奁盒、棋盘、骰子、木桶、排箫等。环绕主室外有3座陪葬坑，分别为庖厨坑、车马坑、陶牲坑。[①]

凤盘岭汉墓：推测墓主为西汉早中期的长沙国王或王后。出土器物主要有陶器、泥器、铜器、漆器、玉器、铁器等数十件。陶器有34件，有鼎、锺、壶、钫、薰炉等，多为泥质灰陶，少量为夹砂灰陶，多数为轮制。另有泥钱数万枚。[②]

象鼻嘴汉墓：推测为墓主为文景时期的长沙靖王吴著或长沙王刘发。随葬品保存在外回廊的12间房和内回廊的7间房内，以轮制陶制明器居多，主要器形有鼎、盒、灯、薰炉、编钟、泥半两、郢版等，除印纹硬陶罐外，其余为火候不高的泥质灰陶和红陶，施红彩。漆器被压坏，有盘、耳杯、奁等。[③]

望城坡渔阳墓：有学者考证，墓主为嫁到长沙国的某位公主，食邑为"渔阳"，根据随葬品形制和器形判断为文、景时期。随葬品按质地分为金、玉、石、纺织品、铁、漆木、骨角等，共3000余件。漆木的种类有耳杯、盂、排箫、琴、奁盒等，耳杯数量最多有2500余件。在墓室中出土了数百枚木楬，上书有各种丝织品、服装名

---

① 《西汉长沙王室墓》，《中国考古学年鉴（1994）》，文物出版社，1995，第247页。
② 长沙市文物考古研究所、长沙市望城区文物管理局：《湖南长沙凤盘岭汉墓发掘简报》，《文物》2013年第6期。
③ 湖南省博物馆：《长沙象鼻嘴一号汉墓》，《考古学报》1981年第1期。

称和题记，计 2000 余字。①

凤篷岭汉墓：据漆耳杯上"长沙王后家杯"证实为长沙王后墓，下葬年代为武帝元狩五年（前 118）至光武帝建武十三年（公元 37 年）间。出土器物有陶器、铜器、漆器、玉器、水晶器、金器、鎏金器、银器和丝织品等，有一套完整的金缕玉衣出土。②

陡壁山汉墓：推测为昭、宣时期的长沙王后墓。出土随葬品 300 余件。主要为漆器，能辨认器形的有 150 余件，多数为夹纻胎，少量竹胎和木胎，黑漆朱绘，其中漆盘和耳杯占绝大多数。还有 46 件玉器和 26 件玛瑙水晶器，及几件金属器和泥、陶器。因一枚玉质印章上篆文"曹㜮"，故也被称为"曹㜮"墓。③

8. 京冀地区

大葆台一号墓、二号墓：学者认为墓主是广阳顷王刘建及其夫人，也有学者认为是燕王刘旦和夫人。一号墓出土随葬品有陶、铜、铁、玉、玛瑙、漆器、丝织品等 400 余件。铁器和漆器数量大，漆器有床、案、奁，饰黑漆，部分有宝石镶嵌，多数为木胎，少量为夹纻胎。在棺内发现有玉衣片，证实死者裹玉衣。二号墓早期被破坏且遭火焚，随葬品剩不多，有红陶大盆、铜虎、玉舞人、釉陶壶、灰陶钫等（图 3-32、图 3-33）。④

图 3-32 大葆台透雕龙凤纹璧
资料来源：北京市大葆台西汉墓博物馆编《大葆台汉墓文物》，文物出版社，2015，第 56 页。

老山汉墓：推测墓主为西汉中晚期燕王或广阳王王后。随葬品有两件大型漆案、三件"凭几"木器家具、漆箱、贴金箔和包银扣的漆耳环、漆盒、玉带钩、大量漆器和丝织品等。⑤

石家庄北郊墓汉墓：根据墓主身边的铜质私印，上有阴文"长耳"二字，判断为汉初异姓王赵

图 3-33 大葆台玉舞人佩
资料来源：《大葆台汉墓文物》，第 52 页。

---

① 长沙市文物考古研究所、长沙市简牍博物馆：《湖南长沙望城坡西汉渔阳墓发掘简报》，《文物》2010 年第 4 期。
② 长沙市文物考古研究所、望城县文物管理局：《湖南望城区凤篷岭汉墓发掘简报》，《文物》2007 年第 12 期。
③ 长沙市文化局：《长沙咸家湖西汉曹㜮墓》，《文物》1979 年第 3 期。
④ 北京市古墓发掘办公室：《大葆台西汉木椁墓发掘简报》，《文物》1977 年第 6 期。
⑤ 王武钰、王鑫、程利：《老山汉墓考古发掘的收获》，《石景山文史》第 9 辑，2001。

王张耳墓，也有学者提出不同看法。有铜印、铜鼎、铜带钩、铜铃架等铜器，和玉璧、六博棋、陶罐、狗骨架等。①

献县 M36 汉墓：推测为西汉早中期河间王墓。陵墓多次被盗，遗留随葬品不多，主要分布在侧室和主室中。侧室中有陶器 21 件，器形为釉陶壶或釉陶壶盖，器表施乳白色陶衣。主室中有玉质礼器、玉装饰品、残破铜器、金饼等。②

满城汉墓一号墓、二号墓：墓主为武帝时期中山王刘胜和王后窦绾。一号墓出土大量的铜器（图 3-34、图 3-35），共计 64 种 119 件，有壶、薰炉、带钩、铜人、弩机、虎形器座、仪仗饰等，以及两套帷帐的铜质构件和六辆马车的铜质构件。还有铁器 499 件，其中武器占多数；陶器 571 件，以泥质灰陶为主，部分绘以夔龙、变形鸟纹、云气纹。除此以外，还有金银器、玉石器、漆器、纺织品和车马、陶俑出土。在棺椁和漆皮堆积下，有完整的一套金缕玉衣留存。二号墓的随葬品种类与一号墓相同，也有保存完好的金缕玉衣。铜器器物种类比一号墓少，兵器少，

图3-34　满城汉墓长信宫灯　　　　　　图3-35　满城汉墓鸟篆纹铜壶

资料来源：中国社会科学院考古研究所、河北省文物管理处编《满城汉墓发掘报告》（下），文物出版社，1980，第177页。

---

① 石家庄市图书馆文物考古小组：《河北石家庄市北郊西汉墓发掘简报》，《考古》1980 年第 1 期。
② 河北省文物研究所、沧州市文物管理处、献县文物管理所：《献县第 36 号汉墓发掘报告》，《河北省考古文集》东方出版社，1998，第 253 页。

生活用品多，出土了一些小巧玲珑物品。陶器 426 件，制作较粗糙，器形较简单，多夹砂粗灰陶。①

获鹿高庄汉墓：根据随葬的铜鼎、铜执炉、铜耳杯，铜鼎盖上有"常山食官"、"常食中般"等字，判断为西汉武帝元朔至元狩年间常山王和王后墓。随葬品有银器、铜器、铁器、陶器和漆器五种，铜器占多数，多饮食器，酒器，制作精良。②

定县 40 号汉墓：推测墓主为汉宣帝时期的中山孝王刘兴。随葬品有大量加砂黑陶和偶车等车马器，尸体身着金缕玉衣，四周放置大量珍贵玉器、金器和铜器等。③

鹿泉市北新城汉墓：根据典籍和随葬品类型推测为西汉中后期真定国王和王后墓。随葬品包括玉器、铜器、铁器、陶器和石器等，共计 480 余件。玉器分玉璧和玉衣片，占随葬品总数的 1/4；铜器中明器车马饰件占大宗，实用器皿不多；还有少量泥质灰陶随葬。④

9. 六安国

六安双墩汉墓一号墓、二号墓：随葬品有陶器、铜器、玉器、漆器、金箔、封泥等 500 余件。回廊中多珍贵随葬品，发现许多贴金、银箔的漆器残片，错金铜构件，玉器等。外藏椁里的随葬品分类放置，有车马模型明器、储藏庖厨用生活器皿等。在一号墓西南部有陪葬坑一个，为车马坑，有 8 匹马的遗骸以及 4 部车的车辕、车轴、车舆等构件 120 余件。⑤

10. 南越王

广州南越王墓：墓主为武帝时期第二代南越王赵眜。在墓主身上发现印章 8 枚。最大的一枚是龙钮金印，方形，边长 3.1 厘米，印文"文帝行玺"（图 3-36）。随葬器物有一千多件，大有兵器铁镞、铁剑、铜弩机、铁矛等，大型器皿有铁鼎、南越鼎、铜鉴、大方炉炉盘等，还有大量陶

图3-36　广州南越王墓文帝行玺

资料来源：《人民日报海外版》2012年1月14日第7版。

---

① 中国社科院考古研究所、河北省文物管理处：《满城汉墓发掘报告》上册，第 20 页。
② 石家庄市文物保管所、获鹿县文物保管所：《河北获鹿高庄出土西汉常山国文物》，《考古》1994 年第 4 期。
③ 河北省文物研究所：《河北定县 40 号汉墓发掘简报》，《文物》1981 年第 8 期。
④ 河北省文物研究所、石家庄市文物研究所、鹿泉市文物保护管理所：《鹿泉市北新城汉墓 M2 发掘简报》，《文物春秋》2008 年第 4 期。
⑤ 安徽省文物考古研究所、安徽省六安市文物局：《安徽六安双墩一号汉墓发掘简报》，《文物研究》第 17 辑，科学出版社，2010，第 107 页。

制、铜制、漆制生活用品等等。墓室的东、西侧室。东耳室和前室、墓道中都有殉人发现，共有十多具。①

总之，西汉诸侯王墓随葬品的种类多为陶器、漆器、铁器、铜器、玉器、动物、钱币等。其中铜器和鎏金铜器的大量随葬是诸侯王墓的显著特征。在保存稳定延续性的同时，随葬品的系类在发生细微变化，并且存在地区性偏好。早中期多陶器、玉器礼器，漆器和兵马俑，随着神权的淡化和社会发展，人的地位凸显，祭祀之风衰退，礼器从随葬品中逐步消失，后期汉墓随葬品中轻巧又实用的器皿、装饰品占据主导。早期随葬品的无论是陶器、铁器还是漆器，器形简单粗笨，中期以后器形种类繁多，做工更为精致，鎏金、贴金技术也被应用在随葬器皿中。由于国家控制力的加强和诸侯国力量的削弱，兵器未在汉中期以后的墓葬中发现。伴随观念的进步，早期墓葬如狮子山汉墓和南越王墓中存在的殉人现象在西汉中期已消失，代之以陶俑随葬。早期以大量的实物车马随葬的现象，也渐渐被车马模型明器而取代。

在地区分布上，长沙地区随葬品多漆器，而北方尤其是山东地区在随葬品选择上更喜爱车马器。而横穴墓葬流行，便于在横向上扩大陵墓的内在面积，也有利于陪葬更多的陪葬品，汉中期以后在墓外单独设立陪葬坑已较少见，随葬品被更多的放置在墓内的回廊、前室、侧室中。但出于地位的悬殊，陪葬妻妾陵墓中的随葬品的放置还保留了早期葬式，如景帝时期的江苏仪征张集团西汉墓和新莽时期的江苏邗江县杨寿乡宝女墩汉墓，随葬品仍主要集中在椁内分隔出的边箱中。

（五）棺椁及墓葬用品

《汉书·霍光传》中有"赐金钱、缯絮，绣被百领。衣五十箧，璧珠玑玉衣，梓宫、便房、黄肠题凑各一具，枞木外臧椁十五具。东园温明，皆如乘舆制度。载光尸柩以辒辌车，黄屋左纛，发材官轻车北军五校士军陈至茂陵，以送其葬。"②霍光所用葬具是按照天子、诸侯王的标准，因帝陵中室未经考古挖掘，而诸侯王虽低于皇帝，但在葬具用品种类上差别不大，只是规格标准降低。

1. 题凑

题凑是古代帝王诸侯的一种葬式，也赐用于大臣。出现时间较早，多见于西汉时期，形式为用规则的木块整齐排列堆垒而成，包裹椁室四周，不包括顶盖，仅出现于木结构墓室中。常见选用木材有楠木、柏木等，如木料选用黄心的柏木，木心向内辐

---

① 广州象岗汉墓发掘队：《西汉南越王墓发掘初步报告》，《考古》1984年第3期。
② 《汉书》卷68《霍光传》，第2948页。

射排放,被称为"黄肠题凑"。在已进行考古发掘的诸侯王墓中,有 13 座中发现有题凑结构。①

西汉早期题凑结构墓:

(1)河北石家庄北郊西汉墓:在木椁的四周与椁壁呈垂直方向累筑题凑木,木头皆内向,题凑前壁略呈方形,长、宽各 4 米,直抵墓道尽头。这是迄今为止所见最早的木结构题凑。②

(2)长沙象鼻嘴汉墓:这两座都是西汉早期的竖穴石圹墓。象鼻嘴汉墓的题凑位于外椁墙板的四周,长 14.4 米,宽 13.2 米,题凑木共计长方形枋木 908 根,所用木材为柏木。题凑木部分长短不一,有的有较大的间隙,前壁木长 1.6~1.7 米,后壁木长 1.5 米。四壁的题凑木与外椁垂直排列,题凑的四角,采用上下交错重叠排列。除东边、东北角、东南角为 6 层题凑木以外,其余各边角为 4 层排列。题凑内部包括外椁、前室、内、外双重回廊、棺室和套棺几部分,为三重棺两重椁绕有回廊的结构。③

(3)长沙古坟垸汉墓:外椁长 7.48 米,宽 5.8 米,外椁四周垒筑 7 层题凑木,每层 60 根,共 400 余根。题凑为柏木,长度为 70~74 厘米,为两重棺两重椁结构。④

西汉文景时期题凑结构墓:

(1)长沙风盘岭汉墓:棺椁木枋已朽坏,根据木枋的朽痕判断结构。题凑基本上绕墓室一周。题凑木长方形,长 0.9~1.05 米,宽 0.27~0.5 米,题凑木均垂直于墓壁摆放,部分位置可见至少两层叠置。在题凑的内侧的椁室内存在隔间。⑤

(2)长沙望城坡渔阳墓:保存完好,为楠木,紧贴在外椁四周。除封门题凑为 7 层外,自上而下均为 8 层,没层根数略等,共用题凑木 601 根。为两重棺两重椁结构。⑥

西汉武帝时期题凑结构墓:

(1)大云山汉墓:墓室结构为黄肠题凑,包括外回廊、题凑、前室、中回廊、内

---

① 河北定县 40 号墓中,南北两端直抵外层垒木室壁,怀疑为"黄肠题凑"形式,但因焚毁,具体情况不明晰,暂不计入统计范围。
② 石家庄市图书馆文物考古小组:《河北石家庄市北郊西汉墓发掘简报》,《考古》1980 年第 1 期。
③ 湖南省博物馆:《长沙象鼻嘴一号汉墓》,《考古学报》1981 年第 1 期。
④ 《西汉长沙王室墓》,《中国考古学年鉴(1994 年)》,第 247 页。
⑤ 长沙市文物考古研究所、长沙市望城区文物管理局:《湖南长沙风盘岭汉墓发掘简报》,《文物》2013 年第 6 期。
⑥ 长沙市文物考古研究所、长沙市简牍博物馆:《湖南长沙望城坡西汉渔阳墓发掘简报》,《文物》2010 年第 4 期。

回廊、内椁、外棺、内棺等部分。①

（2）北京老山汉墓：题凑整体呈长方形，南北12米，东西10米，高2.2~2.4米。四壁由长方形方木叠垒而成，南北纵向，东西横向分层叠垒。在题凑的四壁内面和四角分隔方知有立柱方木，有加固的作用。在题凑内侧有内回廊，题凑外有外回廊，回廊北壁有门，内回廊围成的墓室中心位置有分成前、后室。棺椁为三棺两椁结构。②

（3）安徽六安双墩一号汉墓：墓室为黄肠题凑结构，长9.1米，宽7米，高2.5米。使用了长7米、宽0.26米、厚0.23米的长方形柏木南北向铺设，有4层。题凑东端为对开木门，其余三面墙体选用长方形木料，木心向内堆砌。在题凑和椁室之间空隙，上下有对称的凹窝26个，估计当时为用木板分隔出的若干小室。题凑外侧环绕15个外藏椁，呈"凹"字形结构。棺椁为双棺双椁结构。③

西汉中晚期题凑结构墓：

（1）湖南望城风篷岭汉墓：题凑除墓道下端口和中列前室缺失外，基本环绕椁室一周，平面呈"凸"字形。用木111根，均为长方形，但长短粗细不一，平均长0.8米。题凑木为楠木，堆垒1~3层不等，为了保持稳固，采用部分填土的办法。椁室被分隔成9室，棺椁为双棺双椁结构。④

（2）湖南望城咸家湖陡壁山汉墓：墓室为黄肠题凑结构，平面上呈空心"十"字形，木材为179根黄心柏木。西边通向墓道用木两层，其余三边用木三层，四边高度都低于椁室外壁，平铺垒叠。椁内空间比较狭小，仅容棺椁，为三重棺两重椁结构。⑤

（3）大葆台汉墓：墓室为黄肠题凑结构。南北15.7米，东西10.8米，最高2.7米。题凑木横向堆放，残留层数15~27层不等。木块之间长短不一，又无榫卯固定，只用细小木块填在缝隙中保持平衡，在顶部加压边木，一旦发生地质变化，极易倒塌，据估计共用木15000余块。紧贴题凑两侧为双外回廊、内回廊，空间被分隔成前、后室。棺椁为5层，即三重棺两重椁。⑥

（4）高邮天山墓：墓室为黄肠题凑结构，平面呈长方框形，高13米，宽11米，

---

① 南京博物馆、盱眙县文广新局：《江苏盱眙县大云山汉墓》，《考古》2012年第7期。
② 王武钰、王鑫、程利：《老山汉墓考古发掘的收获》，《石景山文史》第9辑，2001。
③ 安徽省文物考古研究所、安徽省六安市文物局：《安徽六安双墩一号汉墓发掘简报》，《文物研究》第17辑。
④ 长沙市文物考古研究所、望城县文物管理局：《湖南望城风篷岭汉墓发掘简报》，《文物》2007年第12期。
⑤ 长沙市文化局：《长沙咸家湖西汉曹㜏墓》，《文物》1979年第3期。
⑥ 北京市古墓发掘办公室：《大葆台西汉木椁墓发掘简报》，《文物》1977年第6期。

高 4 米左右。在前、后两面设有门。用木 850 余根，尺寸均为 0.94 米 ×0.40 米 ×0.40 米。题凑木四面都有阴阳榫，两端的中心位置，嵌有小型方木块。题凑木之间用燕尾榫、银锭形榫互相扣牢。在题凑两侧修建有内、外回廊，回廊被分隔成若干小室，用以放置随葬品。①

西汉晚期题凑结构墓：

（1）山东定陶圣灵湖汉墓：墓室为黄肠题凑结构，由前、中、后三墓室和侧室、门道、回廊、外藏室、题凑墙构成（图3-37）。由题凑向内依次为：12 个外藏室——回廊——侧室和前、后室——棺椁。所有隔间均为木结构，木椁的顶部有 5 层枋木垒砌的封盖。最外围的题凑墙厚 1.15 米，周长 88 米，用木 20994 根，每根均长 1.15 米，宽 0.16 米，厚 0.07 米。题凑墙、各室的枋木间均由 3 个木榫卯连接加固。椁顶为楠木和硬木松，题凑为黄心柏木，棺为梓木。②

图3-37　山东定陶圣灵湖汉墓黄肠题凑（内景）
资料来源：《山东定陶圣灵湖汉墓》，《考古》2012 年第 7 期。

这几座诸侯王墓基本体现了题凑墓的发展脉络，从中可以大致看到两个特点。

一是在结构上逐步复杂化。随着墓葬规模的扩大，题凑内部空间也随之变大。

---

① 《高邮天山汉墓发掘的意义》，《江苏省博物馆学会、考古学会成立大会学术论文集》第 3 册，1980，第 2~23 页。
② 山东省文物考古研究所、菏泽市文物管理处、定陶县文管处：《山东定陶圣灵湖汉墓》，《考古》2012 年第 7 期。

扩大了的内部空间，为修建更为复杂的内部结构提供了基础。在西汉中期，题凑内出现木制隔间，而后出现环绕题凑内的木制内回廊，而西汉后期的题凑墓内还出现了多侧室、外藏室、内甬道等复杂结构，更着眼于模拟墓主人生前的宫室建筑。

　　二是设计和制作工艺上趋于精巧化。早期的题凑墓木材长短大小不一，采用堆垒的方式，彼此之间无固定装置。中期以后开始出现用泥或小木块垫平加固的方法，在题凑墓技术成熟的西汉晚期，木块之间开始出现榫卯结构，选用的木材在规格上也大体保持一致，在排列方式上也由早期的与墓底垂直变为更为稳固的平行排列。

　　2. 棺椁

　　椁是套在棺之外的外棺，用于保护的放置棺。棺为放置墓主尸身的装置，采用多重的棺椁是身份地位的象征。

　　在已发掘的西汉诸侯王墓中，虽经过盗扰，在大部分墓葬之中仍发现了椁的存在。诸侯王墓中的椁一般面积较大，有各种功能划分区，少数汉墓无椁室存在，如徐州石桥汉墓 M3，在满城汉墓 M2 中出现用石室代替椁的现象，泗阳大青墩汉墓有外藏椁；部分为单椁，如献县汉墓 M36、徐州石桥汉墓 M2、满城汉墓 M1、巨野红土山汉墓、广州南越王墓、石家庄北郊西汉墓、江苏盱眙大云山 M2 等；有两座王墓为三重椁：江苏盱眙大云山汉墓 M1 和江苏高邮天山汉墓 M1；其余王墓基本上为两重椁。外椁由枕木、底板、墙板、盖板和外椁门组成，平面上呈方形，部分外椁还包括有外藏室。内椁由底板和墙板组成。

　　在材质选择上，椁一般选用石头或木材，以木质椁为主。黄肠题凑墓中的椁除安徽六安双墩墓外均是木椁。也有一墓之中既有石椁也有木椁的。如河北获鹿高庄汉墓，在墓坑底部的正中，有用浅红色页岩条石砌筑的长方形石椁，平面呈长方形，南北 12.2 米，东西 15.6 米，采用卧石错缝平铺，黄土垫缝。在椁底平铺有两层石板，在石椁的凹槽及石椁底中发现有残留的木纹的痕迹，痕迹有一定的高度，判断应有内层木椁。安徽六安双墩一号汉墓，外层为木椁，长方形，内外髹黑漆，东端为对开式的椁室门。木椁之间采用"燕尾"式的榫卯连接。内椁为长方形石椁，东端辟门，门有门臼，并配铅质圆珠作轴承，其余三面石板也采用凹凸榫卯结构。在石椁内壁同样髹黑漆，北壁上端石板上绘有红色卷云纹彩绘。

　　相对于椁较为同质化，诸侯王墓中的棺差别较大。《后汉书志·礼仪下》记载了诸侯王棺的标准："诸侯王、公主、贵人皆梓棺，洞朱，云气画。公、特进樟棺黑漆。"① 即按定制，诸侯王应用樟木棺，内外髹朱漆，上有云气纹彩饰，少数可以髹黑漆。关于棺的尺寸，《汉旧仪》记载："上林给栗木，长安祠庙作神主，东园祕器作梓棺，素木长丈三尺，崇广四尺"。② 按照汉尺约等于现在的23厘米来推算，王墓中的棺不应大于帝陵的长299厘米，宽和高均为92厘米的规定。

在材质选择上，《后汉书志》规定诸侯王选用"樟棺"，皇帝选用"梓棺"。由于年代久远，多数的棺木已腐朽不存或被盗墓者破坏。现存棺木，考古报告中有明确鉴定木质的多为"梓木"，如山东定陶圣灵湖汉墓；长沙象鼻嘴一号汉墓、河北满城汉墓M1的外棺、长沙望城坡风篷岭汉墓等为梓属楸木；楠木有江苏仪征张集团山西汉墓、满城汉墓M1的内棺两例。

典籍中未记载帝陵中棺的层数，考古发掘中发现，诸侯王棺的层数，一重、两重、三重、五重都有发现。

一重棺：广州南越王墓、邗江杨寿乡宝女墩新莽墓、仪征张集团山西汉墓、泗阳大青墩泗水王墓、定陶圣灵湖汉墓、江苏盱眙大云山汉墓M2、河北满城汉墓M1。

二重棺：安徽六安双墩一号汉墓、石家庄北郊西汉墓、长沙望城坡渔阳墓、长沙望城坡风篷岭汉墓、大云山汉墓M1、长沙古坟垸汉墓。

三重棺：长沙咸家湖西汉墓、长沙象鼻嘴一号汉墓、大葆台汉墓M1、河北献县M36汉墓、山东长清双乳山一号墓、北京老山汉墓、江苏高邮天山汉墓。

五重棺：河北定县40号汉墓。

可以看出，诸侯王棺的层数并不固定，以一重和三重棺的居多，有上下的差异。西汉早期的诸侯王棺数较多，多双重、三重棺。西汉后期王棺多一重，但也出现了如河北定县40号墓五重棺的，棺的层数并不是衡量诸侯王地位高低的重要标准。因保存情况较差，王后棺椁多无留存，故无法考证王后与诸侯王用棺之间的差异。

棺椁的结构主要有平列、套榫和扣槽三种，为了增加牢固性往往采用多种加固方法。长沙望城坡渔阳墓外棺四角用燕尾榫套合，墙板与底板用凹凸榫连接，盖板与棺身用凹凸边榫嵌接，外部接缝处用腰榫连接。内棺四周用落槽凹凸连榫套紧，盖板与棺身用凹凸边榫嵌接。长沙象鼻嘴一号汉墓，棺板之间用套榫连接，侧板挡板、挡板底板用凹凸榫，盖板与棺身用子母相扣，中、内棺盖的挡板用落槽凹凸接榫。

在棺的装饰上，《后汉书志·礼仪下》中"洞朱，云气画。公、特进樟棺黑漆"

---

① 司马彪：《后汉书志》卷6《礼仪下》，第3152页。
② 《后汉书志》卷6《礼仪下》刘昭注引《汉旧仪》，第3148页。

的特性多有体现。例如：

（1）长沙望城坡渔阳墓：内、外棺内外壁用多层麻布衬底，外髹黑漆。外棺黑漆上施有朱红彩饰，已经漫漶，纹饰大体为龙凤云气纹。

（2）仪征张集团山西汉墓：棺盖之下有一薄天花板，天花板镂空，成极复杂图案。侧墙两端及中部镂成三个壁形，之间用弧线交叉相连，填以繁缛的卷云纹。木棺外髹黑漆，内髹红漆，天花板朝上一面髹黑漆，下面黑漆为底，描以红漆和金银（图3-38）。

图3-38 仪征张集团山西汉墓
资料来源：现藏仪征博物馆。

（3）广州南越王墓：棺髹漆，木椁内侧朱漆，素地无纹饰，外表髹黑漆，上施卷云纹。木棺内外髹朱漆，无纹饰。

（4）长沙咸家湖汉墓：外棺为两重，最外一重为用木板制成的木框，无底无盖，第二重外棺盖顶有黑漆朱绘云气纹痕迹。内棺用黑漆框边，透雕图案，朱绘描金。

（5）长沙象鼻嘴一号：外棺髹深棕褐色漆，中、内棺外施黑漆，内壁红漆，外棺盖档和侧板均有朱色彩绘。中棺盖上有朱色漆绘方连形纹，两档有重三角形花纹，内棺无纹饰。

（6）河北满城汉墓M1：外棺、中棺外髹黑漆，内髹红漆，内棺里外均髹黑漆。

（7）河北献县汉墓M36，外棺外有麻布，黑漆为底，上绘有橙红色云气纹。中棺无云气纹，颜色同。内棺同外棺相同，有云气纹。

王棺内外皆施以厚漆，因漆本身具有一定的防腐作用。用色以黑、红两色为主，也有用近似的棕红、深棕色或赤色，一般为外表髹黑漆，内髹红漆。在棺板或顶盖上，出现了一定的装饰花纹，以云气纹或卷云纹为主。"云，山川之气也"，① 云气也是仙人骑行的重要载体，灵动飘逸的云纹引入了漆棺中，体现了汉代人对自然的崇尚和对死后升仙的渴望，也是"道法自然"的黄老思想在主流社会兴盛的表现。黑底配朱色卷云纹，这种黑红反差的强烈对比，体现了汉代工匠独特的审美情趣。

　　除采用髹漆、贴片技艺外，部分诸侯王的漆木棺上出现了有规律的贴有玉片的形式，这种棺被称为"镶玉漆棺"，河北满城汉墓M2、高邮天山汉墓M1和M2、盱眙大云山汉墓M1和M2、江苏狮子山汉墓的耳室中发现有漆棺上镶嵌的玉片图案。大云山二号墓中发现的镶玉漆棺，是迄今为止保存最为完好的。玉棺出土于主室的中部，棺长2.12米、宽0.87米、高0.7米，西侧板和北侧挡板保存较好。玉棺本体由梓木刻成，外髹黑漆，通体针刻云气纹。前后挡板外侧上部饰有鎏金铜首衔环一对。棺体的挡板、底板和顶板的内侧镶嵌玉片，玉片有玉璧形、三角形和菱形等，侧板用铜条加固（图3-39）。其余镶玉漆棺形制大体如此，狮子山汉墓中玉棺形体较大，有2000多片玉片镶嵌在漆棺外壁；满城M2的玉棺内侧镶贴玉版，外侧镶嵌玉璧。

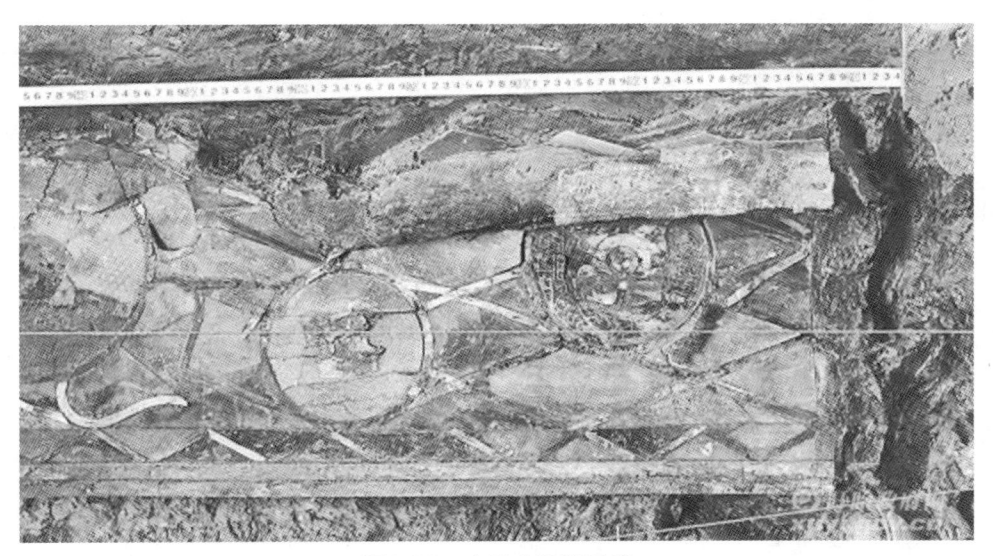

图3-39　大云山汉墓玉棺

资料来源：南京博物院，盱眙县文广新局《江苏盱眙县大云山汉墓》，《考古》2012年第3期。

---

① 许慎：《说文解字》卷11下，第242页。

在部分诸侯王墓中,在内椁之内有用来承托棺的葬具,被称为棺床或笭床,如有多重棺,一般用于承托内棺。六安双墩一号汉墓中,在内椁的石椁内有一长方形棺床,"目"字形,放在石椁底板上,棺床上放置棺椁。邗江杨寿乡宝女墩汉墓在棺之下有棺床,用6块长1.18米、宽0.3~0.6米、厚0.12米的木板横向铺成。长沙咸家湖西汉墓,在内棺底板上有笭床,长1.7米,宽0.52米,厚0.12米,黑漆框边,透雕图案,朱绘描金,原图案复原似"祥云拱璧"。

3. 玉衣

《汉旧仪》记载:"(皇帝)腰以下以玉为札,长一尺,广二寸半,为柙,下至足,亦缝以黄金镂。诸衣衿敛之。"[①]虽然根据等级差异,诸侯王只可使用次一级玉衣,但经恩赐后也可以金缕玉衣下葬。

在西汉王墓中多有玉衣出土,但因盗墓者影响,多数只有玉衣片留存。有玉衣发现的王墓有:徐州狮子山汉墓,徐州北洞山汉墓,高邮天山汉墓M2,盱眙大云山汉墓M1、M2,长沙风篷岭汉墓,河北定县M40汉墓,河北满城汉墓M1、M2,鹿泉北新汉墓M2,北京大葆台汉墓M1、M2,河南永城保安山汉墓M3,永城窑山汉墓M1、M2,永城僖山汉墓M1、M2,永城柿园汉墓,永城黄土山M1、M2,夫子山M2,山东曲阜九龙山汉墓M3,安徽双墩汉墓M1,广州南越王墓等。这些玉衣中,满城汉墓中的两件及广州南越王墓中玉衣保存情况较好。满城汉墓中为金缕玉衣(图3-40),广州南越王墓中为较为少见的丝缕玉衣。其余玉衣中,多数玉衣片保留下来的有徐州狮子山汉墓、大云山汉墓M1、僖山汉墓M1、鹿泉汉墓M2和保安山汉墓M3。其余的诸侯王墓,或主墓未经过考古调查,或因为盗扰严重,未发现有玉衣痕迹。

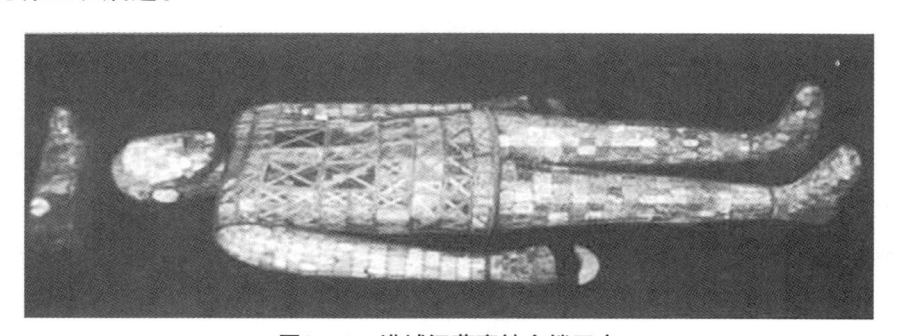

图3-40 满城汉墓窦绾金缕玉衣

资料来源:现藏河北文物研究所。

[①] 司马彪:《后汉书志》卷6《礼仪下》刘昭注引《汉旧仪》,第3142页。

一套完整的玉衣的外观与人体相同。头部包括脸盖、头罩，脸盖上还刻制出眼睛、鼻子和嘴的形象。上衣由前片、后片和左右袖筒构成，各部分之间彼此分离。裤也分左、右裤筒，各自分开。头做握拳状，左右各握一璜形玉器；足部做鞋形。其余王陵中出土的玉衣片也都分属于上述部位，而玉片也因所属位置不同，因地制宜的裁成各种形状，有长方形、方形、梯形、三角形、四边形、多边形等等。表面抛光，侧面刮棱，玉片的四角或周边打孔，钻孔方法有管钻和杆钻等，用以丝线连缀的需要。少数王陵中出土的玉衣片较为特殊，如望城风篷岭汉墓中的玉衣片部分没有打孔，徐州北洞山汉墓中的玉衣片以凸字形鳞甲状为主。玉衣所用材质，经鉴定多为新疆和田玉，也有白玉、碧玉、墨玉等。此外，玉衣内还有各种附件，如玉含、玉鼻塞、耳瑱、眼盖、肛门塞、佩珠、身上放置的玉璧等等。

从已发掘的玉衣可知，我们可以得出以下几点认识：

贯穿西汉时期，在早、中、后期诸侯王墓中均有玉衣发现。徐州狮子山汉墓下葬时间大体位于文帝时期，此时的玉衣在玉片切割、钻孔等制作工艺上已比较成熟，说明玉衣制作、实用的历史可以向前追溯。

玉衣的使用者，据《后汉书志·礼仪下》记载："诸侯王、列侯、始封贵人、公主薨，皆令赠印玺、玉柙银缕；大贵人、长公主铜缕。"[①] 从已发现的考古资料可以看出，西汉时期，诸侯王和王后死后都可以使用"金缕玉衣"，甚至部分受宠的妃嫔也可以使用，如保安山 M3 墓。说明此时对于玉衣的分级并没有定制，严格遵循等级使用玉衣应属于东汉时期。但如果对使用者做细化区分，我们可以发现，玉衣的使用范围仅限于同姓诸侯王及王后。在已发掘的异姓诸侯王墓如石家庄小沿村张耳墓、山东洛庄汉墓等无玉衣痕迹存在。在同姓诸侯王群中，如果属于正常的寿终正寝，死后则会被赐玉衣以示尊宠。但如生前参与或主持过谋逆等不法行为，本人被诛或自杀，虽中央政府出于怜悯让其归葬于生前修建的陵墓中，但不会给予玉衣。例如徐州驮篮山汉墓 M1、M2，长清双乳山和福禄山墓，高邮天山汉墓 M1，这三座墓墓主分别为楚王刘戊、济北王刘宽和广陵王刘胥，在这些诸侯王墓中没有发现有玉衣存在。但高邮天山 M2 为刘胥王后墓，王后死于刘胥发动叛乱之前，所以殓葬时正常使用玉衣。

已发现的玉衣或玉片证实，使用的玉衣为完整的玉衣，而并非《汉旧仪》中提到的皇帝或诸侯王的玉敛服——一种只有腰以下的部分用丝线穿缕的玉衣，说明西汉诸

---

① 司马彪：《后汉书志》卷 6《礼仪下》，第 3152 页。

侯王的玉衣制度与《汉旧仪》记载有差异。从出土的完整玉衣看出，玉衣多肥大，与穿着者身材并不匹配，证实玉衣应为中央政府御赐，而非量身定做。诸侯王与王后玉衣之间也有一定的差别，一般王墓的玉衣片体积较小，用玉片多，玉片打磨得较精细，玉质好，纯净通透，多选用和田白玉。王后墓中的玉衣，玉片较大，制作打磨得稍粗糙，虽也选用和田玉，但玉质中杂质较多，多用和田墨玉和碧玉，且许多玉片是用玉璧二次改造而成。

4. 载柩车

《汉书·霍光传》中有："载光尸柩以辒辌车，黄屋左纛，发材官轻车北军五校士军陈至茂陵，以送其葬。"[①] 辒辌车为当时一种高级官吏使用的载柩车。诸侯王身份尊贵，多重棺椁重量一般较大，虽有斜坡墓道，但墓道高度有限，仅靠人力很难搬运。于是出现了专门运输工具，《礼记·檀弓下》："诸侯輴而设帱"。[②] 郑玄注："輴，殡车也。"《说文解字·车部》有"下棺车曰辁"。[③] 段玉裁注："谓天子诸侯窆用辁也。"这种车体积较小敦实，在完成棺椁的安置后，载柩车也被遗留于墓室之内。

在西汉诸侯王墓中发现的载柩车有两种，四轮载柩车和六轮载柩车。

四轮载柩车在诸侯王墓中发现较多。长沙望城坡渔阳墓，在套棺之下，有长方形框架，长2.56米，宽1.1米，高0.22米。由边框、支枋、滚轮组成。滚轮圆形，置于四角，长0.88米，直径0.13米。有些诸侯王墓中遗留下来载柩车的构件：河北鹿泉北新汉墓M2发现实用器铜质庳4件，由铜轮、铁轴、铁架组成。轮为圆柱体，有铁轴贯通，轴也为圆柱体。铁架的底部呈三角形，余面平直。满城汉墓M2在棺椁遗存的堆积下，出土铜轮四副，位于棺椁四角，东西间距2米，南北0.8米。铜轮中心贯通圆轴，两侧各有马蹄形铜轴架。轮直径14.6厘米，厚2.7厘米。在棺床东端还发现铁架铜滑轮2件，间距1米，滑轮为束腰圆柱形，中间贯穿铁架，铁架两端弯曲，推测为载柩车的牵引工具。徐州驮篮山楚王墓后室中，在棺椁的四周也出土了成套的铁轴或铜轴铁轮。从数据上看，这种车的车轮无辐，而且直径远比一般的车轮小，更实用于墓葬中低矮的空间实用。

六轮载柩车发现较少，目前仅见江苏高邮天山汉墓M1一件。棺轮位于棺的下部

---

① 《汉书》卷68《霍光传》，第2948页。
② 孙希旦：《礼记集解》卷11《檀弓下》，第288页。
③ 许慎撰，段玉裁注《说文解字注》卷28《東部》，上海古籍出版社，1981，第720页下～721页上。

及两侧长的中部，对称分布。

5. 墓室壁画

西汉中期的诸侯王墓中，广州象岗南越王墓和河南芒砀山柿园汉墓的墓室墙壁上绘有壁画。

象岗南越王墓中的壁画较为简单。在两石门及其门楣、前室四壁及顶盖石上，都有朱墨彩绘的卷云纹图案装饰，前室顶盖石上的彩绘纹样保存的较为完整。

柿园汉墓中的壁画艺术水平之高、气势之雄伟令人叹为观止。在主室的室顶，南壁及西壁门道的南北两侧，均绘有彩色壁画，现存面积 24.92 平方米，经复原后有近 30 平方米。主室顶部壁画的主要内容有龙、白虎、朱雀、灵芝、鱼凫、怪兽以及卷云纹等组成图案；南壁绘有斑豹下山、朱雀展翅、灵芝仙草、神山等图案；西壁中间有穿璧、绶带纹、火焰纹等。在两间侧室的顶部、四壁灯均发现了由直线纹和朱砂的痕迹，但因长期处于潮湿环境，浸漫严重。为了更好地保存和着色，壁画地仗层分为两种经过处理：顶部在岩层上铺设一层碎木片，后为了弥补岩层高低不平之势，在木片上涂抹泥沙层，壁画绘制在泥沙层上。四壁岩层经过反复的凿平打磨，壁画直接画在光滑的岩石上。壁画的颜色有四种，红色、白色、黑色和绿色，以朱红为底，在底色上添加颜色绘制。

受道家思想，壁画内容在题材上与西汉早期内棺上覆盖的帛画和漆棺画类似，都是在传达墓主希望死后得以灵魂永生的愿望，白虎、朱雀、苍龙等这些神兽象征天界，龙和鱼凫的出现表达了墓主人强烈的长生愿望。

6. 寝园

西汉中央政府对诸侯王设置寝园的规模、奉邑等都有规定，《汉书·刘据传》记载：

> 太子有遗孙一人，史皇孙子，王夫人男，年十八即尊位，是为孝宣帝，帝初即位，下诏曰："故皇太子在湖，未有号谥，岁时祠，其议谥，置园邑。"有司奏请："《礼》'为人后者，为之子也'，故降其父母不得祭，尊祖之义也。陛下为孝昭帝后，承祖宗之祀，制礼不逾闲。谨行视孝昭帝所为故皇太子起位在湖，史良娣冢在博望苑北，亲史皇孙位在广明郭北。谥法曰'谥者，行之迹也'，愚以为亲谥宜曰悼，母曰悼后，比诸侯王国，置奉邑三百家。故皇太子谥曰戾，置奉邑二百家。史良娣曰戾夫人，置守冢三十家。园置长丞，

周卫奉守如法。"以湖阌乡邪里聚为戾园，长安白亭东为戾后园，广明成乡为悼园。①

史皇孙的园邑规格是比照诸侯王循例进行，即西汉诸侯王园邑的规模大概为"奉邑三百家"；"园置长丞，周卫奉守如法"，说明诸侯王园邑设置有专人，负责日常的维护和管理。考古调查发现，因寝园为地面建筑，大多不存。只在少数横穴崖洞墓周围发现有寝园遗址存在。

就我们所知的寝园，如保安山 M1 寝园，位于保安山一号墓和二号墓之间东侧台地上，整个建筑呈九宫格排列。中心建筑为寝殿，寝殿平面近方形，东西 22.2 米，南北 16.4 米，四周有回廊环绕，现存有柱础和石台阶。寝殿南侧有院落一处，东、西、南三面被回廊包围，南墙中间辟门，也是整个寝园建筑的正门。院的南侧有一用石条垒砌的长方形平台，可能为门屏的基座。寝殿的左右，是东西对应的 2 号院和 3 号院，平面呈曲尺形。寝殿的北侧，为堂院，包括 4、5 号院和殿堂建筑，殿堂建筑的北侧和东侧有 6 处房基和 1 处庖厨建筑遗址。在寝园之中出土了大量房屋构件如板瓦和筒瓦，生活器皿如盆、瓮、碗等，大批的印泥和上有"孝园"文字的筒瓦，证实了建筑的寝殿属性。在保安山汉墓 M2 的陪葬坑中，发现有模印"孝园"筒瓦和"梁后园"印章，说明梁王王后可能也有寝园设置。

再如徐州楚王山汉墓，在楚王山主墓左侧有南北狭长台地，地势从南到北逐渐降低，长约 90 米，宽约 40 米，规模与保安山 M1 寝园大体相当。台地区域有人工夯筑的痕迹，周围也发掘出土出了大量板瓦、筒瓦，专家推测此地为楚王山汉墓的主体建筑——寝园遗址。

其他还有如徐州楚王墓区发现许多寝园存在的迹象：狮子山和羊鬼山的东部区域，过去曾经发现过多处陪葬坑及建筑遗迹。驮篮山楚王墓前发现很多汉代瓦当、板瓦和筒瓦。石桥汉墓在东洞山顶有人工夯筑的开阔地面，周围有石墙遗存，在山坡上还散见有汉代瓦片和陶器残片。这些遗址和建筑材料说明应与陵园建筑有关，应为园内的寝园、寝殿、便殿之类的园庙类建筑。另外，在墓葬周围出土了铜器铭文或印泥，如"齐悼惠寝"、"齐哀寝长"、"靖园长印"等，说明在诸如齐、楚、梁之类的大诸侯国王陵墓周围也应该有寝园的存在。

---

① 《汉书》卷 63《刘据传》，第 2748 页。

（六）海昏侯墓

海昏侯墓位于江西省南昌市新建县，它的发现最初是由于盗墓者盗洞而被群众发现，由此开始了对它的抢救性发掘工作。从 2011 年 4 月开始勘探，到如今对主墓及袝葬墓逐步进行实验室清理，在地下沉睡了两千多年的海昏侯墓得以重见天日。

海昏侯墓的墓主人是第二代昌邑王——汉废帝刘贺。刘贺是汉武帝刘彻之孙，其父刘髆是武帝与李夫人所生之子。天汉四年（前 97 年），刘髆受封，成为第一代昌邑王。武帝天汉十一年（前 88 年），刘贺继承王位。元平元年（前 74 年），汉昭帝去世，无子，刘贺在霍光的主持下成为皇位继承人。在去长安的路上，"贺到济阳，求长鸣鸡，道买积竹杖。过弘农，使大奴善以衣车载女子"。① 继承帝位仅仅 27 天，刘贺被霍光废除，罪名为"受玺以来二十七日，使者旁午，持节诏诸官署征发，凡一千一百二十七事。文学、光禄大夫夏侯胜等及侍中傅嘉数进谏以过失，使人簿责胜，缚嘉系狱。荒淫迷惑，失帝王礼谊，乱汉制度。"② 汉宣帝元康三年（前 63 年）三月，故昌邑王刘贺被封海昏侯，食邑四千户。数年后，刘贺被削三千户，心情极端抑郁，不久愤懑而亡。

刘贺去世后，与夫人葬于海昏国都城紫金城，在其中包括历代海昏侯墓园、贵族和平民墓地。海昏侯墓园以海昏侯刘贺和夫人的墓为中心，占地共计 4 万平方米。墓园由园墙、门阙、主墓、七座袝葬墓以及墓园的相关礼制建筑组成，墓园内有道路系统和完善的排水设施。

海昏侯刘贺墓坐落在墩墩山上，上有巨大的封土，呈覆斗形。经过解剖，封土下有大型的夯土基座，平面上呈现"方"形，与文献中记载的堂坛相一致。刘贺墓和夫人墓在合葬形式上属于同茔异穴夫妻合葬墓。封土的基座分为上下两层，下层的基座与位于东面的夫人墓共用，共用一个由寝和祠堂构成的礼制性建筑，东西长约 100 米、南北宽约 40 米，总面积 4000 多平方米。寝内摆放死者的衣冠、几杖和种种象生之物，守陵人要像对待生者一样，日上四食，日祭于寝。祠堂内摆放死者的牌位，用以祭祀祖先。在两侧还有两间厢房，为守陵人日常居住所用。

墓室结构上，海昏侯墓在平面形制上为"甲"字形墓穴，坐北朝南，一条斜坡墓道，由甬道连接墓道和主椁室，甬道东西两侧用榫卯结构立柱嵌入椁底板。墓穴内主

---

① 《汉书》卷 63《刘贺传》，第 2764 页。
② 《汉书》卷 68《霍光传》，第 2944 页。

体结构为面积达 400 平方米的方形木结构椁室。椁室整体设计严密，布局清晰，由主椁室、过道、回廊形藏椁和甬道构成。主椁室位于椁室的中央，周围环绕着回廊形的藏椁，在他们两者之间还存在有过道，将两者分割。主椁室东西长约 6.9 米，南北宽约 6.7 米，高约 2.4 米，通高大约 3 米，内面积大约 50 平方米。主椁室由东西两部分构成，中间有隔墙进行空间上的分割。东西两室中东室略宽于西室，均在南部西侧为窗，东室的南部中间辟门，西室的东侧为门。

棺柩置于东室的东北部，使用内、外两重棺，并且与主椁室、过道、回廊一起构成了级别极高的五重棺椁的形式。外棺长 3.17 米，宽 1.44 米，高现存有 0.49～0.49 米，棺床下安置有 4 个木轮。外棺盖上有原先进行漆画的痕迹，并放置有三把玉具剑。内棺内有刘贺的遗骸，其下有包金的丝缕琉璃席，在内外棺之间有大量的金器、玉器和漆器随葬。

其余随葬品多存在回廊形的藏椁中，且有着明确的功能性区分，分为东、南、西、北四个功能区。相互之间由隔板进行分割。北藏椁依次为钱库、粮库、乐器库、酒具库；西藏椁从北往南分为衣笥库、武库、文书档案库、娱乐用器库；东藏椁主要为厨具库（"食官"库）；甬道主要为乐车库。甬道东、西两侧的南藏椁为车马库。这种区域化的功能划分，体现出汉代视死如生以及墓葬居室化倾向。

海昏侯墓让人叹为观止的是其出土的大量随葬品。包括钱币、玉器、简牍、漆器、青铜器、木制品、陶瓷器、草编、铁器等各类珍贵文物 1 万多件。这些随葬品，为我们展示了一个与史书记载上或有不同的海昏侯刘贺的形象：有成套的编钟、琴、瑟、排箫等礼乐用器；还有绘有孔子像和孔子生平的木质构件；有近万枚竹简；各种式样的漆砚、墨；漆木围棋以及商周时期的礼器；等等。除此之外，也为我们勾勒一副了解西汉时期政治经济社会的立体画卷。

具体来说，随葬品可以分为以下几类：

金器和钱币：海昏侯墓出土了金器 378 枚，其中金饼 285 枚，马蹄金 48 枚，麟趾金 25 枚，金板 20 块，是我国迄今为止汉墓考古发现中，金器数量最多，种类最为全面的一次。金饼上有"海昏臣贺"、"酎黄金"等的墨书，说明这些金器和当时西汉实行的酎金制度相关。而在马蹄金和麟趾金的内侧印有"上"、"中"、"下"的字样，为酎金制度研究的进一步深化提供了信息。在钱库出土了重约 10 吨，200 余万枚五铢钱，反映了汉代丧葬文化中的"赗赠"现象。

乐器及宴飨用品：出土了一整套的乐器，包括两架编钟，其中一架为定音编钟，一架编磬，还有琴、瑟、排箫、笙和三十六尊伎乐木俑；它们形象地再现了西汉列侯的仪式宴飨时的用乐的场景，特别是编钟和编磬的组合更是展现了周礼中"王宫悬，诸侯轩悬，卿大夫判悬，士特悬"①的制度。而在酒库区和厨具区出土的大量与日常生活饮食有关的漆器、青铜器等，其中各种酒器一应俱全，有酿酒器、储酒器、盛酒器、饮酒器，还有宴会宴飨需要的各种食器，反映出在西汉宴飨举行的频率之高，以及宴飨在整个政治中的地位。相对于商周时期的青铜酒器和食器雕工之精美，设计之精巧，汉代器皿多造型古朴，器形较大，更加注重器物本身的使用性。

玉器：玉器因其代表长久和不朽，故在中国古代社会占有特殊的地位，在高级祭祀和墓葬中广泛使用。在海昏侯墓中发现有大量玉璧，以及疑是为玉衣构件等的礼玉。而帮助我们确定墓主人是刘贺的正是出土于主棺枢内棺中部的一枚玉印，上面刻有"刘贺"二字；又于主棺室东室南部出土一枚上面刻有"大汉记印"四字的玉印。

简牍：在墓的西回廊，主椁室及棺枢的西侧出土了大量的竹简，还发现有近百版的木渎，这是简牍史上的一次重大发现。对简牍的清理正在进行中，目前已初步分离出近 2000 片竹简，其中包括签牌、各类奏牍、《论语》、《易经》、《礼记》、各类医术等 8 个部分。

车马器：在墓的车马库中，发掘出一座真车马陪葬坑，在主墓东西两侧内发现了多部偶车，甬道内还有仿真的三马双辕彩车和乐车，乐车上装有建鼓、青铜铙和青铜錞于，证实古代记载了列侯出行的卤簿装备。

海昏侯墓是目前我国发现的面积最大、保存最好、内涵最丰富的汉代侯国聚落遗址，被评为 2015 年考古十大发现，随着考古清理的进一步开展，海昏侯墓的价值和历史意义一定会逐步向世人展现。

四 东汉诸侯王墓

（一）概况

东汉建立后，对宗室子弟继续实行分封制。建武元年（公元 25 年），"时宗室刘茂自号'厌新将军'，率众降，封为中山王"。②随后又先后分封了泗水王、真定王、淄川王、齐王、海西王等。建武十三年，光武帝着手整顿王室，（二月）丙辰诏曰：

---

① 孙希旦：《周礼注疏》卷 23《春官·小胥》，第 157 页。
② 《后汉书》卷 1 上《光武帝纪》，第 23 页。

"'长沙王兴、真定王得、河间王邵、中山王茂,皆袭爵为王,不应经义。其以兴为临湘侯,得为真定侯,邵为乐成侯,茂为单父侯。'其宗室及绝国封侯者凡一百三十七人。丁巳,降赵王良为赵公,太原王章为齐公,鲁王兴为鲁公。庚午,以殷绍嘉公孔安为宋公,周承休公姬武为卫公。省并西京十三国:广平属巨鹿,真定属常山,河间属信都,城阳属琅邪,泗水属广陵,淄川属高密,胶东属北海,六安属庐江,广阳属上谷"。① 以降格的方式以示亲疏,加强统治。建武十五年三月,在窦融等人的建议下,刘秀分封皇子十人为王。直到东汉末年,共分封五十余个诸侯王,除少数因无子嗣继承被除国外,多数诸侯国得以延续。因前汉之鉴,东汉诸侯王的实力较弱,本着"国近则不可以大,不大则不足为强,此所以本枝之援,终以少固"的原则,② 大部分实权被中央收归。诸侯国的政治大权被由政府选派的傅相掌控,诸侯王只可以自行选派佐官。东汉还继承了前朝十三州刺史制,建武十八年,改为十二州,"周行郡国,省察治政,黜陟能否,断理冤狱",以监察各诸侯王。中央政府还几次对诸侯王门下宾客搜捕清缴,明帝时为削弱楚王刘英力量,牵连宗室列侯功臣后裔等数十人。为避免诸侯王在一地称霸,和帝时还创设了"奉朝请"制度,"(永元)三年(公元91年)春正月甲子,皇帝加元服,赐诸侯王、公、将军、特进、中二千石、列侯、宗室子孙在京师奉朝请者黄金"。李贤注曰:"奉朝请,无员,三公、外戚、宗室、诸侯多奉朝请。《汉律》:'春曰朝,秋曰请。'"③ 部分诸侯王长期滞留在京师,不再赴封国就任,即使赴任的诸侯王,权力也只收取赋税,不得参与王国政事。东汉末年,群雄逐鹿,诸侯王自顾不暇,起不到屏卫中央的作用;相反,地方势力却趁机壮大,出现了部分自封或中央封立的异姓诸侯王,如曹操被封为"魏王"。

迄今为止,经考古调查,已基本确立为东汉诸侯王(后)的墓葬有18座,主要分布在河北、河南、山东、江苏等地。计有河北定州北陵头M43中山穆王刘畅及王后墓,④ 定州北庄M1中山简王刘焉及王后墓,⑤ 邯郸张庄桥M1、M2⑥,赵王刘商、刘宏、刘乾兄弟其中二人墓,河南淮阳北关M1陈倾王刘崇墓,⑦ 淮阳北关刘崇王后

---

① 《后汉书》卷1下《光武帝纪下》,第61页。
② 司马彪:《后汉书志》卷28《百官五》刘昭注,第3628页。
③ 《后汉书》卷4《和帝纪》,第171页。
④ 定县博物馆:《河北定县43号汉墓发掘简报》,《文物》1973年第11期。
⑤ 河北省文化局文物工作队:《河北定县北庄汉墓发掘报告》,《考古学报》1964年第2期。
⑥ 马小青:《张庄桥古墓小考》,《邯郸职业技术学院学报》2006年第1期。
⑦ 周口地区文物工作队、淮阳县博物馆:《河南淮阳北关一号汉墓发掘简报》,《文物》1991年第4期。

墓，淮阳城南思陵冢陈靖王刘羡墓，[①] 安阳西高穴 M2 魏武王曹操墓，[②] 山东临淄金岭镇 M1 齐炀王刘石墓，[③] 济宁北郊肖王庄 M1 任城王刘尚墓，[④] 济宁普育小学任城王后墓，[⑤] 临沂曹家王庄琅琊王及王后墓，[⑥] 江苏邗江甘泉山 M2 刘荆及王后墓，[⑦] 睢宁双谷堆 M1、M2 下邳王及王后墓，[⑧] 睢宁刘楼 M3 下邳王后或夫人墓，[⑨] 徐州土山 M1、M2 彭城王及王后墓。[⑩] 虽然数量有限，这些诸侯王墓基本涵盖东汉早、中、晚三个阶段，大致反映了东汉诸侯王墓的发展脉络和特点。

受两汉帝陵影响，东汉诸侯王墓也多选取地势高凸、视野开阔之处，如魏王曹操墓所处的安阳县安封乡高穴村，西依太行，南依南岭，地势较高；睢宁刘楼 M3 下邳王墓位于睢宁县张圩乡蛟龙村北的山坡上等。在选址上，虽部分同一属国墓葬相对位置较分散，但都位于都城附近。

东汉诸侯王墓延续了西汉诸侯王葬制特点，东汉诸侯王和王后实行同坟或同穴合葬的较多，实行夫妻完全意义上的同穴同室合葬的只有东汉中期偏早的河北定州 M1 一例。同穴异室有东汉早期的江苏邗江甘泉山 M2、中晚期的山东临沂曹家王庄汉墓，以及晚期的河北定州北陵头 M43。夫妻虽葬于同一墓穴，但在墓内棺室中有间隔；同坟异穴有中期偏后的徐州土山 M1、M2，淮阳北关 M1，淮阳北关汉墓，夫妻墓处于同一个封土堆之下；其余各例如中晚期的睢宁双古堆汉墓 M1、M2，夫妻墓距离不远，但各自独立，山东济宁两例和淄博金岭镇 M1，在墓内只发现葬有一人，都应属于夫妻同茔异穴合葬。

（二）墓葬形制

除济宁普育小学汉墓全部为石砌外，东汉诸侯王多为砖石合砌墓或砖砌墓。墓圹为石圹或土圹，在墓上有人工夯筑封土，墓葬由墓道、甬道、封门墙、前室、后室构成，多数有左右对称的耳室，部分有回廊，布局上呈轴对称形式。

---

① 周口地区文物工作队、淮阳县博物馆：《河南淮阳北关一号汉墓发掘简报》，《文物》1991 年第 4 期。
② 河南省文物考古研究所、安阳县文化局：《河南安阳市西高穴曹操高陵》，《考古》2010 年第 8 期。
③ 山东省文物考古研究所：《山东临淄金岭镇一号东汉墓》，《考古学报》1999 年第 1 期。
④ 济宁市文物管理局：《山东济宁市肖王庄一号汉墓》，《考古学集刊》第 12 集，中国大百科全书出版社，1999，第 41~112 页。
⑤ 济宁市博物馆：《山东济宁发现一座东汉墓》，《考古》1994 年第 2 期。
⑥ 杨君：《曹家庄汉墓毁损严重》，《中国文物报》1998 年 3 月 1 日。
⑦ 南京博物馆：《江苏邗江甘泉二号汉墓》，《文物》1981 年第 11 期。
⑧ 刘尊志：《双谷堆汉墓群》，《徐州文化博览》，文化艺术出版社，2003，第 32~33 页。
⑨ 徐州市博物馆、睢宁县博物馆：《睢宁县刘楼二号东汉墓》，《中国考古学年鉴 1997》，文物出版社，1999，第 138 页。
⑩ 南京博物院：《徐州土山汉墓清理简报》，《文博通讯》第 15 期，1977，第 18~23 页。

1. 平面结构

东汉诸侯王只有一条墓道，上宽下窄，在平面上呈"甲"字形或"中"字形，根据所处历史阶段，可以大体分成以下几个类型。

东汉早期：

例如扬州甘泉山 M2：墓室之上有 13 米高的封土堆，墓室位于封土堆之下，全部砖砌，砖为素面，少数有绳纹或菱形纹。墓顶为多券结构，用楔形砖砌成。墓室平面上近方形，甬道口即墓门，两侧无耳室存在。有回廊与前、后室相通。王、后两棺室之间有间隔，但与前室和回廊都相通。随葬品因早年被盗，位置被移动，所剩不多，主要有泥质灰陶明器、瓷器、铜器、铁器和金器等。

临淄金岭镇 M1：墓葬由封土、墓道、甬道、东西耳室、前室、后室及回廊构成。封土残高 10.75 米，墓道全长 40 米左右，靠近墓室部分有封门砖两道。甬道两侧有两个长方形耳室，耳室内有丰富随葬品，东耳室多庖厨类陶质模型明器，西耳室放置饮宴类陶器。墓室为多重券顶，前、后室地面铺设地砖。前室的东西两端与围绕主室的回廊相通。随葬品以陶器为主，多泥质灰陶，还有铁器、铜器、石器等。

这一时期的东汉诸侯王墓在形制上有着过渡性的特点，继承了较多西汉晚期诸侯王墓特征：平面结构上与西汉的土圹竖穴墓或石圹竖穴墓相类似，墓顶有多重券顶，但回廊功能设置不完善，只与前室相通，还未实用黄肠石。

东汉中期：

例如河北定州北庄 M1：墓葬由封土、墓道、甬道、东耳室、回廊、前室、主室、石墙构成。封土高 20 米，有狭长的斜坡墓道，约 50 米，墓道内北端东侧有东耳室，主要放置饮宴类陶器。在甬道与墓门之外，砌有封门砖。墓室为砖混结构，墓底铺砖。回廊围绕主室东、西、北三面，南接前室北端。在整个砖室的外侧，环绕一周用长方形和方形石块砌成的石墙。用石 4000 余块，石质为青砂岩，部分石块上有铭刻或墨书题字。随葬品以生活类陶器、铜器、玉器为主，共计 401 件。

河南淮阳北关一号汉墓：墓葬由封土、墓道、墓门、甬道、左右耳室、前室、后室和四周回廊组成，平面上呈长方形。墓室为砖石多室结构，甬道两侧有东西耳室。回廊与前、后室均相通，在回廊的四角及左、右、后有小室 7 个。根据随葬品判断，左右耳室分别为仓库和厨房。其余放置在前室和后室的以各种石器、画像石为主。

定州北庄 M1 和淮阳北关一号汉墓：分别代表了东汉中早期和中晚期诸侯王墓葬

形态。这一时期的墓葬，回廊的功能较为完善，基本采用黄肠石垒筑，由前期的只环绕前室变为将前、后室都纳入其中。前、后室以及相关耳室、壁龛等有了进一步明确的功能划分。

东汉晚期：

例如河北定县 43 号汉墓：砖室结构，由墓道、东西耳室、前室、中室、东、西后室组成。墓道长 27 米，甬道短，墓道直接与墓门连接。东西耳室均为长方形，东耳室发现大量鎏金铜箱饰、鎏金铜车马器和陶质饮宴器具，推测为放置车马器和饮宴用品；西耳室有大量车马器和鎏金铜兵器，推测为放置车马器和仪仗用品区。甬道后端向外凸出，形成前室，用以放置陶质明器。其后的中室因为盗扰，器物散乱，有金银器、玉器、铜器、陶器等多种，有大量四角穿孔的玉片存在。后室为主室，分隔成两后室用以存放棺椁，室内发现大量的玉片和石片。各室均铺地砖。

济宁普育小学汉墓：墓葬为特殊的石室墓，由墓道、前室、后室、回廊和耳室构成。墓道与前室连接处有耳室，室内出土少量陶器。后室室顶为抹角方形藻井，两层叠砌，葬具为木棺，室内有少量玉器、铜器、石器和大量铜钱。回廊三面环绕后室，回廊内出土大量陶器、铜钱、车门饰件和玉、铜、骨小件。

安阳西高穴魏武王墓：墓葬为多室砖室墓，由墓道、砖砌护墙、墓门、封门墙、甬道、墓室和侧室等组成。墓室、甬道和侧室由长 48 厘米、宽 24 厘米的大砖垒砌而成。墓室分前、后室，以甬道连接。前、后室均有南北两侧室两间，前、后室及侧室为四角攒尖顶，甬道为券形顶，甬道和室内有青石铺地。因多次被盗，随葬品主要出土于墓室地层的淤泥中，有金器、银器、铜器、铁器、玉器、陶器等 400 余件。

庄园经济的发展，造就了大批实力雄厚的中高级地主，他们对墓葬形式的诉求影响到东汉晚期的诸侯王墓。在格局上，中期兴盛的回廊格局已式微，回廊退回东汉初的"冂"形结构，环绕后室，不少诸侯王墓已无回廊存在。耳室的功能退化，位置上由原处于墓道或甬道两侧移至靠近前室，或已成为前室的一部分，但也出现部分无耳室有侧室的例证。临沂曹家王庄东汉墓和定州 43 号汉墓出现的双后室结构，反映出社会中对夫妻同穴合葬形式的发展。

2. 砖

西汉中期以后，砖开始被中下层民众应用于墓葬建筑。到东汉，砖室墓广泛流行，并逐步取代盛行千余年的竖穴墓。这种墓的修建过程，大体为先挖一个"甲"字形或"中"字形土圹，在墓圹一壁挖出斜坡形墓道，然后在墓圹内用砖修筑墓室，用木炭、土等材料填平墓圹与土圹之间的空隙，最后在墓室至少夯筑高大封土。砖在陵墓中的广泛应用，解决了木椁墓易于坍塌和腐朽的缺陷，是墓葬建筑史的一大进步。

东汉诸侯王墓中用的墓砖有长方形、楔形和扇形，规格有大有小，应用于墓室的不同位置。河南淮阳北关一号汉墓用砖种类较多，以长方形、楔形和扇形为主。长方形砖数量最多，分大、小两种。大砖长 48.5 厘米，宽 24.5 厘米，厚 12.3 厘米，一面刻以席纹，用于甬道、前室、后室等券顶部。小砖根据花纹细分为两种：一种素面或绳纹，长 40～48.5 厘米，宽 20～24 厘米，厚 10～12 厘米，用于甬道、前室、后室墙壁和地面铺设。另一种侧面模印有双线或菱形纹饰，长 40～48.5 厘米，宽 20～24 厘米，厚 6～7.8 厘米，用于垒砌回廊的墙壁。在部分菱形纹砖上，还模印有"安君寿壁"的文字，这种砖长 39 厘米，宽 18 厘米，厚 7.5 厘米，多用于右回廊前，后室和后回廊北段壁上。楔形砖制造精良，用于回廊墙壁的上部和券顶，长 40～48 厘米，窄边宽 12～15 厘米，宽边宽 18～20 厘米，厚 6～7.8 厘米。有的素面，有的一端印有二乳钉或四乳钉或侧面印菱形纹饰。扇形砖较大，用于甬道、前室、后室的券顶，高 46～50 厘米，上口宽 37～42 厘米，下口宽 24～36 厘米，厚 10～12 厘米。有的素面，有的单面饰有方块纹和席纹。山东临淄金岭镇一号汉墓中用砖有两类，一类楔形砖，用做券顶，垒砌墙壁、封门和铺地，背面多为席纹，或素面，长 45～49 厘米，宽 25～43 厘米，厚 12～12.8 厘米。另一类长方形素面砖，规格较为统一，大小为 47 厘米×23 厘米×12.5 厘米，用于铺设墙壁和地面。这两类砖质地细腻，烧制温度高，砖面平整光滑。河北定县北庄汉墓墓室用砖为长方形和扇形的"澄泥砖"，高温烧制，砖质细密，素面无纹饰，长方形砖尺寸为 45 厘米×23 厘米×11 厘米，用以砌筑墓壁和地面，扇形砖长 45 厘米，上宽 38.5 厘米，下宽 30 厘米，厚 11 厘米，主要用于券顶和门券。

墓葬用砖的垒砌形式各有不同。墙壁用砖多采用顺丁错缝排列。如淄博金岭镇一号汉墓墓壁的垒筑方法主要采用"二顺一丁"或"一顺一丁"。邗江甘泉二号墓墓室四壁和甬道东西两壁均采用"三顺一丁"，或"两顺一丁"的方式。其中"三顺一丁"的垒砌方法在东汉中期之后较为流行。地面用砖采取多层堆叠的形式，如邗江甘泉二号墓地面用砖四层，下面三层砖侧立，上面一层采用"人字形"平铺。河北淮阳北关一号汉墓地面三层砖，底层用竖砖，上面再用平砖铺两层。铺设层数最多的为山东临淄金岭镇一号汉墓，前室铺地砖 8 层，下面 5 层用楔形砖平铺叠加，上面 3 层用长方形砖错缝平铺。拱形券顶用砖一般为楔形砖或扇形砖，垒筑方式通常为多层叠加。

这种券顶结构外观上继承和发展了西汉晚期诸侯王墓穹隆顶的形制，同时结合社会上流行的砖质墓葬结构，从而形成独特的砖质多重券顶结构，这样不仅有利于扩大墓室的内部空间，也对整个墓葬起到加固保护的作用。同时，圆形的顶与方形的墓室相对，与传统的"天圆地方"理念相合，有一定的象征意义。

部分东汉诸侯王墓的券顶情况如下。

河北定州北庄 M1：主室和耳室均为券顶，层数不详。

定州北陵头 43 号汉墓：东、西耳室为一层券顶，前室为双层券顶，中室和两后室为三层券顶。

山东济宁肖王庄 M1：耳室为单层券顶，前室为两层券顶，后室为三层券顶。

临淄肖王庄 M1：甬道和耳室为两层券顶，前室、后室为三层砖起券。

徐州土山 M1：前室、后室均为单层弧形券顶。

邗江甘泉山 M2：墓室前、后两部分分别起券，南北向，为多层弧形券结构，前室四重券，后室及回廊三重券。

淮阳北关 M1：回廊 7 室中，左右两角室为穹隆顶，其余 5 室为券顶。

安阳西高穴魏王墓：前室、后室和北侧室为四角攒尖顶，南侧室和甬道为券形顶。

可以看出，东汉诸侯王各室墓顶层数不同，甬道、耳室券顶层数少，主要放置随葬品的前室和棺椁停放的后室层数较多，这与被保护对象重要程度的实际需要相吻合。东汉早期多弧形顶，在后期出现了四角攒尖顶和穹隆顶的新的建筑形式。这种墓顶结构更加符合建筑学原理，将顶部封土的压力均匀的分散到四周，有效增加整个墓室的抗压能力，也有利于修建跨度更大的墓室。

诸侯王墓葬用砖上部分有刻铸、戳记或模印文字，书写材料有石灰、朱砂或木炭等。文字的内容有数字、位置、工匠姓名、题名、官职等。如河北定县北庄汉墓扇形砖上，部分印有"七尺"、"一丈"、"丈二"、"丈三"、"丈五尺"、"丈六"、"二丈"等文字戳记，部分有"西去"、"四百五十五"、"一下三行百一十四"、"张严五十二南"、"张彤南卅八"等字迹。淄博金岭镇汉墓少数楔形砖表面有朱书文字，残存文字有"彭大"、"张仲君"、"张君"、"张吉"、"吕都"、"吕都二丈吉"等，推测为建筑工匠的姓名和地址等。还有部分花纹形砖被发现，上面模印菱形纹、卷云纹等。还有两块刻字砖，刻有"惠"字及"……仙阳弟子字仁作"的字样。

3. 黄肠石

黄肠石的使用是对西汉黄肠题凑墓葬形式的创新和发展。《后汉书志·礼仪下》："方石治黄肠题凑便房如礼"的规定。① 西汉黄肠题凑用木为黄心的柏木或楠木，木材选材苛刻，原料珍稀，并且木质榫防潮性和坚固性不理想。东汉时期选择用黄肠石替代黄肠木，就是看重石材容易获得、易于雕琢成整齐划一形制的特点，而且石头在坚固性和防盗性的优点也显而易见。

在东汉早期的诸侯王墓中，黄肠石的应用并不普遍。邗江甘泉二号汉墓全部为砖结构，没有发现实用石材的痕迹。在稍晚一些的淄博金岭镇M1中开始出现黄肠石的影子，在墓室的甬道、前室、主室及三面回廊内侧均平铺基石一周。基石材质为青石，长条薄片状，大小不统一，共116块。这种经过人工加工的石材在墓室中大规模的出现，可以看作黄肠石使用的早期阶段。

东汉中期，黄肠石广泛出现在陵墓中，以两种形式加以应用。一种用来修筑题凑石墙。如济宁肖王庄一号汉墓，② 在砖室墓外以题凑石墙作框架，包裹整个陵墓，内以砖墙分隔成各室，各室用砖券顶，券砖之上覆盖石块，再以石板铺底，顶层石板紧扣题凑墙。定县北庄汉墓，在整个砖室外侧有石墙，与砖室间的空间填土夯实。石墙用方形和长方形石块砌成，顶部平铺石块三层，四壁为单层叠砌。这种形式的黄肠石墓用石数量较多。定县北庄汉墓石墙用石4000余块，济宁任城肖王庄汉墓合计用石4500余块；另一种用来修砌墓室，起到加固作用。如河南淮阳北关一号汉墓，石块有长方形和扇形两种。长方形石块用于甬道、后室内壁和铺地。扇形石用于甬道和后室内层券顶。但与西汉中期黄肠题凑墓葬只用于皇帝、诸侯王和少数高级官吏不同，在东汉中晚期的中型墓葬中也发现有实用黄肠石的例子，如河南孟津宋庄汉墓，墓壁全部用长方形石块砌成。洛阳涧滨东汉墓，在前、后室门和甬道发现大量条形石、方形石和小型扇面石，说明前、后室墙壁、墓顶和甬道均用石砌。

东汉晚期的诸侯王墓葬，除了延续中期用石铺地、加固墙壁等的做法，还有部分陵墓整个墓室、回廊全部用石材砌成。例如济宁普育小学墓，墓室用石灰岩石材构

---

① 司马彪：《后汉书志》卷6《礼仪下》第3144页。
② 田立振、田超：《济宁东汉任城王墓题记刻石初探》，载李靖等编《云峰刻石研究》（2），黄河出版社，2008，第391页。

筑，各部分对接紧密，建筑极为严密。在规模上和形制上，这一阶段的诸侯王黄肠石墓与当时社会中流行的石室墓，特别是砖石墓差别逐步趋同，黄肠石原本被赋予身份象征，已逐渐回归石材本身坚固性的特质。

与墓室用砖刻字类似，黄肠石上也多有朱书题记或刻铭。如，肖王庄汉墓墓室内有题记刻石计782块，约有单字4000余个，内容大体分为四类：一是数字和尺寸，如"十八"、"尺"、"尺一"、"九寸"等，说明位置和大小。二是地名、人名连句。如"梁国已氏魏贤"、"金乡陈能"、"鲁国戴元"、"任城段伯"等；三是地名、人名、数字联句。如"须昌沐孙有大石十五头"等。四为地名或人名，如"张吉"、"王交"、"东平无盐"、"东平须昌"等。定县北庄汉墓黄肠石上的刻字内容大体相同，刻字内容较多，基本上为完整的句子，单字、单词已很少见。所刻多当时地名和工匠姓氏，如"北平安国石尹伯通"、"北平石北新城王文伯作"、"望都石鲁国文阳石工于鱼作"等（图3-41）。从书法上说，这些刻字笔法朴实，用笔率意，属于无波挑隶书。内容上，地名和人名是主体，肖王庄刻石上涉及任城国及相邻的封国、郡、县名25处，有较远的郡国两处——常山国和上党郡。定县北庄汉墓刻石刻字包括了汉代的中山国、东平国、鲁国、梁国等50余处地名。由此，诸侯王对自己的陵墓修建极为重视，往往聚集多地工匠从事工程营造，东汉时期，各郡、国、县的工匠之间交流也颇为频繁。

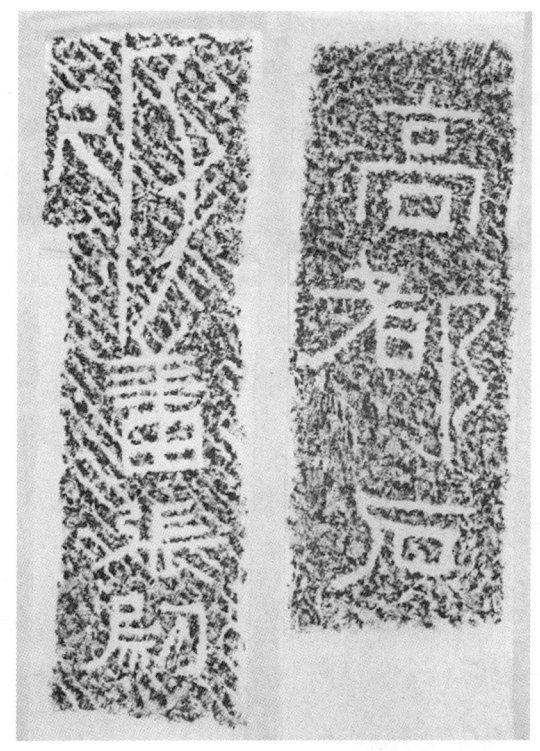

图3-41 济宁府肖王庄村东汉任城王墓黄肠石题记

资料来源：《济宁东汉任城王墓题记初探》，载李靖等编《方峰石刻研究》（2），第407页。

4. 随葬系统

已经发现挖掘的东汉诸侯王墓均在历史上遭到多次盗掘，因此难以了解随葬品的全貌。《后汉书·礼仪志下》对东汉帝陵中随葬明器的种类和数量有规定：

东园武士执事下明器。黍一,稷一,麦一,梁一,稻一,麻一,菽一,小豆一。瓮三,容三升,醢一,醯一,屑一。黍饴。载以木桁,覆以疏布。瓯二,容三升,醴一,酒一。载以木桁,覆以功布。瓦镫一。彤矢四,轩輖中,亦短卫。彤矢四,骨,短卫。彤弓一。卮八,牟八,豆八,笾八,彤方酒壶八。槃匜一具。杖、几各一。盖一。钟十六,无虡。镈四,无虡。磬十六,无虡。埙一,箫四,笙一,簴一,柷一,敔一,瑟六,琴一,竽一,筑一,坎侯一。干、戈各一,笮一,甲一,胄一。挽车九乘,刍灵三十六匹。瓦灶二,瓦釜二,瓦甑一。瓦鼎十二,容五升。匏勺一,容一升。瓦案九。瓦大杯十六,容三升。瓦小杯二十,容二升。瓦饭槃十。瓦酒樽二,容五斗。匏勺二,容一升。[①]

由于等级差异,诸侯王的随葬品应低于皇帝,但种类上差别不大。

在质地上,主要包括陶器、瓷器、玉器、漆器、金银器、石器、钱币和铁器、铜器等。各种陶器仍占大宗,继承西汉传统的仿铜礼器虽还有存在,但品种和数量已大大减少,多以单件的形式出现。各种生活用品器物占了很大的比重,反映了东汉时期人们思想观念的巨大变化,拟生化的墓葬结构,配以各种现实中的生活器具,反映了墓主在另一个世界继续生活下去的愿望。

在随葬品中,各种模型车马和生活明器数量很多,大型的陶制或石头制楼房、仓、井、灶在诸侯王墓中多有发现。如淮阳北关一号汉墓出土的石仓,宽147厘米,高120厘米,楼顶和楼身各用一块完整的青石雕成。顶为庑殿式,顶部刻有十字圆圈纹瓦当,正脊上立有通风天窗3个。楼主体前有平台,平台两侧各有楼梯8阶。正面和侧面辟窗8个。绘有人物4个,两戴帻劳作的平民,其余两位,一戴三梁进贤冠地位较高,一戴冠着长袍。侧壁上还绘有牛、羊的图案。山东淄博岭镇汉墓出土了两件楼,泥质灰陶,由左右两部分组成,相互之间有长方形门道相通。楼为庑殿顶,屋脊铺瓦。楼分上下层,用门窗分隔成小间。楼房表面施朱色彩绘,绘有立柱、凭栏等纹样。定县北庄汉墓中发现的灶,形制较大,长67.5厘米,宽43.5厘米,高43.5厘米。正面有火眼,上有釜和甑各一件,釜的肩部,刻有隶书的"大官釜"二字;后端有烟囱,中穿有圆形烟孔。类似的模型类器具还有米碓、风车、凭几、井、灶、圈厕、

---

① 司马彪:《后汉书志》卷6《礼仪下》,第3146页。

猪、鸡、狗以及石井、猪、羊、鸡等。

部分东汉诸侯王墓中有画像石出现。淮阳北关汉墓画像石四周刻卷云纹，内刻宴饮图。画面由屏风分隔成同一画面的两部分，共刻人物 7 个。济宁普育小学汉墓，除墓门和铺地石板外，其他石面皆刻有装饰花纹，有连弧、水波、菱形、阴线几何纹等。菱形纹主要刻在门侧石板上，垂幛连弧、水波纹刻于门楣上，顶石上刻有阴线几何纹。在墓室内还刻有星相图。后室的顶藻井中心有 0.82 米的圆轮，下层嵌有两个铜质帽形器，相邻有三个石孔。墓室北壁上放有七个圆孔。据分析，大孔象征太阳，帽形器似"五车星"，七孔为"北斗七星"，太阳与五车星刻于墓顶，象征天穹，反映了希望灵魂升天的观念。

出土的金银器虽然数量不多，但在制作上更为精细，部分金银器上开始使用先进的掐丝工艺。真车、真马殉葬在东汉诸侯王墓中已不再存在，代之以模型车马，故而小件鎏金车马器具较为常见，也有鎏金铜容器、砚盒、博山炉等生活用器。

已发掘的东汉诸侯王墓中基本都有玉器存在，玉器有礼器、殓葬器和佩饰等。王后墓葬中出土的玉器少于诸侯王墓。礼器仍以玉璧为主，另有玉璜、玉环等。在早期的诸侯王墓中较多，中晚期墓葬中玉器多生活用具或装饰品。如河北定县 43 号墓中出土了玉座屏、扇形玉饰片、刀形玉饰等。

出土的大量玉制随葬品多为玉衣殓服片。东汉诸侯王墓普遍使用玉衣殓服，在规格上遵循了《后汉书志·礼仪下》的记载："诸侯王、列侯、始封贵人、公主薨，皆令赠印玺、玉柙银缕；大贵人、长公主铜缕。"① 定县 43 号墓、临淄金岭镇一号墓、济宁肖王庄一号墓、淮阳北关一号墓、徐州土山汉墓等 5 座墓的墓主，身份为诸侯王，身穿银缕玉衣。济宁普育小学汉墓墓主着铜缕玉衣，定县 43 号墓另有一墓主着铜缕石衣，她们的身份应为低于诸侯王的王后。在诸侯王墓中还发现了比较特殊的鎏金铜缕玉衣。在定县北庄汉墓出土了两件鎏金铜缕玉衣，有专家考证为鎏金铜缕在规格上应相当于银缕，或认为鎏金铜缕是金缕玉衣的代用品。而在东汉初年的邗江甘泉二号墓，没有发现有使用玉衣的证据，一般认为是出于墓主因谋反被迫自杀的缘故。

---

① 司马彪：《后汉书志》卷 6《礼仪下》，第 3152 页。

第三节 平民墓葬

一 秦代平民墓葬

（一）秦代墓的基本情况

这里所指的秦代墓，指埋葬于秦国行政区域之内，断限于公元前 221 年秦统一六国至公元前 206 年子婴出降，或公元前 202 年刘邦建立汉朝之间的墓，包含这一时期的秦人墓、[①] 秦墓[②] 以及六国在秦统一之后埋葬的墓。但是，六国的后裔在秦统一后，未必选择秦墓的埋葬风格。所以，对秦代的"六国墓"和战国晚期的六国墓进行严格甄别非常困难。目前，考古发现的秦代墓大多和秦人墓、秦墓有关，也有部分涉及楚人的秦代墓，如鄂城及长沙等地的秦代楚人墓。

众所周知，作为文化中的重要组成部分，葬制葬俗的延续性强，变化的步伐也不与朝代的更替同步，加上秦王朝只存在短短 15 年的时间，要严格区分出秦代墓比较困难。因此，20 世纪 70 年代以前几乎所有的秦代的墓都被断限到战国晚期或西汉初期的这段时间内。在湖北云梦 M11 和河南泌阳纪年墓发现后，大家逐渐注意到秦代墓与战国晚期、西汉初期墓的在形制上有所不同。即便如此，在没有确切纪年的前提下，仅仅依靠秦半两钱、典型秦代器物、墓葬形制、屈肢葬的葬式作为判断标准的话，模糊系数非常大，仍然不能对大多数的秦代墓进行界定。

比如，秦半两钱文献记载与考古发现不尽相同。据文献记载，秦惠文王二年（前336）"初行钱"。[③] 此"钱"经考古发现，证明是半两钱。[④]《汉书·食货志》："秦兼天下，币为二等：黄金以溢为名，上币。铜钱质如周钱，文曰'半两'，重如其文。而珠玉龟贝银锡之属为器饰宝藏，不为币，然各随时而轻重无常。汉兴，以为秦钱重难用，更令民铸荚钱。"吕后当政时期，流通钱币为八铢钱。"孝文五年（前175），为钱益多而轻，乃更铸四铢钱，其文为'半两'。"[⑤] 武帝元狩五年（前118），为消弭

[①] 所谓秦人墓，指的是属于"秦族"或秦国人在关中及其他地区死亡后所埋葬的遗迹。它既存在于秦统一以前，也存在于秦统一以后，大约在西汉中晚期秦文化完全汉化后，秦人的墓基本不复存在。
[②] 秦墓，指的是具有秦文化因素的墓葬。它既包含秦人初创国家以后的墓，也包括秦人建国之前的墓葬，还包括受秦文化影响而采用秦人埋葬习俗的墓。它的存续时间，大体和秦人墓相同。
[③] 《史记》卷 6《秦始皇本纪》，第 289 页。
[④] 四川省博物馆：《四川船棺葬发掘报告》，文物出版社，1960。
[⑤] 《汉书》卷 24《食货志》，第 1152～1153 页。

严重的通货膨胀,统一币制,废半两钱,改铸五铢钱。也就是说,半两钱使用的历史达 200 余年。过去认为秦统一货币,就是与统一度量衡一样,对于半两钱的大小、形式有着严格的规定。但是,考古发现的结果却证实,出土的半两钱,在大小和重量上与战国时期的秦半两钱差别很大。在凤翔高庄第五期秦墓中甚至还发现了直径为 1.2～2.7 厘米的半两钱,使用时间长、形式差异大的半两钱在墓葬中的断代中作用被大打折扣。例如,凤翔高庄秦墓的第三、第四、第五期的年代问题,属于第三期的 M24 也出土了高圈足茧形壶,还有"四、五期的墓有一些共同特点:葬式清楚的均为仰身直肢葬;顺室的洞室墓,墓道宽度往往等于或小于洞室;器物组合鼎、盒、壶、钫、镂之类的陶礼器或者罐、盆之类日用器,不出实用陶釜;普遍随葬锸、刀、剑、釜、削、锯等铁器;一些墓葬半两钱的数量达百枚以上,很多钱径在 2 厘米以下。因此这些墓定在西汉早期是合适的"。① 但高庄第五期墓出土的半两钱,直径在 2.35～2.45 厘米的半两钱制作比较规范,边长均在 0.7～0.8 厘米,重量均 2.5 克左右,"半两"二字和西安龙首原西汉早期墓 M12、M39 出土的"文帝半两"确实有比较明显的一致性。② 因此,若以这种小半两钱来对关中秦墓断代,准确性要重新考虑。

如云梦睡虎地 M11 出土了典型秦陶器——圈足茧形壶和长颈蒜头壶。但是,同时代的塔儿坡秦代墓发现有圆腹圜底的茧形壶,蒜头壶颈变短,类似于青铜的壶。此外,1992 年,在山东临淄商王村战国晚期墓 M1 中,也出土了一件长颈青铜蒜头壶,③ 年代被划分到为公元前 264 年至公元前 221 年,说明长颈蒜头壶的使用并不一定都在秦代(图 3-42)。

又如,根据铜鍪断限问题。铜鍪最早在巴蜀地区使用,伴随着秦人据巴蜀后的攻伐,使用范围逐渐扩展到关东和江汉地区。铜鍪分单耳鍪和双耳

图3-42 蒜头壶

资料来源:杨波、李大营编著《青铜器》,山东友谊出版社,2002,第 311 页。

---

① 王学理、梁云:《秦文化》,文物出版社,2001,第 91～92 页。
② 韩保全、程林泉、韩国河:《西安龙首原汉墓》甲编,西北大学出版社,1999。
③ 临淄市博物馆、齐故城博物馆:《临淄商王墓地》,齐鲁书社,1997,第 23 页。

鍪，单耳鍪的使用早于双耳鍪。虽双耳鍪在秦代前后流行，但并不意味着单耳鍪这种器形的消失。

再如缶，陶小口广肩缶是典型秦物，因上有铭文"缶"而得名，如凤翔八旗屯M10出土的陶缶"杨氏缶容十斗"，①1977年高庄M47的缶为"北园王氏缶容十斗"。但西安龙首原西汉早期墓中也大量出土了这种小口广肩缶。因此，以缶来断限也并不准确。

再如，墓葬中常用的断代工具——铜镜。关中上焦村秦代墓出土了凹弦纹的镜（三弦钮）；陇县店子秦代墓M93出土了二周弦纹镜（弓形钮）；塔儿坡秦代墓主要出土了素面镜、卷云纹镜、羽状地纹镜，汉中的一座秦代墓出土了1件菱形蟠螭纹镜；②1998年陕西省交通学校SJXM66和西安市明珠花园小区MHYM8战国晚期至秦代的墓出土了折叠式菱纹镜、四叶羽状地纹镜；③关东的陕县秦至汉初墓出土十余件铜镜，主要是弦纹镜、连弧镜和蟠螭纹（四叶、菱形或简化）镜；郑州岗杜、三门峡的秦代墓未出土铜镜；泌阳秦代墓只出土了1件连弧纹镜。江汉地区出土铜镜较多，主要有弦纹镜、菱形蟠螭纹镜和狩猎纹镜。这些纹饰在西汉早中期依据非常流行，所以在断代中只能作为参考。

鉴于这些因素，如果墓中没有确切的纪年出现，对秦代墓的判定，在年代上还是宽泛些为好。目前属于秦代或前后的墓有500余座，但是，被确认为秦代墓极少。代表性的墓例主要有陕西临潼上焦村秦墓、河南泌阳秦墓、湖北云梦M11和龙岗M6，这些墓可以作为其他墓进行断代的标尺。

秦代墓的分类因其标准不同，可以有多种方式。若按棺椁分类，可分成四类：第一类是双棺一椁墓；第二类是一棺一椁（有砖椁和木椁之分）墓；第三类是单棺（或瓦棺）墓；第四类是无葬具墓。第一类墓较少，规格较高，如江陵杨家山135号秦墓。第二类、第三类的墓则较常见。第四类墓为中小阶层墓。

若按墓葬形制分类，主要是竖穴土（岩）坑和洞室墓两种。竖穴式墓中又可以根据有无墓道划分为两种；洞室墓根据墓道形式，分成斜坡和竖穴墓道两种。关中及关东地区洞室墓多。关中的洞室墓有"直线"、"垂直"和"平行"平面形式，即竖穴墓道的短边顺向穿洞和竖穴墓道长边的横向穿洞和平行穿洞，其中直线型洞室

---

① 尚志儒、赵丛苍：《陕西凤翔八旗屯西沟道秦墓发掘简报》，《文博》1986年第3期。
② 何新成：《汉中杨家山秦墓发掘简报》，《文博》1985年第5期。
③ 程林泉、韩国河：《长安汉镜》，陕西人民出版社，2002，第32、34页。

墓在秦代最为盛行。根据墓主所处社会阶级来分，有贫民墓、上焦村秦刑徒墓、陇县店子墓群为代表的平民墓、陕县后川墓群为代表的中小地主墓（含云梦十一号墓、天水放马滩一号墓等）以及以涪陵小田溪墓葬为代表的贵族墓（含上焦村秦室公子大臣墓）等。若按照随葬品的类别，可以分成五类：第一类是随葬品组合为青铜器、仿铜陶器、日用陶器、漆器和其他小件等，如河南泌阳秦墓、甘肃庙庄秦墓、湖北宜城秦墓等；第二类组合为仿铜陶礼器、漆器或日用陶器等，如咸阳塔儿坡秦墓、新乡五陵村秦墓、江陵秦墓等；第三类组合为实用铜器或漆器，如四川的秦墓；第四类组合为日用陶器、漆器或仿日用陶器，如咸阳塔儿坡秦墓、陇县店子秦墓、内蒙古广衍城秦墓等；第五类无随葬品或仅有少量小件随葬品，如秦陵的刑徒墓、郑州岗杜秦墓等。

以上分类均可从某个侧面看到秦代墓的一些特征，但考虑到历史文化的延续性和地区文化的整体性，以区域分类则更为适宜。若安区域分类，有关中地区、关东地区、江汉地区、四川地区及其他地区等。

（二）关中地区秦代墓葬

关中地区主要是指以陕西中部为中心的区域，包括今天的西安、铜川、宝鸡、咸阳、渭南等地，这里是秦人崛起和建国的旧地，相应发现的秦墓数量较多。关中秦代墓葬的确定，主要以秦始皇帝陵周围发现的秦代墓为标准进行判定。

1. 临潼上焦村秦墓

根据《临潼上焦村秦墓清理简报》可知，1976年10月，秦俑坑亦工亦农训练班在秦始皇帝陵东侧临潼上焦村发现17座墓葬，并对其中的8座进行了清理。[①] 这些墓葬为东西向，南北单行排列，间距2~15米，西距秦始皇帝陵园东外墙大约350米。这8座墓的形制都是带斜坡墓道的"甲"字形墓。其中2座为斜坡道方圹墓，6座为斜坡道方圹洞室墓。斜坡道方圹墓由斜坡墓道、方室土圹和壁龛或耳室三部分组成。墓道与方室相连接，斜坡道方圹洞室墓由斜坡墓道、方圹、洞室、壁龛四部分组成。葬具上这8座墓都是长方形盒状的棺椁，其中有棺椁分开和棺椁未分两者方式。

这两种葬具，都是按照土圹或洞的大小制作的，具体做法是在洞（圹）底部挖成南北向横槽，槽内铺放半圆形木材作为椁底。椁的南北壁是用东西纵向方形板材叠砌在底板沿边的浅槽内，两壁板的两端凿成母铆。前后挡的两末端做成子榫套入壁板两端的母

---

① 秦俑考古队：《临潼上焦村秦墓清理简报》，《考古与文物》1980年第2期。

铆中，以便固定。椁盖南北方向并排横板或东西方向并排纵板。棺的做法大体相同。

葬式比较复杂，M18内没有骨骼，其余有的四肢分离。如M11为女性，骨骼比较完整，仰身直肢。M17的墓主为20岁左右的青年女子，头、身、下肢相互分离。M10、M12、M15、M16均为男性，都属于非正常死亡。M10倒置在椁室的头箱。M12除头骨在椁室外，其余骨骼置于头箱。M15的头骨上还插有铜镞1枚。M16下肢埋在填土里。

随葬品有金、银、铜、铁、陶、玉、蚌、贝、骨、漆器及丝绸残迹等类，约200件，同时还出土有牛、羊、猪及飞禽类的骨骼，多位于壁龛或椁的边箱中，少数在头箱、脚箱和棺内。此外，还有牛、羊、猪及飞禽的骨骼。

就陶器的组合来看，有鼎、盒、蒜头壶、小陶瓮（或称为缶）、釜、甑、豆、钵、罐的组合（M11）；有蒜头壶、罐的组合（M12）；有釜、仓的组合（M16）；也有缶、罐的组合（M18）。由于小陶瓮（缶）出土了18件，陶罐出土了16件，明显是以小陶瓮（缶）、罐的实用器组合为大宗。

随葬的42件铜器中时代特征较为突出的有翼形铁铤铜镞、鸭嘴形带钩、双环耳鍪、三弦钮镜等。其他出土的还有完整的铁器9件，有铁灯、方策、棺钉、锸、环首刀、小刀、锛、马衔、斧。还有金箔条4件、银蟾蜍1件。相对残破的有玉璜、玉璧等。

根据墓葬的位置，器物上的"少府"小篆刻字，对比秦始皇帝陵墓葬，判定为秦始皇帝陵的陪葬墓，并进一步推测墓葬主人可能是被秦二世与赵高杀死的秦始皇宗室或大臣。

这批秦代墓让我们知道，此时秦墓对前代多有继承，如承继商周"亚"、"中"形墓葬形制，广泛使用斜坡墓道。方圹的使用是战国以来的遗风，方圹带洞室则是长方形竖穴带壁龛的发展。一棺一椁仍是旧的礼仪，当然也体现了新的发展，如耳室的出现。

2. 秦刑徒墓地

1979年12月，秦始皇帝陵西侧赵背户村社员在平整土地时在发现了秦刑徒墓地，[①] 接着，秦俑考古队进行了半年的勘查清理。

此墓地范围很大，在整个墓葬区东北隅8100平方米内共114座墓葬，除了汉唐的10座外，其余都是秦代刑徒墓。在已经清理的42座墓葬中，其形制均为竖穴土坑墓，且大多为长方形。最大的是M34，长10.6米，宽1.1米，距现地表1.2~1.7米；

---

① 始皇陵秦俑坑考古发掘队：《秦始皇陵西侧赵背户村秦刑徒墓》，《文物》1982年第3期。

最小的是 M10，长 0.8 米，宽 0.6 米，距现地表 0.2 米。形制比较特殊的是 M9，平面近似正方形，坑中又套有圆坑，圆坑中又有一个凸起的生土台。坑的西面和东南方向还有小坑。

在所清理的墓葬中，除 M2 中有用粗绳纹板瓦砌成的长方形瓦棺，棺底是用两块顺长相接的残板瓦平铺，其余各坑都没有无葬具，是直接埋入尸体的，有部分坑底垫铺一层淡黄色碳烬。在葬式方面，侧身屈肢者有 68 具，俯身屈肢者有 10 具，仰身屈肢者有 15 具，仰身直肢有 4 具。

出土器物共 202 件，铁器有 61 件，其中有锸、锛、錾、凿、镰、锄、穿、刀、残剑、扁体环等，铜器有 44 件，其中有半两钱 43 枚、铜饰件 1 件，陶器有钵、罐、瓮以及釜、甑、盆的口沿或底部残片，骨器有刀，另有筒瓦 68 件，板瓦 147 件，瓦当 4 件，罐形卷云纹瓦当祖范 1 件，花纹砖 3 块。

根据墓葬中出土的印记和瓦志刻文，其中涉及秦的官府机构如"寺水"、"左水"、"左司空"，还有县名如"东武"、"平阳"、"平阴"、"博昌"、"兰陵"、"赣榆"等。而且，通过瓦文可知，墓主人是"居赀"服役的刑徒，就是以服劳役来抵偿因罪而被罚令缴纳财物的犯人。

根据此墓群材料，我们可知，在秦代屈肢葬在关中地区仍然是一种约定俗成的葬式。一是这些刑徒未必是秦人，却按秦地的葬俗处理。二是随葬品中有钵、罐、瓮等实用陶器，这些器物当是秦代的典型器类。三是随葬的半两钱大小直径 1.6～3.4 厘米不等，与上焦村秦墓半两钱的含义相同。四是随葬品中有大量铁器，这应该和修建秦始皇帝陵园有关，从中可以反映出秦代铁器的普遍使用状况，否则不会准许大量的铁器埋葬到刑徒墓中。

除此之外，20 世纪 70 年代以来，在秦始皇帝陵园附近范围内还发现了姚池头村北修陵人墓地和东五小区（五砂厂）修陵人墓地。其中，姚池头村北墓地已经被破坏，从残墓中可以看出墓内人骨层层叠压，还有大型圆坑葬；东五小区修陵人墓地密集地排列着 220 座墓葬，葬具有砖棺、瓦棺、木棺三种，个别墓葬随葬有陶质随葬品。[①]

除此之外，在临潼的刘庄、骊山北麓以及临潼县城东侧还曾经发现过三批秦砖室墓。尤其是临潼刘庄墓，关于这些砖室墓的年代下限，简报中将刘庄的墓定在秦统一以前，但若仔细观察刘庄墓出土的器物和陶文，则更有可能是秦代墓。如砖上的"宫

---

① 陕西省考古研究所、秦始皇兵马俑博物馆：《秦始皇帝陵园考古报告（1999）》，科学出版社，2000。

浓"陶文，与赵背户村刑徒墓出土印记"宫眹"一样；陶罐（或为缶）M1：05 和上焦村的敞口圆肩鼓腹的陶缶相似，这种形式的缶流行于秦代至西汉早期；罐 M19：02 和上焦村的 I 式罐相同。这些墓葬形制有竖穴道土洞墓，也有竖穴道横圹砖筑椁室墓。葬具都是砖椁木棺，但墓葬中没有发现尸骨，葬式不明。随葬品分别放置在耳室、头箱、墓室，共出土陶质器物 654 件。①

3. 秦咸阳城附近的秦代墓

1955 年，陕西长安洪庆村发现 2 座秦墓。其形制为竖井墓道长条洞穴室，墓室较墓道为窄。其随葬物品较少，M118 仅出土 1 件陶釜，M86 的墓室内放置一大瓮，瓮上扣合一盆，为瓮棺葬形式。M118 的陶釜，其口径远远小于肩径（凸肩），与塔儿坡秦墓 B Ⅳ 釜，凤翔高庄 M6 的釜相似，应为战国晚期至秦代。②

1975 年和 1977 年，秦都咸阳考古队在咸阳市黄家沟清理 82 座战国墓。根据简报中的墓葬登记表，秦统一时期的墓有 M38 和 M48 共 2 座。M38 为洞室墓，M48 竖穴土圹墓，两墓都有壁龛。葬式都是仰身直葬。出土的随葬品中，M38 为陶罐、陶纺轮和漆盒，M48 为陶罐、铜带钩、铜印等。另外，其他战国晚期墓葬有 34 座，可能还有秦代墓。如 M49 有一面铜镜为变形夔纹（蟠螭纹），其样式和西汉早期的蟠螭纹风格接近，墓葬的下限有可能在秦代。③

1975～1984 年，咸阳城西 3.8 公里塬上，大致范围为东到窑店镇毛王村，西至石桥乡的摆旗寨，先后四次清理中小型墓葬 125 座。其中，秦代的墓葬有 37 座。墓葬形制为对端型洞室墓，开始大量出现壁龛；葬具以一棺为主，少量一棺一椁；葬式有直肢和屈肢两种。随葬陶器有两种基本组合，一种以鼎、蒜头壶、茧形壶、罐、盒为基本组合，另一种以罐、缶为基本组合。另外还伴有铜带钩、铜镜、铁刀、漆盒等。村民曾在平整耕地中发现有铁制脚镣、手铐等刑具，其中可能包含刑徒墓葬。④

1995 年，咸阳市塔儿坡一带的咸阳钢管钢绳厂清理秦墓 381 座，时代为战国晚期至秦统一时期。⑤查发掘报告的附录表，属于秦代的墓中，竖穴的墓有 6 座，洞室墓有 20 座，以瓮为棺的墓仅有 1 座。这些墓大多有龛，内置陶器。葬具分单棺和一椁

---

① 陕西省考古研究所秦陵工作站、临潼县文物管理委员会：《陕西临潼刘庄战国墓地调查清理简报》，《考古与文物》1989 年第 5 期；林泊：《临潼骊山北麓发现秦人砖椁墓》，《文博》1991 年第 6 期；临潼县博物馆、临潼县文物管理委员会：《临潼县城东侧第一号秦墓清理简报》，《考古与文物》1993 年第 1 期。
② 陕西省文物管理委员会：《陕西长安洪庆村秦汉墓第二次发掘简记》，《考古》1959 年第 12 期。
③ 秦都咸阳考古队：《咸阳市黄家沟战国墓发掘简报》，《考古与文物》1982 年第 6 期。
④ 陕西省考古研究所：《秦都咸阳考古报告》，科学出版社，2004。
⑤ 咸阳市文物考古研究所：《塔儿坡秦墓》，三秦出版社，1998。

一棺两种。葬式有屈肢和直肢之分，以屈肢为主。随葬品的组合有两种，一种是仿铜陶礼器鼎，有盖盒、壶、小口大罐；另一种是日用的典型陶器凸肩釜，有盖盒、无盖盒。该墓群从战国晚期到秦代器物的变化特征是："鼎体由扁变圆，腹由深变浅；有盖盒体由扁平变高且向圆的趋势发展，腹由浅变深；壶腹由扁变圆，形体由低矮渐趋高圆；小口大罐形体由瘦变肥，斜腹变圆腹，斜肩变溜肩；盆由浅腹变为深腹，口部逐渐趋侈直到侈口。"日用陶器"凸肩釜由深腹到浅腹，圜底到尖底；有盖盒形体由扁平到高深；无盖盒由浅腹变深腹，形体由瘦变肥；壶由瘦高变浑圆；茧形壶由肥圆变瘦长，再到蛋形"。①

1990年，咸阳市渭城区渭阳镇任家咀发掘了284座墓葬，其中242座为秦墓。②其中属于秦统一前后的墓葬有16座。这16座秦代墓中，有竖穴墓14座（其中瓮棺葬8座），洞室墓2座。竖穴墓中有3座墓有头龛（头坑或龛），葬具以一棺或一棺一椁为主，葬式有直肢和屈肢两种。有7座仿铜陶礼器墓，其随葬品组合以鼎、无耳壶、盒为基本，伴出缶、豆、罐、盆或有的只出其中两种。其余9座为日用陶器墓，随葬品较少，形不成组合。从战国晚期到秦统一前后仿铜陶礼器墓中出土器物有较为明显的演变，"B型鼎、A型和B型盒、无耳壶均由扁长变为高圆，缶肩由圆凸变弧，体变圆变瘦"。③由墓葬形制及出土器物分析，墓主人应该是从春秋中期就生活在咸阳的原住居民中的平民。

1998年，西安北郊先后发掘了123座秦墓。其中属于秦代墓葬有43座，墓葬形制有竖穴土坑和竖穴土洞两种形式，以竖穴土洞墓为主，还有2座瓮棺葬，部分有小龛；葬具有单棺和一棺一椁两种，以单棺为主；葬式有直肢和屈肢两类，屈肢略多。随葬品组合有两种，一是以仿铜陶礼器鼎、盒、壶、罐中的一种或几种或加上盂、缶、瓮、盆、鬲、灯、灶等；二是日用陶器盂、罐、釜、盆、瓮、缶、灯、灶、盒、蒜头壶之中的两种、三种或四种组成。发掘者认为这批秦墓的墓主大多数为平民，应是一处平民墓地。④

1989～2003年，西安南郊先后发掘清理317座秦墓，这批秦墓被分为六个时期，其中第五期的时代在秦昭襄王至秦亡，主要分布于潘家庄、光华胶鞋厂和邮电学院。墓葬形制以直线式洞室墓为主；葬具主要是木棺；葬式有直肢和屈肢两种，其中潘家

---

① 咸阳市文物考古研究所：《塔儿坡秦墓》，第222页。
② 咸阳市文物考古研究所：《任家咀秦墓》，科学出版社，2005。任家咀，有些资料称其为"任家嘴"。
③ 岳起、秦鸣：《咸阳任家咀秦墓的主要收获》，《咸阳师范学院学报》2006年第3期。
④ 陕西省考古研究所：《西安北郊秦墓》，三秦出版社，2006。

庄墓地以直肢葬为主,光华胶鞋厂和邮电学院则以屈肢葬为主。随葬品器物组合多为鼎、盒、蒜头壶、鍪、(釜)、缶(或小口罐)、瓮、大口罐、盆、钵。这三处墓地在形制、葬具、葬式及随葬品上也存在差别。光华胶鞋厂秦墓的排列有序,而且很少有打破关系,应为本地原住居民墓地。邮电学院和潘家庄墓地的年代都集中在战国晚期至秦统一以后,说明它们是在秦迁都咸阳以后才形成的。但邮电学院秦墓以屈肢葬为主,出土陶器多属秦文化典型器物,出土的铜器等小件常有兵器;而潘家庄墓地秦墓则以直肢葬为主,出土器物中陶鍪、陶釜及以鼎、盒、壶为基本组合的仿铜礼器组合应该是受到巴蜀文化和三晋两周地区文化的影响,并且还出土了楚国金币和"南阳赵氏十斗"的陶文,因此墓主可能是从楚地南阳迁来的外来移民。①

4. 宝鸡地区的秦代墓

1977年,陕西凤翔高庄发掘46座秦墓。其中有10座秦代墓,其特征除M6为竖穴土坑外,余均为洞室墓,大都棺椁具备,葬式以直肢葬为主,出土了不少铜器、铁器和陶器。器物组合可见釜、瓮、罐、盆等陶器和鼎、钫、鍪、蒜头壶等铜器。其中,M33的双耳(一大一小)铜鍪与上焦村秦代墓出土器物相似,说明年代的相近。M33发现了随葬了161枚半两钱。这些半两钱的直径,最大径为2.65厘米,最小者仅为1.2厘米。因此,发掘者认为这些带有毛碴的微型半两不是市场上流通的货币,应是一种随葬的冥钱。②

1991年,陇县店子村发掘287座古墓,其中秦墓224座。属于秦代的墓有54座,墓葬形制长方竖穴、洞室均有,竖穴墓中使用二层台现象突出;墓向大多为东西方向,有2座呈南北向;葬式中42座为屈肢,直肢葬9座,其他形式3座;葬具一棺或一椁者37座,一棺一椁者3座,无葬具者15座。随葬的器物主要以鬲、釜、大口罐、盂或盆等实用陶器,也可见双耳罐、单耳罐、小口圆肩罐、直口圆腹罐、小口圆腹罐、侈口圆腹罐、壶、缶、瓮等陶器,已不见鼎、簋、壶(长耳)等仿铜陶礼器。这里的秦代墓没有其他地区秦代墓中经常出现的蒜头壶,却流行其他地区已经消退的鬲,至少表明新型器物蒜头壶不是由这个地区兴起的。鬲的出现,与传统的一种延续有关,也或许是店子村所处的地理环境,少数民族习俗对该地区文化有所影响。③

此外,在陕西的大荔、耀县等地也发现了秦代墓。1974年,陕西省大荔县朝邑发

---

① 西安市文物保护考古所:《西安南郊秦墓》,陕西人民出版社,2004。
② 吴镇烽、尚志儒:《陕西凤翔高庄秦墓地发掘简报》,《考古与文物》1981年第1期。
③ 陕西省考古所:《陇县店子秦墓》,三秦出版社,1998。

掘古墓 28 座。与上焦村、塔儿坡秦代墓出土的器物相对照，发现朝邑 M209 的 Ⅱ 式釜同于塔儿坡凸肩 BIV 式釜，Ⅳ 式盆和上焦村 I 式盆相似。此外，M209 的陶盆和同墓地 M1 的接近。因此，M209 的下限年代可能为秦代。①1957 年，陕西省耀县清理墓葬 6 座。发掘者认为，M4、M7、M8 出土的半两钱，钱径为 3.2 厘米、2.5 厘米两种，大直径"半两"的文字特征不像是汉代的八铢半两，而同于秦半两。M7 出土的铜镜是三弦钮细旋纹镜，与塔儿坡的 B 型镜相同。M8 的 Ⅱ 式大口罐类同于上焦村 I 式罐，M8 的铁釜（肩部有双耳）和店子村秦代墓 M236、M279 出土的铁釜相同，M8 的带钩也与店子村秦代墓 M5 的 A 型带钩相同。这 4 座墓葬应为秦代墓。其随葬陶器的组合有釜、罐和鼎、壶、罐、釜、盘的不同，体现了战国末期到西汉早期过渡的特征。②

关中地区秦代墓，总的来说，在墓葬形制大体上有带斜坡墓道的竖穴土坑（洞室）墓、竖穴土坑墓、竖穴墓道洞室墓和砖室墓四种形制。葬具有一棺一椁、单棺、瓮棺和无棺之分；葬式是屈肢与直肢并存，已体现出直肢逐渐取代屈肢葬的趋势；随葬器物组合方式上有成铜器（鼎、钫、鍪、蒜头壶等）、仿铜陶礼器（鼎、壶、盒等）和实用陶器（釜、瓮、罐、盆等）三种组合。这一地区典型的秦代器物比较盛行，如小口广肩的陶缶、陶茧形壶、陶釜、铜蒜头壶、铜鍪、三弦钮细（凹）旋纹镜等均有出土。

同时，不可忽略的是，西安、咸阳、宝鸡等地区的秦代墓也有不同的特点，这些不同之处与墓主身份、地理经济环境乃至人群族属的不同有关。

（三）其他地区秦代墓葬

1. 关东地区秦代墓葬③

1954～1955 年，郑州岗杜清理的 47 座墓葬中，有 6 座墓葬因出土陶茧形壶、碗（盒）等被推断为战国末年和西汉初年的墓。其葬制有竖穴土坑墓和竖穴空心砖墓，出土器物中较多的是铁带钩、铁铲、铁锛等铁器。④

1956～1958 年，河南陕县发掘了战国晚期至西汉初期的秦墓 92 座。⑤1979 年，

---

① 陕西省文管会、大荔县文化馆：《朝邑战国墓葬发掘简报》，《文物资料丛刊》第 2 辑，文物出版社，1978。
② 马建熙：《陕西耀县战国、西汉墓葬清理简报》，《考古》1959 年第 3 期。
③ "关东地区"包括黄河中下游的豫、晋、鲁等区。
④ 河南文物工作队第一队：《郑州岗杜附近古墓葬发掘简报》，《文物参考资料》1955 年第 10 期。
⑤ 中国社会科学院考古研究所：《陕县东周秦汉墓》，科学出版社，1994。

三门峡上村岭又出土了同时期的墓葬 26 座。[①] 据《史记·秦本纪》记载，公元前 249 年，秦三川郡设立，陕县（三门峡市）属于这一地区。因此，从时间、地望、墓葬特点的连续性，这两批墓葬中都包含了秦代的墓。这些墓葬形制为竖穴土坑墓和洞室墓两种，土坑墓有二层台现象，洞室墓用土坯封门。葬具多是木棺，个别也使用木椁。葬式以屈肢为主，直肢葬为辅。随葬品组合各有不同。以陶器为主的墓，多以釜、甑、罐、瓿相配套；以铜器为主的墓，多以鼎、壶、钫、盘、甑、釜、勺、半两钱、铜镜相配套。有的墓还出土生活器，如铁制生活器（釜、勺、灯、带钩）、铁兵器（刀、剑、矛）、铁农具（锄、镢、凿、钎）等。

1959 年和 1969 年，在山西侯马乔村先后发现了秦代墓葬，其形制主要是长方竖穴土坑，其次是洞室墓。葬式多为屈肢葬，葬具中有使用棺椁者。[②] 1996 年，侯马乔村墓地又先后清理出秦统一前后的墓葬有 200 多座，[③] 形制有竖穴土坑和洞室墓两种。葬式以屈肢葬为主，有少量为直肢和微屈肢葬。多数为竖穴墓，部分为洞室墓。其中 8 座墓有围墓沟，两座墓内有人殉。

1978 年，河南泌阳县发现了 4 座秦墓。[④] 尤其是 M3 出土的铜鼎上，刻有"二十八年"、"三十七年"等秦始皇时期的纪年，因此，M3 的年代应在秦代末年或秦亡不久。M3 保存较好，竖穴土坑内有两椁室南北并列，椁室四周有木炭层，木炭层之外有青膏泥，上为夯土填实。北椁室和南椁室各安放棺木一具。从漆盒的烙印文字"丿丨（二）小妃"判断，M3 可能为一座夫妇合葬墓。出土随葬器物 42 件，铜器放置于木棺之前，漆器在右侧，玉器在棺内；南椁室的铜器组合为鼎、壶、蒜头壶、鍪、盘、匜、勺，北椁室的铜器组合与之相同。漆器类主要有圆盒、耳杯、舟、樽、方奁盖。玉器有璧、带钩。另外，还出土有木俑 4 件。1988 年，河南泌阳又发现 1 座秦代墓。[⑤] 该墓为长方竖穴土坑双棺合葬墓，南棺内的随葬品主要有铜鼎、铜钫、铜蒜头壶、铜盘、铜熏炉、铜镜、铜带钩、陶圭形器、玉带扣、玉印章和水银，北棺内有铜鼎、铜壶、铜蒜头壶、铜盘、铜勺、陶罐、漆盒和玉块。

1979 年后，山西天马—曲村遗址发掘了 94 座秦墓，[⑥] 墓葬形制有竖穴土坑墓和

---

① 黄土斌：《上村岭秦墓和汉墓》，《中原文物》1981 年特刊。
② 山西省文物管理委员会、陕西省考古研究所：《侯马东周殉人墓》，《文物》1960 年第 8、9 期合刊；文物编辑委员会：《文物考古工作三十年》，文物出版社，1980，第 61 页。
③ 山西省考古研究所：《侯马乔村墓地（1959~1996）》，科学出版社，2004。
④ 驻马店地区文管会、泌阳县文教局：《河南泌阳秦墓》，《文物》1980 年第 9 期。
⑤ 河南省文物研究所、泌阳县文化馆：《河南泌阳县发现一座秦墓》，《华夏考古》1990 年第 4 期。
⑥ 杨哲峰：《曲村秦汉墓葬分期》，载北京大学考古学系编《考古学研究》（4），科学出版社，2000。

竖穴洞室墓；葬具以一棺一椁为主；葬式以仰身直肢葬为主，少数为屈肢葬；有三座（M6028、M6036、M6361）有环绕的围墓沟。陶器组合有鼎、盒、壶、罐和鼎、盒、钫、茧形壶、瓿等。M6036出土的陶鼎和陶盒上刻有戳印文字"平阳市府"。"平阳"应为秦昭襄王二十一年（前286）攻魏，魏献安邑之后所立的九县之一。这样，出土资料与文献记载吻合。

1981年，河南淅川县马川村清理了1座竖穴土坑的秦代墓。该墓有生土二层台，葬式为仰身直肢，头向东。根据随葬器物中铜鼎、铜蒜头壶、铜鍪的造型与泌阳秦墓的同类物相似，因此断定为秦代墓。①

1982~1986年，山西省朔县发掘了秦至汉初的墓葬7座。墓葬形制为规模小、结构简单的竖穴土坑墓，按照有无椁室分为两种：一是无椁竖穴土坑墓，有的有棺，有的无棺，无墓道；二是有椁竖穴土坑墓，墓室较前者大些，都有棺椁，椁室内分箱。葬式为仰身直肢葬。随葬品较少，一般有少量陶器，个别有小件铜器，如陶壶、陶罐、铜带钩、印章等。陶壶、陶罐的形制或是印文都带有秦人的风格，陶壶的戳印文"亭司市"是秦篆，表明这些墓葬的年代为秦至西汉初期。根据《水经注》记载，马邑城（故城在朔县境内）始建于秦，这里发现秦代前后的墓葬是可以理解的。②

1985年，河南新乡五陵村发现的墓葬中属于战国末至西汉初期的墓葬有22座，形制主要是墓道宽于墓室的长方竖穴洞室墓，也有两者等宽的洞室墓。其中21座为仰身直肢葬，1座（M33）是仰身屈肢。葬具基本腐朽，少数可辨者为单棺。器物组合为陶鼎、盒、壶、钫、小壶、罐。从陪葬品可知，钫、小壶等新出现的器物取代了战国中晚期流行的豆。器物的纹饰出现彩绘的花叶纹。M127出土了9枚1式半两钱，与洛阳烧沟汉墓中的第一型半两钱相似，应为秦半两。③

1985~1993年，河南三门峡司法局和刚玉砂厂发掘了76座秦人墓。司法局有54座，刚玉砂厂有22座。司法局秦人墓也是竖穴土坑墓和洞室墓，有的没有葬具，有葬具的分为单棺和一棺一椁之分，葬式主要是屈肢葬，这批秦墓随葬品缺乏，有随葬品也比较少，仅为少量陶器，也有很少的铜器、铁器、玉器。如陶鬲、陶釜、陶盆、陶罐、陶壶、铜带钩、铁刀、玉杯等。刚玉砂厂墓葬主要是洞室墓，只有1座为竖穴

---

① 淅川县文管会：《淅川县马川秦墓发掘简报》，《中原文物》1982年第1期。
② 平朔考古队：《山西朔县秦汉墓发掘简报》，《文物》1987年第6期。
③ 新乡市博物馆：《河南新乡五陵村战国两汉墓》，《考古学报》1990年第1期。

土坑墓。洞室墓的洞室开在竖井式墓道的短壁上。随葬品有陶鼎、壶、甑、盆、罐、釜、缶等，其他还有铜矛、铜环、铜印章等。从这些墓葬的器物上，可以断定其墓葬的年代。如司法局 M133 出土的半两钱直径 3.2 厘米，刚玉砂厂 M30 出土半两钱直径为 2.9 厘米，并且从字体上看，可能是秦半两。刚玉砂厂陶器上还有"陕亭"、"陕市"文字为篆体，也与陕县及上村岭秦代前后的墓葬陶器上的文字相同。因此，断定为秦代墓葬。①

1988～1989 年，河南三门峡市三里桥清理了 67 座秦人墓。三里桥的秦人墓葬，形制有竖穴土坑墓和洞室墓，竖穴土坑墓有 11 座，洞室墓有 56 座，其中 54 座为单室洞室墓，2 座为单墓道双室墓。葬式主要为仰身直肢葬，少数为屈肢葬。②

1992 年，在河南三门峡市的火电厂发掘出 8 座秦人墓。火电厂秦人墓分布相对集中，周围还有形制较小的竖穴土坑墓和洞室墓，墓葬四周都同有窄而浅的围墓沟，有的围墓沟内还埋有墓葬。墓葬形制有竖穴土坑墓和洞室墓两类。8 座墓葬中 7 座为竖穴土坑墓，墓底有生土二层台，有的二层台上随葬马骨或羊蹄骨。除 M08137 为单棺重椁外，其余都是单棺单椁。葬式主要是仰身屈肢葬，少数为仰身直肢或侧身屈肢葬。1 座为竖井式穴墓道的洞室墓，是同穴夫妇合葬墓。8 座墓出土随葬器物较多，共 85 件，其中以铜器为多，陶器次之，铁器较少。铜器有鼎、蒜头壶、壶、觑、盆、镜、带钩、铃、镞、钱等。铁器有釜、刀，陶器有缶、罐、盆、甑等。由铜器的造型大多与泌阳秦代墓的器物同类，因此判定这批墓的年代在秦末汉初。③

1998 年，洛阳于家营发掘出为竖穴墓道洞室墓的 6 座秦墓，且墓道宽大于墓室。葬式仰身直肢。随葬品只有陶罐和碗，罐上戳印有"河亭"、"河市"的文字。发掘者根据大墓道小墓室的特点、随葬品在墓室前端土龛的位置以及罐、碗的陶器组合，判定这些墓葬为秦代前后墓葬。④2000 年，南阳发现的墓葬中，M76、M208 推断年代为秦代。这两座墓葬为长方形竖穴土坑墓。随葬品中铜鼎、铁鼎、铜蒜头扁壶、铜鍪等与湖北云梦秦墓出土的铜鼎、铁鼎、铜蒜头扁壶、铜鍪相同，出土玉印章印文的文字形体横平竖直、印面多出现界格等都是秦印的特点。⑤2003 年，巩义市站街镇清理了 6 座秦代墓，为长方形竖穴墓道洞室墓，也是大墓道、

---

① 三门峡市文物工作队：《三门峡市司法局、刚玉砂厂秦人墓发掘简报》，《华夏考古》1993 年第 4 期。
② 三门峡市文物工作队：《三门峡市三里桥秦人墓发掘简报》，《华夏考古》1993 年第 4 期。
③ 三门峡市文物工作队：《三门峡市火电厂秦人墓发掘简报》，《华夏考古》1993 年第 4 期。
④ 洛阳市第二文物工作队：《洛阳于家营秦墓发掘简报》，《文物》1998 年第 12 期。
⑤ 南阳市文物考古研究所：《河南南阳市拆迁办秦墓发掘简报》，《华夏考古》2005 年第 3 期。

小墓室，部分墓有壁龛，这些都是秦人遗风。M6 出土的半两钱与西安南郊秦墓出土的半两钱相似，因此推断这 6 座墓葬年代为秦代。秦王朝统一全国后，给墓葬形制也带来了巨大变化。这批秦代墓葬的发现，反映出秦统一中原以后，秦文化对中原地区的影响。这批墓葬正处于斜坡墓道的土坑墓和小长方形竖井式墓道土洞墓的过渡期。①

总之，关东秦代墓有如下特点：墓葬形制主要是竖穴土坑墓、洞室墓。葬具以一椁和单棺为主，稍大的墓用一椁重棺，少数墓无棺。围沟墓的发现比较引人注目，可能和秦人旧地（雍城"西陵"、芷阳"东陵"）陵墓使用的隍壕传统有关。葬式中的仰身直肢占大多数，表明了传统秦俗的衰退，或"屈肢"特有含义的消失。随葬品中虽然日用陶器釜、甑、罐、缶等的使用表明了秦俗的特点，但仿铜陶礼器鼎、盒、壶的组合仍占据了主流，这大概是秦人出关以后葬俗受到了当地传统文化影响所致。

2. 江汉地区秦代墓葬 ②

1975～1976 年，湖北省云梦县睡虎地发掘的 12 座秦墓中有 5 座为秦代墓，其形制为无墓道长方竖穴土坑墓，也未见封土；墓向不尽相同，东西向 3 座（M9、M11、M14），南北向 2 座；填土方式多种，如 M9、M11 两座墓有三种，即五花土、青膏泥，五花土与青膏泥之间填有青灰泥，填土均经夯筑。葬具均为一棺一椁，棺椁结构主要采用平列、套榫、栓钉结合和扣接四种。葬式也多有不同，如 M9 为仰身直肢葬。M11 葬式为仰身屈肢葬。随葬器物多放在头箱底板上与横隔板上，如 M11 的漆器、竹器和木器等在头箱底板上放置，铜器和陶器等在横隔板上放置。少数器物放在棺内，如 M9 的棺内放漆圆奁 1 件；M11 的棺内放有三支毛笔，还有玉器、漆器等物，在人骨架的四周还有 1100 余枚竹简，这是我国考古史上第一次发现秦简牍。M11 的椁盖板上有一具完整的牛头骨，M9 靠近南壁的一个壁龛内殉一只羊，这应该与葬礼时祭祀有关。这 5 座秦代墓新增加了钫、蒜头壶、舟、剑、铃、璜等铜器；陶器新增加的器类有大口陶瓮、茧形壶、未施彩的壶、小陶壶，这些器物型制有了一定变化。根据 M11 出土《编年记》竹简可知，墓主"喜"为令史一类的低级官吏死于秦始皇三十年。③

1977 年，睡虎地又发掘了 4 座秦代墓。M36 呈南北向外，M31、M33、M34 为

---

① 郑州市文物考古研究所：《河南巩义站街秦墓发掘简报》，《文物》2006 年第 4 期。
② 江汉地区，主要指汉水及长江中游地区，具体包括湖北省和湖南省中北部地区。
③ 《云梦睡虎地秦墓》编写组：《云梦睡虎地秦墓》，文物出版社，1981；孝感地区第二期亦工亦农文物考古训练班：《湖北云梦睡虎地十一号秦墓发掘简报》，《文物》1976 年第 6 期；湖北孝感地区第二期亦工亦农文物考古训练班：《湖北云梦睡虎地十一座秦墓发掘简报》，《文物》1976 年第 9 期。

东西向。这四座墓因缺乏文字资料，故无法确知其墓主生前的社会地位。但根据随葬器物数量，葬具优劣，这批墓葬是小型土坑墓，墓坑较小，都是单棺单椁墓，椁室很小，椁室分为头箱和棺室两部分；随葬品大都是当时价格昂贵的漆器居多，也有少量的陶制生活用具和铜器。M34 随葬品达 70 余件，且大部分是华丽的漆器。因此墓主的生前社会地位大约相当于中小地主。① 1978 年，在该地和附近的大坟头又发掘秦代墓 15 座。明显可以看出使用一棺一椁墓的随葬品要多于单棺的墓，这应该与墓主身份有一定的关系，也许是中小地主或低级官吏与庶民之间的差异。②

1989 年和 1991 年，云梦县城东郊的龙岗清理出秦代墓 10 座。墓葬形制为竖穴土坑，单棺或一棺一椁，葬式主要是直肢葬，少部分为屈肢葬。陶器基本组合为瓮、罐、盂、釜、甑。M6 出土的竹简和木牍上，出现了"皇帝"的称谓，证明其墓葬的上限年代是秦统一之后，下限年代根据出土的瓮（纹饰在肩部）和西汉初期的瓮（纹饰在腹部）的不同，可知未到汉初。这个墓葬又成为该地区秦汉墓地的一个断代标尺。③

另外，在距睡虎地之北的木匠坟也发掘过两座秦代墓。这两座墓为无墓道竖穴土坑墓，其填土上层为五花土，下层为青泥土。葬具为一棺一椁，椁室分为两个部分。因人骨已腐烂，葬式不明。随葬器物共 29 件，主要有漆、铜、陶、木器等。这些都与睡虎地秦墓相类似，因此为秦代墓。当然，根据 M2 彩绘陶鼎、彩绘陶壶，这种小口的器物仍保留着楚人的传统。M2 或许是一座保留楚俗的楚人墓葬。④

湖北其他地方也发现很多秦代墓。如襄樊、宜城、江陵宜昌等地。1973～1974 年，湖北省襄阳蔡坡发掘的 11 座战国墓中 M1 等 4 座为战国晚期至西汉初期的墓葬。这 4 座墓为长方竖穴土坑墓，葬具已朽，葬式只有 M2 可辨，为单人仰身直肢葬。随葬品有陶鼎、豆、盂、盒、双耳罐、圜底罐、平底壶、圈足壶和玉器等。⑤ 1976 年，在湖北宜城的雷家坡、魏岗发掘了秦汉之际的墓葬 3 座，均为竖穴土坑墓。随葬品大多以铜器为主，如 LM3 出土了 1 件弦纹镜，近似于上焦村的铜镜；LM3 和 LM9 出土的半两钱不同于汉代的半两钱，大的直径 3 厘米，小的直径 2.8 厘米。从器物的特征分析，因为铜鼎、蒜头壶、壶等与泌阳秦墓的同类器相似，结合半两钱、铜镜的特点，

---

① 云梦县文物工作组：《湖北云梦睡虎地秦汉墓发掘简报》，《考古》1981 年第 1 期。
② 湖北省博物馆：《1978 年云梦秦汉墓发掘报告》，《考古学报》1986 年第 4 期。
③ 湖北省文物考古研究所、孝感地区博物馆、云梦县博物馆：《云梦龙岗秦汉墓地第一次发掘简报》，《江汉考古》1990 年第 3 期；《湖北云梦龙岗秦汉墓地第二次发掘简报》，《江汉考古》1993 年第 1 期。
④ 云梦县博物馆：《云梦木匠坟秦墓发掘简报》，《江汉考古》1987 年第 4 期；《湖北云梦木匠坟秦墓》，《文物》1992 年第 1 期。
⑤ 湖北省博物馆：《襄阳蔡坡战国墓发掘报告》，《江汉考古》1985 年第 1 期。

判定这批墓葬的年代当在秦代或前后。① 1982 年，宜城雷家坡又清理一些秦墓，如 LM11、LM13 为长方形土坑墓，葬具已朽不可辨。LM11 出土器物有陶盂、釜、钵、罐。根据墓葬形制、器物组合和特征，LM11 的年代推断为战国末年至秦统一之际。LM13 出土的器物有铁足铜鼎、铜壶、铜盘、铜匜、铜铃、蟠螭纹镜、半两钱（分大、小两种，大者直径 3.1 厘米）、铁釜、陶罐、陶甑、陶瓶和漆木器。LM13 出土的陶罐在凤翔高庄、临潼上焦村、大荔朝邑等墓葬中有类似器物，大半两钱和云雷纹地的蟠螭纹镜也是秦代明显特征，所以判定 LM13 为秦代。②

1990~1991 年、1995~1996 年，襄阳古城发掘出秦统一六国至西汉初期的 12 座墓。墓葬形制分别为长方竖穴墓，有土坑和岩坑两种。葬具以一棺一椁为主，也有部分只有一棺或一椁的。有 5 座可辨葬式，3 座为仰身直肢葬，1 座为侧身屈肢，头向以北向为主。随葬品中，陶器为秦式组合的日用陶器为主，只有 M42、M47、M52 随葬品中有 1~2 件铜器。由于 Ⅱ 式铜鍪和云梦睡虎地 Ⅱ 式铜鍪相近，铜扁壶与云梦睡虎地扁壶也类似，M66 的铁釜和宜城雷家坡的相同同，由此判定它们的相对编年。③ 1996 年，襄樊余岗又清理了 18 座秦统一至秦汉之际的墓葬。墓葬形制多为长方形土坑竖穴墓，只有 YM18 为长方形土坑洞室墓。葬具为一椁一棺或一棺。葬式腐朽不可辨别。随葬陶器为日用陶器罐、壶或豆或盂的组合，有的还有釜、盆、钵等。④ 2000~2002 年，湖北省襄樊市襄阳区王坡墓地发掘出秦统一六国之后至秦朝灭亡的 57 座墓葬。墓葬形制为长方形竖穴土坑墓，葬具为一棺一椁或一棺，葬式为仰身直肢葬。随葬器物中有铜器和陶器。铜器以鼎、钫组合为主，陶器则以仿铜陶礼器鼎、壶和罐、壶、盂、鍪等一种至三种日用器组合为主。出土随葬品中，铜鼎、钫与云梦睡虎地铜鼎、钫一致，三角纹铜壶与云梦睡虎地、襄樊郑家山、河南泌阳出土铜壶形制相同，铜镜与宜城雷家坡出土铜镜一致，因而判定墓葬应为秦代墓。⑤

在江陵地区，较早的有 1986 年湖北荆州岳山发掘的 10 座秦墓。这批秦墓为无墓道的长方竖穴木椁墓，墓葬方向不一。随葬品主要是陶器，其次是漆器。双耳铁釜、弦纹（两周）铜镜、单耳铜鍪、半两钱等器物为典型的秦器。⑥ 1990 年，江陵杨家山

---

① 楚皇城考古发掘队：《湖北宜城楚皇城战国秦汉墓》，《考古》1980 年第 2 期。
② 武汉大学历史系考古专业、宜城县博物馆：《宜城雷家坡秦墓发掘简报》，《江汉考古》1986 年第 4 期。
③ 湖北省文物考古研究所、襄樊市博物馆：《湖北襄樊郑家山战国秦汉墓》，《考古学报》1999 年第 3 期。
④ 襄樊市博物馆：《襄樊余岗战国秦汉墓第二次发掘简报》，《江汉考古》2003 年第 2 期。
⑤ 湖北省文物考古研究所、襄樊市考古队、襄阳区文物管理处：《襄阳王坡东周秦汉墓》，科学出版社，2005。
⑥ 湖北省江陵县文物局、荆州地区博物馆：《江陵岳山秦汉墓》，《考古学报》2000 年第 4 期。

发现 135 号秦墓保存完好，有未经夯筑的椭圆形封土，墓坑为长方竖穴土坑，填土全部加夯。棺椁保存完好，椁室由垫木、底板、墙板、挡板、隔板、盖板组成，可以分成头箱、边箱、棺室三部分。棺室内置双重木棺，内棺中人骨呈仰身直肢状。随葬品主要在头箱、边箱和棺室，头箱的随葬品有礼器和酒器，如漆耳杯、盒、盘、铜鼎、盂及戈等；边箱的随葬品有铜礼器和陶器、漆木器。棺室有铜镜、漆奁、漆梳及拐杖等。由于出土的铜鼎、铜钫、陶小口瓮都和云梦十一号墓的同类器物相同，因此应为秦代墓。[1]1993 年，江陵县郢北村发掘的 15 号墓出土了大批竹简。该墓为长方竖穴土坑，墓坑填土为全部夯筑的黄褐土和青灰泥，因人骨腐烂葬式不清。随葬器物中有陶釜、盂、小壶等，陶釜为秦式，盂和小壶为楚式，这种混合使用的状况，表明与公元前 278 年"白起拔郢"年代距离不远。出土的简牍有和云梦秦简相同，因此该墓的年代定应为秦代前后。[2]

湖南地区也发现了一些秦代墓。1957 年，湖南省长沙左家塘一号竖穴土坑木椁墓出土的铜戈上有"四年相邦吕不韦（造），寺工龙，丞口"等铭文，[3]"四年"为秦始皇四年，也就是公元前 243 年，该墓葬应为秦攻取长沙之后。1952～1994 年，长沙近郊发掘了楚墓 2048 座，有 909 座墓属于第四期战国晚期（约前 300～前 223），代表墓葬多为小型墓，陶器组合以鼎、敦、壶为主，有的墓使用了秦式三弦钮凹面宽带纹镜随葬。[4]不过楚墓的下限年代的确不好确定，毕竟此地区西汉时期仍使用楚制、楚俗埋葬。[5]

江汉地区由于受到楚墓的影响，与关中及关东地区的特点不同，棺椁制度保留了旧有的分箱制度；随葬器物一方面有秦墓的性质，如陶瓮、罐、盂、釜或瓮、罐、盂、釜、甑等日用陶器的随葬风格以及铜蒜头壶、铜鍪的存在等，但另一方面陶鼎、敦、壶和鼎、盒、壶等的使用又表明了南方"楚俗"与北方"礼俗"的混合。

3. 其他地区秦代墓

四川省发现的秦代墓不是很多，但受到巴蜀传统、秦人葬俗、中原礼制和楚文

---

[1] 湖北省荆州地区博物馆：《江陵杨家山 135 号秦墓发掘简报》，《文物》1993 年第 8 期。
[2] 荆州地区博物馆：《江陵王家台 15 号秦墓》，《文物》1995 年第 1 期。
[3] 湖南省文物管理委员会：《长沙左家塘秦代木椁墓清理简报》，《考古》1959 年第 9 期。
[4] 湖南省博物馆、湖南省文物考古研究所、长沙市博物馆、长沙市文物考古研究所：《长沙楚墓》，文物出版社，2000。
[5] 湖南省博物馆、湖南省文物考古研究所、长沙市博物馆、长沙市文物考古研究所：《从长沙秦和西汉早期墓看楚文化的延续和影响》，《长沙楚墓》，第 552～558 页。

化因素的多重影响。反映在殡葬上：铜鍪、釜甑、戈、矛、钺，陶小口圜底罐、大口短颈圆腹圜底釜、无把豆等为巴蜀文化的特征；蒜头扁壶则为秦人葬俗；棺椁制度和鼎、盒、壶的仿铜陶礼器随葬是中原礼制因素；白膏泥的使用、棺椁分箱制度以及漆器则是受楚文化的影响。

1977年，荥经县城关镇发掘了3座秦汉墓。墓葬形制为长方竖穴土坑，墓内填土，上部是未经夯打的"黄褐色"五花土，下部是白膏泥。葬具为一棺一椁，葬式不清。随葬器物以漆器为主，多置于足箱。M1出土的漆器有圆盒、奁、耳杯、双耳长杯（盒）、扁壶；铜器有釜、鍪、桥形钮双弦纹镜等。M1出土的漆器风格造型与云梦睡虎地一号墓的同类器相似，漆器上朱书"王邦"，下限应在西汉初期之前，M1的年代应为战国晚期至秦代。①

1979~1980年，青川县郝家坪发掘的墓葬中，出土的漆木器较多，可与云梦秦墓的漆木器相比较，如青川M1的漆扁壶与睡虎地M6的漆扁壶不但形制相似，连腹上黑地朱绘的对舞双凤的风格也相同；青川M2的双耳漆长盒与睡虎地M9的同类器物相似；青川M2的圆漆盒与睡虎地M7的圆盒类似；青川M1出土木俑、马俑的状态和睡虎地M9的情况相一致。这样，青川M1、M2的下限年代到秦统一以后可能性很大。②

1980年底，涪陵小田溪清理4座墓葬中，形制为竖穴土坑，葬具为一棺一椁和一棺，葬式不详。随葬品中秦代器物特征明显，如三角云纹铜壶、双耳铜釜及双耳釜甑等，拱形钮二弦纹铜镜更是是秦代铜镜的典型形式。因此，这些墓葬应为秦代墓葬。③

1981~1982年，荥经曾家沟发掘了6座具有楚墓特征的秦墓葬，如使用白膏泥、木椁内放置木棺等。随葬器物而言，M13出土的陶釜（口微侈、扁圆腹）也基本同于涪陵小田溪M3的釜；M13的陶罐（直口尖唇、短颈、直腹、平底）也见于上焦村秦墓。因此，M13应为战国中晚期至是秦代的墓葬。④

1984年，大邑县五龙乡发掘了2座秦代墓，形制为长方形竖穴土坑，墓壁用青膏泥涂抹，墓底用青膏泥铺垫。两墓无葬具。随葬品主要有陶罐、盆、釜、豆、壶，

---

① 荥经古墓发掘小组：《四川荥经古城坪秦汉墓葬》，《文物资料丛刊》第4辑，文物出版社，1981。
② 四川省博物馆、青川县文化馆：《青川县出土秦更修田律木牍——四川青川县战国墓发掘简报》，《文物》1982年第1期。
③ 四川省文物管理委员会、涪陵地区文化局：《四川涪陵小田溪四座战国墓》，《考古》1985年第1期。
④ 四川省文管会、雅安地区文化馆、荥经县文化馆：《四川荥经曾家沟战国墓群第一、二次发掘》，《考古》1984年第12期。

铜釜、釜甑、鍪、量、剑、矛、带钩、桥形饰、印章，半两钱和铁器等。出土的半两钱，修长的小篆字体，特征与秦半两特点相同。1992~1993年，郫县发掘了6座秦代墓葬[1]。墓葬形制为长方形竖穴土坑墓，随葬品中出土的半两钱字体为小篆，"两"字上平画较长，中间两个"人"字上部竖笔较短，应为秦半两。[2]

1988~2002年，什邡市城关墓地先后发掘5座秦代墓葬，墓葬形制为较为规整的长方形土坑墓，葬式中仅1座墓可辨为仰身直肢。随葬陶器以陶圜底罐、豆、釜或釜甑为基本组合，还同出有陶大口瓮、壶、小口瓮、鼎、平底罐及青铜矛、钺、戈、剑、半两等。其中陶小口瓮的形制与湖北云梦木匠坟小口瓮类似，加上长方形土坑的墓葬形制以及随葬品中巴蜀式青铜兵器和工具数量较少的特点，因此，此墓葬应为秦代墓。[3]

除四川外，在甘肃、内蒙古、广东等地也发现了一些秦时期的墓葬。

1974年，甘肃平凉县庙庄发句了2座竖穴土坑墓。墓口大于墓底，墓内填土是经过夯打的五花土。M6为单椁双棺，随葬品多已被盗，遗留有铜鼎、铜壶、铜洗、铜匜、陶瓮、陶罐等。此墓葬为仰身直肢葬。M7为单棺单椁，只发现人牙，葬式不明。随葬品有灰陶瓮、灰陶罐、灰陶壶及铜鼎、铜洗、铜鼎形灯、铜壶、铜镜、铜戈、带钩、铁削及一些金器等。两座墓还各出土一辆木质的驾四马双轮独辕车，形制和结构与秦兵马俑坑出土的车制相同。M7出土的圆形小铜玺和陶壶上的方形戳印陶文是秦代通行的篆体，Ⅱ式铜鼎和凤翔高庄秦墓、云梦十一号墓的铜鼎相同（双附耳、扁圆体、三矮蹄足、腹部有一道凸弦纹、盖上三环钮），Ⅱ式陶瓮（缶）和高庄秦墓的缶相似，因此这两座墓的年代为战国晚期至秦代。[4]

1976年，甘肃秦安县上袁家村发掘了2座秦代土坑墓，一座为"凸"字形的竖穴土坑墓，一座为斜坡墓道的土坑墓，这两座墓可能是夫妇异穴合葬，墓内填五花土。就随葬器物而言，陶器有陶鼎3件、陶罐3件，其中一件鼎内有鸡骨架，可能和安葬仪式有关。铜器有铜鼎、镜、带钩等，铁器有铁锛、铁剑、铁刀等。其中一墓葬墓道内殉葬羊头110只、牛头10只，这是比较少见的。这2座墓出土的器物特征与临潼

---

[1] 成都市文物考古研究所、郫县博物馆：《郫县风情园及花园别墅战国至西汉墓群发掘报告》，《成都考古发现（2002）》，科学出版社，2004。
[2] 四川省文管会、大邑县文化馆：《四川大邑县五龙乡土坑墓清理简报》，《考古》1987年第7期。
[3] 四川省文物考古研究院、德阳市文物考古研究所、什邡市博物馆：《什邡城关战国秦汉墓地》，文物出版社，2006。
[4] 魏怀珩：《甘肃平凉庙庄的两座战国墓》，《考古与文物》1982年第5期。

上焦村秦墓接近，又出土了秦半两和长胡三穿铜戈，所以墓葬的年代被推断为秦统一六国至秦二世时期。①

1986 年，天水市放马滩清理秦墓 13 座。墓室为圆角长方形竖穴土坑，填土为白膏泥和五花土。葬具有单棺和一棺一椁。出土器物共 400 余件，M1 最多有 30 余件，M7 只有 1 件，M2 无随葬品。陶器有釜、瓮、壶、罐、鍪，漆器有盘、耳杯、锤、樽、奁等，木器有枕、棒、尺、匕等，铜器有素面镜、带钩、饰件（璜形器）和半两钱。M1 简文中有"八年八月己巳，邦丞赤敢谒御史……"、"三年……与司命史公孙强北出赵氏之北"等记载，证明 M1 的下葬年代可能为秦始皇八年之后（前 239）。M1 的墓主是一位曾经犯罪流放于放马滩的军人，生前在邦县做过基层官吏。其他的墓主身份，因随葬品数量相对于 M1 较少可能更低。②

1962 年，广州市东郊罗冈发现了 2 座长方竖穴木椁墓，M4 的铜戈上有"十四年属邦工□□戬丞□□□"的刻文，和长沙左家塘的"四年相邦吕不韦戈"相同，可以断定其为秦王政十四年物，M4 的年代应在秦末。M3 的墓葬结构、随葬器物都与 M4 相同，但墓葬的一壁与 M4 相叠，表明它是稍后埋葬，大概相当于西汉初年。③

1987~1988 年，广东乐昌对面山发掘秦至西汉前期的墓 53 座，墓葬形制是二层台的竖穴土坑墓、狭长形竖穴土坑墓、长方形竖穴土坑墓和带墓道的土坑墓。随葬器物主要有铜鼎、铜剑、匕首、铜矛、铜戈、铜斧、半两钱、铁锸和铁斧，陶器有瓮、瓿、釜、鼎、罐、盒等。④

1975~1976 年，内蒙古的准格尔旗广衍故城附近清理了 18 座墓葬。大体时间应在战国中晚期到西汉中期，按照陶罐、釜、瓮的型式排列和半两钱、五铢钱、百乳镜的特点，发掘者将其划分为五期。第二期和第三期的 10 座墓可能和秦代墓有关。这一时期陶器特点是：釜的最大腹径位于中间，有的带单耳或双耳；瓮的最大腹径在腹的中部偏上或肩腹之间圆折处。秦惠文王十年（前 328），广衍县城"魏纳上郡十五县"属秦，秦统治这个地区 120 余年，秦人葬俗有较深的影响。⑤

因秦存在时间较短，可以明确判定为秦代的墓葬数量并不是很多，但还是可

---

① 甘肃省文物考古研究所：《甘肃秦安上袁家秦汉墓葬发掘》，《考古学报》1997 年第 1 期。
② 甘肃省文物考古研究所、天水市北道区文化馆：《甘肃天水放马滩战国秦汉墓群的发掘》，《文物》1989 年第 2 期。
③ 广州市文物管理委员会：《广州东郊罗冈秦墓发掘简报》，《考古》1962 年第 8 期。
④ 广东省文物考古研究所、乐昌市博物馆、韶关市博物馆：《广东乐昌市对面山东周秦汉墓》，《考古》2000 年第 6 期。
⑤ 内蒙古语文历史研究所崔墻：《秦汉广衍故城及其附近的墓葬》，《文物》1977 年第 5 期。

以看出，秦代墓葬的一些特点。如秦代墓葬吸收了楚文化（漆器）、周文化（仿铜陶礼器）、巴蜀文化（铜鍪）等因素，关东六国乃至秦朝边疆地区疆域在保持原有文化前提下，吸收了秦文化的痕迹，但它们自身仍然保持了东周时期原有的墓葬文化特点。这固然与秦朝统治时间短有关，但也反映了墓葬文化具有一定的滞后性。

另外，"事死如生"的观念在这些墓葬中有自己的表达方式。秦始皇帝陵表现出了对现实生活乃至神仙世界的极尽追求。一般秦代墓中，日用陶器和仿铜陶礼器或铜器的随葬，代表了当时人们对"事死如生"不同层面的理解。

无论怎样，秦朝政治上的统一性，带动了秦疆域内文化的强烈震荡和传播，各种文化之后的秦代墓葬文化的整合，经过各民族的认同、融合与发展，为汉代中期形成较为一致的丧葬制度奠定了基础。

二 汉代平民墓葬

（一）汉代墓葬的一般情况

汉代，指自公元前202年刘邦建汉至公元220年曹丕代汉中间422年的时间。汉朝疆域辽阔，经过汉武帝刘彻的军事扩张，汉朝向南将南越地区收归；卫青北击匈奴，北部疆界也被推到河套、阴山以北；西南平诸国，疆界移到云南哀牢山和高贡黎山；东北灭卫满朝鲜，设东北四郡；西域设郡加强管理。除少数地区有所变化外，东汉疆域大体不变。所以这里的汉代墓葬，是指在汉代纪年范围内采用汉式丧葬制度的墓葬。

汉代是中国古代墓葬制度变革形成的重要时期，观念的改变引发墓葬形制的变化。在阴阳五行、神仙方术思想盛行影响下，汉代人相信灵魂不灭，主张"事死如事生"，反映在墓葬上，传统的竖穴土坑墓逐渐向各种新兴的洞室墓发展（图3-43），出现了例如石室墓、砖石墓、崖洞墓、壁画墓、画像石墓等新的墓葬形式。墓室内部结构也越来越向模拟墓主生前居室方向发展。

图3-43 竖穴土坑墓

资料来源：西安市文物保护考古研究院《西安张家堡村汉墓群》，《中国国家博物馆馆刊》2015年第4期。

同时，在统治者的大力倡导之下，儒家的孝道观念深入人心，聚族而葬的理念在社会中得到认同，产生众多家族群墓。厚葬与薄葬风气并行，复杂与简单葬式交替，上述种种变化对后世墓葬形制产生了重大影响。

墓葬形式上，汉代以前以竖穴土坑墓为主，战国晚期的中原地区出现了洞室墓。因构建材料不同，汉代的墓葬可以分为七种类型。

1. 竖穴土坑墓：以土地为载体，在平地上挖凿出长方形墓圹，将棺椁等葬具下葬后，再用泥土加以掩埋。这种类型在两汉时期广泛使用，以墓道的多少来区分墓主地位的高低。高级官吏墓葬有两条墓道或一条墓道，一般低级官吏或平民墓葬无墓道。规格较高的墓葬棺椁齐全，小型墓葬仅有木棺或石棺，甚至无葬具。有的墓底设有生土或熟土二层台，部分墓底还设有青膏泥或生石灰等防潮设施。

具体的可以分为以下几个类型。

土坑无椁墓：这一类型的墓葬主要葬具为木棺或木板，有的在沿墓底向墓壁开挖方形壁龛，或存在二层台，也有部分直接将尸体置于墓圹中填土加以掩埋。如四川涪陵镇安 M1，[①] 湖南襄阳王坡 M11，[②] 河北邢台曹演庄 M7、M14、M17 [③] 等。

木椁墓：这种类型的墓葬在竖穴土坑中构筑方形木椁，在木椁内放置木棺和随葬品，再用木材封盖，形成椁室。在椁室的周围有青膏泥塞填，有的椁底置于垫木。椁室的存在扩大了墓室空间，为了分类放置更多的随葬品，出现了箱型木椁墓和间切型木椁墓两种亚型。较大型的墓葬多为多重棺，有斜坡形墓道，多为贵族、士大夫、富豪等人墓葬。如咸阳杨家湾 M4、M5，[④] 扬州"姜莫书"木椁墓。[⑤] 中小型墓葬多为单棺、双棺或单椁等，为中小地主或官吏等。如江苏盱眙东阳 M30、[⑥] M72、M114，[⑦] 北京昌平史家桥 M39、M40，[⑧] 湖北荆沙市瓦坟园 M4 [⑨] 等。

其次材质类型的椁（棺）墓：常见的有石椁（棺）墓、砖椁（棺）墓、瓦棺墓及瓮棺墓。石棺（椁）墓葬，是用长方形的石板或石块垒砌成棺（椁）的形状，在内放

---

① 北京市文物研究所三峡考古队、重庆市涪陵区博物馆：《涪陵镇安遗址发掘报告》，《重庆库区考古报告集·1998 卷》，科学出版社，2003，第 850~894 页。
② 湖北省文物考古研究所、襄樊市考古队、襄阳区文物管理处编《襄阳王坡东周秦汉墓》，科学出版社，2005。
③ 河北省文物研究所、邢台市文物管理处：《邢台曹演庄汉墓发掘报告》，《文物春秋》1998 年第 4 期。
④ 陕西省文管会等：《咸阳杨家湾汉墓发掘简报》，《文物》1977 年第 10 期。
⑤ 扬州市博物馆：《扬州西汉"姜莫书"木椁墓》，《文物》1980 年第 12 期。
⑥ 李则斌等：《江苏盱眙东阳汉墓群 M30 发掘简报》，《东南文化》2013 年第 6 期。
⑦ 邹厚本：《江苏盱眙东阳汉墓》，《考古》1979 年第 5 期。
⑧ 北京市文物工作队：《北京昌平史家桥汉墓发掘》，《考古》1963 年第 3 期。
⑨ 荆州博物馆：《湖北荆沙市瓦坟园西汉墓发掘简报》，《考古》1995 年第 11 期。

置木棺和随葬品。如安徽萧县 XPM62、XPM124、XPM130。^①砖椁（棺）墓较石椁（棺）墓相对要大，但仍属于中小型墓葬，顶部盖有木板，平面上呈长方形，如河北任邱东关 M3、M4。^②瓦棺墓是用筒瓦垒砌成棺的形状，顶部盖有板瓦的一种墓葬。这种墓一般用于儿童，少用于成人，如大连旅顺尹家村、刁家村汉墓。^③瓮棺墓墓主一般为儿童，是用两个或三个口部相对的陶釜或陶瓮为葬具，将尸体容纳在内的一种葬制，如天津南郊窦庄子汉墓。^④

2. 洞室墓：出现于战国中晚期，贯穿于两汉时期。墓室结构相对简单，规模不大，流行于社会中下层地主和官吏。墓道有竖井和斜坡两种，以竖井式墓道为主。竖井土洞墓，西汉早期墓道宽于墓室，墓道多有收分或二层台；有的墓道与墓室等宽或窄于墓室，墓道狭长，壁面多竖直；东汉时期，有些竖井墓道附有阶梯；部分墓道两侧或一侧有耳室。在墓道的一端开凿一个长方形的土洞作为墓室。墓室在西汉早中期为平顶，在西汉晚期和东汉，出现了弧形顶和穹隆顶。墓内空间不大，部分仅能容棺，也有规格较高的在墓室内有前堂后室的区分。西汉中期后的墓室有用砖铺棺床或砖铺地的现象。如洛阳新安铁门镇 M3，^⑤河北省怀来县官庄 M1、M2、M5，M16^⑥。

斜坡墓道土洞墓，考古发现较少，墓室内形制较复杂（图3-44）。长斜坡式墓道，有的在墓道与墓室之间开辟有过洞、天井或甬道。墓室有单室和多室之分：单室平面上多为长方形，拱形顶，西汉晚期有方形穹隆顶。多

图3-44 斜坡墓道

资料来源：四川大学历史文化学院考古系、上海大学艺术研究院美术考古研究中心《河北淅川泉沟汉代墓葬发掘报告》，《考古学报》2014年第3期。

---

① 安徽省考古研究所、安徽省萧县博物馆：《萧县汉墓》，文物出版社，2008。
② 天津市文化局考古发掘队：《河北任邱东关汉墓清理简报》，《考古》1965年第2期。
③ 韩建宏：《论大连地区汉墓在东北考古学史上的地位》，大连市文物考古研究所编《大连考古文集》，出版者？2011，第341页。
④ 天津市文管处：《天津南郊窦庄子隋墓和汉代瓮棺墓》，《文物资料丛刊》第1集，文物出版社，1977。
⑤ 河南省文化局文物工作队：《河南新安铁门镇西汉墓葬发掘报告》，《考古学报》1959年第2期。
⑥ 河北省文物研究所、张家口市文物管理处、怀来县博物馆：《河北省怀来县官庄遗址发掘报告》，《河北省考古文集（二）》，北京燕山出版社，2001，第24~45页。

室墓通常以前堂后室的布局，也有不设后室而置左、右侧室的，前室略呈方形，多为弧形顶或穹隆顶，也有少数拱形顶，后室、侧室多为拱形顶。如河北省阳原市三汾沟 M3、M6、M9①，洛阳烧沟 M1037②。

土洞墓的出现流行，为随后的空心砖墓、砖室墓、石室墓的出现提供了可能性，这些新的墓葬形式均是在土洞墓的基础之上建构而成。

图3-45 空心砖墓
资料来源：鄢陵政府网《鄢陵县发现一座现代墓葬》，2013年6月6日。

3. 空心砖墓：战国晚期开始出现，西汉时期在中原和关中地区较为流行，东汉已很少见。早期的空心砖墓室，是在竖穴土坑中用空心砖搭建长方形椁，用以代替木椁。随后出现了墓室前端的砖竖立，模拟门的样子（图3-45）。西汉中晚期的空心砖墓将墓顶搭成屋脊的形状，模拟墓主生前住房。墓砖上还绘有各种花纹和壁画，推测为壁画墓和画像石墓的前身。如西安方新村开发公司1998M31、③ 洛阳烧沟 M184。④

4. 砖室墓：西汉中期出现在中原和关中地区，后在全国普及，并盛行于随后各个朝代。墓室的主体部分——墓壁、墓底和墓顶均由条砖、楔形砖或子母砖等砌筑而成，形制上与土洞墓较为相似。与土洞墓中的砖椁（棺）相比，砖室墓的顶部也由砖组成。墓道有竖井和斜坡两种，西汉中晚期和东汉前期盛行竖井墓道，多为狭长方形，壁面竖直，墓道与墓室等宽或窄于墓室，部分墓道与墓室之间有甬道。斜坡墓道砖室墓，在东汉中晚期流行，形制较多，部分墓道与墓室之间有天井、过洞或甬道，也有的在墓道之上有二层台。

墓室有单室、双室和多室之分。单室墓平面多呈长方形，大都属于小型墓葬，多建有斜坡状墓道，随葬品多放于死者的头部。墓顶用条砖或子母砖券顶，也有方形

---

① 河北省文物研究所、张家口地区文化局：《河北阳原三汾沟汉墓群发掘报告》，《文物》1990年第1期。
② 洛阳区考古发掘队：《洛阳烧沟汉墓》，科学出版社，1959，第15~22页。
③ 西安市文物保护考古所、郑州大学考古专业：《长安汉墓》，陕西人民出版社，2004，第167页。
④ 洛阳区考古发掘队：《洛阳烧沟汉墓》，第8页。

穹隆顶。如河北省徐水县防陵村 M2、① 宁夏张家场 M5；② 双室墓以前、后室结构居多，部分有侧室，两室之间有短甬道相连。前室略呈方形，多为穹隆顶，也有少数为拱形券顶；后室或侧室多为拱形券顶，有的前后室均为穹隆顶。如湖北巴东龙堆包 M10、③ 石家庄市郊岳铺村 M1；④ 多室墓见于东汉，规模较大，墓室分前、中、后三室，或为前室、双后室结构。如河北省沙河市兴固汉墓、⑤ 合肥油墩 M1、⑥ 洛阳烧沟东汉晚期 M1035。⑦

5. 石室墓：石室墓的构筑方式与砖室墓基本类似，先在地面开挖墓圹，然后用石块垒砌墓室和墓顶，墓顶为平顶，一般设有墓门。这种形制的墓葬因取材原因，多分布在南方地区。

墓室类型划分也与砖室墓类似，分单室墓、双室墓和多室墓三种。单室墓平面上多呈"凸"字形或长方形，墓底铺石，墓壁用长方形石板垒砌，有券顶和石质墓门。如安徽灵璧大李 M5、⑧ 宜昌巴东老屋场 M1；⑨ 双室墓，平面上与单室墓相似，用石垒砌成墙将墓室分成前后室。如湖北秭归孔岭 M6、⑩ 安徽寿县东津柏家台 M2。⑪ 多室墓，多为中型或大型墓，墓室结构复杂，有耳室或侧室存在，墓室部分分前、中、后三室。如湖北随县塘镇 M2、⑫ 徐州铜山县茅村 M1。⑬ 石室墓中出现了个别中型黄肠石结构石室墓，多集中于东汉都城洛阳附近，如河南孟津宋庄汉墓、⑭ 洛阳涧滨东汉墓。⑮

6. 砖石墓：以砖为主，墓的主体部分墓壁、墓底和墓顶均用砖块垒砌而成，用石板封门，也有个别才用石板构筑墓室。这种墓葬形式也基本上出现于南方，北方未发现。

---

① 保定地区文物管理所：《河北省徐水县防陵村二号汉墓》，《文物》1984 年第 4 期。
② 宁夏文物考古研究所、宁夏盐池县文体科：《宁夏盐池县张家场汉墓》，《文物》1988 年第 9 期。
③ 湖北省文物考古研究所：《巴东龙堆包墓群发掘报告》，《湖北库区考古报告集》第 3 卷，科学出版社，2006。
④ 天津市文化局考古发掘队：《河北任邱东关汉墓清理简报》，《考古》1965 年 2 期。
⑤ 河北省文物研究所、邢台地区文物管理处：《河北沙河兴固汉墓》，《文物》1992 年第 9 期。
⑥ 合肥市文物管理处：《合肥油墩东汉砖室墓群发掘简报》，《文物研究》第 14 期，黄山书社，2005。
⑦ 洛阳区考古发掘队：《洛阳烧沟汉墓》，第 73~76 页。
⑧ 安徽省文物考古研究所、灵璧县文物管理所：《灵璧县大李墓群发掘简报》，《文物研究》第 12 期，黄山书社，1999。
⑨ 黑龙江省文物考古研究所：《巴东老屋场墓群发掘报告》，《湖北库区考古报告集》第 1 卷（甲种第 2 号），科学出版社，2003。
⑩ 湖北省文物考古研究所：《秭归马槽岭与孔岭东汉墓发掘简报》，《湖北库区考古报告集》第 2 卷（甲种第 4 号），科学出版社，2005。
⑪ 寿县博物馆，寿县文管所：《安徽寿县东津柏家台两座汉墓的清理》，《江汉考古》1992 年第 4 期。
⑫ 湖北省文物管理委员会：《湖北随县唐镇汉魏墓清理》，《考古》1966 年第 2 期。
⑬ 王献唐：《徐州市区的茅村汉墓群》，《文物参考资料》1953 年第 1 期。
⑭ 郭建邦：《河南孟津宋庄汉黄肠石墓》，洛阳市文物局、洛阳白马寺汉魏故城文物保管所编《汉魏洛阳故城研究》，科学出版社，2000，第 289 页。
⑮ 李虹：《洛阳涧滨东汉黄肠石墓》，《文物》1993 年第 5 期。

类型划分与上述相同。单室墓,如广西巴东县西濚口东汉墓,①由甬道和墓室组成,墓壁两侧先用长方形条石错缝平砌,石上用单砖平铺,距底1米处起券;双室墓,墓室分前后两室,有甬道相同,规模不大,平面上呈"凸"字形,个别还有耳室。如安徽定远古堆王M1、②湖北襄阳王坡M173;③多室墓,墓葬由墓道、甬道、前、中、后三室及耳室组成,如安徽亳州凤凰台M1。④有些无中室,但有双后室,如湖南大庸RM27。⑤

7. 崖墓:这种形制的墓葬在帝陵或诸侯王墓中常见,因修砌难度大,少见于中下层墓葬。集中分布于重庆、四川等沿江地区,此处山林密布,多悬崖陡壁,所以流行这种以山崖岩壁为载体的墓葬形式。具体形制根据墓室数量也可划分为单室、双室和多室(图3-46)。例如四川绵阳朱家梁子M6、⑥四川简阳夜月洞崖墓、⑦四川中江塔梁子M3。⑧

图3-46 汉代崖墓

资料来源:重庆市文化遗产研究院、璧山县文物管理所《重庆璧山县棺山坡东汉崖墓群》,《考古》2014年第9期。

---

① 广西壮族自治区文物工作队:《巴东县西濚口墓葬2000年发掘简报》,《江汉考古》2002年第1期。
② 安徽省文物考古研究所:《安徽定远古堆王九座汉墓的发掘》,《考古》1985年第5期。
③ 湖北省文物考古研究所、襄阳市考古队、襄阳区文物管理处编《襄阳王坡东周秦汉墓》,科学出版社,2005。
④ 亳县博物馆:《亳县凤凰台一号汉墓清理简报》,《考古》1974年第3期。
⑤ 湖南省文物考古研究所、湘西自治州文物工作队、大庸市文物管理所:《湖南大庸东汉砖室墓》,《考古》1994年第13期。
⑥ 绵阳博物馆、绵阳市文物稽查勘探队:《四川绵阳市朱家梁子东汉崖墓》,《考古》2003年第9期。
⑦ 方建国、唐朝君:《四川简阳县夜月洞发现东汉崖墓》,《考古》1992年第4期
⑧ 四川省文物考古研究所、德阳市文物考古研究所、中江县文物保护管理所:《四川中江塔梁子崖墓发掘简报》,《文物》2004年第9期。

除了上述七种墓葬形制，还有壁画墓、画像石墓、石棺墓等，都为这七种的变形，但都趋向墓室宅第化的大方向。墓主的身份地位与所在地区风俗习惯、自然地理条件等都直接左右了葬式的选择。影响随葬品种类组成的因素也大体如此，在纵轴上，生活类明器取代铜质或陶器礼器，工艺制作上向精细化发展。横轴上，各地区在随葬品的器形和种类差别较大。下面将全国划分为关中地区、中原地区、京津冀地区、山东地区、苏皖地区、湘鄂地区、岭南地区、川渝地区。为体现墓葬的形制演变，分为西汉早期（秦灭亡至汉景帝末年）；西汉中期（汉武帝、汉昭帝和汉宣帝时期）；西汉晚期（汉元帝至汉孺子婴时期）；新莽时期（王莽建立新朝到刘玄更始年间）；东汉早期（汉光武帝建东汉到汉和帝时期）；东汉中期（汉殇帝到汉灵帝时期）；东汉晚期（汉献帝到曹丕称帝时期）七个时段。① 如有特色分期，则在文中注明。

（二）各分区墓葬演变情况

1. 关中地区汉墓

西汉定都长安，在首都效应的带动下，关中地区成为全国最为富庶、文化最为发达的地区。西汉十一位皇帝葬在首都附近，为了拱卫京师，奉祀陵庙，汉高祖开始在帝陵周围设置陵邑，并从内地大移民至陵邑，造成关中地区人口密度高度集中，也分布有大量的两汉时期的官吏和平民墓葬。

关中墓葬的形制主要受秦、楚两种文化的影响。汉承秦制，随秦 15 年短命而亡，但汉初秦国本土的关中地区，秦人后裔还保留了这一定的秦文化的传统，并与六国文化融合。在墓葬上，直肢葬数量明显增加，坟丘墓、高台建筑的出现，随葬品采用盆、甑等器物组合等。楚文化的强大影响力早在春秋晚期已开始展现，墓室使用白膏泥填封、采用木椁边箱，漆器出现在随葬品等都被认为是楚文化渗透的结果。秦末楚、汉争霸，两大军事集团的首领刘邦、项羽皆来源于楚地。最终，刘邦定都关中，也将楚文化的作用力再次放大。其余五国文化的影响力也不容小觑，为了加强控制力，刘邦迁徙六国贵族、关中豪杰等十余万人落户关中；大量关东劳动力也参与到修筑长安城和陵墓的工程中去，他们也将各自的文化带入关中。秦文化、楚文化、五国文化这几种因素不断的碰撞、交织、融合，从而形成主流的汉文化。葬式的改变与随葬品组合及器形特征的演变上体现了以上变化。

墓葬形制方面，西汉早期主要为竖穴土坑墓和土洞墓，但洞室墓流行早于其他地

---

① 刘庆祝、白云翔主编《中国考古学（秦汉卷）》，中国社会科学出版社，2010，第 18 页。

区，出现了新的斜坡形墓道土洞墓，竖穴土坑墓大部分墓室面积较为宽大，等级差别较大。西北医疗设备厂 M10 和陕西省水产公司冷库 M5 均为小型墓葬。M10 无葬具，单人屈肢葬，有陶缶一件随葬；[①] M5 有陶棺，单人侧身屈肢葬，有凹唇陶罐一件，半两钱 10 枚。[②] 龙首村军干所两座汉墓 M15、M16 为中型墓葬。M15 葬具为一棺一椁二边箱，随葬品放置于边箱中，有 16 件；M16 葬具不详，墓坑有两层台结构，有 197 件铜质随葬品。[③]

土洞墓以竖井墓道为主，墓道宽大于墓室的占多数，部分有壁龛、侧室或二层台，葬具多为一棺一椁。显示了由秦到汉的过渡性特点，但也有新的变化，如墓道较秦墓窄小，部分仅是上口较宽，墓底略宽于墓室或与墓室等宽，已经出现了墓道与墓室等宽甚至窄于墓室的新墓型。如西北医疗设备厂 M42，平面呈曲尺形，墓道口大底小，墓室内有木质框架结构。[④] 所处年代稍晚的龙首村军干所 M9，墓道与墓室等宽，墓道南壁有壁龛，葬式微仰身直肢葬。斜坡墓道土洞墓，墓道等于或窄于墓室，葬具为一棺一椁，墓门均用木板封堵。[⑤] 如西北医疗设备厂 M28，墓道口大底小，窄于墓室宽度，有二层台和耳室，墓室有木质框架。[⑥] 陕西宝鸡苟家岭 M1，墓室宽于墓道，墓室为二次葬，仰身直肢葬。[⑦]

西汉中期，竖穴式土坑墓已很少见，墓室较为狭长，墓壁收分不明显。如西安北郊郑王村 M149，墓道口大底小，四壁略向内收，墓室长 3.6 米，宽 1.2 米，东西壁有二层台。洞室墓完全占据主流，具体形式仍以竖井土洞墓为主，墓道小于或等于墓室宽度。[⑧] 如西安北郊郑王村 M164，墓道与墓室宽度均为 0.8 米，有封门。斜坡墓道土洞墓较早期比例上升，形式也更为多样，墓门多为木板封堵，也开始出现土坯封门或少数用砖封门。[⑨] 如西安北郊郑王村 M157，在墓道的东西两壁有高 1.25 米，宽 0.1 米的凹槽，应为木质封门。[⑩] 西汉中后期，出现以条砖或空心砖砌筑墓室的斜坡墓道砖室墓，空心砖墓均为平顶，封门基本同于中期，砖封门增多。例如西安北郊郑

---

① 韩保全、程林泉、韩国河编著《西安龙首原汉墓》，西北大学出版社，1999，第 34～35 页。
② 韩保全、程林泉、韩国河编著《西安龙首原汉墓》，第 185～187 页。
③ 韩保全、程林泉、韩国河编著《西安龙首原汉墓》，第 199～209 页。
④ 韩保全、程林泉、韩国河编著《西安龙首原汉墓》，第 62 页。
⑤ 韩保全、程林泉、韩国河编著《西安龙首原汉墓》，第 189～190 页。
⑥ 韩保全、程林泉、韩国河编著《西安龙首原汉墓》，第 50 页。
⑦ 陕西省考古研究院、宝鸡市考古研究所：《陕西宝鸡苟家岭西汉墓葬发掘简报》，《考古与文物》2012 年第 1 期。
⑧ 陕西省考古研究院等编《西安北郊郑王村西汉墓》，三秦出版社，2008，第 308 页。
⑨ 陕西省考古研究院等编《西安北郊郑王村西汉墓》，第 348 页。
⑩ 陕西省考古研究院等编《西安北郊郑王村西汉墓》，第 326 页。

王村M4，墓室的北半部用空心砖砌成，错缝平砌，以空心砖封门。①

西汉晚期至新莽时期，墓葬形制无多大变化，仍然以竖穴墓道洞室墓为主，少数墓葬出现甬道；在建筑材料上，中期出现的砖室墓更为流行，有条砖券顶，也有子母砖券顶；空心砖墓出现两坡顶；竖穴墓也有在墓圹底部用砖砌筑墓室的；砖封门极其流行。在葬式上，夫妻合葬较为普遍。如西安北郊郑王村M106，字母楔砖券顶，错缝平砌，砖封门，双棺合葬。②西安张家堡新莽时期M115为长斜坡竖穴土圹砖室墓，条砖砌壁，拱形券顶，壁条砖顺置错缝平砌。因盗扰严重，葬式不详（图3-47）。③

图3-47 西安张家堡M115长斜坡土洞墓
资料来源：西安市文物保护考古所《西安市张家堡新莽墓发掘简报》，《文物》2009年第5期。

东汉早期，墓葬形式的主要以竖穴斜坡墓道洞室墓为主，到早中期，竖穴墓道洞室墓完全不见。墓道呈长方形竖穴状，墓室为长方形拱顶单室，后又出现了前、后室布局墓，前后室顶分别起券，墓道与墓室之间有甬道。砖室结构墓占据主导，砌筑方式更加多样化，单砖侧立或直立壁较为普遍。如西北有色金属研究院M1为东汉早期竖穴墓道砖室墓，南北壁条砖错缝平砌，东壁条砖侧立砌筑，墓顶用十六排子母砖纵向对缝起券，封门用子母砖对缝底部平砌，上部立砌。④早中期的大洋乳胶厂M2，墓葬由墓道、甬道、墓室组成，甬道用条形砖砌壁券顶，墓室分前、后室，左、右侧室，两侧室分别有木棺一具。⑤

东汉中期和晚期，墓葬形式变化不大，斜坡墓道砖室墓逐渐占主导地位，纵长方形拱顶单室墓建设，前后室布局的多室墓更为流行。在主室出现了侧室、棺室等新结构。

随葬品组合上，汉代中小型墓葬随葬品以陶器和铜器为主。西汉早期，汉文化处于形成之中，随葬品器物特征与秦代更为接近。常见有鼎、盒、钫、壶等仿铜陶礼器，模型明器有房形仓、方形仓、灶、缶，实用器有罐、盆、灯、缶、钵等。其中，

---

① 陕西省考古研究院等编《西安北郊郑王村西汉墓》，第10页。
② 陕西省考古研究院等编《西安北郊郑王村西汉墓》，第185页。
③ 西安市文物保护考古所：《西安市张家堡新莽墓发掘简报》，《文物》2009年第5期。
④ 西安市文物保护考古所编《西安东汉墓》，文物出版社，2009，第35页。
⑤ 西安市文物保护考古所编《西安东汉墓》，第163页。

有壶随葬的墓主一般等级较高。如西北医疗设备厂 M92，侧室的出土有陶鼎 1 件、陶盒 3 件、陶钫 2 件、陶壶 2 件、凹唇罐 7 件、陶房仓 1 件、陶灶 1 件、陶甑 1 件、陶灯 4 件。① 部分墓葬出土了蒜头壶、茧形壶等典型秦器。凹唇罐和缠绕式蟠螭纹铜镜以及半两钱是西汉早期墓葬典型随葬品和断代依据。

西汉中期，仿陶礼器组合与早期基本相同，但部分器形有所变化。如陶鼎腹部增高，陶钫形体变瘦。鼎、盒等的外部彩绘没有早期明艳；生活明器中新出现樽，早期的方形仓减少、圆形仓增加，茧形壶不见，彩绘纹饰发达，灶器全为马蹄形。早期的凹唇罐少见，流行双唇罐；日用陶器中陶缶发现减少。西汉中后期，器物组合变化不大，质地上釉陶部分取代了灰陶。仿铜陶礼器中钫偶见，多以壶代之。壶多假圈足，出现深腹鼎、圈足盒。生活明器中，陶缶完全消失，灶形没变，但两孔灶增多。装饰方面变化较大，彩绘减少，酱黄和红褐釉陶增多。如西安北郊郑王村 M190 出土的陶奁和仓，泥质红陶，外施绿釉，奁的腹外还模印一周人物、动物、卷云纹等纹饰。②

西汉晚至新莽时期，陶器、釉陶器占据大多数。仿铜陶礼器组合多不完整，除了陶鼎之外，其余陶盒、陶壶等几乎全都被釉陶盒、釉陶壶替代。钫不见，壶数量增多。鼎类腹部持续变高，盒类下腹变深，壶类颈部加上，在鼎、盒、钫的器盖上和壶肩部多模印动物、卷云纹图案。生活明器类上无多大变化，纹饰面积增大，新莽时期出现陶水井，釉陶灶。生活陶器中博山盖釉陶奁较多。如西北医疗设备厂 M1 出土的 2 件陶钫，通体绘有花纹，高领，束颈，鼓腹；模制陶房仓制作精细，绘有扶桑树，辟窗，有通气孔。③

东汉早期，随葬品种类少，器形较单一，仿铜陶礼器不见，以壶、罐、仓、樽、釜等生活明器为主，有假圈足壶、肩部有浮雕图案的矮颈壶。铜镜有日光镜、四乳八禽镜等，钱币主要为王莽时期的大泉五十、小泉直一、布泉等。稍晚，出现了模型明器井和室内祭奠用器案、盘、碗、勺等，大口矮领罐、大陶釜、釜灶连体模印炊具多有发现，镇墓瓶等新器具开始流行。随葬品中五铢钱数量剧增。

东汉中期，耳杯、盘、碗、勺等墓内祭奠器更为普遍，新出现了猪、狗、鸡等家禽俑，以及百戏俑、劳作俑等人物俑。器形方面，假圈足壶的颈变长，腹更扁。足增高。仓，流行三足仓，肩多檐不明显或不出檐。灶多为单釜，釜灶分体，表面多素

---

① 韩保全、程林泉、韩国河编著《西安龙首原汉墓》，第 112 页。
② 陕西省考古研究院等编《西安北郊郑王村西汉墓》，第 402 页。
③ 韩保全、程林泉、韩国河编著《西安龙首原汉墓》，第 17 页。

面，灶门两侧模印炊人。铜镜的花纹样式更多，连弧云雷纹镜较为普遍。中晚期，大陶釜极为流行，新出现辘轳形或梯形井架和"井"字形井沿。

东汉晚期，器物组合与中期相比变化不大，壶、斗、灯、人物俑、动物俑等基本不见，器形以罐、仓、井、灶、盘、狗、鸡等为主，器类方面新出现三足鼎形器。器形变小，制作较为粗糙，随葬品数量较少。

关中地区，墓葬形式多样，洞室墓流行时间早，在西汉早期占据主导地位。由于环境所限，关中地区汉墓构建材料单一，除土洞墓和砖室墓以外，其他材料少见，尤其是石材使用较少，这就导致在其余地区常见的石室墓、崖墓、砖石混合墓在关中地区几乎不见。此外，关中地区墓葬中装饰性内容少，壁画墓、画像石墓只在关中发现6例。在随葬品组合上，与其他地区相比，仿铜陶礼器组合消亡的时间早，仓、灶、井、盘等生活类明器出现早，带有秦文化因素的蒜头壶、茧形壶也只在西汉初年的关中地区流行。陶器上的彩绘、陶金饼、豆青釉原始瓷器，也显示了刘邦影响之下楚地文化遗风。

2. 中原地区汉墓

中原地区以洛阳为中心，包括今天的山东西境，西迄三门峡，北到石家庄至太原，南至南阳，以三河地区为中心。中原地区自商周以来一直是全国政治、经济、文化要地。西汉时，梁王被分封于此，王莽时曾大力经营洛阳，东汉光武帝刘秀更是把洛阳定为首都。相对于其他地区，中原地区相对稳定，与中央隶属关系明确，反映在墓葬习俗上，与关中地区较为相似。

西汉早期，竖穴土坑木椁墓在中原地区已很少见，已基本上被洞室墓所代替。形制大体为在棺椁之间设置头箱或边箱，箱内放置随葬品，一些规模较大的还设有斜坡或阶梯式墓道，如洛阳新安铁门镇西汉早期土圹墓，[①] 在长方形竖井墓道的一端开凿长方形墓室。这一阶段，占主导地位的为单棺空心砖墓和土洞墓，空心砖墓继承了竖穴木椁墓的特点，竖井墓道，用砖室代替木椁，一般为平顶，部分有耳室，砖多横侧立，前端竖立，如洛阳北郊西汉早期空心砖墓，[②] 长方形竖井墓道，墓门处有土圹耳室，墓室用空心砖构筑，平顶。土洞墓多为小型墓葬，平顶，墓道宽大于等于墓室宽，如洛阳周山汉墓，[③] 河南新安铁门镇西汉早期墓。[④] 随葬品组合以鼎、盒、敦、壶等仿铜礼器和罐等生活明器为主，部分出土陶俑头和铅质车马明器。墓中出有西汉

---

① 河南省文化局文物工作队：《河南新安铁门镇西汉墓葬发掘报告》，《考古学报》1959年第2期。
② 洛阳市文物工作队：《洛阳北郊C8M574西汉墓发掘简报》，《考古与文物》2002年第5期。
③ 翟维才：《洛阳市文管会配合防洪工程清理出二千七百件文物》，《文物参考资料》1955年第8期。
④ 河南省文化局文物工作队：《河南新安铁门镇西汉墓葬发掘报告》，《考古学报》1959年第2期。

半两钱,不见五铢钱。

西汉中期,墓葬形式以土洞墓和空心砖墓为主,在中晚期出现了小砖券墓。土洞墓流行竖井墓道平顶墓,墓室有单棺和双棺两种,附设有耳室,单侧或两侧,用以放置随葬品,如洛阳烧沟 M13、M16,① 洛阳新安铁门镇 M3② 等。空心砖墓开始盛行夫妻同穴合葬的双棺墓,出现了两次造双棺墓或在双棺之间加筑隔墙的方式分隔墓室的一次造双棺墓,如洛阳烧沟 M312③ 和洛阳金鼓园 HM1;④ 在结构上,空心砖墓开始趋于模拟墓主生前房屋,出现斜坡屋脊状墓顶,在部分墓葬中开始出现彩色壁画,如洛阳卜千秋壁画墓。⑤ 这一阶段还出现了小砖券顶空心砖墓的新形式,墓室由空心砖和小砖混合而成,如洛阳西汉墓。⑥ 此外,小砖券墓在西汉中晚期开始在以洛阳为中心的中原地区流行,长方形竖井墓道,弧形砖券顶墓室,墓室用小砖错缝叠砌,地面亦选择小砖平铺,如洛阳周山小砖券墓。随葬品组合仍以鼎、盒、壶、罐为主,陶礼器中钫少见,新出现仓、灶等生活明器,陶俑大为减少,铜镜流行星云纹镜、日光镜、变形四螭纹镜和昭明镜等,五铢钱大量出现。

西汉晚期,墓葬形制多梯形空心砖墓、平顶双棺空心砖墓,小砖券顶弧形墓,土洞墓继续流行。空心砖墓继续沿用中期形式,但多耳室,夫妻合葬成为主流,如洛阳烧沟 M102 有四个耳室,⑦M61 有双丁字形耳室。⑧ 也存在多种砖并用的情况,如淅川县赵杰娃山头 M42,⑨ 墓室用长条形花纹砖、空心画像砖和实心画像砖构筑,楔形砖券顶,前后室结构;小砖券顶墓出现单穹隆顶前堂后室结构,前室用来摆放随葬器物和进行墓内祭祀,如洛阳西郊汉墓 M3247;土洞墓结构变化与此相似,出现前后室,平顶墓减少,弧形顶或单穹隆顶成为主流,大多带有耳室。如洛阳烧沟西汉晚期墓。⑩ 随葬品组合上,鼎、盒、壶礼器组合继续存在,但壶的数量明显增多,仓、井、灶、瓮等生活明器开始占据主导地位,新出现了奁、樽等器具。出土的铜镜

---

① 洛阳区考古发掘队:《洛阳烧沟汉墓》,第 15~22 页。
② 河南省文化局文物工作队:《河南新安铁门镇西汉墓葬发掘报告》,《考古学报》1959 年第 2 期。
③ 洛阳区考古发掘队:《洛阳烧沟汉墓》,第 18 页。
④ 洛阳市第二文物工作队:《洛阳金谷园西汉墓发掘简报》,《中原文物》1987 年第 3 期。
⑤ 洛阳市博物馆:《洛阳西汉卜千秋壁画墓发掘简报》,《文物》1977 年第 6 期。
⑥ 洛阳市文物工作队:《洛阳西汉墓发掘报告》,《考古》1983 年第 1 期。
⑦ 洛阳区考古发掘队:《洛阳烧沟汉墓》,第 30 页。
⑧ 河南省文化局文物工作队:《洛阳西汉壁画发掘报告》,《考古学报》1964 年第 2 期。
⑨ 河南省文物局南水北调文物保护办公室、南阳市文物考古研究所:《河南淅川县赵杰娃山头汉墓发掘简报》,《华夏考古》2014 年第 2 期。
⑩ 洛阳区考古发掘队:《洛阳烧沟汉墓》,第 23~51 页。

有四神博局镜、几何纹博局镜、神兽镜、连弧纹镜等。新莽钱币在墓中出现。

这一时期单穹隆顶墓的出现，是墓葬形制的重大变化，它将长期以来的单一的主墓室结构发展成为拟生化的前堂后室结构。同时也体现了丧葬习俗重大变革，前堂的设置出现，为在墓内祭祀活动提供了方便，在前室出土的盒、杯、勺等祭奠器，也证实了前室这一功能。

东汉早期，墓葬形制仍为单穹隆顶的"前堂后室"墓，部分前室出现四角攒尖穹隆顶，新出现了双穹隆顶和抛物线顶墓，如洛阳烧沟 M1029、M147。[1] 在洛阳地区还出现了少量横前室结构墓，如洛阳偃师姚孝经墓[2]，洛阳烧沟 M1027[3]。土洞墓开始出现竖井式附阶梯的墓道，单穹隆顶或弧形顶的前堂后室结构，如洛阳烧沟 M35。[4] 空心砖墓已很少见。随葬品组合与西汉晚期变化不大，鼎、盒等器物骤减，四乳镜、规矩镜多见，新出云雷纹连弧纹镜；东汉五铢钱在墓中大量出现，伴出新莽钱。

东汉中期，土洞墓中盛行单穹隆顶前堂后室墓、弧形顶单室墓和弧形顶前堂后室墓，耳室走向衰落。带斜坡墓道的双穹隆顶墓和"前堂横列"墓，前期抛物线墓都比前期增多，如焦作山后墓地汉墓 M1、[5] 洛阳苗南新村 M528[6] 为小型横前堂砖室墓。随葬品的数量、种类都有所增多，家禽、家畜和奴仆俑、乐舞俑常见及猪圈、厕常见，以鼎、盒、壶为标志的陶质礼器消亡。铜镜新出现尚方镜、云雷纹镜、夔凤镜和长宜子孙镜等；钱币以东汉五铢多见；有的墓开始出现青绿釉陶（瓷）器。

东汉晚期，单穹隆顶前、后室结构的墓仍存在，但已经衰落，双穹隆顶前堂后室结构墓开始流行，如洛阳烧沟 M1029，[7] 墓室由墓道、甬道、前堂、后室、左右侧室组成，甬道弧形砖券顶，前堂后室为穹隆顶，小砖封门。四角攒尖穹隆顶墓比上期多件，如洛阳西郊 M10016，[8] 前后室均为四角攒尖穹隆顶。前堂横列式墓开始普遍出现，弧形砖券顶，横前堂带单后室或双后室，如汉魏洛阳城西东汉中晚期墓。[9] 此外，还出现了一种特殊的横前室带中室、后室的中轴线结构墓，如洛阳市

---

[1] 洛阳区考古发掘队：《洛阳烧沟汉墓》，第 59~63 页。
[2] 偃师商城博物馆：《河南偃师东汉姚孝经墓》，《考古》1992 年第 3 期。
[3] 洛阳区考古发掘队：《洛阳烧沟汉墓》，第 45~47 页。
[4] 洛阳区考古发掘队：《洛阳烧沟汉墓》。
[5] 河南科技大学人文学院、洛阳市文物考古研究院、河南省文物局南水北调文物保护办公室：《河南焦作山后墓地汉墓发掘简报》，《华夏考古》2014 年第 1 期。
[6] 洛阳市第二文物工作队：《洛阳苗南新村 528 号汉墓发掘简报》，《文物》2002 年第 5 期。
[7] 洛阳区考古发掘队：《洛阳烧沟汉墓》，第 59~63 页。
[8] 中国科学院考古研究所洛阳发掘队：《洛阳西郊汉墓发掘报告》，《考古学报》1963 年第 2 期。
[9] 中国社会科学院考古研究所洛阳汉魏城队：《汉魏洛阳城西东汉墓园遗址》，《考古学报》1993 年第 3 期。

南昌路东汉墓。① 在合葬形式上，家族合葬的形式日渐流行。书写镇墓文的扁腹大平底陶罐成为该期墓葬的典型器物，仓的数量减少。长宜子孙镜、四凤镜、人物画像镜、变形四叶纹镜、三兽镜等常见，铁镜新出现。铜钱中新莽钱，桓灵五铢钱伴出。

总的来说，中原地区的墓葬发展经历了一个单室——前、后室——多室的发展过程；葬式上单人葬——合葬——家族合葬变化过程，反映了社会关系上家族观念的逐步认同。据考证洛阳烧沟汉墓群就为多个家族聚葬的公共墓地，至少包括郭氏、尹氏、赵氏、商氏、肖氏等多个姓氏。但在社会中下层中，单室砖室墓始终占据存在，并占据重要位置，如焦作白庄M51、② 焦作山后墓地M3等东汉墓。③

中原地区地处关中与楚地之间，丧葬制度受二者影响，并延续本地区战国以来的传统，但也有地区差异。豫西南、豫南和豫东地区，与楚地相连或属楚旧地，汉初受楚文化影响较深，如竖穴木椁墓，少见或不见洞室墓。直到西汉中期，才完成由竖穴墓道砖室墓的转变。靠近陕西的豫北地区，秦地特点的竖穴洞室墓，茧形壶普遍出现。而处于中原腹地的郑、韩地区，早在战国以来就开始流行空心砖墓。东汉都洛阳，洛阳成为当时政治、文化和经济中心，洛阳的丧葬习俗开始对其他地区产生辐射效应，单穹隆顶墓、横前堂式墓最早出现在洛阳地区，之后迅速向周围地区扩散。

3. 山东地区汉墓

山东地区汉墓的空间范围为处于今天山东省境内汉代墓葬。汉代，山东是行政区划变化最为频繁的地区。西汉初期，山东属齐国、梁国的区域。汉武帝元封五年（前106），山东被划归分属青、徐、兖三州。东汉时属于青、徐、兖、豫四州。山东地区经济文化发达、人口稠密，是儒家思想的发源地和重要传播地区，也是求仙问道活动广泛风行之地。山东地区清理、发掘出的汉墓达到8000座以上，数量可观，各种规模的墓均有发现，涵盖到墓葬的各种形式。出土的随葬品以陶器为主，也以此作为分期的主要依据。

西汉早期，山东地区的中小型墓葬以长方形土坑竖穴墓为主。在鲁北地区和鲁东南的临沂地区砖椁墓很少见，木椁墓占据绝对多数，极少见空心砖墓和石椁墓，临沂

---

① 洛阳市第二文物工作队：《洛阳市南昌路东汉墓发掘简报》，《中原文物》1995年第4期。
② 焦作市文物工作队、焦作师范高等专科学校美术学院：《河南焦作白庄M51汉墓发掘简报》，《中国国家博物馆馆刊》2012年第7期。
③ 河南科技大学人文学院、洛阳市文物考古研究院、河南省文物局南水北调文物保护办公室：《河南焦作山后墓地汉墓发掘简报》，《华夏考古》2014年第1期。

地区的土炕木椁墓也一般凿岩而建，数重棺椁，级别较高。随葬品上，中小型墓通常只有1件壶或罐，如临淄商王M49，有长颈垂腹壶。①青州戴家楼M93还出土有折腹束颈壶1件；②鲁东南地区随葬品组合体现多元文化的影响，临沂银雀山M4出土漆衣鼎、盒、壶、蒜头壶、茧形壶、单眼灶、陶俑、漆器耳杯、奁、梳、帛画等；③鲁中南地区木椁墓和石椁墓均占有一定的比例，但这一地区随葬品数量较多，有鼎、盒、壶、盘、罐等，也有实用明器仓、灶、盘、磨及半两钱等，如济宁微山独山M4，出土有鼎、仓、盒、壶、盆、仓、灶、圈等，壶为假圈足壶或斜直圈足壶，有明显的圆肩；④胶东地区属于这一时期的汉墓没有考古报告。

此期的陶器组合体现了战国墓葬风格的延续，以鼎、盒、罐、壶为主，铜镜为三弦桥纽蟠螭纹、风云纹，伴出的钱币皆是半两。

西汉中期，山东地区汉墓形式丰富多样，室墓未正式形成，但椁墓的所有形态都已出现。鲁北地区中大型墓中，受徐州楚墓影响出现了凿岩而造的木椁墓，开始向横向墓室发展，墓室开始按照中轴线分布，出现了木顶、石墙、木门等要素，如寿光三元孙M1、⑤临淄稷山汉墓、⑥济南腊山汉墓⑦等。中小型墓仍以长方形竖穴土坑木为主，砖椁墓已占一定比例，但几乎没有石椁墓。出土的陶器仍以单件为主，如临淄商王M75出土了长颈垂腹壶，⑧青州戴家楼M95出土了小口大平底罐，还有五铢钱和星云纹镜。⑨章丘女郎山西坡M10出土了游草叶纹镜等。⑩

鲁中南地区以石椁墓为主，墓内部分有石刻画，合葬墓有一定比例，祔葬墓开始流行。随葬品有地区特殊的有盘口绳纹罐、小杯、磨等。济宁潘庙M32、⑪嘉祥长直集M118出土有对称式盒。⑫枣庄小山M1为三石椁墓，出土有鼎、盒、假圈足壶、小杯，画像石图案为穿壁纹和常青树。⑬

---

① 淄博市博物馆等：《临淄商王墓地》，齐鲁书社，1997。
② 山东省文物考古研究所：《山东青州市戴家楼战国西汉墓》，《考古》1995年第2期。
③ 银雀山考古发掘队：《山东临沂市银雀山的七座西汉墓》，《考古》1999年第5期。
④ 微山县文物管理所：《山东微山县微山岛汉代墓葬》，《考古》2009年第10期。
⑤ 山东省文物考古研究所：《山东寿光三元孙墓地发掘报告》，《华夏考古》1996年第2期。
⑥ 淄博市博物馆：《临淄商王墓地》。
⑦ 济宁市考古研究所：《济南市腊山汉墓发掘简报》，《考古》2004年第8期。
⑧ 淄博市博物馆：《临淄商王墓地》。
⑨ 山东省文物考古研究所：《山东青州市戴家楼战国西汉墓》，《考古》1995年第2期。
⑩ 济青公路文物考古队绣惠分队：《章丘女郎山战国、汉代墓地发掘报告》，《济青高级公路章丘工段考古发掘报告集》，齐鲁书社，1993。
⑪ 国家文物局考古领队培训班：《山东济宁郊区潘庙汉代墓地》，《文物》1991年第12期。
⑫ 贺福顺：《山东嘉祥县发现画像石墓》，《考古》1994年第8期。
⑬ 枣庄市文物管理委员会办公室、枣庄市博物馆：《山东枣庄小山西汉画像石墓》，《文物》1997年第12期。

鲁东南地区以竖穴木椁墓为主，木椁口部和底部有井形架，内部髹漆，木棺内放置装饰器物，随葬品以漆器和陶器为主，也有少量铜器、玉器、木器，帛画已很少见，随葬品与胶东地区类别相似，如临沂金雀山M11、[①] 青岛古庙村M1[②] 和沂水龙泉站汉墓[③] 等。

胶东地区发现的汉墓规格较高，有竖穴土坑木椁墓和砖椁木椁墓两种，都为多重棺椁，前者在墓圹中填大量贝壳，后者为在砖椁之内有木椁，有显著的地域特征。因与中原核心地区相距较远，胶东地区的随葬品器形多呈现战国晚期特征，多见有陶炉、熏炉、豆、鼎、壶、钫等，以铜器和陶器为主，如蓬莱大迟家M5、[④] 青岛岱墅M1、[⑤] 荣成梁南庄M1[⑥] 等。

西汉晚期，砖椁墓在整个山东境内流行，石椁墓达到全盛。鲁北地区以砖椁墓、木椁墓为主，带有壁龛或边箱结构。随葬品陶器组合简单，出土的典型器物有戴家楼M46[⑦] 和寿光三元孙M59[⑧] 的长颈垂腹壶，M23出土有日光连弧纹铜镜，章丘女郎山西坡M2[⑨] 和戴家楼M34[⑩] 都出土有大口小底罐。

鲁西南地区和鲁中南地区少量木椁墓，多石椁墓和砖椁墓。随葬品以鼎、盒、壶、盘为主，仓、井、灶、磨等模型类明器增加，如枣庄陶官M1出土有鼎、壶、罐、盘、仓、灶、井、磨、猪圈等。济宁潘庙M47、[⑪] 滕州车站村M8[⑫] 出土有圆腹罐；济宁师专M11出土有釉陶鼎、灶、盒、壶等，还有昭明连弧纹镜和剪轮五铢钱等。[⑬]

鲁东南地区以木椁墓和石椁墓为主，还有少量的砖椁墓。随葬器物中的陶器都是釉陶，常见器物组合有鼎、壶、罐、熏炉、盘、瓿等。这一地区的随葬品显示出南方和中原地区文化的影响，瓿为典型的南方器物，在临沂银雀山M6和M5中均有发

---

① 临沂市博物馆：《山东临沂金雀山周氏墓群发掘简报》，《文物》1984年第11期。
② 时桂山：《山东崂山古庙汉墓》，《文物资料丛刊》（4），文物出版社，1981。
③ 山东省文物考古研究所等：《山东沂水县龙泉站西汉墓》，《考古》1999年第8期。
④ 烟台市文物管理委员会等：《山东蓬莱市大迟家两座西汉墓》，《考古》2006年第3期。
⑤ 孙善德：《青岛市郊区发现汉墓》，《考古》1980年第6期。
⑥ 烟台市文物管理委员会：《山东荣成梁南庄汉墓发掘简报》，《考古》1994年第12期。
⑦ 山东省文物考古研究所：《山东青州市戴家楼战国西汉墓》，《考古》1995年第2期。
⑧ 山东省文物考古研究所：《山东寿光县三元孙墓地发掘报告》，《华夏考古》1996年第2期。
⑨ 济青公路文物考古队绣惠分队：《章丘女郎山战国、汉代墓地发掘报告》，《济青高级公路章丘工段考古发掘报告集》。
⑩ 山东省文物考古研究所：《山东青州市戴家楼战国西汉墓》，《考古》1995年第2期。
⑪ 国家文物局考古领队培训班：《山东济宁郊区潘庙汉代墓地》，《文物》1991年第12期。
⑫ 山东省文物考古研究所鲁中南考古队、滕州市博物馆：《山东滕州市官桥车站村汉墓》，《考古》1999年第4期。
⑬ 济宁市博物馆：《山东济宁师专西汉墓群清理简报》，《文物》1992年第9期。

现。① 扁足釜形顶是战国楚式鼎的典型形态。沂水西水旺村 M2、② 诸城杨家庄木椁墓发现的百乳镜、双圈铭文昭明镜、四乳四螭镜等，都为同一时期全国范围内普遍流行的器形。

胶东地区流行砖椁、木椁墓，少量非典型石椁墓和砖椁墓。随葬品组合有鼎、壶、罐、钫、炉，新发现有樽、勺、案、匜、甑等，即与其他地区同步又有其独特的地方特色，如威海大天东 M3、M4。③

东汉前期，带中轴线，前、后室结构，并有耳室的砖室墓在鲁北地区迅速增多，小型土坑墓和砖椁墓在社会中下层存在。随葬品中，祭奠用品、模型器开始出现，如青州马家冢子 M1，整体为方形砖室墓，带有回廊，横列前室，有中轴线，前、后室，回廊有券顶。④

鲁中南地区继续延续石椁墓传统，中轴线有前、后室形制墓也开始出现从石椁墓中出现，前室开始具有祭奠功能，门、墓道也随之变化。随葬品釉陶比例增多，红陶占比例大。鼎基本不见，壶、罐、盘器形有较大变化，壶由礼器变为实用器，新出现了长方盒等器形，但制作粗糙。同鲁北地区一样，祭奠器和模型明器多有出现，如东平王陵山砖石墓，带中轴线和前、后室及侧室，出土随葬品有壶、罐、灶、猪圈等生活明器，盘、盒、樽、耳杯等祭奠器。⑤ 此外，曲阜防山 M7、⑥ 滕州东小宫 M166⑦等也为此时期典型汉墓。

鲁东南和胶东地区仍以土坑木椁墓，砖椁墓为主，其他形式极少见，例如沂水牛岭埠汉墓。⑧

东汉中晚期。这一阶段整个山东的墓葬形式和随葬品种类逐步趋同，各种砖墓、石墓或砖石合筑多室墓同时存在。随葬品陶器因火候低，制作较粗糙，釉陶数量增多，祭奠器、模型器器形无大变化。

鲁北地区较为流行的是前、中、后三室，有侧室、券顶的砖石墓，同时也出现带回廊的石室墓和砖室墓、双轴线复合型石室墓。如宁津庞家室汉墓出土的陶器有灰

---

① 山东省博物馆、临沂文物组：《临沂银雀山四座西汉墓葬》，《文物》1975 年第 6 期。
② 马玺伦、刘一俊、孔繁刚：《山东沂水县西水旺庄汉墓》，《考古》1990 年第 9 期。
③ 威海市博物馆：《山东威海市蒿泊大天东村西汉墓》，《考古》1998 年第 2 期。
④ 山东省青州市博物馆：《山东青州市马家冢子东汉墓的清理》，《考古》2007 年第 6 期。
⑤ 山东省博物馆：《山东东平王陵山汉墓清理简报》，《考古》1966 年第 4 期。
⑥ 中国科学院考古所山东队等：《山东曲阜考古调查、试掘简报》，《考古》1965 年第 12 期。
⑦ 山东省文物考古研究所等：《山东滕州市东小宫周代、两汉墓地》，《考古》2000 年第 10 期。
⑧ 马玺伦：《山东沂水县牛岭埠发现一座东汉墓》，《考古》1993 年第 10 期。

陶、白陶，更多的是绿釉陶，器形有壶、扁壶、井、楼、连枝灯、屋、鸡、狗、猪等。① 无棣车镇村汉墓，为双轴线复合型砖石墓。②

鲁中南和鲁南地区墓葬形式差异不大，同时存在石椁墓、前、后室券顶砖石墓、前后室石室墓、带回廊横列前室墓、多轴线石室墓等，如莒县沈刘庄汉墓，多前室和后室，陶器多绿釉陶，出土剪轮东汉五铢。③

画像石墓在山东普遍存在，雕刻笔法成熟。章丘黄土崖 M1，出土有温酒樽、盘、仓、樽等实用明器，画像石画采用浅浮雕和高浮雕技法。④ 济南青龙山 M1，出土器物与黄土崖类似，墓门楣上有羊头、鸟、鱼等图案。⑤ 此外，北毕村汉墓、⑥ 阳谷吴楼汉墓、⑦ 东阿邓庙汉墓⑧ 等都为这一阶段的画像石墓。

两汉时期的山东汉墓受到多重文化的冲击和影响，有来自中原文化的因素，也受到相邻区域性文化的渗透，还有自身文化渊源的延续。在墓葬形制方面，砖室墓和石室墓出现的时间较晚，前后形式上变化不大，在东汉洞室墓盛行的时期，山东依然以土椁墓、砖椁墓、石椁墓为主，空心砖墓极为少见。竖穴东汉中期以来画像石墓广为流行，数量上占据全国首位。随葬品组合上，直到西汉晚期，陶制礼器始终延续，生活类明器出现较同时代相邻地区要晚。从区域分布来看，鲁北地区和胶东地区保留了浓厚的地方特色，对新的墓葬形式的接受较其他地区有一定的滞后性；而鲁南地区由于受到徐州一带强势楚文化的影响，在墓葬形式演变上基本保持一致。但到东汉晚期，在各种文化碰撞交融之下，整个山东的墓葬形式显现出同质化的特点。

相对于其他地区，山东地区家族墓地出现早。其原因大体可归因于山东政治上相对稳定，战争几乎未波及，这使得本已富庶山东在西汉中期以后经济实力更为雄厚，造就了一大批富裕的中下层官吏或中小地主。为了保持财产的稳固性传承，家庭的地位被凸显，反映在墓葬上就是家族墓地的增多，在葬式上夫妻合葬的普遍。这一阶段山东家族墓地有：山东济宁师专郑氏家族墓地有墓葬 25 座，年代大体为武昭宣时期，

---

① 德州地区文物组等：《山东宁津县庞家寺汉墓》，《文物资料丛刊》第 4 集，文物出版社，1981。
② 郭世云：《山东无棣清理的一座东汉墓》，《考古》1992 年第 9 期。
③ 苏兆庆、张安礼：《山东莒县沈刘庄汉画像石墓》，《考古》1988 年第 9 期。
④ 章丘市博物馆：《山东章丘市黄土崖东汉画像石墓》，《考古》1996 年第 10 期。
⑤ 济南市文化局文物处：《山东济南青龙山汉画像石壁画墓》，《考古》1989 年第 11 期。
⑥ 山东大学历史文化学院、济南市考古研究所、章丘市博物馆：《济南市北毕村汉代画像石墓》，《考古》2012 年第 11 期。
⑦ 聊城地区博物馆：《山东阳谷县八里庙汉画像石墓》，《文物》1989 年第 8 期。
⑧ 陈昆麟等：《山东东阿县邓庙汉画像石墓》，《考古》2007 年第 3 期。

社会等级为底层官吏或中小地主;[①] 临沂金雀山周氏家族墓地,有墓葬 5 座,年代处于西汉中期偏晚。[②]

4. 京津冀地区

京津冀地区即今天的北京、天津和河北省的辖区范围。两汉时期,京津冀地区的南部(河北中南部)隶属冀州,北部(包括今天的北京、天津和河北东北部)隶属幽州,河北省的西部太行山东麓地区归并州的管辖范围。这一地区处于西北、东北和中原地区三大文化区的交织地带,且由于太行山、燕山的阻隔,成为一个独立的文化单元,有着自身的文化发展脉络。

京津冀地区的汉代墓葬可以分为四类:土坑墓、洞室墓、崖洞墓和砖室墓。各种墓葬形式和随葬品的类型演变可以大体分为以下几个阶段。

西汉早期,本期所见墓葬形制包括长方形竖穴土坑墓、刀形竖穴土坑墓和箱式木椁墓三种类型。葬具为木棺,墓葬方向以南北向居多,多为小型墓葬,埋葬形式以单人葬为主,也有少量夫妻异穴合葬现象,有骨架遗存的均为仰身直肢葬。随葬品通常被置于棺外,少数放在头部棺内,如河北怀来县官庄 M8、M17、M29,[③] 邢台曹演庄 M7、M14、M17,[④] 燕下都遗址 D6T31M8,[⑤] 北京昌平史家桥[⑥] 等。箱式木椁墓是用木板在墓圹内构筑墓室各部分,部分木椁内被分隔成不同空间,放置木棺和随葬品。如北京怀柔城北 M61、M62,[⑦] 北京昌平半截塔村 M2,[⑧] 宝坻秦城遗址 M54[⑨] 等。随葬品主要以鼎、壶、罐、盒为代表的日用器具为主,少数有罐与矮圈足壶组合,仅见半两钱。

西汉中期,在大部分地区仍以竖穴土坑墓为主,土坑瓮棺墓、土坑木棺墓和土坑箱式木椁墓占主流,土坑砖椁墓已出现,方向上基本为南北向。早期竖井墓、地洞室墓在河北怀来、阳原一带占有一定比例,如唐山贾各庄 M3,[⑩] 河间东文庄

---

① 济宁市博物馆:《山东济宁师专西汉墓群清理简报》,《文物》1992 年第 8 期。
② 沈毅:《山东临沂金雀山周氏墓群发掘简报》,《文物》1984 年第 4 期。
③ 河北省文物研究所、张家口市文物管理处、怀来县博物馆:《河北省怀来县官庄遗址发掘报告》,《河北省考古文集(二)》,北京燕山出版社,2001,第 24~45 页。
④ 河北省文物研究所、邢台市文物管理处:《邢台曹演庄汉墓发掘报告》,《文物春秋》1998 年第 4 期。
⑤ 河北省文物研究所:《燕下都遗址内的两汉墓葬》,《河北省考古文集(二)》,第 68~140 页。
⑥ 北京市文物工作队:《北京昌平史家桥汉墓发掘》,《考古》1963 年第 3 期。
⑦ 北京市文物工作队:《北京怀柔城北东周两汉墓葬》,《考古》1962 年第 5 期。
⑧ 北京市文物工作队:《北京昌平半截塔村东周和两汉墓》,《考古》1963 年第 3 期。
⑨ 天津市历史博物馆考古部、宝坻县文化馆:《宝坻秦城遗址试掘报告》,《考古学报》2001 年第 1 期。
⑩ 河北省文物管理委员会:《唐山市陡河水库汉、唐、金、元、明墓发掘简报》,《考古通讯》1958 年第 3 期。

M10,① 河北省怀来县官庄 M1、M26② 等。在保定、沧州、石家庄、衡水、邢台一带土坑砖椁（棺）墓成为主流，早期单室砖室墓也有发现，如河北省深州市下博 M10、M9,③ 邢台曹演庄 M19④ 等。土坑墓中夫妻合葬墓数量增多，除原来的异穴合葬外，还出现了真正意义上的同穴合葬。随葬品以陶兽蹄形鼎、盒、壶为代表的仿铜礼器，以及以陶、罐、盒、瓮为代表的日用陶器为主。阳原地区随葬品以陶器、铜器并存，少数出现了模型明器灶，壶、圜底罐的组合为砖椁墓的常见组合。

西汉晚期，墓葬形式多样化趋势出现，除原有的竖穴土坑墓外，砖室墓、土坑砖椁（棺）墓逐步流行。土坑墓单人、双人墓均有发现，随葬品组合仍以陶鼎、壶为代表的仿铜礼器和以小平底圆腹罐为代表的日用陶器为主，如北京怀柔城北 M110、M112。⑤ 土洞墓多为斜坡式墓道，也有部分为阶梯墓道，但均无甬道，随葬品以陶质矮颈鼓腹假圈足壶为代表，如河北深州市下博 M10。⑥

新莽至东汉早期，墓葬形制以土洞砖椁（棺）墓，不带甬道的单室砖室墓为主，出现了少数分前、中、后三室的复杂形制墓。竖穴土坑墓仍存在，但已趋于式微。如北京昌平白浮村 M24、M30、M43⑦ 都为不带甬道的单砖室墓，河北阳原西城南关 M1、⑧ 武清东汉鲜于璜墓 ⑨ 为分前中后三室不带耳室的砖墓、北京平谷县西柏店和唐庄子 M103 为一前室双后室砖墓⑩。这一阶段随葬品组合变化较大，铜礼器如壶、锺等消失不见，以罐、瓮、灶、井、奁、尊为主的生活明器占多数，代表器物有大平底罐，陶假圈足壶等。随葬的钱币有王莽时期的货布、大泉五十、货泉及东汉五铢并出。

东汉中晚期，各种性质的砖室墓占绝对主导。规模上，中小型墓葬多选用斜坡状墓道的单室墓或墓室前后相连的双室墓，两室之间又短甬道连接；大中型墓葬类型为前、中、后三室墓，或多后室多耳室、侧室的多室墓。壁画墓的内容更加生活化。随

---

① 河北省文物研究所、沧州市文管所、河间市文保所：《河间东文庄窑址和墓葬发掘简报》，《河北省考古文集（二）》，燕山出版社，2001，第 187～193 页。
② 河北省文物研究所、张家口市文物管理处、怀来县博物馆：《河北省怀来县官庄遗址发掘报告》，《河北省考古文集（二）》，第 24～45 页。
③ 河北省文物研究所、衡水市文物管理处、深州市文物保护管理所：《河北省深州市下博汉唐墓地发掘报告》，《河北省考古文集（二）》，燕山出版社，2001，第 214～243 页。
④ 河北省文物研究所、邢台市文物管理处：《邢台曹演庄汉墓发掘报告》，《文物春秋》1998 年第 4 期。
⑤ 北京市文物工作队：《北京怀柔城北东周两汉墓葬》，《文物》1962 年第 5 期。
⑥ 河北省文物研究所、衡水市文物管理处、深州市文物保护管理所：《河北省深州市下博汉唐墓地发掘报告》，《河北省考古文集（二）》，燕山出版社，2001，第 214～243 页。
⑦ 北京市文物工作队：《北京昌平白浮村汉、唐、元墓葬发掘》，《考古》1963 年第 3 期。
⑧ 河北省文物研究所、张家口地区文化局：《河北阳原西城南关东汉墓》，《文物》1990 年第 5 期。
⑨ 天津市文物管理处考古队：《武清东汉鲜于璜墓》，《考古学报》1982 年第 3 期。
⑩ 北京市文物工作队：《北京平谷县西柏店和唐庄子汉墓发掘简报》，《考古》1962 年第 5 期。

葬品方面，买地券流行；陶器包括楼、猪圈、仓、灶、井等建筑类明器，壶、扁壶、樽、案、杯、盘等饮食类明器，灯、奁、虎子、熏等生活类明器以及各类人物俑、陶俑等。多层陶楼或釉陶楼是这一时期典型随葬品。这一阶段的典型墓葬有河北安平水管厂 M2、①北京顺义田各庄汉墓、②河北阜城桑庄东汉墓③等。

通过考察京津冀地区的两汉墓葬，我们可以看出，作为一个文化区域来看，京津冀地区的汉代墓葬在保持汉代墓葬共性的基础上，还有各自的区域特点。北京、天津，河北廊坊、承德、唐山、沧州北部、保定中北部属于战国时期燕国的疆域，燕文化影响不可忽视：竖穴土坑墓延续时间久，土洞墓数量少，砖室墓出现时间久，北京地区刀形墓始终存在，随葬品上敞口圈足壶发达，陶质模型类明器到东汉才出现，仿陶礼器和日用陶器沿用时间长。处于河北西部的阳泉、怀安、张家口、邯郸等地区，更多受到秦文化的影响，主要为洞室墓，墓葬以东西向为主，盘口平底壶为此区域的典型器物，模型明器灶出现比其他地区早。其他区域墓葬更多体现多元文化影响的结果。

但与同期其他区域相比，京津冀地区墓葬形式和葬俗上变化迟缓，有些葬式始终未经历，洞室墓到西汉晚期才开始流行，空心砖墓也没有出现。

5. 苏皖地区汉墓

苏皖地区汉墓指今天的江苏和安徽两省行政区划内发现的两汉墓葬。在西汉时这里划归徐州和扬州管辖，在境内有泗水、楚、六安、广陵四国诸侯封地。江苏地区的汉墓集中发现于扬州和徐州两市附近，安徽地区汉墓分布较为广泛。墓葬分期演变情况大体如下。

西汉早期以竖穴土坑木椁墓和木棺墓为主，木椁墓中椁内设置边箱，多为单人葬。在木椁周围填充木炭，木炭外围填青膏泥，葬具流行一棺一椁。在徐州地区和安徽淮河以北地区还流行岩坑竖穴洞室墓、石椁墓。扬州地区大多数属于木椁墓，葬具为一棺一椁，棺内设置边箱。随葬品包括泥质陶器和釉陶器。泥质陶礼器普遍用鼎、盒、壶、钫、茧型壶的组合，模型明器为仓、灶、井、磨，部分陶器表面施有彩釉，其他地区少见的瓷器也已出现，有鼎、盒、壶等。伴出的铜镜为三弦钮，多为蟠螭纹。汉初期出土钱币主要是秦半两，少量荚钱。文帝时期，随葬品的种类不变，但数

---

① 衡水市文物管理处：《河北安平水泥管厂东汉墓》，《文物春秋》2005 年第 2 期。
② 李建林：《北京顺义田各庄汉墓发掘简报》，《北京文博》1999 年第 4 期。
③ 河北省文物研究所：《河北阜城桑庄东汉墓发掘简报》，《文物》1990 年第 1 期。

量及套数增加，模型明器中出现猪圈，瓷器中罐的数量变多。铜镜的纹饰多样化，有蟠螭纹、规矩纹、四叶状纹等，在镜子上出现篆刻铭文。钱币多见文帝四两钱。铁器逐步取代铜器，代表有铜柄铁刃刀。

这一时期的器物多延续了战国楚墓和秦代墓葬的风格。椁外填青膏泥，漆器的器形和纹饰保留了楚文化遗风，主要有奁、盒和耳杯，木胎或夹纻胎；有秦文化特征的茧型壶到景帝年间还有发现。这一阶段具有代表性墓葬有江苏徐州凤凰山 M1，[①] 徐州苏山头 M4、M5，[②] 扬州姜堰 M5、M6，[③] 扬州天长三角圩 M6、M7、M8，[④] 无为甘露村 M1，[⑤] 淮南双谷堆汉墓 M1、M2[⑥] 等。

西汉中期，墓葬形制上仍以竖穴土坑木椁墓为主。徐州地区则以石椁墓、石（土）坑、石坑竖穴洞室墓为主，夫妻合葬的现象增多；石（土）坑墓数量减少，石椁墓数量增加，画像石墓开始流行，石坑竖穴洞室墓的墓道变的狭长，多为偏洞室墓。扬州地区流行在木椁墓的棺椁壁上开凿木门，设置门窗、栅栏，椁内的棺室、各分箱之间装有装饰性的隔板。安徽地区的土坑墓出现了墓道和壁龛，石椁墓普遍。随葬品上，陶礼器组合、模型类明器和瓷器与景帝末年差别不大，猪圈、房屋数量增加，典型秦器茧型壶数量减少，器形退化。中小型墓葬随葬品中出现陶俑。铜镜多为圆钮座、园形钮，铭文镜、规矩镜、日光镜增多，花纹有规矩纹、四乳纹、星云纹、连弧纹等，蟠螭纹镜较少。典型型墓葬有扬州烟袋山汉墓，[⑦] 盱眙小云山 M1、M6、M7，[⑧] 徐州李屯汉墓，[⑨] 徐州奎山 M11，[⑩] 安徽舒城凤凰嘴 M2，[⑪] 双孤堆 M11，[⑫] 侯家寨 M7[⑬] 等。

西汉晚期，这一阶段土（岩）坑竖穴墓继续沿用，新出现了单砖室墓，葬式以夫

---

① 刘尊志：《江苏徐州市凤凰山西汉墓的发掘》，《考古》2007 年第 4 期。
② 徐州市博物馆：《江苏徐州苏山头汉墓发掘简报》，《文物》2013 年第 5 期。
③ 姜堰市文物管理委员会办公室：《姜堰官庄南华汉墓发掘报告》，《东南文化》2002 年第 5 期。
④ 安徽省文物考古研究所、天长县文物管理所：《安徽天长县三角圩战国西汉墓出土文物》，《文物》1993 年第 9 期。
⑤ 无为县博物馆：《安徽无为县甘露村西汉墓的清理》，《考古》2005 年第 5 期。
⑥ 淮南市博物馆：《淮南市双谷堆西汉墓清理简报》，《文物研究》第 12 辑，黄山书社，1999。
⑦ 南京博物院：《江苏仪征烟袋山汉墓》，《考古学报》1987 年第 4 期。
⑧ 南京博物院、淮阴博物馆、盱眙博物馆：《盱眙小云山六、七号西汉墓发掘报告》，《东南文化》2002 年第 11 期。
⑨ 徐州市博物馆：《江苏铜山李屯汉墓清理简报》，《考古》1995 年第 2 期。
⑩ 徐州市博物馆：《江苏徐州奎山西汉墓》，《考古》1974 年第 2 期。
⑪ 安徽文物考古研究所：《舒城凤凰嘴发现两座战国西汉墓》，《考古》1987 年第 8 期。
⑫ 淮南市博物馆：《淮南市双古堆西汉墓清理简报》，《文物研究》第 12 辑。
⑬ 阚绪杭：《安徽定远侯家寨汉墓》，《考古》1987 年第 6 期。

妻合葬为主。徐州地区石（土）坑墓、石椁墓、石坑竖穴洞室墓同时存在，数量多；出现了三室墓，石室墓开始出现，画像石墓数量较多。扬州地区木椁墓占据主导，普遍出现了模造门扉的形式，在中大型墓葬中，出现在棺椁的隔板上雕刻亭台楼阁的现象。安徽地区出现了带墓道的单室砖室墓，带耳的石室墓，新出的有单室砖石墓，前、后室砖室墓。随葬品上，陶礼器明显减少，模型明器与前段变化不大，陶器制作粗糙，茧形壶极少见，釉陶器开始流行。器形上，釉陶器由扁圆体发展成球形，覆口罐开始出现。漆器工艺发展到鼎盛时期，工艺水平达到新高度，胎质上木胎、竹胎、夹纻胎都有，装饰上应用针刻、雕刻、贴金等多种技法。代表器形有七子漆奁、漆面罩等。铜镜有铭文镜、规矩镜、日光镜、四乳神兽镜等，以昭明镜居多，纹饰有规矩纹、星云纹、连弧纹、草叶纹等，铭文常见"长相思，毋相忘"、"见日之光，天下大明"等。随葬钱币有"大泉五十"、"大布黄千"等，部分等级较高汉墓有饼金出土。这一期典型墓葬有沛县栖山汉墓、[1] 铜山凤凰山 M2、[2] 碧螺山汉墓 M5，[3] 扬州姚庄 M101、M102，[4] 姜堰 M2，[5] 宝女墩 M104、M105，[6] 安徽灵璧大李 M1，[7] 庐江金牛镇汉墓，[8] 寿县东津柏家台汉墓[9] 等。

东汉早期，木椁墓依然出现，新出现了砖室墓和石室墓，地区之间的差异日渐消失。徐州地区石椁墓数量极少，石室墓多平顶，有画像。扬州地区开始出现砖室墓，但中小层贵族和平民仍使用木椁墓。在砖室墓出现较早的安徽地区，双室砖石墓与带有墓道和甬道的砖室墓普遍推行。随葬品陶制礼器数量变少，钫、盒等基本不见，鼎的数量也较少，壶、罐、盘、奁、案、耳杯等生活明器种类增多，动物俑在墓葬中大量出现，釉陶器数量增加。扬州地区青瓷开始流行，突破了传统的单色釉的局限，铁器广泛应用，漆器工艺走向衰落。铜镜流行四乳四神镜、禽兽镜，铁镜也在随葬品中出土。钱币有建武五铢、剪轮五铢。典型墓葬有睢宁刘楼

---

[1] 徐州市博物馆、沛县文化馆：《江苏沛县栖山汉画像石墓清理简报》，《考古学集刊》第 2 集，中国社会科学出版社，1982，第 106～112 页。
[2] 徐州市博物馆：《徐州市铜山县凤凰山西汉墓》，《考古》2004 年第 5 期。
[3] 徐州博物馆：《徐州碧螺山五号汉墓》，《文物》2005 年第 2 期。
[4] 扬州博物馆：《江苏邗江姚庄 101 号西汉墓》，《文物》1988 年第 2 期；扬州博物馆：《江苏邗江姚庄 102 号汉墓》，《考古》2001 年第 4 期。
[5] 姜堰市文物管理委员会办公室：《姜堰官庄南华汉墓发掘报告》，《东南文化》2002 年第 5 期。
[6] 扬州博物馆、邗江图书馆：《江苏邗江杨寿乡宝女墩新莽墓》，《文物》1991 年第 10 期。
[7] 安徽省文物考古研究所、灵璧县文物管理所：《灵璧县大李墓群发掘简报》，《文物研究》第 12 辑。
[8] 安徽省文物考古研究所：《庐江县金牛镇叶屯汉墓发掘报告》，《文物研究》第 9 辑。
[9] 寿县博物馆、寿县文管所：《安徽寿县东津柏家台两座汉墓的清理》，《江汉考古》1992 年第 4 期。

M1、M2①，安徽舒城五里乡M3，②淮北教委工地汉墓，③蚌埠太平岗M2、M4，M6④等。

东汉中晚期这一阶段砖室墓增加，单室、双室、多室均有，画像石墓增多。徐州地区石室墓数量种类增加，砖室墓减少。砖石混合墓数量多，多券顶和叠涩顶，墓内有画像。扬州地区中小型墓葬也开始采用砖室墓，耳室增多。安徽地区流行带短甬道的砖室墓及多室砖室墓和砖石混合墓。随葬品上，陶质礼器中鼎、钫、盒基本消失，壶、罐、盘等仍有出现，陶制明器楼阁、田地、池塘、猪圈、风箱等广泛流行，陶楼大量出现，动物俑数量增加，釉陶器比重大。在扬州地区，釉陶比重减少，灰陶比例加大。铜镜质地厚实，花纹变化不大，龙弧纹镜、多乳禽兽镜、神兽镜、"长宜子孙"镜多见。伴出钱币为剪轮五铢和磨廓五铢。典型墓葬有徐州十里铺汉墓、⑤茅村汉墓、⑥白集汉墓、⑦江苏仪征石碑村汉墓、⑧邗江槐泗桥汉墓，⑨安徽淮北李楼M1、M2、⑩霍邱张家岗汉墓、⑪合肥环城公园汉墓⑫等。

从椁墓到室墓的转变，从陶制礼器到实用明器的转化，是苏皖地区汉墓的一般规律。本土的楚文化、北方的齐鲁文化、南方的吴越文化，并在中原文化和秦文化的共同影响下形成了苏皖地区的葬俗。除了文化因素，地理条件和经济文化对这一区的墓葬选择上起到了更大的决定性因素。徐州地区海拔较低，平原与丘陵交错，低矮山丘众多，历史上水患严重，导致石椁墓、石室墓长期占据主流。经济上纺织业、玉雕业、瓷器制造业发达，釉陶烧制业落后，随葬品的品类上多玉器、瓷器，但釉陶出现晚。地处低洼平原之地的扬州，没有适合开凿陵墓的山崖洞穴，各种石室墓在扬州缺乏营造的基础。在楚文化深厚影响下，历史沿袭下来的木椁墓一直在扬州持续使用到东汉中晚期。随葬品中数量众多的精美漆器也是扬州本地漆器业发

---

① 睢文、南波：《江苏睢宁县刘楼东汉墓清理简报》，《文物资料丛刊（4）》，第112～113页；全泽荣、盛储彬：《睢宁县刘楼二号东汉墓》，《中国考古学年鉴（1997）》，第132～133页。
② 张忠云：《舒城五里乡古墓葬清理简报》，《文物研究》第8辑，黄山书社，1993。
③ 淮北市博物馆：《淮北市教委工地汉墓发掘清理简报》，《文物研究》第14辑，黄山书社，2005。
④ 安徽省文物考古研究所、蚌埠市文物管理所、蚌埠市博物馆：《安徽蚌埠市太平岗遗址与墓葬发掘报告》，《文物研究》第14辑，黄山书社，2005。
⑤ 江苏省文物管理委员会、南京博物院：《江苏徐州十里铺汉画像石墓》，《考古》1966年第2期。
⑥ 南京博物院：《徐州茅村画像石墓》，《考古》1980年第4期。
⑦ 南京博物院：《徐州青山泉白集东汉画像石墓》，《考古》1981年第2期。
⑧ 南京博物院：《江苏仪征石碑村汉代木椁墓》，《考古》1966年第1期。
⑨ 扬州博物馆印志华、吴炜：《邗江县两座汉代砖室墓发掘简报》，《东南文化》1986年第1期。
⑩ 安徽省文物考古研究所、淮北市博物馆：《安徽淮北市李楼一号、二号东汉墓》，《考古》2007年第8期。
⑪ 安徽省文物考古研究所：《霍邱县西南庄遗址与汉墓发掘简报》，《文物研究》第15辑，黄山书社，2007。
⑫ 吴兴汉、袁南征、谢少石：《合肥市环城公园东汉墓》，《文物研究》第15辑。

6. 湘鄂地区汉墓

湘鄂地区汉墓指处于今天湖南、湖北区域之内的汉代墓葬。战国时，这一地区战国时属于楚国的地域，西汉归荆州刺史统辖，湖南长沙是长沙国的中心所在。湘鄂地区地理位置特殊，是西汉政府与南越地区联系的纽带，具有重要的军事、政治地位。这里是楚文化的发源地，本地的楚文化与周边越文化、汉文化碰撞融合，形成两汉时期湘鄂独特的文化面貌。

湘鄂地区是汉墓集中分布地区之一，墓葬分期演变情况大体如下。

西汉早期，墓葬形式以土坑竖穴墓为主，以单室墓为主，双室墓少见，无椁或有木椁。单室墓中，有斜坡墓道规格较高，墓葬填有白膏泥或木炭，部分有二层台，高级墓有墓道放置偶人的风俗，墓底有横枕木沟。无墓道单墓室墓，属于中下层官吏或平民，面积小，垂直墓壁，少数带有壁龛。随葬品放置在棺外，中型墓葬中设有外藏椁或边箱。陶器是主要的随葬品，仿铜陶质礼器普遍，组合以鼎、盒、壶为主，器形瘦高，有战国遗风。早期后段，仿铜陶质礼器中钫、罐的数量增加，制作精细的甑、釜出现，硬陶罐为本期新出。有地方特色的滑石璧数量增加，出现区域局限在湘西一带。铜镜有四山纹镜、蟠螭纹镜、草叶纹镜、卷云纹地连弧纹镜等。伴出钱币为泥质货币，郢称和金饼。典型墓葬有湖北云梦西汉墓，[①] 湖北荆州高台墓地 M46，[②] 湖南长沙西郊桐梓坡汉墓 M24、M43，[③] 湖南郴州飞机坪 M1、M2，[④] 衡阳玄碧塘汉墓 M1、M2、M3，[⑤] 津市花山寺汉墓[⑥] 等。

西汉中期，以长方形竖穴土坑墓单室墓为主，双室墓也已出现，墓葬面积加大，墓坑变窄，墓向以东西向为主。斜坡墓道继续占主流，但墓道下口距墓底高度降低，阶梯墓道开始出现。早期在墓底部垫设枕木沟的形制减少，出现纵枕木沟。无墓道单室墓，面积加大，出现了楔形墓。随葬品放置在墓室的一侧或两侧。品类有以鼎、钫、壶、盒为代表的仿铜礼器，罐、硬陶罐等日用陶器大量增加。大量随葬滑石璧。器形上，大口广肩直腹罐、高领罐消失，五联罐、圜底釜等有南越特色的器物出现，

[①] 湖北省博物馆汉墓发掘组、孝感地区文教局汉墓发掘组、云梦县文化馆汉墓发掘组：《湖北云梦西汉墓发掘简报》，《文物》1973 年第 9 期。
[②] 荆州博物馆：《湖北荆州高台墓地 M46 发掘简报》，《江汉考古》2014 年第 5 期。
[③] 长沙市文物工作队：《长沙西郊桐梓坡汉墓》，《考古学报》1986 年第 1 期。
[④] 湖南师范大学历史文化学院、郴州市文物处：《湖南郴州飞机坪西汉墓发掘简报》，《江汉考古》2014 年第 3 期。
[⑤] 衡阳市文物工作队：《湖南衡阳市玄碧塘西汉墓清理简报》，《考古》1995 年第 3 期。
[⑥] 津市市文物管理所：《湖南津市市花山寺战国西汉墓清理简报》，《江汉考古》2006 年第 1 期。

博山炉取代早期三角形镂孔熏炉。铜镜与关中、中原地区一致，为四乳四螭镜、铭文镜、日光镜等。随葬钱币为五铢钱和金饼的组合，或单出五铢钱，半两钱消失。典型墓葬有湖北荆沙市瓦坟园 M3、M4，[①] 湖北宜昌前坪 M26，[②] 湖南荆州团结村 M1~M5，[③] 湖南保靖县粟家坨西汉墓[④] 等。

西汉晚期，以长方形土坑木椁墓为主，新出现了单砖室墓和土洞墓。墓道普遍加长，斜坡式和阶梯式并行。部分规模较大的墓中出现排水沟，内填有鹅卵石。单室墓仍据多数，但两室墓比例增加，分前、中、后三室的多室墓少量出现。夫妻合葬墓数量增多。随葬器物以壶、罐为主，仍流行陶制礼器，但多见鼎，壶、盒已很少出现。釉陶壶开始出现，灶、井、熏炉等模型明器出土多。滑石器大量随葬，有鼎、甗、井、壁灯。大中型墓葬中，铜礼器组合更加完整，有鼎、壶、钫、锺、灯等。铜镜有四乳四螭镜、规矩镜、四神规矩镜和昭明镜、铭文镜等。随葬钱币有铜五铢、泥金饼、泥五铢等。典型墓葬有湖北荆门十里铺土公台西汉墓、[⑤] 湖北蕲春县陈家大地西汉墓、[⑥] 襄樊长虹南路汉墓、[⑦] 湖南永州市鹞子岭 M2、[⑧] 湖南长沙阿弥岭 M7[⑨] 等。

东汉早期，砖室墓开始普遍出现，单砖室墓、双砖室墓也有发现。湘南地区继续以竖穴土坑墓为主。鄂西地区石室墓中有单石室墓，也有单室和双室的砖墓合构墓和砖石合构墓。随葬品呈现多样性。陶器为泥质或夹砂陶，硬釉陶，有鼎、盒、壶等仿铜陶质礼器，井、灶、楼、牲畜俑、三足釜等模型明器，广口平底罐、筒形罐、盆、钵等日用器具陶器。湘北、湘中地区陶礼器出土少。少量的青瓷在湖南地区出现，如青瓷杯、四系罐等。铜质礼器数量多；铜镜有四乳四螭镜、四神规矩镜、四乳禽兽镜、云雷纹连弧纹镜等。随葬钱币有东汉铜五铢、新莽时期的货泉、大泉五十。典型墓葬有湖北秭归庙坪 M47，[⑩] 巴东西瀼口 M4，[⑪] 湖北老河口市孔家营 M1，[⑫] 湖南衡阳

---

① 荆州市博物馆：《湖北荆沙市瓦坟园西汉墓发掘简报》，《考古》1995 年第 11 期。
② 长江流域第二期文物考古工作人员训练班：《1978 年宜宾前坪古墓的清理》，国家文物局三峡工程文物保护领导小组湖北工作站编著《三峡考古之发现》，湖北科技出版社，1998。
③ 怀化地区文物管理处、靖县文物管理处：《湖南靖州团结村战国西汉墓》，《考古》1998 年第 5 期。
④ 湘西土家族苗族自治州文物工作队：《湖南保靖粟家坨西汉墓发掘简报》，《考古》1985 年第 9 期。
⑤ 湖北省文物考古研究所、荆门市博物馆：《湖北荆门十里铺土公台汉墓发掘简报》，《汉江考古》2008 年第 3 期。
⑥ 黄冈市博物馆：《湖北蕲春县陈家大地西汉墓》，《考古》1999 年第 5 期。
⑦ 襄樊市考古队：《襄樊长虹南路汉墓清理简报》，《江汉考古》1999 年第 4 期。
⑧ 湖南省文物考古研究所、永州市芝山区文物管理所：《湖南永州市鹞子岭二号西汉墓》，《考古》2001 年第 4 期。
⑨ 湖南省博物馆：《长沙树木岭战国墓阿弥岭西汉墓》，《考古》1984 年第 9 期。
⑩ 湖北省文物事业管理局、湖北省三峡工程移民局：《秭归庙坪》，科学出版社，2003。
⑪ 广西壮族自治区文物工作队：《巴东县西瀼口古墓葬 2000 年发掘简报》，《江汉考古》2002 年第 1 期。
⑫ 老河口市博物馆：《老河口市孔家营一号东汉墓清理简报》，《江汉考古》2005 年第 3 期。

凤凰山 M6、M9[①] 等。

东汉中期，湖南地区以单室砖墓为主，双室墓数量增多，少量多室砖墓和土坑竖穴墓。湖北地区以室墓为主，砖室墓和石室墓都有单室、双室之分，砖室墓还出现少量多室墓。随葬品湖北流行各种木胎、夹纻胎等陶器，但无釉硬陶比重增加，仿陶铜器比重减少；在模型明器上，除原来品类上，新增加人物俑。铜器数量减少。湖南地区各种硬陶和夹砂陶罐、敞口釜较常见，模型明器新增猪圈。铁器在大量墓葬中开始发现。部分大中型墓葬中伴出铜容器和兵器。铜镜有规矩四神独角羊镜、尚方镜、柿蒂叶纹镜、简化规矩镜等。铜钱为东汉五铢和新莽大泉五十并出。代表墓葬有湖北襄樊高庄 M1、M2，[②] 湖北宜昌前坪包金头 M14，[③] 沙市东郊 M2，[④] 湖南长沙金塘东汉墓，[⑤] 湖南衡阳荆田村 M1~M7[⑥] 等。

东汉晚期，湖南地区以多室墓为主，单室和双室墓退居次位，砖混结构墓极少见。湖北地区延续上期形式，砖室和石室墓的各种规格墓葬均有存在，砖石合构墓仅有单室墓发现。随葬品种类变化，湖南地区以硬陶罐、釜、钵等为主，常伴有有青瓷器和铜碗。模型类明器与日用陶器大量出土，有硬釉陶屋、井、侈口罐、坛等。铁质或铜质釜、壶等也普遍流行。湖北地区模型明器的种类和数量增多，除猪圈、楼、磨、动物俑等，各种姿态的人物俑激增，并出现抚琴俑、侍女俑等新器形。镇墓兽、独角兽等为这一阶段新出。两地铜镜均流行夔纹镜、禽纹镜、浮雕式兽纹镜等。铜钱有五铢、剪轮五铢等。典型墓葬有湖北房县松嘴 M50、M61、M76，[⑦] 湖北宜都刘家老屋 M6，[⑧] 湖南衡阳茶山坳 M26[⑨] 等。

作为楚文化发源的腹地，直到西汉晚期，湘鄂地区才完全逐步被同化纳入主流的汉文化中，如各种砖（石）室墓开始在本区广泛流行，各种模型类明器大量出现。但两湖文化因素一直延续，并与主流文化相辅相成。如鄂西的巴东、秭归、宜昌地区独有的岩坑墓，以及带捉手盖的大平底鼎、盒状立耳三足鼎、小弓形双耳罐、八

---

① 衡阳市文物工作队：《湖南衡阳市凤凰山东汉墓发掘简报》，《考古》1993 年第 3 期。
② 襄樊市考古队：《襄樊市高庄墓群发掘报告》，《江汉考古》1999 年第 4 期。
③ 长办库区处红花会考古工作站：《湖北宜昌前坪包金头东汉、三国墓》，《考古》1990 年第 9 期。
④ 沙市博物馆：《沙市东郊汉墓清理简报》，《江汉考古》1982 年第 2 期。
⑤ 湖南省博物馆：《长沙金塘坡东汉墓发掘简报》，《考古》1979 年第 5 期。
⑥ 衡阳市文物工作队：《湖南衡阳荆田村发现东汉墓》，《考古》1991 年第 10 期。
⑦ 湖北省文物考古研究所、郧阳地区博物馆、房县博物馆：《1986~1987 年湖北房县松嘴战国两汉墓发掘报告》，《考古学报》1992 年第 2 期。
⑧ 宜昌地区博物馆：《湖北宜都刘家老屋六号汉墓》，《考古》1989 年第 7 期。
⑨ 衡阳市博物馆：《湖南衡阳茶山坳东汉至南朝墓的发掘》，《考古》1986 年第 12 期。

字颈陶壶、足部有鬼脸的铜鐎壶、带双眼的长船形灶等等诸如此类为湘鄂地区所独有的器形。

7. 川渝地区汉墓

川渝地区汉墓是指位于今天四川和重庆地区的汉代墓葬。这里处于中国的西南腹地，地形上高低起伏悬殊，西部的川西高原和东部的四川盆地间夹杂着山地丘陵，形成西高东低之势。

川渝地区自商周以来，经济文化一直比较发达。春秋后期，巴国开始统辖这一地区。公元前316年，秦灭巴蜀，随后在此设巴郡，郡下设县，将川渝地区纳入郡县制管理的范围，也促使此地区进一步融入汉文化圈。汉武帝元封五年（前106），全国分为十三刺史州部，川渝地区划归益州刺史部，东汉时一直保持了这种建制。

至今为止，这一地区发现的汉墓数量众多，主要分布在成都平原和三峡库区一带。墓葬分期和演变情况大体如下。

西汉早期，墓葬形制主要有土坑墓、木板墓、土坑木椁墓、岩坑木椁墓，棺椁墓中使用青、白膏泥的现象较为常见。基本延续了该地区战国末至秦时期墓葬的特点，墓葬形制皆为长方形竖穴窄坑墓。随葬器物，小型墓的随葬器物以圜形罐、矮柄豆、釜、甑、钵、壶为主要的器型组合；规模较大的墓出土数量较多的铜器，主要有铜鼎、壶等中原地区常见的铜礼器，年代稍早的墓还随葬有带有典型巴蜀文化的铜剑、矛、钺、印、錾、铜釜甑等器物。涪陵地区出土有素地重轮镜、云雷地纹蟠璃纹镜、双线连弧纹镜，与中原地区西汉初年发现的同类铜镜特征一致。多数墓葬中伴出有秦半两、汉初小半两及荚钱，文帝四铢半两，但没有发现有五铢钱。典型墓葬有什邡城关 M21、M66、M67，[①] 忠县崖脚 BM17，[②] 成都洪家包西汉木椁墓，[③] 重庆涪陵点易土坑墓[④] 等。

西汉中期，流行长方形竖穴土坑墓、木棺墓。为放置随葬品，在木椁墓中的椁内出现分箱或设置上下分层，出现了部分大型木椁墓。与西汉早期墓相比，长方形土坑竖穴墓略宽，其中个别墓葬带有斜坡墓道，平面形制上呈"凸"字形或"刀"

---

① 四川省文物考古研究院、德阳市文物考古研究所、什邡市博物馆：《什邡城关战国秦汉墓地》，文物出版社，2006。
② 北京大学考古文博学院三峡考古队、重庆市忠县文物管理所：《忠县崖脚墓地发掘报告》，《重庆库区考古报告集·1998卷》，科学出版社，2003。
③ 四川省文物管理委员会：《成都洪家包西汉木椁墓清理简报》，《考古通讯》1957年第15期。
④ 四川省文物管理委员会、涪陵县文化馆：《四川涪陵西汉土坑墓发掘简报》，《考古》1984年第4期。

字形。在棺掉墓中使用青白膏泥的现象比较普遍。重庆地区墓葬流行陶质鼎、盒、壶、豆的组合，且多伴出有盘、盆、甑、罐。川西地区则以罐、釜、甑的陶器组合为主，新增加了耳杯，矮柄豆和圜形罐已经基本消失。此期陶胎漆器鼎、壶、碗、罐、耳杯、盒在川西平原比较流行，囷、井、仓等模型明器开始增多。铜器数量较上期减少，主要器形为釜、盆、盘、灯、鼎等，巴蜀风格的铜釜、釜、甑、铜壶或剑、矛等仍有部分保留。铜镜可见西汉中原地区同期普遍流行的星云纹镜、重圈纹的"昭明—清白"镜、日光连弧纹镜等。多数墓葬中出有五铢。典型墓葬有郫县风情园 M12，[①] 成都凤凰山龙家巷西汉木椁墓，[②] 临江支路 M3、M4、M5，[③] 云阳马粪沱 M55、M74 [④] 等。

西汉晚期，墓葬形制可见长方形竖穴土坑墓、木板墓、岩坑墓、岩坑木椁墓，新出现少量的砖室墓。在部分墓坑不分室的木椁墓中，存在一种一椁多棺的合葬墓的新形式，木椁内分箱放置随葬品的现象仍存在。土洞墓、单石室墓较少，各一例。随葬品以陶器为主，开始出现釉陶器。实用陶器常见组合为大底矮罐、侈口鼓腹罐、釜、甑、钵、盆、盘等，其中罐的数量急剧增加；模型明器主要为仓、井等，个别墓葬中有人物俑，部分还施有釉彩，动物俑只见鸡和镇墓兽两种。中大型墓葬中铜器占有一定数量，主要包括前期常见的壶、鋬、盆、鐎壶、鐎斗等。釜、支架、斧、锸等铁器数量开始增多。在川西地区，胎漆器继续流行，但以耳杯为主。多数墓葬中出有西汉五铢。典型墓葬有巴县冬笋坝 M72、M30，[⑤] 都市花园 M9、M16，[⑥] 绵阳永兴双包山 M1，[⑦] 青龙乡汉代砖室墓，[⑧] 新都三河城五龙村汉代木椁墓 [⑨] 等。

新莽时期到东汉早期，木椁墓继续存在，砖室墓的数量增加。夫妻合葬或多人合葬的葬式流行，有同时下葬的一椁多棺木椁墓。也有部分墓内出现不同期的随葬品，推测为二次合葬墓。这一时段，占主导地位的为单室砖墓，也有部分双室砖墓。新的墓葬

---

① 成都市文物考古研究所、郫县博物馆：《郫县风情园及花园别墅战国至西汉墓发掘报告》，成都文物考古所编著《成都考古发现（2002）》，科学出版社，2004。
② 四川省博物馆：《成都凤凰山西汉木椁墓》，《考古》1959 年第 8 期。
③ 重庆市博物馆：《重庆市临江支路西汉墓》，《考古》1986 年第 3 期。
④ 郑州市文物考古研究所：《重庆市云阳县马粪沱墓地 2002 年发掘简报》，《考古》2004 年第 11 期。
⑤ 前西南博物院、四川省文物管理委员会：《四川巴县战国和汉墓清理简报》，《考古通讯》1958 年第 1 期。
⑥ 成都市文物考古工作队：《成都博瑞"都市花园"汉宋墓葬发掘报告》，成都文物考古所编著《成都考古发现（2001）》，科学出版社，2003。
⑦ 绵阳博物馆、绵阳市文化局：《四川绵阳永兴双包山一号西汉木椁墓发掘简报》，《文物》1996 年第 10 期。
⑧ 李加锋：《成都青龙乡汉代砖室墓清理》，《文物》1997 年第 4 期。
⑨ 成都市文物考古研究所、新都县文物管理所：《四川新都县三河镇五龙村汉代木椁墓发掘简报》，成都文物考古所编著《成都考古发现（2001）》，科学出版社，2002。

形式——崖墓也在此期的川西出现，并在东汉时期的四川盆地、三峡地区、陕西南部、云南东北部等地区广泛流行，形式为中小型带甬道的单室墓。随葬品中，礼器鼎已很少见，实用陶器多以罐、盆、钵、釜、甑、瓮、耳杯为组合，兼有灯、炉等。釉陶器与仓、井、水田、房、灶等生活模型明器增多；动物俑的种类也增加有猪、狗、马等；人俑种类仍以男女侍俑为主，但造型逼真，有牵马俑、抚琴俑等多种姿态，新出现执物俑与乐俑。铜器数量减少，仅四川地区个别墓中出有盆、洗、带钩、釜、壶等。随葬钱币有大布黄千、货泉、大泉五十、西汉五铢钱等。代表性墓葬有云阳李家坝 M37 岩坑墓，[1] 重庆巫山麦沱山 M47，[2] 重庆潼南县下庙儿遗址汉墓，[3] 成都凤凰山砖室墓，[4] 重庆市水泥厂东汉崖墓，[5] 奉节拖板 TM4、TM5[6] 等。

东汉中期，墓葬形制以砖室墓为主，分单砖室墓和双砖室墓两种，单室墓平面上呈凸字形和刀形。还有凸字形的石室墓。崖墓流行广泛，并出现单室、双室和多室三种形制。以单室墓为主，附属设施比较完善，但室内无装饰。随葬品种上，陶质礼器已消失，实用器和模型明器种类增多，釉陶器增多。实用器常见组合为罐、壶、钵、杯、釜、甑，但釜、钵、甑的数量减少，出现了大口方格纹的陶瓮。模型明器数量占据墓葬主体，分为人物俑、动物俑以及与生产生活有关的模型器三类。人物俑的姿态多样化发展，有执物俑、庖厨俑、抚琴俑、吹箫俑、持刀挎盾俑、牵马俑等。陶俑的器形变大，工艺上更注重细节刻画，有些人物俑头上有插花。铜器比例更为减少，仅为一些小型装饰品，大中型墓葬中新出现铜摇钱树。多数墓葬中仅出土东汉五铢。典型墓葬有宜宾翠屏村三号永元六年砖室墓，[7] 丰都冉家路口 M4、[8] 成都新都区三河镇 HM1、[9] 绵阳朱家梁子 M3、[10] 奉节周家坪 M3[11] 等

---

[1] 四川大学历史文化学院考古系、云阳县文物管理所：《云阳李家坝 37 号岩坑墓发掘报告》，重庆市文物局、重庆市移民局编《重庆库区考古报告集（1998）》，科学出版社，2001。
[2] 重庆市文化局、湖南省文物考古研究所、巫山县文物管理所：《重庆巫山麦沱汉墓群发掘报告》，《考古学报》1999 年第 2 期。
[3] 重庆市文化遗产研究所、潼南县文物管理所：《重庆市潼南县下庙儿遗址汉墓发掘简报》，《四川文物》2014 年第 3 期。
[4] 成都市博物馆刘雨茂：《成都凤凰山发现一座汉代砖室墓》，《文物》1992 年第 1 期。
[5] 王新南：《重庆市水泥厂东汉崖墓》，《三峡考古之发现》，湖北科学技术出版社，1998。
[6] 陕西省考古研究所等：《奉节拖板崖墓群 2001 年发掘简报》，重庆市文物局、重庆市移民局编《重庆库区考古报告集（2001）》上册，科学出版社，2007。
[7] 匡远滢：《四川宜宾市翠屏村汉墓清理报告》，《考古通讯》1957 年第 3 期。
[8] 重庆市文化遗产研究院：《丰都县冉家路口墓群》，《红岩春秋》2014 年第 6 期。
[9] 成都文物考古研究所、新都区文物管理所：《成都市新都区东汉崖墓的发掘》，《考古》2007 年第 9 期。
[10] 绵阳市博物馆：《四川绵阳市朱家梁子东汉崖墓》，《考古》2003 年第 9 期。
[11] 武汉大学历史文化学院考古系：《重庆奉节县周家坪墓地发掘简报》，《江汉考古》2005 年第 2 期。

东汉晚期，墓葬形制以单砖室墓、双砖室墓、多砖室墓和崖墓为主，新出现少量单室或多室石室墓。重庆和四川东北区多采用子母榫扇形砖或子母榫楔形砖券顶，川西地区使用无子母榫的楔形砖券顶。崖墓在此期发展到极盛，在四川境内广泛分布，规模普遍变大，有双室、三室、多室、前厅后堂等多种形式。墓葬形式发展成熟，墓道全部为外倾斜设计，方便排水。墓穴内设有石灶、壁龛、案龛、石床、排水沟、房形石柜、龛形石棺等各种附属设施。葬具除传统的木棺、砖棺外，新出石棺和瓦棺。

在墓葬中流行各种画像装饰，有画像砖、画像石、画像石棺、画像壁龛等，崖墓中出现崖墓壁画。雕刻手法主要有阴线刻、彩绘、局部透雕、半立雕等。画面的内容包括墓主生前生活、动物、辟邪神兽、神仙仙境、生殖崇拜等。

随葬品釉陶器所占比例增大，多黄绿色和褐色。陶器以罐、壶、盆、盘、盏为常见组合。模型明器种类激增，分为拟生用品、人物、动物三类。人物俑有簪花仕女俑、抚琴俑、舞蹈俑、劳作俑、儒士俑、对吻俑、驾御俑、长舌镇墓俑等。动物俑有镇墓兽、猪、牛、蟾蜍等造型。东汉末年，流行石雕刻模型器。本期的各种陶器器形高大、制作精美。开始出现青瓷器，主要为少量带系罐，另有碗、罐等。铜器中，摇钱树盛行，银饰品、琉璃饰品增多。铜镜有蝠纹镜，与中原流行的变形四叶纹镜类似。钱币有五铢、剪轮五铢、大泉五十、货泉等。典型墓葬有四川三台新德乡东汉崖墓、[①] 成都扬子山一号画像石砖石墓、[②] 四川中江塔梁子三号壁画崖墓、[③] 四川长宁七个洞画像崖墓群、[④] 万州钟嘴 M3 [⑤] 等。

相对闭塞的地理环境，造成川渝地区文化表现出较强的稳定性和保守性。以巴蜀为主体的民族，长期以来形成了特色的埋葬习俗。

汉代丧葬主张"深埋厚藏"，所以关中、中原地区通常将墓穴开凿到地下深处。但综观整个川渝地区，除川西平原外，丘陵低山密布，有多条河流穿过，两山夹谷的地形，造成四川地区空气湿润，地下水位高，不利于将尸体深埋保存。因此，因地制宜产生了本地特有新墓葬形式——崖墓。

中原列国文化、楚文化、本地巴蜀文化、汉文化的印记，在随葬品组合上都

---

① 景竹友:《三台新德乡东汉崖墓清理简报》，《四川文物》1993 年第 5 期。
② 于豪亮:《记成都扬子山一号墓》，《文物参考资料》1955 年第 9 期。
③ 四川省文物考古研究所、德阳市文物考古研究所、中江县文物保护管理所:《四川中江塔梁子崖墓发掘简报》，《文物》2004 年第 9 期。
④ 罗二虎:《长宁七个洞崖墓群汉画像研究》，《考古学报》2005 年第 3 期。
⑤ 山东省博物馆、重庆市博物馆、重庆市文化局:《重庆万州区钟嘴东汉墓发掘简报》，《华夏考古》2004 年第 1 期。

有所体现。与中原文化以仿铜礼器体现墓主等级的方式不同,川渝地区仿铜礼器始终不受重视,而使用了具有巴蜀文化特色的铜兵器来体现。西汉时期铜礼器的大量出土,墓室内使用青、白膏泥填充为战国时期楚国向川渝地区扩张的痕迹。模型明器为中原文化的影响,在川渝地区墓葬中出现后占据随葬品的主导,长盛不衰,这也与本地发达的地区经济息息相关。《华阳国志·蜀志》曾形容当时的四川"家有铜盐之利,户专山川之材,居给人足,以富相尚"。① 即使在诸侯割据的东汉后期,薄葬之风始终未影响到此地,厚葬之风日益炽盛,模型明器更为发达和精致。

铜摇钱树是川渝地区特色随葬物品。这一器形的出现是本地仙道巫山、道教、佛教思想融合的物化体现。仙道巫术在西南地区有着深厚的传统和广泛的社会基础。佛教在东汉中期时由"西南丝绸之路"传入川渝,为获得更大的生存空间,转而本土化,附会神仙巫术而行,促使佛道糅杂、佛道合一。死后能灵魂不灭、羽化成仙成为很多人毕生的向往,融合巫、道、佛于一体的摇钱树被赋予的功能正是引导死者的灵魂升入天堂,所以在东汉一经出现就广为流行。

8. 岭南地区汉墓

岭南,泛指五岭以前地区。公元前214年,秦王嬴政派兵平南越,设桂林、南海、象郡三郡。秦末,南海郡尉赵佗起兵称王,在前203年建立南越国。西汉成立后,赵佗向刘邦称臣,以示归顺。但随着实力的扩张,南越与西汉交恶,形成对峙之势。公元前112年,汉武帝刘彻发兵十万攻打南越,于次年灭南越国,设立南海、苍梧、郁林、合浦、交趾、九真、日南、珠崖、儋耳九郡。汉元帝时,弃珠崖、儋耳两郡,其余七郡延续至东汉。

岭南地区范围上大体包括今天的广东、广西的大部分和港澳地区。岭南汉墓集中分布在南海、苍梧、郁林、合浦等郡,也就是今天的广东广州,广西合浦、贵港、梧州一带。墓葬分期和演变情况大体如下。

西汉早期,墓葬形式有竖穴土坑墓或竖穴木椁墓,其中以单室平底木椁墓为主,无墓道居多,在早期偏晚,也出现了"凸"字形分前、后室墓。随葬品,广州西汉前期墓随葬陶器主要以硬陶为主,有鼎、盒、壶、钫,薰炉等仿铜陶礼器,日用陶器器形多,有瓮、瓿、小盒、三足盒、提筒、碗、盆、釜、罐,罐的

---

① 常璩撰,刘琳校注《华阳国志校注》卷3《蜀志》,第225页。

种类较多，有双耳罐、三足罐、四耳罐、联罐等。个别墓中还出土模型明器了灶和井。陶器中鼎、盒、壶、钫为汉文化的器物，而瓮、双耳罐、三足罐、四耳罐、三足盒则带有浓厚的岭南特色。平乐银山岭墓地随葬品以铜器为主，出土较多的有铜兵器、工具、生活用品、车饰、鎏金铜俑等。铜镜器形和花纹属于同期流行式样，有素镜、龙纹镜、龙凤纹镜、蟠螭纹镜。玉器和滑石器种类多。出土钱币有秦半两和汉初半两。典型墓葬有广州汉墓 M1170～M1173，[①] 淘金坑 M3、M4、M6，[②] 大宝岗 M7 [③] 和先烈路 M2、M6，[④] 广西平乐银山岭 M73、M93，[⑤] 广西西林蒲驮铜鼓墓 [⑥] 等。

西汉中期，流行竖穴土坑墓、竖穴木椁单室墓和有墓道的竖穴分室墓椁墓。与前期相比，竖穴土坑墓墓室窄长；竖穴木椁单墓各种规格都有，斜坡墓道；竖穴分室木椁墓的椁室做上下两层分室结构，构建方式有连壁减柱式、立架式盒横隔板式。在椁内分前室、棺室和器物室三部分，部分还设有边箱，放置随葬品。在有墓道的木椁墓中，有少数有腰坑和底铺小石的情况，推测为越族葬俗。随葬品陶器占到 80% 以上，细泥硬陶，胎质灰白为主，釜为夹砂硬陶，基本上无彩绘。器形有瓮、四耳瓮、罐双耳罐、四耳罐、五联罐、盒、三足盒、壶、酒樽、温酒樽等。仿铜礼器减少，模型明器数量多，有灶、盂、井、仓、囷、屋、纺轮等。铜器只见于比较大的墓葬中，有生活用品和兵器等。铜镜平窄缘，有凤纹镜、清白镜、昭明镜、日光镜。出土钱币的墓葬少，五铢钱。典型墓葬有 M2026、M2050，[⑦] 淘金坑 M22、M97，[⑧] 广州横枝岗西汉 M2、M3，[⑨] 广西合浦风门岭 M23，[⑩] 广西藤县鸡谷山西汉墓 [⑪] 等。

西汉晚期，形制有单室竖穴木椁墓，有墓道竖穴分室封层木椁墓，这两种形制结构上与西汉中期大体相同，但均有墓道，分层方式全部采用横隔板式。新出双层横前堂结构墓。随葬器物与中期基本相同，但出现较多新器形。陶器中细泥硬陶占多数，

---

① 广州市文物管理委员会等：《广州汉墓》，文物出版社，1981，第 31～41 页。
② 广州市文物管理处：《广州淘金坑的西汉墓》，《考古学报》1974 年第 1 期。
③ 广州市文物考古研究所：《广州市先烈南路大宝岗汉墓发掘简报》，《广州文物考古集》，文物出版社，1998。
④ 广州市文物考古研究所：《广州市先烈南路汉晋南朝墓葬》，广州市文物考古研究所编《羊城考古发现与研究（一）》，文物出版社，2005，第 49～87 页。
⑤ 广西壮族自治区文物工作队：《平乐银山岭汉墓》，《考古学报》1978 年第 4 期。
⑥ 深圳市博物馆：《广西右江流域战国秦汉墓研究》，《考古学报》2004 年第 3 期。
⑦ 广州市文物管理委员会等：《广州汉墓》，文物出版，1981，第 185～187 页。
⑧ 广州市文物管理处：《广州淘金坑的西汉墓》，《考古学报》1974 年第 1 期。
⑨ 广州市文物考古研究所：《广州市横枝岗西汉墓的清理》，《考古》2003 年第 5 期。
⑩ 广西壮族自治区文物考古写作小组：《广西合浦西汉木椁墓》，《考古》1972 年第 5 期。
⑪ 藤县博物馆：《广西藤县鸡谷山西汉墓》，《南方文物》1993 年第 4 期。

夹砂粗陶极少，细泥硬陶部分施釉，制作方法以轮制为主。器形有瓮、四耳瓮、小口瓮、罐、双耳罐、四耳罐、四耳展唇罐、五联罐、盒、小盒、瓿、壶、提桶、温酒樽等。四耳展唇罐、瓶、簋、三足釜以及猪、狗、鸡、牛等动物俑为本期新出等，瓿和钫出土已极少，生活陶器、模型明器数量增多，几乎在所有墓中都已出现。铜镜有日光镜、昭明镜、富贵镜、四虺纹镜、四兽镜和兽纹镜等。钱币有五铢和大泉五十。典型墓葬有广州汉墓 M3001、M3016，① 广州东山梅花村汉墓，② 广州市横枝岗 M5，③ 广西合浦县凸鬼岭，④ 广西合浦风门岭 M26⑤ 等。

东汉早期，墓葬形制流行带墓道的竖穴木椁墓。广西地区无墓道的竖穴土坑墓和有墓道的竖穴土坑墓占主流，木椁墓还较少。在两广地区都已出少量的砖木合构墓和砖室墓，砖室墓以不带甬道单室券顶砖墓和分室砖墓为主。随葬品，陶器制作方式和器形与西汉后期极为类似，新出双耳直身罐，鼎、瓶、卮、魁、灶、望楼，阁楼式陶屋六种型制则有所变化。广西地区仍以硬陶为主，黄青釉器新出，这期大量铜镜出土，被纳于棺内，新出现规矩四灵镜、规矩鸟兽纹镜。钱币广东地区东汉五铢与大泉五十同出，广西地区常见有泥质五铢和泥质半两冥钱。典型墓葬有：广东东山梅花村汉墓 M2、⑥ 先烈南路大宝岗东汉前期墓，⑦ 广西合浦县母猪岭 M1、⑧ 平乐银山岭 M53⑨ 等。

东汉中晚期，墓葬形制多样化，以砖室墓占绝对多数，竖穴土坑墓、竖穴木椁墓继续沿用，新出现了石室墓、砖石合构墓和瓮棺墓。砖室有单室券顶墓、分室直券顶墓、穹隆合券顶墓，其中穹隆顶双室砖墓比重较大。随葬品中，陶器的形式有了较大改变，种类也有所增多，全身施有纹刻的三足釜、三合式陶屋，有水缸的灶、重檐仓、城堡、水田模型和陶船等，这些在前期的墓葬中均少见。在广东番禺墓葬中，还出现了陶扶桑树，出土了少量青瓷罐和双耳罐。铜器中，錾刻花纹铜

---

① 广州市文物管理委员会等：广州市文物管理委员会、广州市博物馆：《广州汉墓》，第 253~256 页。
② 广州市文物考古研究所：《广州东山梅花村八号墓发掘简报》，广州市文物考古研究所编《广州文物考古集》，文物出版社，1998，第 311~315 页。
③ 广州市文物考古研究所：《广州市横枝岗西汉墓的清理》，《考古》2003 年第 5 期。
④ 广西壮族自治区博物馆、合浦县博物馆：《广西合浦县凸鬼岭清理两座汉墓》，《考古》1986 年第 9 期。
⑤ 广西壮族自治区文物考古写作小组：《广西合浦西汉木椁墓》，《考古》1972 年第 5 期。
⑥ 马建国：《广州市东山梅花村汉墓》，《中国考古学年鉴（1998）》，文物出版社，2000，第 198 页。
⑦ 广州市文物考古研究所：《广州市先烈南路汉晋南朝墓葬》，广州市文物考古研究所编《羊城考古发现与研究（一）》，第 49~87 页。
⑧ 广西合浦县博物馆：《广西合浦县母猪岭汉墓的发掘》，《考古》2007 年第 2 期。
⑨ 广西壮族自治区文物工作队：《平乐银山岭汉墓》，《考古学报》1978 年第 4 期。

器，滑石器均减少。铜镜有"李氏"镜、龙虎纹镜、"长宜子孙"镜、鸟兽纹镜、规矩四灵镜、简化博局纹镜、规矩鸟兽纹镜、简化规矩纹镜、云雷纹镜、圆雕纹镜、日光镜等。出土钱币有大泉五十、货泉、布泉和东汉的五铢，剪轮五铢等。广西地区也不再见有泥质冥钱出土。典型墓葬有广州南田路东汉晚期墓、[①] 增城市三江镇狮头岭汉墓、[②] 广州番禺区小谷围岛汉墓，[③] 广西贵港孔屋岭M1，[④] 合浦九只岭M3、M4[⑤] 等。

作为南越国的都城和汉南海郡的郡治，南越地区的墓葬既可见汉文化的影响，亦可见越文化的风格。岭南地区竖穴土坑墓延续时间长，木椁的使用也贯穿整个两汉时期。木椁墓中还出现了岭南地区特殊形制，在椁内分前室、后室分上下层，在棺室之下有器物室。砖室墓相对于其他地区出现较晚。随葬品上也兼具汉文化和岭南文化的两种因素：有汉文化的仿陶礼器，也有典型岭南特色的瓮、双耳罐、三足罐、四耳罐、三足盒等。岭南地区南濒南海，西汉时期与南洋诸国来往频繁，贸易活跃，尤其是西汉末年到东汉班固通西域之前，西域丝绸之路一度被阻断，更是促进了海上贸易的发展，在广东汉墓中常见琉璃、串珠等具有南洋特色的物品。

9. 小结

以上考察了两汉八个区域的墓葬演变，此外还有北方长城地区、甘青宁地区、东北地区、闽浙赣地区的汉墓形制演变轨迹也大体如此。出于地缘政治、经济、社会发展程度的差别，以及各自迥异的地理情况和文化传统，各地墓葬的发展过程中显示出地域性和阶段性的差异。如西汉末至东汉初年的墓葬形式，川渝地区盛行崖墓，山东地区砖室墓流行，苏皖地区继续延续使用木椁墓，广西地区竖穴土坑墓仍旧大行其道，中原地区空心砖墓占据主导。这种差异性在随葬品的种类上区别更大，湘鄂地区流行仿铜陶质礼器鼎、盒、钫和日用陶器，岭南地区硬陶占主导，流行日用陶器和有南越本地特色的瓮、双耳罐、连盒、提筒，川渝地区模型陶器长盛不衰，苏皖地区则较早就出现了瓷器随葬。通常说，边疆地区发展变化较内陆核心地区慢。

虽有种种差异，但总的墓葬变化的方向大体一致，墓室趋于宅第化，随葬品更

---

① 广州市文物考古研究所：《广州南田路古墓群》，《华南考古》第1辑，文物出版社，2004。
② 全洪、张小峰、朱家振：《增城市狮头岭东汉砖室墓》，《中国考古学年鉴（2004）》，文物出版社，2005，第302~303页。
③ 广州市文物考古研究所：《番禺小谷围岛山文头岗东汉墓》：广州市文物考古研究所编《羊城考古发现与研究（一）》，第88~106页。
④ 广西壮族自治区文物工作队、贵港市文物管理所：《广西贵港市孔屋岭东汉墓》，《考古》2005年第11期。
⑤ 广西壮族自治区文物工作队、合浦县博物馆：《广西合浦县九只岭东汉墓》，《考古》2003年第10期。

加生活化。深层原因是各分区的文化构成因素大体相同，基本上都为本地传统民族文化因素、楚秦因素及汉文化因素三者的融合。这三者的影响因子随时间的推延而不同：西汉早期，各地受当地原生文化的影响重，更多地显现出本地特色。西汉中期到东汉早期，由于地区间交流的频繁，汉文化对各地的影响开始显现，但区域间的发展进程并不同步。东汉中期以后，由于文化自身的发展调和，各地在墓葬形制和随葬品组合种类上的差别逐渐缩小，在文化面貌上逐步趋向统一。

第四章
随葬品

秦汉时期，随着社会经济的发展与儒家文化的繁荣，在随葬品方面既有明器，也出现了"生活化"倾向，涵盖了秦汉社会生活中的农业、手工业、建筑业、军事装备及日常生活领域的方方面面。不仅如此，秦汉时期人们对死后世界的认知逐渐清晰，尤其对来世和永生的追求更为强烈，随葬品的发展也说明了这一现象。

第一节 随葬品的"生活化"

一 随葬品再现"农业生产"

在秦汉墓葬中，我们经常可以看到农具作为随葬品的情况，这一方面反映了墓主人的身份，另一方面也反映了秦汉社会农业发展的情况。这些农具随葬品有耒、犁、播种农具、中耕农具、灌溉设施农具、粮食加工用具，甚至还有一些墓葬出现了作物品种作为随葬品的现象。

在秦汉墓葬中，发现了不少木耒或铁耒。耒是铲土的农具，它在汉代有很多别名。如《释名·释用器》记载锸"或曰锹"，也就是后世说的锹。《史记·秦始皇帝本纪》正义记载："耒，锹也。"王祯《农书》卷13说："盖古谓耒，今谓锹，一器二名，宜通用"。[①] 耒类农具前部的板名叶。《释名·释用器》：锸"其板曰叶，

---

① 王祯：《农书》卷13《农器图谱三》，文渊阁《四库全书》影印本，第730册，第438页下。

象木叶也。"①

全木制的耒曾在长沙咸家湖西汉曹㛥墓的填土中发现过一件，耒叶前端已破裂。②从战国以来，铁耒口在各地经常被发现，此物汉代名錾。《说文·金部》记载："錾，河内谓耒头金也。"③居延简中有"今余錾二百五"的记事（简498·9）。④长沙马王堆三号墓填土中所出西汉带柄铁錾木耒，保存状况极为完好：全长139.5厘米，耒柄和耒叶是用一整块化香树材制成的。此耒的铁錾作凹字形，这是汉代铁錾的主要式样。

此外，还出土过一些双齿即两刃的耒。对于有黏性的土壤来说，使用这种耒更为省力。这种耒在汉代名为"朿"，《说文·木部》："朿，两刃耒也。从木，丫象形。"⑤在山东肥城，江苏铜山等地发现的东汉画像石上可以看到执朿者的形象。长沙西汉墓所出木制农具模型中，既有耒，也有朿。至于曲柄的朿，可以称为耜。耜也是双刃的。《礼记·月令》郑注说："耒，耜之上曲也。"所以耜应为曲柄，武氏祠画像石中"神农氏"所执的农具就是这个形状。

尽管春秋时期牛耕田技术已经出现，可见直到秦汉时期，牛耕也未完全代替耒耕。文献资料也可证明这一点。《淮南子·主术训》："一人跖耒而耕，不过十亩"。《盐铁论·国病篇》："秉耒抱耜，躬耕身织者寡。"这些书中凡言及耕作时，提到的农具多是耒、耜，可见耜在西汉时仍是极为常见的起土农具。

犁是由耜演变而来的。在耜柄上系上绳，曳绳发土，这就改变了耕作的方式，为由耜耕向犁耕的发展创造了条件。犁耕的连续性使劳动效率得到大幅度的提高。

秦汉墓葬画像石上，我们常常会看到二牛抬杠的长辕犁。到了东汉，在山东滕州、陕西绥德等地的画像石上，出现了一牛牵挽的犁，甘肃武威汉墓中也出过一牛之犁的模型。山东枣庄出土的画像石上，刻有一牛一马同挽一犁的情形，上面刻有明显的犁盘。⑥秦汉时期的犁已出现犁底、犁辕、犁衡、犁梢、犁箭、犁评等部件，作为畜力犁的主体构件已经具备，这反映了当时人们生活化的场景。

不仅把平整土地的情形搬到了墓葬，土地平整后，下一步就是播种和中耕了，这

---

① 刘熙：《释名》卷7《释用器》，文渊阁《四库全书》影印本，第221册，第414页下。
② 长沙市文化局文物组：《长沙咸家湖西汉曹㛥墓》，《文物》1979年第3期。
③ 许慎：《说文解字》卷14上《金部》，第296页上。
④ 谢桂华、李均明、朱国炤：《居延汉简释文合校》，第597页。
⑤ 许慎：《说文解字》卷6上《木部》，第121页下。
⑥ 石晶：《枣庄发现汉农耕画像石》，《中国文物报》1998年4月8日。

种场面也出现在墓葬随葬品中。四川德阳出土画像砖上的农夫执圆形器在撒播籽粒。四川新都出土的画像砖上，播种者一手执"点种棒"在农田中插洞，另一手在点播谷种。山西平陆枣园村新莽时期的墓葬壁画中，有用驾一牛的三脚耧进行播种的图像。这种耧，将原来的用小犁踔破土开沟，再随沟播撒种子的两步工作统一了起来，提高了效率。

播下的种子出苗后，耘田即中耕除草成为急务。用于耘田的农具主要是锄。山东滕州黄家岭画像石中，有三个执长柄锄耘草的农夫。[①]《释名·释用器》："锄，助也，夫耨助苗长也。齐人谓其柄曰橿，橿然正直也。"[②]可知它的柄是直的。山东泰安出土的图像石中，将执锄立耨的形象表现得更为清楚。所用的锄，柄不仅长而且直，锄头呈板状，两肩斜杀。洛阳烧沟、陕西永寿等地均曾出土过为全铁制的实物。烧沟所出者，刃宽9厘米，通长15厘米。永寿所出者，刃宽8.9厘米，通长13.5厘米，形体均较小，与泰安画像石中的锄的比例相近。西汉时的锄头还有作斜肩梯形的，应为战国旧制。

立耨用锄，妪耨则用耨。《释名·释用器》："耨，似锄，妪耨禾也。"内蒙古和林格尔汉墓壁画中有执耨伛身除草者所用的耨，有平口的和带齿的两种。中耕农具中比耨再小些的是镈。《释名·释用器》："镈亦锄类也。"[③]钱币学家认为，早期空首布的形制就是仿自镈。所以河北满城，洛阳烧沟等地所出器形与空首布相近的铁器应为镈。另外，长沙浏城桥一号墓所出铜镈形器，还带有木柄，它的刃也是纵装的。发掘报告说它"其实应是用于斫削的小斧"。[④]这是由于装柄的方式不同，刃部或纵或横，用途也有所区别。水稻的中耕方式与旱田作物有所不同。四川新都出土的画像砖上，二农夫均拄杖支撑身体，双脚交替着将杂草踩进泥内。

在地表水源不足的环境下，农田灌溉需要凿井利用地下水。凿井技术起源很早，在河南汤阴白营龙山文化早期地层中发现的用46层木框垒叠成井筒。[⑤]井自然无法完整搬到地下墓葬，在秦汉墓葬中，发现不少明器井，有些附有水槽模型也可能是为了向水渠引水用的，这也说明墓主人或当时人对这一实物的重视。

水位较深的井须使用机具提水，春秋时发明的用来提水的桔槔，在汉画像石中常

---

① 蒋英炬：《略论山东画像石的农耕图像》，《农业与考古》1981年第2期。
② 刘熙：《释名》卷7《释用器》，文渊阁《四库全书》影印本，第221册，第414页下。
③ 刘熙：《释名》卷7《释用器》，文渊阁《四库全书》影印本，第221册，第415页上。
④ 湖南省博物馆：《长沙浏城桥一号墓》，《考古学报》1972年第1期，第68页。
⑤ 安阳地区文管会：《河南汤阴白营龙山文化遗址》，《考古》1980年第3期。

见到。《淮南子·氾论训》中认为用桔槔灌溉比抱瓶汲水"民逸而利多"。此外，战国时发明的辘轳，关中地区已较普遍。由陶明器和画像石中的辘轳可知，有轮形与细腰形两种。陶辘轳井上有的塑出汲水之容器。北京市东南郊五环路与六环路之间的工业园79号一汉墓出土的明器陶井，井台上就有一汲水之容器陶柳斗。

图4-1 澜石圩东汉墓出土的陶水田模型
资料来源：徐恒彬《广东佛山市郊澜石圩东汉墓发掘报告》，《考古》1964年第9期。

除了井灌这类小型的灌溉设施外，还有水利工程的模型。广东佛山澜石圩东汉墓出土了陶水田模型，旁边有小船，还有跳板与田地相连（图4-1）。表明田在水边，可引地表水灌溉并用船运输。在四川西部的都江堰崇义乡出土的石水田模型，则发现了阶梯形水田，高处的水田内有鱼和螺，田埂处设置水口，利用地势的落差，将水引入梯田。①

农作物成熟收获后，还需要进行加工。加工粮食的用具较多，不同时期的墓主人选择了将不同的用具带入地下。最古老的脱壳用具是地臼木杵。这种设备到汉代仍偶尔使用，如《汉书·陈咸传》中还提到用"地臼木杵"。汉代地臼基本上都是石制的，在洛阳烧沟、洛阳西郊、安徽定远、江苏泰州等地都发现过汉代的石臼，② 不过配套的杵还是木制的。《汉书·楚元王传》记载："杵臼雅舂。"颜师古注："为木杵而手舂。"③

西汉时，人们借身重延力而发明了碓，比碓效率更高的脱壳器是砻。江苏省泗洪重岗西汉画像石中有砻。但砻的分量轻，只适用于水稻脱壳，小麦磨粉还须用石磨。我国的石磨最早出现于秦代，至西汉时，在满城、西安、洛阳、济南、辽阳、南京、江都、

---

① 罗二虎：《汉代模型明器中的水田类型》，《考古》2003年第4期。
② 洛阳区考古发掘队：《洛阳烧沟汉墓》，科学出版社，1959，第206页。
③ 《汉书》卷36《楚元王传》，第1924页。

图4-2 满城汉墓出土的磨

资料来源：中国社会科学院考古所、河北文物管理处编《满城汉墓发掘报告》（下），第106页。

扬州等地都发现了石磨或其明器模型。① 可见当时已将磨推广至南北各地。在长沙阿弥岭七号西汉墓出土了滑石明器上刻有"磨"字，也证明了西汉时期已经开始使用此字。

满城汉墓出土了带有磨浆的磨（图4-2），出土时放在铜漏斗内，但一般石磨是用来磨粉的。汉磨的演进主要表现在磨齿的变化上。西汉初期延续了秦代栎阳石磨以同心圆排列的凹窝磨齿。西汉晚期洛阳烧沟58号墓出土的磨已凿出斜线磨齿。安徽寿县茶庵东汉墓出土石磨的磨齿分两型，一种是辐射状沟槽，另一种是纵横叠错的斜齿。后一型效率相对较高，因而沿用至今。粮食加工多以人力操作为主，但满城石磨出土时，其南侧有马骨架一具，有可能是用于推磨的马。②

谷物被舂碓以后，还须簸去糠秕来取得精米，效率较高的是飏扇。在四川彭县出土的画像砖上，有一人在碓旁执圆筐倾倒已舂之谷，另一人则用大型飏扇风谷。四川双流牧马山汉墓出土的执飏扇俑拿的正是此物。值得注意的是在河南济源涧沟西汉晚期墓和洛阳东关东汉墓中发现的陶扇车。

从随葬品的记载中，我们还可以看到秦汉时期农作物品种。古代粮食作物以五谷或九谷为主。五谷依《礼记·月令》所记，是麻、黍、稷、麦、豆，与《汉书·食货志》、《周礼·疾医》郑玄注的说法相同。但郑玄在注《周礼·职方氏》时又说五种谷是黍、稷、菽，麦、稻，《素问·金匮真言论》、《淮南子·修务训》高诱注也如此记载。显然，后一说以稻取代了前说中的麻。秦汉时期，江南各地已广泛种植水稻。

---

① 秦俑坑考古队：《临潼郑庄秦石料加工场遗址调查简报》，《考古与文物》1981年第1期。中国科学院考古研究所满城发掘队：《满城汉墓发掘纪要》，《考古》1972年第1期；王仲殊：《汉代考古学概说》，中华书局，1984，第35页；黄展岳：《一九五五年春洛阳汉河南县城东区发掘报告》，《考古学报》1956年第4期。葛家瑾：《南京栖霞山及其附近汉墓清理简报》，《考古》1959年第1期。屠思华：《江都凤凰河西汉木椁墓的清理》，《考古》1956年第1期；李久海：《扬州东风砖瓦厂汉代木椁墓群》，《考古》1980年第5期。
② 中国社会科学院考古所、河北省文物管理处：《满城汉墓发掘报告》（上），第24页。

江陵凤凰山汉墓所出简牍中记有粢米、白稻米、精米、稻粝米、稻粺米等各种稻米的名称，反映出它是当地重要的主食。洛阳、陕县等地所出陶仓上也常标出其中盛的是"稻"或"白米"。西安出土的陶罐上标有"粳米"。① 可以看出，北方这时稻也开始增多。

具体随葬品中应该有谷物，但出土时多已炭化或仅存朽痕，我们只能从随葬的仓囷模型的题字上得到启示。我国传统主要粮作物，到秦汉时期均已具备。尽管粮食不易保存至今，偶尔也有例外。20世纪70年代在湖北江陵凤凰山167号汉墓陶仓里发现的稻穗，出土时色泽鲜黄，穗、颖、茎和叶的外形完好，籽粒饱满，经鉴定为粳稻，可能是一季晚稻。② 每穗的柱数只及现代品种的一半，表明汉代水稻的单位面积产量，有可能只是现代的一半左右。

其他作物，如高粱，曾在广州先烈路龙生岗4013号东汉墓出土，③ 也解决了秦汉时期是否已种植高粱的争论。因这时期文献中对高粱没有明确记载。随葬品中发现高粱，说明这时的农作物中已有高粱是无可置疑的。

生活中不仅需要农作物，还需要蔬菜及果类。这些生活化的反映，也出现在墓葬世界里。如蔬菜方面，长沙马王堆一号墓中曾出葵籽。江苏邗江西汉墓曾出菠菜籽。④ 马王堆和邗江出土过芥菜籽。⑤ 广西贵县出土过黄瓜籽，⑥ 证明我国至少从汉代已经开始栽培黄瓜，而文献记载最早要到《齐民要术》，其中提到"种越瓜、胡瓜法"的胡瓜，即黄瓜。甘肃泾川水泉寺东汉墓出土的陶灶面上有浮雕的萝卜图案。作为蔬菜制作的调味品也有一些发现。秦汉时期调味品主要是花椒。花椒在战国时已被发现，到汉代已经较为平常，如在满城、江陵、广州，贵县等墓葬中均有出土。此外，在长沙马王堆汉墓中还出土了茱萸、姜和桂皮。⑦

水果也是必不可少的，在地下世界里，墓主人仍需要享用这些。合浦堂排二号汉墓中的一口铜锅，盛满了稻谷和荔枝。⑧《西京杂记》说汉初南越王尉佗自南海将鲛鱼和荔枝献给汉高祖刘邦。广州西村增埗2060号西汉墓和广西贵县罗泊湾西汉墓中曾出橄榄。广州西村皇帝岗2050号西汉墓出土乌榄，证明这种水果西汉

---

① 程学华：《西安市东郊汉墓中发现的带字陶仓》，《考古》1963年第4期；陕西省考古研究所：《陕西卷烟材料厂汉墓发掘简报》，《考古与文物》1997年第1期。
② 凤凰山一六七号汉墓发掘整理小组：《江陵凤凰山一六七号汉墓发掘简报》，《文物》1976年第10期。
③ 广州市文物管理委员会、广州市博物馆：《广州汉墓》上册，第357页。
④ 扬州市博物馆：《扬州西汉"妾莫书"木椁墓》，《文物》1980年第12期。
⑤ 湖南省博物馆、中国科学院考古研究所：《长沙马王堆一号汉墓》上集，第13页。
⑥ 广西壮族自治区文物工作队：《广西贵县萝泊湾一号墓发掘简报》，《文物》1978年第9期。
⑦ 湖南省博物馆、中国科学院考古研究所：《长沙马王堆一号汉墓》上集，第5页。
⑧ 蒋廷瑜：《广西汉代农业考古概述》，《农业考古》1981年第2期。

时在岭南已经很多。那种认为橄榄是在西汉武帝通西域以后传入我国的观点是不确切的。

二 随葬品显现"纺织盛况"

"丝绸之路"让我们知道秦汉时期纺织业的繁荣景象。但在秦汉社会生活中占据重要地位的纺织业究竟如何，随葬品为我们诠释了这一盛况。

秦汉时期纺织品的原料主要是丝和麻。由于养蚕和缫丝技术的改进，这一时期已能生产出质地优良的蚕丝。秦汉贵族墓中有以铜蚕或金蚕随葬的记载，如《三辅故事》中记载始皇陵中有"金蚕三十箔"。① 所植桑树主要有荆桑（植株较高大）和鲁桑（植株较低矮）。四川德阳黄浒镇出土的东汉"桑圃"画像砖，表现的是整齐成排的鲁桑幼株。② 山东嘉祥武氏祠画像石中"秋胡妻"一节出现的桑树是荆桑。鲁桑适于饲养稚蚕，荆桑适宜于蚕大眠以后，这两种桑叶在饲蚕过程中起着互为补充，相辅相成的作用。

在麻类作物中，主要有大麻和苎麻两种。但大麻的纤维不如苎麻细美。浙江余姚河姆渡遗址中曾土苎麻绳。③ 江陵凤凰山 168 号西汉墓棺内出土过苎麻，苎麻絮因其可以作为丝絮的代用品，故《汉书·楚元王传》称其为"纻絮"。凤凰山出土的苎麻已用石灰等碱性物质脱胶，"呈黄白色，类似丝棉，拉力强度大"。④

秦汉时期，人们太喜欢纺织了，竟然将纺织工具做成随葬品带入墓中。贵州清镇、湖南长沙及资兴等地汉墓中均出土过陶纺轮，这是用来捻麻线的工具，一般是纺专。《说文·寸部》："专……一曰纺专。"⑤ 即通称之纺轮或纺坠，各地出土的数量很多。有的还保存着铁轴杆，形制相对完整。

长长的丝线是如何调成的？墓葬中的汉画像石让我们看得相对清楚。山东滕州龙阳店东汉画像石上有一人手举籰柄，正自画面右侧的㰇向籰上调丝，丝上籰后便可络纬，东汉画像石上的络纬图，有的有一只籰络丝，有的有两只籰络丝。绕丝的工具叫㰇。《说文·木部》，"㰇，络丝树也。"⑥ 㰇上的丝还要转络到籰上，这道工序叫调丝

---

① 宋敏求：《长安志》卷 15《临潼》，文渊阁《四库全书》影印本，第 587 册，第 189 页上。
② 重庆市博物馆：《四川汉画像砖选集》，文物出版社，1957，第 12 页。
③ 河姆渡遗址考古队：《浙江河姆渡遗址第二期发掘的主要收获》，《文物》1980 年第 5 期。
④ 纪南城凤凰山一六八号汉墓发掘整理组：《湖北江陵凤凰山一六八号汉墓发掘简报》，《文物》1975 年第 9 期，第 9 页。
⑤ 许慎：《说文解字》卷 3 下《寸部》，第 67 页上。
⑥ 许慎：《说文解字》卷 6 上《木部》，第 123 页上。

或网丝。后来还出现了纺麻线的纺车，如甘肃武威磨嘴子22号东汉墓中出土了木纺锭，纺锭一头是尖的，并且可以伸出在装置之外，后面的槽可以承受绳弦，旋转时尖端带动麻纤维，使之捻合成线。汉代整经用枸，此物又名经梳。江苏邳县白山故子村一号东汉墓所出画像石上有整经图。接着便可上机织作，汉代的普通织机是一种斜织机，赵丰曾统计过东汉画像石上已经发现的18块织布机图像。①

纺织的成品种类较多，有素、缣、纱、罗、绮、绵等。在随葬品"生活化"趋势下，墓主人自然把很多纺织品带入地下。如素，秦汉时的丝织品统称为帛或缯，其中洁白的平纹丝织品称为素。马王堆一号西汉墓出土的素，疏密程度大不相同，纬丝也都稀于经丝。较密的如442号香囊的缘边，经密为164根/厘米。②满城一号西汉墓中玉衣衬垫物内出土的残素，经密达200根/厘米，纬密达90根/厘米，是目前所知道的秦汉时期最为精密的素。③

如缣，这是一种更结实的平纹丝织品。《说文·糸部》载："缣，并丝缯也。"④满城一号西汉墓的玉衣内曾出土过缣片，这是一种双纬平纹织物，经密75根/厘米，纬密30×2根/厘米。⑤

如纱，纱也是平纹组织，但纱由于经纬部很稀疏，所以出现细细的孔眼。马王堆一号西汉墓出土的素纱蝉衣之纱，经密和纬密均为62根/厘米，应是比较密的（图4-3）。甘肃武威磨嘴子48号西汉墓出土的素色孔纱要稀一些，其经密为31根/厘米，纬密为29根/厘米。⑥

再如罗，罗是有孔的丝

图4-3 马王堆一号汉墓出土的素纱禅衣
资料来源：现藏湖南省博物馆。

---

① 赵丰：《汉代踏板织机的复原研究》，《文物》1996年第5期。
② 湖南省博物馆、中国科学院考古研究所：《长沙马王堆一号汉墓》上集，第47页。
③ 中国社会科学院考古研究所、河北省文物管理处：《满城汉墓发掘报告》上册，第154页。
④ 许慎：《说文解字》卷13上《糸部》，第273页上。
⑤ 中国社会科学院考古研究所、河北省文物管理处：《满城汉墓发掘报告》上册，第155页。
⑥ 甘肃省博物馆：《武威磨嘴子三座汉墓发掘简报》，《文物》1972年第12期。

织品，它的孔呈椒眼状，与方孔的纱不同。这种用绞经法织出来的交结点远比纱更结实。马王堆一号、三号西汉墓，满城一号西汉墓，武威磨嘴子62号新莽墓，新疆民丰尼雅及山西阳高等地的东汉墓中，出土过用四经绞罗组织织出的地纹，而以二经绞罗组织织出花纹的菱纹花罗。[①]

罗有时也被称作绮。《汉书·外戚传》颜师古注："罗，绮也。"《西京赋》中"似不任乎罗绮"。所以，才可以解释为什么马王堆一号墓出土的手套和香囊，有的本是用罗缝制的，但在遣策中却说是绮。但罗和绮的织法并不相同。绮并不织出孔眼，它是在平纹地上用斜纹起花的，故其花纹多含菱形。马王堆一号西汉墓出土的菱形绮就是类似经斜纹组织的织法。另一种织法是斜纹和平纹混合组织。新疆民丰尼雅出土的汉罗就是这种织法。[②]它的花纹在大的菱形内部填充树叶纹，而菱形之间的空隙复缀用心形树叶纹，比单纯的杯文构图要复杂。

最高等级的丝织品是锦。汉锦代表着秦汉代丝织品的最高水平，用染成的各种颜色的丝线织成。汉锦中最特殊的品种为绒圈锦，在马王堆一号、三号西汉墓，满城一号西汉墓，武威磨嘴子62号新莽墓及诺颜乌拉14号匈奴墓中均有出土。它的经线以四根为一副，包括一根底经、两根地经和一根较粗的起绒经。它是用经线显花的不完全的经三重组织。在织出的幅面上，高绒圈、低绒团和经浮线构成疏朗错落、层次分明的花纹，立体效果很强。

这些陪葬锦不仅反映了纺织技术的高超，也反映了秦汉人和墓主人的审美情怀。马王堆一号西汉墓出土的矩纹锦（图4-4），以七个单元图形的纵列以横向布满全幅，暗褐色地，红棕色花纹，与长沙左家塘44号战国墓出土的锦比较接近。马王堆一号墓的绣枕两侧的茱萸锦，以茱萸纹与菱纹和空心点子组成图案。此墓还出土了星蒂锦，以八芒星与柿蒂纹及零碎的点子组成图案。再如江陵凤凰山168号西汉墓出土的锦，其纹饰与马王堆一号、三号墓出土的锦大体相同。这些锦以分散的小图形与点子、线条相组合，上下交替排列，在色彩上追求一种雍雅含蓄的效果，虽然花纹多用鲜明的朱红色，但分布在深沉的红棕、暗褐地子上，并不显得很突出。汉锦这些特点，都与战国锦变化不大。

此外，陪葬锦因地区不同，也各有特点。从秦汉墓葬出土的锦来看，尤其是在边

[①] 上海纺织科学研究院、上海市丝绸工业公司文物组：《长沙马王堆一号汉墓出土纺织品的研究》，文物出版社，1980；湖南省博物馆，中国科学院考古研究所：《长沙马王堆二、三号汉墓发掘简报》，《文物》1974年第4期。

[②] 夏鼐：《新疆新发现的古代丝织品——绮、锦和刺绣》，《考古学报》1963年第1期。

疆地区比较明显，如新疆的罗布淖尔、内蒙古的扎赉诺尔等地有许多发现。这些锦还有相同之处，如罗布淖尔、扎赉诺尔出土的锦与民丰尼雅遗址出土的"万世如意"锦几乎完全相同。

时代不同，锦也有差别。西汉锦和东汉锦区别在于：一是锦的图案把当时出现在漆器、釉陶和画像砖上的云气禽兽纹搬到锦上；二是在色彩的搭配上，西汉晚期与东汉的锦基本上以棕红、赭红为地，以明亮的浅黄、浅驼色花纹作配，整体画面为一片温暖的色调；第三是锦上开始织一些文字。如诺颜乌拉出土锦上有"新神灵广成寿万年"、"仙境"，罗布淖尔出土的锦上有"长乐明光"、"韩仁绣文衣，右（佑）子孙无亟"、"望四海贵富寿为国庆"等。① 锦上织有文字，使其纹饰的主题更加深化。

不过，西汉晚期以后的锦并非完全一种风格，如民丰东汉墓出土的"阳"字菱纹锦，其幅面上的菱纹以白线条为界线，每九个斜方格组成一组菱形图案。菱形图案之中心的一个格子则用绀青和白色线交织而成。靠近幅边处又织出一行白色"阳"字纹。② 这种锦的图案颜色搭配的效果很好，与西汉早期锦的韵味不同。

陪葬品中的刺绣也反映出墓主人渴望在地下"生活化"的倾向，刺绣在商代已经出现，宝鸡茹家庄一号西周墓中发现了压在泥土中的绣痕，这是一种索绣。③ 马王堆一号西汉墓中出土了40件绣品。较多的"信期绣"、"长寿绣"、"乘云绣"，这些绣品体现了蟠螭纹向云气纹的转变。马王堆一号墓还出土了一件以黄绢作坯料的长寿绣，采用类似接针的绣法，这样可以使花头的尖端更细。汉绣一般以开

图4-4 马王堆一号西汉墓出土的矩纹锦

资料来源：李正光主编《楚汉装饰艺术集·纺织品》，湖南美术出版社，2000，第114页。

---

① 新疆维吾尔自治区社会科学院考古研究所：《新疆古代民族文物》，文物出版社，1985，图版202。
② 夏鼐：《新疆新发现的古代丝织品——绮、锦和刺绣》，《考古学报》1963年第1期。
③ 李也贞等：《有关西周丝织业和刺绣的重要发现》，《文物》1976年第4期。

口索绣和闭口索绣为基本针法。但马王堆一号墓中装饰内棺的铺绒绣，采用了直针平绣。这种针法与诺颜乌拉出土的汉绣一样。诺颜乌拉 12 号墓出土的龙纹绣，采用辫索绣成，针法细腻。到了东汉时期，新疆民丰墓和河北怀安的五鹿充墓出土的刺绣也是素绣。[①]

刺绣需要经过浸染或涂染，秦汉时期一般用植物作为染料，偶尔也使用矿物颜料。马王堆一号、二号西汉墓出土的丝织品颜色达 36 种之多。根据化验的结果可知，所用之植物性染料有茜草、栀子和靛蓝等。茜草以铝盐（明矾）为媒染剂可染出红色，以铁盐（铁矾）为媒染剂可染出紫色。汉代传入了一种可染红色的红花。栀子是用来染黄色的，原产于我国南部和西南一带。马王堆一号汉墓中的一部分黄色丝织品就是用栀子染成的。[②] 染蓝色的靛蓝历史更久，靛蓝染色工艺至汉代也已相当成熟，马王堆一号墓出土的一块青罗，[③] 其染色技术大体为先将靛蓝以还原剂作用成隐色酸，再溶解在碱液中使之成为靛白。将纺织品在靛白中浸染后，取出置通风处氧化，则重新转为不溶性靛蓝。如此反复进行数次，可以染出牢度很高的鲜明的深蓝色。

除了单独使用上述植物染料外，也可以配伍套染。马王堆一号墓出土过蓝绿、藏青、藏青黑等色的丝织品，基本上是以靛蓝打底，再加套黄、浅棕和深棕色而成。[④]

汉代还曾以印染之法为纺织品加花。马王堆一号墓出土的"金银色印花纱"、"印花敷彩纱"两种印花纱保存比较完整。前者图案的单元呈菱形，与南越王墓所出的图案相近。后者使用了型版印花和彩绘两种方法。图案的单元也呈菱形，以四方连续布满幅面。[⑤]

就普通百姓而言，日常使用的衣料是由麻纺织品做成的布。马王堆一号墓出土的 N29-2 号大麻布通幅经线总数为 810 根，与《汉书·王莽传》说的"自公卿以下，一月之禄十缕布二匹"[⑥] 相符合，十缕布一幅中有经线 800 根。更细的布则用苎麻线织成的纻布，如马王堆一号墓出土的 N27-2 号纻布，经密 32.4 根/厘米，N26-10 号纻布，经密 37.1 根/厘米，这些纻布的精细度比现代的细苎麻布还要细。

秦汉时期，也有一些地区开始生产棉布。民丰东汉墓中出土了蓝白印花布及手帕

---

① 马衡：《汉代五鹿充墓出土的刺绣残片》，《文物参考资料》1958 年第 9 期。
② 陈维稷：《中国纺织科学技术史》，科学出版社，1984，第 260 页。
③ 陈维稷：《中国纺织科学技术史》，第 262 页。
④ 湖南省博物馆、中国科学院考古研究所：《长沙马王堆二、三汉墓发掘简报》，《文物》1974 年第 7 期。
⑤ 《汉书》卷 99《王莽传》，第 4142 页。
⑥ 孙机：《汉代物质文化资料图说》，上海古籍出版社，2012，第 85 页。

等棉织品,印花布的经密为18根/厘米,纬密为13根/厘米,说明到秦汉时期,棉花已经在新疆地区种植。但这一时期在内地不流行穿毛织品,只有下层贫民才穿毛织品。但在边疆少数民族那里,尤其是西北地区,毛织品是比较流行的。

绦品种也曾出现在墓葬之中。江陵马山一号楚墓出土过纬编绦。汉绦中以马王堆一号墓所出"千金绦"最为绚丽,宽度为0.9厘米与2.7厘米两种,绦面有"千金"字样。满城一号西汉墓出土的素绦是网状组织,其编法与千金绦大体相似,但编时尚须扭绞或穿股,以便形成网眼。

三 随葬品折射交通发展

秦汉交通工具主要是车和船,这几乎影响到每个人的生活。尤其是车,墓主人自然喜欢将其带入地下,继续享用。

秦汉以前的车多为独辀车,向双辕车的过渡是在西汉时完成的。西汉中期以前,满城一号墓、曲阜九龙山二号墓、北京丰台大葆台一号墓均曾出土过驾四匹马的独辀车。长沙马王堆三号墓出土的帛画《仪仗图》中,画的也是四排驾四马的独辀车。西汉晚期以后,这种车就很少见了。秦汉时期,作为交通运输工具的车基本上都是双辕的。双辕车最早出现于战国时期。[①]

车的种类较多,如轺车、轓车、轩车、安车。秦汉时期最常见的应是轺车,武威磨嘴子48号西汉墓出土了驾一马的彩绘铜饰双辕木轺车(图4-5)。但轺车也可以驾两匹马,无论驾几匹马,其车厢均敞露而且较小。其次是轓车。河南荥阳苌村东汉墓壁画中描绘墓主人当"□陵令"时,乘的车左轓为红色,右轓为黑色。《汉书·景帝纪》载:"令长吏二千石车朱两轓,千石至六百石朱左轓。"[②] "令

图4-5 武威磨嘴子汉墓出土的彩绘铜饰双辕木轺车
资料来源:王勇《汉代彩绘木轺车》,《文物天地》2015年第4期。

---

① 陕西凤翔八旗屯BM103号秦墓出土过双辕陶牛车,见孙机《汉代物质文化资料图说》第113页。
② 《汉书》卷5《景帝纪》,第149页。

当时"秩千石至六百石",与此相符。当墓主人升到"巴郡太守",乘的车就是"朱两幡"。① 成都扬子山二号东汉墓车马过桥画像砖上也有幡车的图像。幡车比轺车增加一对车耳。山东临淄西汉齐王墓 4 陪葬坑中的 4 号车,不仅有车耳,且后部有半月形缺口。② 按照《后汉书志·舆服上》记载:"后谦一寸,若月初生,示不敢自满也。"③ 沂南东汉画像石墓第八辆车也有车耳。

衣车包括辒车、辈车、牛车等。最有代表性的车型是辒车。潘祖荫旧藏的一块汉画像石上有一辆榜题刻有"辒车"的车,应是辒车。这种车因车厢严密适合妇女乘坐,《汉书·张敞传》说:"礼,君母出门则乘辒辇。"④ 沂南画像石为拓片第 39 幅墓主夫人乘坐的就是辒车。辒车车厢两侧的窗叫戾。《说文·户部》载:"戾,辒车旁推户也。"⑤ 上边为车盖,多呈椭圆形,称作鳖甲。秦始皇帝陵出土的二号铜车的车盖就鳖甲形。车型与辒车相似的是軿车,只是车厢后部没有后辕。内蒙古和林格尔东汉墓壁画中有一辆軿车,其榜题"夫人軿车"也说明了这一点。

妇女乘坐的另一种车是辈车。这种车的结构比辒车、軿车更简单。东汉墓中出土过大型的辈车模型,如四川成都扬子山出土的陶辈车和贵州兴义出土的铜辈车。⑥

牛车一般为载物使用,也有贫者使用。东汉晚期开始发生变化,牛车迅速成为高规格的车型。在安徽灵璧九顶镇汉画像石中有装偏幰的牛车,装幰就证明了其规格的提升。驼车在河南密县东汉画像砖中见到过,其他未见实例。

另外还有一些特殊用途的车,如斧车,山东沂南、四川成都及德阳、辽宁辽阳等地东汉墓的画像石上均有发现。⑦ 这种车在车厢中竖立大斧,是公卿以下、县令以上出行时用于前导之车。

因有些车可能腐烂,只剩下一些车的部件,在墓葬中也常有发现。满城一号汉墓出土过管状铁锏,含车轴朽木,有的还残存有将锏固定的轴上所使用的铁钉。按《释名·释车》解释说:"锏,间也,间缸、轴之间,使不相摩也。"⑧ 车毂外为軎。軎装在

---

① 郑州市文物考古研究所:《河南荥阳苌村汉代壁画墓调查》,《文物》1996 年第 3 期。
② 山东省淄博市博物馆:《西汉齐王墓随葬器物坑》,《考古学报》1985 年第 2 期。
③ 司马彪:《后汉书志》卷 29《舆服上》,第 3649 页。
④ 《汉书》卷 76《张敞传》,第 3220 页。
⑤ 许慎:《说文解字》卷 12 上《户部》,第 247 页上。
⑥ 前者为国家博物馆藏品;后者见贵州省博物馆考古组《贵州兴义、兴仁汉墓》,《文物》1979 年第 5 期。
⑦ 南京博物院、山东省文物管理处:《沂南古画像石墓发掘报告》,拓片第 37 幅;重庆市博物馆编《重庆市博物馆藏四川汉代画像砖选集》,文物出版社,1957,第 27、28 图;李文信:《辽阳发现的三座壁画古墓》,《文物参考资料》1955 年第 5 期。
⑧ 中国社会科学院考古研究所、河北文物管理处:《满城汉墓发掘报告》上册,第 182~185 页。

轴通过毂以后露出的末端，是保护轴头的。在满城一号墓，曲阜九龙山汉墓等西汉大墓中，出土过通体错金银的车䪅。①

中国古车与世界其他地方不同，基本上是有辐之轮。北京丰台大葆台一号西汉墓所出土的车轮有24辐，江苏涟水三里墩西汉墓出土的铜车模型也是24辐。《大戴礼记·保傅篇》记载为30辐，秦始皇帝陵出土的也是30辐。

秦汉马车上的车盖制作已经相当考究了，车盖一般为伞形，其柄称为杠，在某些场合中必须取下车盖，秦汉的车盖也能取下。铜杠箍即其装卸时的连接之处。杠箍在河南郑州及洛阳、河北满城、山东曲阜、宁夏银川、广西西林、广东广州等地的西汉墓中多次出土。②

车的部件还包括辕、轫、衡、轭、軜、銮、锡、衔、镳等。

独辀车和双辕车，其后部都装在车箱底下，与轴垂直相交，它们伸出箱底前沿的軫木后的平直部分叫作軦。軦接近顶端处稍稍变细，名颈，颈外的顶端名軏，用铜包头的叫铜軏。满城一号西汉墓出土过鎏金铜軏。定县43号东汉墓出土过一对龙首形铜軏。

衡是用来缚轭驾马的横木，曲阜九龙山4号墓出土的一种通体鎏金，浮雕龙纹衡末。③车衡上，每个轭的两旁要装軜，用来觉辔。秦汉的铜軜多呈U字形或环形。铜山龟山二号、曲阜九龙山四号等西汉墓出土过鎏金铜軜。

特殊的人力车在秦汉时期墓葬中也有显现，如四川乐山东汉崖墓石刻和江苏昌梨水库一号东汉墓画像石中均出现过辇，图像中所见汉辇，都是人在前面拉，文献中也提到过人推之辇，如《史记·货值列传》记载卓氏迁蜀，"独夫妻推辇，行诣迁处"。④汉代用手推的车只有鹿车。根据山东武氏祠画像石、四川渠县蒲家湾汉阙雕刻和成都等地出土的画像砖综合看，鹿车的车轮装于车子前部，车的重心位于轮的着地点（支点）与推车人把手处（力点）中间。这固然不符合杠杆省力原理，但能装载重物在比较狭窄的道路上通行。

---

① 山东省博物馆：《曲阜九龙山汉墓发掘简报》，《文物》1972年第5期。
② 唐杏煌：《郑州新通桥汉代空心砖墓》，《文物》1972年第10期；洛阳区考古发掘队：《洛阳烧沟汉墓》，第179页；李京华：《洛阳西汉壁画墓发掘报告》，《考古学报》1964年第2期；中国社会科学院考古研究所、河北文物管理处：《满城汉墓发掘报告》上册，第195页；山东省博物馆：《曲阜九龙山汉墓发掘简报》，《文物》1972年第5期；牛达生：《银川附近的汉墓和唐墓》，《文物》1978年第8期；王克荣、蒋廷瑜：《广西西林县普驮铜鼓墓葬》，《文物》1978年第9期；广州市文物管理委员会、广州市博物馆编著《广州汉墓》上册，第146页。
③ 山东省博物馆：《曲阜九龙山汉墓发掘简报》，《文物》1972年第5期。
④ 《史记》卷129《货殖列传》，第3277页。

除了车之外，坐船和骑马也是交通工具之一。我国古代的船通过以楫拨水前进，这种方式延续到秦汉。汉代的楼船水军被称为楫濯士，就是划桨手。江陵凤凰山、广州皇帝岗和长沙伍家岭出土的西汉明器木船，也反映了这种情况。凤凰山木船上没有俑，却装有支櫂的木橛。皇帝岗木船操櫂与操舵的俑都踞坐在木板上。伍家岭木船有设16櫂1舵。

舵的发明对行船意义重大，舵的雏形大约从西汉时就已经有了。《淮南子·说林训》记载："毁舟为杕"。高诱注："杕，舟尾也"。① 当时的舵大约还停留在杕的阶段。因此，凤凰山和皇帝岗木船上的柁，与帆的形状区别不大。伍家岭木船上的舵就比櫂长得多。东汉广州先烈路汉墓出土的陶船上的舵就更进步。此舵的板叶宽大，障水有力，舵下端与船底取齐，水浅时不须提舵，装在船尾专设的舵楼中。广东德庆汉墓出土的陶船上的舵，较先烈路陶船之舵更为先进，可能已是转轴舵了。

骑马，在秦汉时很流行，因而骑乘所用鞍具得到发展，咸阳杨家湾西汉早期墓陪葬坑出土了陶战马鞍。西汉后期，河北定县出土了错金银铜杠箍饰中的骑马者之鞍。汉代还没有发明马镫，但鞍具已经很华丽，如文献中所说的马珂，在云南晋宁石寨山七号墓、广西西林普驮铜鼓墓、古乐浪王根墓和河南杞县许村岗一号墓中有发现，材质有银、铜鎏金、铅锡金等。

四 随葬品追寻"家居建筑"

秦代家居建筑很难有实迹存在，但墓主人幻想着在地下过着生前的生活，自然，也希望将其搬到墓葬之中。加上建筑墓葬本身，就是与当时技术密切相关的。

秦汉家居建筑是以夯土与木框架的混合结构为主。龙山时代的版筑法，到秦汉时期已充分成熟。版筑施工须先立挡土板。继而可填土打夯，打夯的动作和工具都叫筑。所谓筑，就是指夯杵，此物多以木制。咸阳杨家湾四号西汉墓西墓道内发现过一件木夯杵的残迹。② 兴平茂陵出土过西汉的石夯头，咸阳长陵与徐州子房山西汉墓出土过铁夯头。③

为了装饰墙壁，还要用灰浆抹面。汉代所谓垩是用石灰石烧成的石灰。用蚌壳烧

---

① 何宁：《淮南子集释》卷17《说林训》，第1222页。
② 陕西省文管会、陕西省博物馆、咸阳市博物馆：《咸阳杨家湾汉墓发掘简报》，《文物》1977年第10期。
③ 雒忠如：《陕西兴平县茂陵勘查》，《考古》1964年第2期；石兴邦等：《长陵建制及其有关问题——汉刘邦长陵勘察记存》，《考古与文物》1984年第2期；徐州博物馆：《江苏徐州子房山西汉墓清理简报》，文物编辑委员会编《文物资料丛刊（4）》，第59~69页。

成叫蜃灰，比石灰更加洁白光亮。茂陵建筑址中发现一处抹蜃灰的残壁。①

汉代建筑物承重一般由壁柱受力，屋顶荷载由柱、梁组成的木构框架承托，木构架主要有穿斗式、抬梁式、栏式与井干式。穿斗式、抬梁式在大量明器陶屋山面中经常出现。穿斗、抬梁、干栏等构架由柱支撑。汉代木柱的实例已很难看到，只能通过仿木的石构件加以考察。在沂南画像石墓中，可以看到柱下的方础和覆盆形栧，陕北米脂东汉牛文明墓的画像石中也有同类型的础和栧。②汉代的柱式很多，四川乐山柿子湾崖墓，山东安丘画像石墓的束竹柱是一种比较讲究的柱式。

秦汉家居建筑很重视屋顶的美，汉代的屋顶形式有悬山、庑殿、歇山、攒尖等。分段的悬山顶和庑殿顶住陶屋和石阙中均有其例，由中央的悬山顶和周围的幢庑顶组合而成的广州陶屋上的歇山顶，说明歇山顶的结构尚未成熟。攒尖顶直到东汉的广州大元岗 4019 号墓与陕西勉县老道寺四号墓所出的井亭与陶楼上才真正看到。

斗拱在秦汉时期开始走向成熟，"一斗二升"式被广泛使用，并继续发展。在沂南汉墓前室石柱与四川雅安高颐石阙的斗拱上，就出现了中间增设小蜀柱的做法，逐渐导致一斗三升式斗拱的产生。

除了装在柱头上的斗拱，插拱多在房屋转角处承檐。河北望都东关汉墓出土的陶楼，在转角处的两根柱都在正面装插拱。陕西勉县老道寺东汉墓出土的陶楼在一层平顶檐下有插拱。也有在转角处施斜撑挑檐的，如河南灵宝张湾三号墓出土的陶楼。③为了加强对檐檩的支撑和增进整个檐下的横向联系，在柱间的横楣上装补间斗拱。如四川出上画像砖中的楼阁和辽宁辽阳北园东沮未年墓的壁画中都有补间斗拱。当然，此时的柱头、转角、补间三种斗拱尚未成熟。

此外，家居建筑中的砖、门、窗也较为常见。早期的砖有铺地面和修造墓室两方面的功能。夯土地面的防潮性差，不如用砖铺地更为耐磨。用砖砌墓室不仅比土坑严密，也比木椁更长久，战国晚期已经出现空心砖墓。秦汉时期，制砖技术在西汉时发展得很迅速，西汉的空心砖火力匀透，西汉早期、中期在中原地区用这种砖砌的墓室很常见。西汉晚期条砖开始用于建筑墓室。不过空心砖仍在使用，如洛阳西汉卜千秋墓，主要墓室用空心砖，侧室和耳室则用小砖砌造。卜千秋墓中的空心砖达 16 种。④

---

① 雒忠如：《陕西兴平县茂陵勘查》，《考古》1964 年第 2 期。
② 陕西省博物馆、陕西省文管会：《米脂汉画像石墓发掘简报》，《文物》1972 年第 3 期。
③ 河南省博物馆：《灵宝张湾汉墓》，《文物》1975 年第 11 期。
④ 中国科学院自然科学史研究所主编《中国古代建筑技术史》，科学出版社，1985，第 253 页。

除了铺地方砖外，还有一种画像砖，花纹为凸起的浮雕，每块砖自成一个独立的画面。东汉晚期在河南、四川等地的墓葬中比较流行这种砖，四川蜀汉墓中也有出土。它的功能和墓葬中的壁画、画像石相同，多数嵌砌于墓壁上，其画像的内容有的是辟邪祈福者，有的是反映生产和生活的情形。

到了汉代，最主要的砖型是条砖。陕西临潼刘庄战国晚期的秦墓的木椁就是用条砖砌成的。① 但在当时这只是个别案例。因为秦始皇帝陵一号兵马俑坑中的砖墙的砌法，仍是原始的垂直通缝且无黏合剂。直到汉代，砖墙的砌法才得到全面改进。这在砖室墓中有集中的反映。

如何避免上下通缝呢？在中原地区的洛阳烧沟西汉后期的砖室墓中，已普遍采用顺砖错缝的砌法。为了增强稳定性，河南陕县刘家渠东汉砖墓出现了全用丁砖平侧错缝垒砌的墓壁。当然，各个地区情况不尽相同，在江苏邗江甘泉二号东汉墓中，墓壁每块平砌的顺砖都和两块平砌的及四块侧砌的丁砖相对应，这样对砖缝上下贯通，整体性还是比较差的，说明这一地区砌砖技术仍较落后。

到了东汉中期，中原地区砖墓的墓壁开始采用顺砖平砌与丁砖侧砌上下层相间的组合形式。武威二十里滩汉墓是在顺砖错缝平砌的砖墙中，在墙脚侧砌一道或两道丁砖。河北定县北庄汉墓墓壁，就是在二顺一丁的基础上，在两层顺砖后面加砌了一层暗丁。在此基础上，河南密县打虎亭东汉一号墓后室后壁砌法又进一步。即出现了一层顺砖，一层丁砖错缝平砌的形式。

个别墓葬砌法较为独特，如甘肃武成雷台与内蒙古托克托汉墓是编席式砌法。洛阳烧沟汉墓封门砖墙是空斗式砌法，尽管这种砌法可以节省工料、降低造价，但在汉代尚未普及。

汉代的砖墙多数用泥浆胶结，比较讲究的砖墙为磨砖对缝，如河南密县打虎亭一号、二号墓，安徽亳县董园村一号墓等。有的还以石灰浆灌入，如河北望都二号墓。

汉代的门多为板门，有双扇、单扇和带轮子的拉门。门楣上有门簪，门扇中部装衔环的铺首。但画像砖、画像石中所刻画的铺首形体偏大，满城一号汉墓后室石门装的铺首通长22.5厘米，与石门的高度178厘米相切合。

汉代的窗子如出土陶屋所见，一般为空洞。但也出现过其他窗，如广州龙生岗

---

① 陕西省考古研究所秦陵工作站、临潼县文物管理委员会：《陕西临潼刘庄战国墓地调查清理简报》，《考古与文物》1989年第5期。

4015号、大元岗4022号等东汉前期墓所出陶屋上出现过支摘窗,①只是在当时很少。湖北云梦癞痢墩一号东汉墓出土的陶楼上有百叶窗,也是极为罕见的,②

家居建筑中的辅助设施,也反映了生活化场景。厕所是居住必需的设施。我国南方的厕所多将各种用途的房舍紧凑在一起,北方则往往另筑厕所。河南南阳杨官寺东汉墓出土了一件比较讲究的陶厕,其平面近方形,后部是敞棚,悬山顶,设气窗。正面有二门:左门通往棚后的女厕,右门通往前院右上角的男厕。男、女厕的粪池下部均与猪圈相通。③河南汲县出土的陶厕也和猪圈连在一起。因此在秦汉时期,厕所和猪圈相通连是普遍的。

然而,饲养马、牛、羊的厩、牢、圈都不和厕所在一起。长沙东汉墓曾出陶牛牢,④河南陕县刘家渠东汉墓曾出陶羊圈。自先秦到秦汉,我国有食狗的习俗。因此,陕县刘家渠东汉墓中还出土过陶狗圈。饲鸡用的明器木舍曾在武威磨嘴子东汉墓出土。专门养鸭的鸭栏,在湖南资兴东汉墓出土过。⑤

五 随葬品重现"战争硝烟"

在秦汉时期,军事战争成为很多人生活的一部分。建功封侯自然是很多人的梦想,有些墓主人念念不忘自己征战生活,将征战时的武器带到了另外的一个世界。这些武器包括长兵器、中型兵器、短兵器、远射武器、防卫武备等。

秦汉长兵器主要有戈、戟、矛、矟、铩、铤、铍、铩等。战国时期形制相仿的铜戈在秦汉,尤其是西汉前期以前仍被使用。如满城一号墓出土过两件铜戈,都是曲援,直内,长胡三穿。戈柲的顶端都装有鎏金鸟形箅,底端装有鎏金筒形镦。镦銎近杏仁形,柲的断面也是如此,这样执戈者操柲时凭感觉就可知援的方向。长沙浏城桥一号墓出土了积竹柲,积竹柲强韧而有弹性,不易折断。江苏涟水三里墩西汉墓出土的戈,⑥其镦为鸟头、兽爪、马蹄形,错金银并镶嵌绿松石。山东临淄西汉齐王墓陪葬坑出土的戈,装金质冒、箅和金镦,可看出其重要程度。⑦

另一类铜戈战国晚期开始出现,这种戈与戟互训,差别不是很明显。典型的戟是

---

① 广州市文物管理委员会、广州市博物馆:《广州汉墓》上册,第333~335页。
② 云梦县博物馆:《湖北云梦癞痢墩一号汉墓清理简报》,《考古》1984年第7期。
③ 张建林、范培松:《浅谈汉代的厕》,《文博》1987年第4期。
④ 高至喜:《湖南古代墓葬概况》,《文物》1960年第3期。
⑤ 湖南省博物馆:《湖南资兴东汉墓》,《考古学报》1984年第1期。
⑥ 南京博物院:《江苏涟水三里墩西汉墓》,《考古》1973年第2期。
⑦ 山东省淄博市博物馆:《西汉齐王墓随葬器物坑》,《考古学报》1985年第2期。

什么样子的呢？《考工记·冶氏》中记载：戟应有内、有胡、有援、有刺。山西长治分水岭十四号墓出土的戟，铭文中刻有"棘戟"，棘即刺。棘戟即装刺的戟。宜昌葛洲坝四号西汉早期墓出土铜戟刺一件，鋈作杏仁形，是戈矛连体戟上的刺。

汉代士兵常用的是一种卜字形铁戟，只有前伸的直刺和旁出的横枝。为了加固戟柲，又加装青铜柲帽。江苏盱眙东阳西汉墓出土的木柲全长2.49米，有学者认为是骑兵用"马戟"。① 满城一号墓出土的不足2米的戟，应为步兵使用。

西汉初期之前，矛与战国时期相差不大。临淄齐王墓陪葬坑出土的矛为钢制，矛叶断面呈空心菱形，其镦为圆筒形，通长约2.1米。满城一号墓出土的矛为铁制，为扁平的柳叶形，镦也为铜制，通长约1.96米。汉代最长的矛是槊。《释名·释兵》说："矛长丈八尺曰槊"。② 汉代的八尺，应为现在的4米多。目前最长的是秦兵马俑坑T19出土的6.7米的槊。

与矛相近的武器还有铍和铩。秦始皇帝陵兵马俑坑中出土了带柄的长铍。临淄齐王墓陪葬坑与山东巨野西汉墓出土过铁铍。临淄出土的铍通长2.9米，它应具有相当的威力。如果在铍头下部装上有如剑格的镡，就称作铩。《说文·金部》载："铩，铍有镡也"。③ 马王堆三号墓的遣册中记有"执短铩"者与"操长铩"者，可知铩的柄有长、短两种。江苏徐州白集画像石中可见到一长铩插在兵兰正中。

中型兵器指主要是介于长兵戟，矛和短兵刀、剑之间的类型，如钺、长斧、长椎、梲、殳、棓、钩镶等。

这类武器中，格外值得重视的是钺，就是常说的"大斧"，在先秦时，只是权力和地位的象征，作战使用并不灵活，这种意义延续到秦汉，沂南画像石的出行图中的斧车就具有这种象征意义。另外，钺（包括比钺小些的斧）还可作为刑具，也就是《国语·鲁语》中讲到的"大刑用甲兵，其次用斧钺"。④ 山东长清孝堂山祠堂西壁画像石"胡汉战争图"，在对立两钺的兵器梁上悬人头，就是表示汉军对胡人首领行刑的意思。⑤

椎在汉代也是一种武器。我们所熟知的《史记·留侯世家》记载张良用一力士在博浪沙狙击秦始皇，所使用的武器就是铁椎。安徽阜阳双古堆西汉汝阴侯墓中，铁椎

---

① 杨泓：《中国古兵器论丛·中国古代的戟》（增订本），文物出版社，1986，第155~189页。
② 刘熙：《释名》卷7《释兵》，文渊阁《四库全书》影印本，第221册，第416页下。
③ 许慎：《说文解字》卷14上《金部》，第295页下。
④ 徐元诰：《国语集解》卷4《鲁语上》，王树民、沈长云点校，第152页。
⑤ 信立祥：《汉代画像石综合研究》，文物出版社，2000，第131~132页。

与漆鞘铁剑同出，椎应是作为武器看待的。当然，究竟是武器还是工具，从画像石中看，区别不是太大。

汉代的殳是杖类武器。湖北随县曾侯乙墓出土过战国时期的带锋刃的和不带锋刃的殳。秦汉的殳多数是无刃的。汉画像石与壁画中的伍佰常执殳。与殳相类似的有棓，即木棒，也有铁制的，满城汉墓出土过一圆铁棒，《满城汉墓发掘报告》认为它是殳，但没有文献可以证实。

钩镶在汉代较为常见，河南洛阳，四川成渝路沿线、河北定县中山穆王刘畅墓等处都曾出土。① 定县出土的铁钩镶上且有错金花纹。这是一种钩、推两用兵器，钩镶常和环首刀配合使用。徐州铜山小李村画像石中使用钩镶者一手将对方的长兵勾住，另一手则挥刀砍去。陕西绥德四十里铺画像石上也有执钩镶与刀者和持戟者格斗的画面，构图与铜山小李村画像石相类似。

短兵器主要有剑、刀、拍髀、匕首等。剑是适用于近战的短兵器。先秦的铜剑很短，主要用于卫体防身。秦剑开始加长，如秦始皇兵马俑坑出土的铜剑长 91.3 厘米。西汉初年仍有铜剑和铁剑。铜剑的性能无法与钢铁相比，此时的铜剑多用于仪饰，如满城一号汉墓出土的鎏金铜剑就是一种装饰品。在多数西汉墓中，铁剑取代了铜剑，只有在冶铁相对落后的广州地区，在东汉后期的墓葬中还有铜剑。②

西汉的铁剑基本上已经锻冶成钢，多用块炼铁反复折叠锻打渗碳制作而成。比较典型的如满城一号汉墓出土的刘胜的佩剑。徐州铜山出土了东汉建初二年"五十湅"钢剑，长 109 厘米。当然，无论是铜质剑或铁质剑，最高贵的制品均装玉剑具，被称为玉具剑。《汉书·匈奴传》颜师古注引孟康释"玉具剑"曰："摽首镡卫尽用玉为之也。"又《汉书·王莽传》颜师古注引宋祁语释"摽"曰："摽，刀削（鞘）末铜也。"③ 摽则指鞘末的包尾，一般用铜制作，秦始皇帝陵二号铜车上的御者所佩剑摽即为铜质。玉具剑则为玉摽，满城一号墓号铜剑就为玉摽。

从西汉中期开始，剑在战场上的地位逐渐被刀取代，这也反映了骑兵在军队中的地位越来越重要，在马上挥砍刀显然更有优势，刀背比剑脊厚实，不易折断，主要是铁质的。洛阳烧沟汉墓群中发现了少量仪仗使用的钢刀。汉刀的刀身比较直，刀首呈

---

① 洛阳博物馆：《洛阳涧西七里河东汉墓发掘简报》，《考古》1975 年第 2 期；《全国基本建设工程中出土的文物展览图录》，中国古典艺术出版社，1955，图版 213；定县博物馆：《河北定县 43 号汉墓发掘简报》，《文物》1973 年第 11 期。
② 广州市文物管理委员会、广州市博物馆编著《广州汉墓》上册，第 446 页。
③ 《汉书》卷 94《匈奴传》，第 3799；卷 99《王莽传》，第 4061~4062 页。

环形，环中有的饰以禽兽。长沙金盆岭三号东汉墓出土的刀，长达128.5厘米。① 环首长刀大约在东汉时普遍用在军队中了。

汉代还有一种短刀，长20～40厘米。《洛阳烧沟汉墓》作者称为"拍髀"。成都北门外与河南方城东关等东汉墓石门上所刻门吏，其腰间所佩短刀应为拍髀。

远射武器主要是弓箭。在形制上汉代的弓与战国弓区别不大，如长沙马王堆三号汉墓出土了单体弓，当然绝大多数都是复合弓，在邗江、乐浪及新疆民丰等墓葬中都曾发现其残件。弓的材质一般是多层竹（木）叠合，内侧粘贴牛角，外侧粘贴牛筋，再缠上丝，涂上漆。

弓体的末梢叫箫，箫里装弭，弭是装在箫端供挂弦用的冒装物。安徽阜阳双古堆两汉汝阴侯墓出土过错金银铜弭。② 汉代的弓弦较粗，临淄齐王墓陪葬坑出土过皮条制作的弓弦，马王堆三号墓出土过丝绳绞合而成的弓弦。

箭原名矢，箭因制箭杆的箭竹而得名，从汉代开始广泛使用。其中，箭镞十分重要，秦镞含锡量少，西汉的镞多为铜镞。检测的结果表明：秦俑坑的镞含锡量为11.39%，而满城汉墓的镞含锡量为22.1%。当然，锡过多也会导致其脆弱性。

弩生于弓，在臂和机的作用下，可以延时发射，弩将张弦装箭和释弦放矢分解为两个单独的动作，射程比弓远，命中率也高。从战国到汉代，都是将弩弓固定于臂前，与宋代以后在臂上打眼穿弓的方式不同。在发射时，弩弓和弩臂的接合必须稳妥而牢固，所以又在弩臂前部贯一短横木。秦汉时期，这种缚结方式以及二者之长度的比例，变化不大。长沙扫把塘138号楚墓的弩，复原后长度约为125厘米，臂长为51.8厘米。乐浪147号东汉王根基墓的弩，弓长130厘米，臂长54.1厘米。

防卫武备中有胄、盾、和甲等。在商代时期，我国就有了铜胄。汉胄较少。安徽阜阳双古堆一号西汉墓有一组用于编铁胄者。目前已复原的只有临淄齐王萝陪葬坑中出土的胄，它由80片铁胄片组成。革胄实例也未发现，东汉壁画中武士所戴的胄和林格尔东汉墓壁画中的胄类似于革胄。在此不再详细叙述。

西汉时的盾与战国盾区别不大。临淄齐王墓陪葬坑出土的盾与长沙五驻牌406号战国墓出土的大同相同。③ 从厚度看这两地出土的盾应是革盾。马王堆三号墓遣册中提到"执革盾"，说明西汉常用革盾。除革盾外，汉代还有木盾。咸阳杨家湾大墓陪

---

① 湖南省博物馆：《湖南省出土文物图录》，湖南人民出版社，1964，图版99。
② 安徽省文物工作队：《阜阳双古堆西汉汝阴侯墓发掘简报》，《文物》1978年第8期。
③ 中国科学院考古研究所：《长沙发掘报告》，科学出版社，1957。

葬坑出土的步兵俑所执的就是木盾。此外，广州龙生岗 4013 号墓出土过椭圆形的东汉漆盾，在河南唐河，成都曾家包等地的东汉画像石中，也发现了这种盾。①

最早的甲是用皮革制作的，到西周晚期，开始出现铜甲。战国晚期，铁甲普遍出现了。秦代没有发现铁甲的实物，但秦始皇帝陵兵马俑坑中的陶俑，有的披仿皮甲，有的仿金甲。由于兵马俑坑中出土的武器除个别铁镞外，均为铜质，但其结构与编缀法，为汉代铁甲提供了重要借鉴。

汉代的铁甲又叫玄甲。咸阳杨家湾西汉大墓陪葬坑出土的陶甲士俑，应为送葬的军阵。为什么这么说呢？文献上的记载可以印证。如《汉书·霍去病传》记载："元狩六年薨，上悼之，发属国玄甲，军陈自长安至茂陵。"②又如《东观汉记》记载："祭遵病薨……乃赠将军，给侯印绶，朱轮容车，遣校尉发骑士四百人，被玄甲、兜鍪，兵车军阵送葬"。③当然，除了这类特殊的场合外，铁甲是汉代军队最精良的防护装具。在临淄齐王墓陪葬坑、广州南越王墓、安徽阜阳双古堆一号西汉墓、满城一号西汉墓、洛阳西郊 3023 号西汉墓都有出土。④

铁甲的制作，经金相鉴定甲片可知，广州南越王墓的铁甲片为炒钢制品，河北满城汉墓的甲片为块炼渗碳钢制品，而徐州狮子山楚王墓的甲片是以铸铁脱碳钢经冷锻成型。汉代仍有皮甲，长沙侯家塘西汉墓与乐浪东汉墓中都发现了皮甲。

武士戴甲时除胄以外，还有弁、冠及各种头饰。秦始皇帝陵兵马俑坑中的牵马俑戴的就是弁。到了西汉，咸阳杨家湾出土的武士俑，只在头上戴弁，就是继承了秦俑的装束。若在弁下衬以平上帻，就是汉代的制度了。

武弁是用细疏的缌布制作的，也有在制弁的织物上涂漆，马王堆三号西汉墓和武威磨嘴子 62 号新莽墓都出土过漆缅纱弁，反映出武弁的实际状况。秦汉韦弁仍继承了汉代色调，武弁之下是红帻。磨嘴子 62 号墓中衬垫武弁的帻就是红色的。

六　随葬品勾勒"日常生活"

与人们最为密切的是每天饮食起居的日常生活。秦汉时期的人相信有一个相类似

---

① 周到、李京华：《唐河针织厂汉画像石墓的发掘》，《文物》1973 年第 6 期；成都文物管理处：《四川成都曾家包东汉画像砖石墓》，《文物》1981 年第 10 期。
② 《汉书》卷 55《霍去病传》，第 2489 页。
③ 刘珍等撰，吴树平校注《东观汉记校注》卷 10《祭遵》，中州古籍出版社，1987，第 369 页。
④ 《西汉齐王铁甲胄的复原》，《考古》1987 年第 11 期；《广州西汉南越王墓出土铁甲的复原》，《考古》1987 年第 9 期；《满城发掘报告·附录二·铁铠甲的复原》；《洛阳西郊汉墓发掘报告》，《考古学报》1963 年第 2 期。

的地下世界，自然也要将更多的相关东西带入另一个世界。

人生活着首先需要的是货币。墓主人或家人也怕在将来的世界里缺少钱。因此，将钱作为随葬品带入墓葬几乎是一个普遍现象。秦汉时期带入墓葬的主要是半两钱。

战国后半期，秦国开始铸造半两钱。秦统一后将这种钱推行到全国作为标准货币。根据出土物的实际情况看，秦半两的大小很不一致。秦统一后的半两，重量又有所减轻。西汉初，各类半两钱仍继续流通，由于经济苦难，加上"秦钱重难用，更令民铸荚钱"，比原来已小的半两钱更小了；到汉文帝时期，"为钱多而益轻，乃更铸四铢钱，其文为'半两'"，①史称"四铢半两"。据湖北江陵凤凰山、山东临沂银雀山、四川成都洪家包、河南新安铁门镇等地西汉墓出土的半两钱，其直径约为2.3厘米，重量为2.5～2.8克，造型规整，文字书体拘谨清晰。为保持钱币的法定重量，使用中还要称量核验，江陵凤凰山168号西汉墓出土的"称钱衡"就是这种作用。

秦始皇帝陵西侧赵背户村刑徒墓出土了吕后八铢特征的半两钱，②使得人们对《汉书·高后纪》颜师古注引应劭说的吕后八铢"本秦钱"③的观点逐渐重视起来。

除半两钱外，西汉前期有些地区也同时使用其他杂币。如山东地区出土的四铢方钱，辽东地区出土的一化圆钱，江苏涟水西汉墓出土的小刀币等。

秦汉时期还兼用黄金。秦始皇时，黄金为上币，铜钱为下币，汉代仍沿用此制，只是将黄金的单位由镒改为斤。其外形则有圆饼形和蹄形两种。河北定县八角廊40号西汉墓中出土的掐丝贴花镶玻璃面的蹄形金，较大者近似马蹄，较小者近似鹿蹄。山西太原东太堡西汉墓出土的圆形金饼上有"令止"的刻文，杭州老和山出土的圆形冥币泥饼上有"令止"、"令之金一斤"的刻文。"令之"有可能就是"麟趾"的通俗写法。④

王莽居摄二年（公元7年），另铸大泉。新朝建立后，王莽发行小泉代替五铢钱，但并未取得效果，我们从洛阳西郊出土的一批汉墓中可以看到大泉在迅速变小、变轻的贬值现象。

王莽的币制变更十分频繁，有些未被写入史书，如地皇二年（公元21年）前后所铸造过的一种"布泉"，在河南洛阳烧沟、洛阳西郊、陕县刘家渠、江苏昌梨水库、

---

① 《汉书》卷247《食货志》，第1152～1153页。
② 始皇陵秦俑考古发掘队：《秦始皇陵西侧赵背户村秦刑徒墓》，《文物》1989年第4期。
③ 《汉书》卷3《高后纪》，第97页。
④ 赵人俊：《汉代随葬冥币陶麟趾金的文字》，《文物》1960年第7期；安志敏：《金版与金饼——楚、汉金币及其有关问题》，《考古学报》1973年第2期。

广州、西安等地的汉代墓葬中曾有出土。

但东汉初期因经济困难,货泉仍在流通。甚至到了东汉中期仍有人私铸小货泉,这在洛阳西郊汉墓中可以得到证实。①

建武十六年(公元 40 年),开始重铸五铢钱,但到后期逐渐贬值,湖南零陵东汉墓中出土的铁五铢和洛阳西郊东汉墓中出土的锡五铢就反映出这种现象。

钱多时需要穿成串。河南永城芒砀山柿园西汉梁共王墓中的钱窖出土了铜钱 255 万枚,多数穿成了钱贯,每串约 1000 枚。②西安三兆镇西汉宣帝杜陵一号陪葬坑中出土的钱,每串为 70~90 枚。③河南陕县后川 3003 号西汉墓中,每串才八九枚,④这些都是根据实际需要而定的。

有了钱才能保障地下世界的日常饮食起居生活。随葬饮器中也主要以生前日常用具为主,如杯、卮、尊、壶等。

杯又称耳杯,是由杯耳得名,西汉时杯耳常稍微上翘,东汉时的杯耳则多与杯口取平。耳杯常用于饮酒。浙江宁波西南郊西汉墓出土的漆耳杯书有"宜酒"二字,长沙汤家岭西汉张端君墓出土了铜耳怀刻铭"张端君酒杯"。⑤但耳杯并不全是饮器,也用作食器。云南昭通桂家院子出土的铜耳杯中有鸡骨和鱼骨。

饮器以外的耳杯,最可注意的是一种带杯的铜炉,其炉自名为"染炉"。根据马王堆一号墓遣册记的"小具杯"注明的"其二盛酱、盐",可能这种器物应是盛调味品的。炉和杯配套称为染器,在长沙识字岭、咸阳马泉、陕县后川、浑源毕村、隆化馒头山西汉墓都有出土。⑥

卮是秦代常用的饮器,最早是用木片卷屈而成。后来出土的陶卮、铜卮、银卮、漆卮等,多数为圈器形制。阜阳西汉汝阴侯墓出土的圆筒形漆器自命名即为"卮"。山东临沂银雀山四号西汉墓出土的圆筒形卮容积为汉量 5 升多,因此卮在当时应为小型饮器。

---

① 中国科学院考古研究所洛阳发掘队:《洛阳西郊汉墓发掘报告》,《考古学报》1963 年第 2 期。
② 河南商丘文物管理委员会:《芒砀山西汉梁王墓地》,第 121 页。
③ 中国社会科学院考古研究所:《汉杜陵陵园遗址》,第 93 页。
④ 中国社会科学院考古研究所:《陕县东周秦汉墓》,科学出版社,1994,第 197 页。
⑤ 赵人俊:《宁波地区发掘的古墓葬和古文化遗址》,《文物参考资料》1956 年第 4 期;湖南省博物馆:《长沙汤家岭西汉墓清理报告》,《考古》1966 年第 4 期。
⑥ 中国科学院考古研究所编著《长沙发掘报告》,科学出版社,1967,第 112~113 页;咸阳市博物馆:《陕西咸阳马泉西汉墓》,《考古》1979 年第 2 期;山西省文化工作委员会等:《山西浑源毕村西汉木椁墓》,《文物》1980 年第 6 期;承德市避暑山庄博物馆:《河北隆化发现西汉墓》,《文物资料丛刊》(4),1981,第 228~230 页。

尊是汉代最主要的盛酒容器，有盆形和筒形。河南陕县汉墓这两种陶尊都有出土。陶盆形有三足、圈足两种。河南洛阳高新技术开发区西汉墓出土了筒形尊，书写"酒尊"二字。

壶开始是陶质的，因其形状与瓠（葫芦）类似而得名，马王堆一号墓的遣策中称其为"盛米酒"。洛阳烧沟汉墓的陶壶，也有一部分用于盛粮食，满城一、二号墓出土的陶壶中则放置动物骨骼等。

室内饮食时多是席地而坐，家具陈设最常见的是食案。食案又分两种：一种无足，另一种是有足。有足之案历经夏、商、周，直到秦汉一直在沿用。汉代的案多为木制长方形，山东临沂银雀山十号西汉墓出土过木案，重庆相国寺东汉墓、河南灵宝东汉墓出土过陶案，广州先烈路沙河顶5054号东汉墓出土过铜案，北京丰台大葆台西汉墓出土过彩绘漆案。

说到漆器，我国使用漆的历史十分悠久，早在河姆渡遗址中就出土了漆碗。从后来出土的漆器看，商代到春秋战国时期，漆器的图案与青铜器类似。但到了秦汉时期，漆器因光泽醒目加上轻便的特点被广泛应用。在西汉大墓中许多陪葬品多为漆器。乐浪汉墓中出土过一个漆盘，此盘为新莽时期常乐室的器皿，底部刻有"常乐，大官，始建国元年正月受，第千四百五十，至四千"。[①]从铭文中可知，这批漆盘共有4000件。江苏盐城三羊墩一号西汉墓也出土过刻有"大官"字样的漆盘。装有金扣的漆器只能皇帝或诸侯王使用，目前只在广州南越王墓中有发现。银扣漆器发现较多，如安徽阜阳西汉汝阴侯墓的银扣漆盘，安徽天长西汉墓的银扣五子奁，江苏海州西汉墓的银扣漆盒。[②]

秦汉时期漆器制作的总体水平也有进步，战国开始出现的麻布胎漆器大量出现，在文献中被称为"纻器"，而木胎漆器名称的出现则是因在贵州清镇17号墓、乐浪汉墓中有木胎漆耳杯，铭文均为"木黄耳梧"。木胎贴麻布后，还要上漆灰。朝鲜王盱墓漆盘底部朱书"夹纻行三丸"，"丸"与"垸"通假，《说文·土部》记载："垸，以桼和灰而鬊也。"上完漆灰，再进行涂漆，汉代称之为"黇"，《说文·桼部》记载："黇：桼垸已，复桼之。"[③]，但就发现的马王堆一号墓、三号墓和凤凰山八号墓的漆

---

① 梅原末治：《支那汉代纪年铭漆器图说》，京都桑名文星堂，1943，图版35。
② 安徽省文物工作队：《阜阳双古堆西汉汝阴侯墓发掘简报》，《文物》1978年第8期；安徽省文物考古所：《安徽天长县三角圩战国西汉墓出土文物》，《文物》1993年第9期；南京博物院：《江苏连云港海州网疃庄汉木椁墓》，《考古》1962年第6期。
③ 许慎：《说文解字》卷13下《土部》，第287页下；卷6下《桼部》，第128页下。

器上均写作"成市饱",或许是漆工们所书写,也反映了漆器的产地以蜀郡成都最为著名,其次是邻近的广汉郡雒县,如乐浪、贵州清镇、江苏邗江、河南杞县、湖南永州都出土过标有"广汉郡工官"的漆器。① 就漆器的花纹而言,这一时期盘心常常以三兽纹为装饰,如长沙徐家湾 401 号墓漆盘与山西万安汉墓漆盘,贵州清镇汉墓漆盘与乐浪王光墓漆盘等,耳杯上多画有双鸟纹,如武威汉墓、天长汉墓、江苏泗阳泗水王墓等。除了官方漆坊外,私人的作坊从汉初就已经存在,如湖北睡虎地、江苏邗江等西汉墓漆器上刻有"宦里大女子鹜"、"门里"、"大女子乙"、"工冬"、"工克"等文字就是标志。尤其是公元 2 世纪初,汉朝不再向工官征调漆器,官方的退出导致私人作坊的兴盛,江苏连云港西汉霍贺墓和侍其繇墓出土的精美"漆奁"证明了这一点。②

精美的漆器本身就具有审美功能,人们活着的时候有审美兴趣,既然认同有一个死后世界,墓主人对艺术审美的要求就会带入地下,所以也常常将乐器、玉器、铜镜等作为随葬品带入地下。

关于乐器,我国远古就有磬和鼓等打击乐器。战国时代,曾侯乙墓已出土完整的乐器组合,如以编钟、编磬、建鼓等。广州象岗南越王墓东耳室、西汉前期山东章丘洛庄汉墓第 14 号陪葬坑都曾出土过完整的编钟。一般而言,汉墓中实用的钟、磬并不多见,多为明器。

鼓是打击乐器中的另一大类,按照古代的"八音"分类法,鼓属于革乐。大型鼓叫作建鼓,河南新野出土的东汉"鼓舞"画像砖上就有建鼓。③ 小型建鼓叫应鼓,在南阳汉画像石上看到的这种小型建鼓。

春秋,战国时期产生了弦乐器,秦汉常见的瑟、琴、筝、筑等。长沙马王堆一号西汉墓出土了最完整的木制汉瑟,长 116 厘米,宽 39.5 厘米。瑟在调弦后,双手并弹,清正相和以成乐曲。鼓瑟俑出土于徐州驮蓝山西汉楚王墓中。河南淮阳于庄墓的鼓瑟俑用一手按弦,正在演奏。

琴在演奏技法上有了新的飞跃,它利用按弦时变更振动弦分,在一根弦上奏出不

---

① 小泉显夫等:《乐浪彩箧冢》,朝鲜古迹研究会,1934;贵州博物馆:《贵州清镇平坝汉墓发掘报告》,《考古学报》1959 年第 1 期;扬州博物馆:《江苏邗江县杨寿乡宝女墩新莽墓》,《文物》1991 年第 10 期;开封市文物管理处:《河南杞县许村岗一号汉墓发掘简报》,《考古》2000 年第 1 期;湖南文物考古所:《湖南永州鹞子岭二号西汉墓》,《考古》2001 年第 4 期。
② 南京博物院等:《海州西汉霍贺墓清理简报》,《考古》1974 年第 3 期;南波:《江苏连云港市海州西汉侍其繇墓》,《考古》1975 年第 3 期。
③ 周到、吕品、汤文兴:《河南汉代画像砖》,上海人民出版社,1985,第 230 图。

同的音。战国出现的七弦琴为西汉所承袭，长沙马王堆一号墓、三号墓出土了木制髹黑漆的琴。西汉的琴尾用实木，尚未越出楚琴的樊篱。东汉时制琴工艺有了提高，如四川三台东汉墓乐俑演奏的琴，为了音量和音色的改善，共鸣箱延至琴尾。

此外，秦汉代的弦乐器还有筝和筑。两种乐器出现于战国，但筝主要流行于秦国，筑流行于东方六国。河南新野樊集出土的画像砖上有燕太子丹送别荆轲的场面，高渐离所击的正是筑。

琵琶起源于美索不达米亚，后广泛流行于亚洲西部、西南部各地，东汉时经西域传入中国。四川乐山虎头湾、辽宁辽阳棒台子屯等地东汉晚期墓的石刻和壁画中出现过奏琵琶的人像。

先秦时期认为，玉器具有灵性，具备天与人沟通的能力。秦汉时期，在商周"灵玉"、"礼玉"的基础上，玉的作用进一步发展。玉器功能大致有祭祀、佩饰、用器和容器以及艺术品等四种。也就是说，玉器除了祭祀之外，已具有了审美功用。先秦的玉璧、玉琮、玉圭、玉璋、玉琥、玉璜等用于祭祀则称为祭玉。很多汉代大墓中都以玉璧随葬，如河北满城一、二号汉墓共出土玉璧69件。

汉璧按照形状分为璧、瑗、环。按《汉书·五行志》将铜门坏称为"宫门铜瑗"，可知后世称为环的，汉代称为瑗。长沙咸家湖长沙王后曹嬛墓出土了龙凤纹玉环，其他如广西贵县罗泊湾二号西瓯君夫人墓、广州麻鹰岗1141号西汉墓也有绞丝纹玉瑗。

就外形来说，汉代玉器可以算作用器或容器，当然，一般还是看作装饰品。广西贵县罗泊湾西瓯君墓出土的谷纹玉卮，如此昂贵之物多为装饰品使用。河北定县北陵43号东汉墓出土透雕东王公、西王母纹饰的玉屏座，广州象岗南越王墓发现的透雕玉饰，也可能属于装饰品。

在秦汉代玉中，属于纯以艺术品的是立体圆雕玉器。咸阳新庄出土的熊、鹰等小雕像，咸阳汉昭帝平陵附近发现的羽人骑马玉像等圆雕玉器，体现了汉代玉器工艺的新水平。

爱美之心人皆有之，铜镜作为重要的审美物品，在墓葬中也大量出土。铜镜最早是在新石器时代晚期的齐家文化，但数量较少。到了战国时期，铜镜的产量猛增，一直持续到秦汉。和其他许多工艺品一样，铜镜在西汉前期之前，都带有战国的影子。战国晚期的山字纹镜、蟠螭纹镜流行到西汉早期，长沙马王堆一号墓与满城二号墓中都出土蟠螭纹镜。西汉在铜镜的设计和制作上也有不少创新，如临淄齐王墓陪葬坑出土的大方镜，镜背面有五个饰弦纹的拱形钮，钮座呈柿蒂形，镜缘饰连甄纹，其主纹是一条蜿蜒于云气中的长龙。除了这种特大镜之外,还有比较小的,如满城二号墓出土的母龙镜,直径仅4.8厘米。

西汉中前期草叶纹镜也是常见的,如西汉中期的满城一号墓、新莽时期洛阳煤土坑二号墓等都有出土。① 不过到了汉武帝、昭帝时期,它的地位逐渐被星云纹镜和连弧纹日光镜所取代。星云纹镜的钮改用连峰式,钮座呈圆形。连弧纹日光镜因其外区中有铭文"见日之光"四个字而得名。

规矩镜也是秦汉镜中较多的一种,其中包括规矩禽兽镜、规矩四神镜以及规矩五灵镜。典型的规矩五灵镜要到东汉初期才形成,如洛阳烧沟1023号东汉早期墓曾出土此类型铜镜。这种铜镜钮为大圆顶形,柿蒂形钮座,外边大方格周围排列十二辰铭文,方格四面各自中部向外伸出T形符号,与连接外区圆周的L形符号相对。这些TLV纹通称规矩纹。

东汉前期,规矩镜虽然流行,但自汉明帝时开始出现一些具有新风格的东汉镜型。首推连弧云雷纹镜,长江流域和华南一带的墓葬有较多出土。东汉晚期,在广汉、会稽、鄂等地还出现了一类花纹为浮雕式的新型铜镜,有半圆方枚带神兽镜,人物故事或神人车马画像镜,重列式神像镜等。

人在日常生活中难免得病,在秦汉时期,墓主人也会将生前的药物或药具带入墓葬,似乎认为在地下世界中也可能得病。1954年西安白家口西汉墓出土过"药府"半通印,应为药藏府之官所用之印。秦汉时期,药物由太医所掌的药藏府管理。出土的秦汉医疗器具中多为铜制品,与《治百病方》提到的药物用铜器治合相符。满城一号汉墓出土"医工"铜盆。此墓中出土的铜匕,应为药匙。此外,还出土了一套冷却器,此皿中的汤液被冷水循环降温,以迅速达到方剂所要求的"寒温适"。河南陕县后川东汉墓还出土了一件小铜量,应为药量。

金、银制作的医疗器具则比铜器更高级。满城汉墓出土了一套银灌药器。满城汉墓出土的医疗器械最著名的是其金、银医针,与《灵枢经》记载的"九针"约略相合。在使用医针之前,主要使用砭和灸。满城汉墓中的水晶质砭石为斧形,有锋利的刃,主要是用于切割的,也就是外科手术时使用。

四川绵阳双包山二号西汉墓出土了人体经脉的模型,与马王堆帛书中的《足臂十一脉灸经》、《阴阳十一脉灸经》等古医书论述的人体内经脉不同。②

---

① 洛阳市文物管理委员会:《洛阳出土古镜》,第7图。
② 马继兴:《双包山汉墓出土的针灸经脉漆人形》,《文物》1996年第4期。

秦汉比较重视医疗体育。马王堆帛书中的《导引图》，有各种动作图形，动作名称和所"引"的病名。在江陵张家山汉墓出土的竹简中有《引书》，讲述了导引的各个动作及疗病之法，重庆巫山麦沱40号西汉墓还出土了导引俑。

此外，日程生活中所需要的东西自然很多，我们也不能一一列出。如斧，这是木工中常用的工具。按照《释名》的说法，用斧伐木之后则用斤"平灭斧迹"，但以斤平灭斧迹仍难做到十分平整。《释名》："钐有高下之迹，以此锄弥其上而平之也。"[①] 这种锄也就是考古报告上所说的刮刀，在广西西汉墓中就出土木柄的铁锄。[②] 广州南越王墓出土的是长条形锄，两边还有鸭嘴形状的扁刃，主要是用于凹槽或者孔洞的刮削。有时平木还可以用锶，河北定县东汉墓出土的平口铁铲应当为锶。河北定县东汉墓所出平口铁铲也应为锶。这些工具需要磨刃，洛阳汉墓中就曾出土过砺石。器物形制的规整，需要用规矩绳墨。我们会在汉画像石中经常见到的持规矩的伏羲、女娲像。

其他如钳也是常见的器物。双股相交，用以箝持物件的钳最早见于陕西凤翔战国秦墓中。湖北荆门瓦岗山二号西汉墓曾出土过两股中间装关捩的钳，[③] 河北易县高陌村37号及定县北陵头村43号等东汉墓中也发现过铁钳。[④] 钳在汉代应该是常用的工具。

第二节　随葬品中的来世与永生

在秦汉时期，人们普遍承认生命另一种形式的存在并可以重生，也就是在佛教传入之前，中国人已经有了死后转化的观念。尤其是通过墓葬体现长生不死和对生命的转化追求，这一信仰长时间影响着中国社会。这里仅以随葬品为例做一分析。

解除又叫解适或解谪，是秦汉魏晋时的一种避祸除殃方术。当时人认为，人死后各种恶鬼是灵魂升仙的最大障碍，必须为死者行解除仪式。到了汉代，解除术成为一种普遍的民俗仪式。因为在道教信仰中，若要由凡入仙，一个重要条件是人必须洁净自己的心灵与肉体，除去身上的"浊臭"，才能达到神圣。

---

① 刘熙：《释名》卷7《释兵》，文渊阁《四库全书》影印本，第415页上。
② 孙机：《我国古代的平木工具》，《文物》1987年第10期。
③ 崔仁义：《荆门市瓦岗山西汉墓》，《江汉考古》1986年第1期。
④ 河北省文化局文物工作队：《1964~1965年燕下都墓葬发掘报告》，《考古》1965年第11期；定县博物馆：《河北定县43号汉墓发掘简报》，《文物》1973年第11期。

1. 墓门驱鬼

汉代人认为通过解除仪式可以驱逐恶鬼，解除鬼神对死者的侵扰和可能对生者造成的危害。墓门驱鬼仪式通常有巫觋参与，其渊源是古代的驱傩仪式。汉代画像石中，墓门门扉、门柱、门楣等邪祟容易侵入的地方所看到众多方相氏或其他凶神恶鬼的图形。将这些图像放置在这里，就是为了阻止可能进入墓室的邪祟。沂南汉画像石墓中描绘的执五兵、戴假面、蒙熊皮的是大傩的首领方相氏。汉墓壁画不仅将行傩式的场景描绘下来，也将汉人的信仰观念具体地记录下来。汉墓中的出现了许多打鬼就是为墓主解除的傩仪图。从构图中的位置和动作观察，这种图片大概与驱鬼镇墓有关。

打鬼仪式中人戴的假面具叫魌头，秦汉时期多作熊形或虎形，它能吃鬼怪、避邪恶。在墓室内壁、前壁等位置中许多刻有魌头。它与方相氏虽为两物，但起的作用相同。

2. 解谢土神

将葬地与生者吉凶联系到一起的想法出现并不很早。战国时期，人们对安葬之地开始有明确要求。《礼记·杂记》提出"大夫卜宅与葬日"一说。① 《史记·蒙恬列传》载蒙恬自杀前说："'我何罪于天，无过而死乎？'良久，徐曰：'恬罪固当死矣。起临洮属之辽东，城堑万余里，此其中不能无绝地脉哉？此乃恬罪也。'"② 这反映了秦汉时人们开始将人的凶吉与地脉联系在一起。

汉代人认为，动土若不举行解土仪式会得罪地下的神祇，土神也反过来作祟于人。因此，死者家属一般要为死者解除因动土而带来的罪过，请巫师拜祭家中宅土之神。

《太平经》载："葬者，本先人之丘陵居处也，名为初置根种。宅，地也，魂神复当得还，养其子孙，善地则魂神还养也，恶地则魂神还为害也。五祖气终，复反为人。天道法气，周复反其始也……故大人小人，欲知子子孙孙相传者，审知其丘陵当正，明其故，以占来事。"③ 既然墓地是亡魂生活和居住的场所，死者会对活着的人起积极或消极的作用，影响后代的命运，当然要对占用的土地进行解除动土。汉灵帝光和时期的"张氏朱书镇墓文"说："天帝使者黄神越章，为天解仇，为地除央，主为张氏家镇利害宅，襄四方诸凶央，奉胜神药，主辟不详，百祸皆自肖亡。张氏之家大富

---

① 孙希旦：《礼记集解》卷39《杂记上》，第1047页。
② 《史记》卷88《蒙恬列传》，第2570页。
③ 王明编《太平经合校》卷50《葬宅诀第七十六》，中华书局，1960，第182~183页。

昌。如律令。"① 很明显这应为一件解除文书。

3. 假人代形、药石厌镇

还有在墓室内用镇墓瓶或放置其他一些物品来驱鬼辟邪的，如假人代形，通过人偶和人的模拟物作为替身，以作用于被替代者。秦汉代墓葬里，我们可以发现一些以金、锡、铅等金属材料制成人形，如1999年咸阳教育学院东汉墓朱书陶瓶中出土形状如人体的八枚铅人，②河南陕县刘家渠东汉墓地出土三件铅人。③或许当时以木质材料为多，但不易保藏，没有在墓葬中发现。这些假人代形显带有解谪功能，如代死者受谪，这样死者的魂魄就可以脱离苦境，或许为了代替生人受注，以免受到伤害。④

还有利用药石厌镇的，新沂炮车北大墩东汉晚期墓葬出土过水晶、雄黄等物，在出土的陶罐上均有用铅粉书写七行文字："西方大白，其帝上皓，其神羞收，其日庚辛，其虫毛，当以丹砂除凶耗，□家常贵，当延寿。"⑤陕西潼关吊桥汉墓M2出土5件陶罐装有雄黄。外壁朱书"中内雄黄，利子孙，安土"。⑥

汉墓中还经常发现五石的名称或实物，这也是用来压镇冢墓四方及中央，《抱朴子》释"五石"曰："丹砂、雄黄、白礜、曾青、磁石也"。⑦红色的丹砂，黄色的雄黄，白色的礜石，青色的曾青，黑色的磁石，与五行五色说对应。在墓葬的镇墓瓶中并没有全部装入，只是装一两种作为象征，以礜石、雄黄居多。灵宝张湾M5出土朱书瓶5件，中室的东南、东北、西北、西南各放了1件，前室东南角置1件。⑧洛阳李屯元嘉二年（152）墓出土朱（白）书罐4件，墓室四角各放1件。⑨

古人认为符号也具有厌镇鬼神的力量，因此在秦汉墓葬中还会发现一些符箓。江苏高邮邵家沟汉代遗址中出土过巫觋施法后的遗物，其中一件木简，有朱书道符一通，其文曰："乙巳日，死者鬼名为天光。天帝神师已知汝名，疾去三千里，汝不即去

---

① 转引自吴景春《早期买地券、镇墓文整理与研究》，博士学位论文，华东师范大学，2004。
② 咸阳市文物考古研究所：《咸阳教育学院东汉幕清理简报》，岳起书编《文物考古论集：咸阳市文物考古研究所成立十周年纪念》，三秦出版社，2000，第23、164页。
③ 黄河水库考古工作队：《河南陕县刘家渠汉墓》，《考古学报》1965年第1期。
④ 张勋燎：《试论我国南方地区唐宋墓葬出土的道教"柏人俑"和"石真"》，陈鼓应主编《道家文化研究》第7辑，上海古籍出版社，1995，第317页。
⑤ 李鉴昭、王志敏：《江苏新沂县炮车镇发现汉墓》，《文物参考资料》1955年第6期。
⑥ 陕西省文物管理委员会：《潼关吊桥汉代杨氏墓群发掘简记》，《文物》1961年第1期。
⑦ 王明：《抱朴子内篇校释》卷4《金丹》，中华书局，1998，第78页。
⑧ 河南行博物馆：《灵宝张湾汉墓》，《文物》1975年第11期。
⑨ 洛阳市文物工作队：《洛阳李屯东汉元嘉二年墓清理简报》，《考古与文物》1997年第2期。

南山，给□令来食汝，急如律令。"① 这件道符直行竖写，符首为南斗六星，斗柄上写"符君"两字，符与解除文并见，下符文层层接续不断，直至书写完道符。

4. 买地券、镇墓文

买地券是东汉以来的一种随葬文书。它象征死者对阴间土地的所有权，同时也有为死人解殃、为生人祈福的作用。买地券的出现证明了秦汉人们相信另一个地下世界是存在的，这也是当时民间宗教信仰的表现方式。

出现在买地券中的地下鬼神名号繁多，计有墓上、墓下、墓皇、魂门亭长、地下二千石、主墓狄吏、冢侯司马、蒿里父老等。根据黄景春的研究，巫觋道士作法分为口章和书章，口章用于念诵，转瞬即逝不可保留，书章则书写于简牍器物上，现在考古所见的东汉墓葬中镇墓陶瓶、镇墓铅券、买地券等应是当时遗留下来的书章。②

东汉中后期出现了朱砂写在镇墓陶瓶、陶罐上的解殃文辞，即镇墓文。镇墓文的前身是买地券，它们都是随葬明器，有些买地券也具有镇墓的性质，如王当买地券中有"无得劳苦苟止易，勿繇使，无责生人父母兄弟妻子家室，生人无责，各令死者无适负"的字样。但镇墓文更侧重于生死异路，也就是为生人不受死者骚扰使用。买地券只是模仿现世地契的形式，有时买地券可以没有文字。后来买地券和镇墓文出现了合一趋势，如王当买地券：

> 光和二年十月辛未朔三日癸酉，告墓上墓下中央主士，敢告墓伯、魂门亭长、墓主、墓皇、墓令：青骨死人王当、弟伎偷及父元兴等，从河南□□□□□子孙等买谷郏亭部三陌袁田十亩以为宅，贾直万钱，即日毕，田有丈尺，券书明白，故立四角封界，界至九天上、九地下。死人归蒿里地下，□□何□姓□□□佑富贵，利子孙。王当、当弟伎偷及父元兴等当来入藏，无得劳苦苟寡，勿繇使，无责生人父母兄弟妻子家室。生人无责，各令死者无适负，即欲有所为，等焦大豆生、铅券华荣、鸡子之鸣，乃与□神相听。何以为真？铅券尺六为真。千秋万岁，后无死者。如律令。券成，田本曹奉祖田卖与左仲敬等，仲敬转卖□□、□弟伎偷、父元兴，约文□□，时知黄唯留登胜。③

---

① 江苏省文物管理委员会：《江苏高邮邵家沟汉代遗址的清理》，《考古》1960 年第 10 期。
② 黄景春：《早期买地券、镇墓文整理与研究》，华东师范大学，博士学位论文，2004，第 33 页。
③ 洛阳博物馆：《洛阳东汉光和二年王当墓发掘简报》，《文物》1980 年第 6 期。

从整个券文来看，买地和镇墓已经合二为一了。全文第一部分向地下神祇汇报，这块土地已由王当之弟伎偷买下，作为王当等人在阴宅，铅券就是凭证，上面有买地的时间、地点，涉及的人物、土地亩数、成交价格、土地四界等。第二部分就是镇墓文，既然死人魂归蒿里，地下官吏就不能呵止，其他人也不得占有墓宅，要求死人"佑富贵、利子孙"。最后是说清楚田地转卖情况和券约证人。

以上这些信仰的出现，多少表明随着早期道教的传播，越来越多的下层民众接受了这一思想观念。

结　语

秦汉时期的生死观念，其中"事死如事生"、"人死为鬼"、"灵魂不灭"等观念影响深远。"事死如事生"的观念在皇帝、官吏和士人阶层中较为流行，不必赘言。但从商周发展至汉代完善的人死为鬼和"灵魂不灭"的信仰、因果报应、天堂地狱观念等在秦汉深入人心，在民间各阶层广泛流传。

秦汉时期墓葬制度的发展处于不断扬弃变化之中。虽丧葬的具体形式相对于社会发展有滞后性，但丧葬发展与社会历史发展大趋势同步，受政治、经济、思想、文化等诸多因素的影响。但总体来说，秦汉时期的丧葬制度在中国丧葬制度发展史上起到承上启下的作用。

《周礼》中规定种种丧葬制度在此阶段得到践行，并根据秦汉时期小宗法社会和中央集权的国家体制的实际情况进行了相应调整。如汉文帝、汉宣帝、汉章帝等都对《周礼》中的丧服制度、居丧制度等进行了改革，界定了服丧的范围，厘清了丧服穿着的区别，从而使丧葬本身所蕴含的礼法性和伦理性得以体现。以皇帝为首率先垂范，各种丧葬礼节也以国家立法的形式加以强制执行，使得居丧尽礼成为当时的一种社会风气。在实际执行过程中，服丧范围由亲属血缘关系扩大到弟子为师、故吏为举主、为人后者为本生父母等，反映了扩大了的伦理道德关系的社会现实。丧葬成为调整人伦关系，加强血缘亲情，强化家族观念，醇厚民风，表达哀思之情的重要途径，在一定程度上起到了稳定社会秩序的作用。丧葬程序和种种礼节在后世虽有损益，但汉代形成的以周礼为基础的汉制，在后世诸如《大唐开元礼》、《政和五礼新仪》、《钦定大清会典》等国家礼典在总体框架上加以沿用。

"灵魂不灭"和儒家孝道理念在国家倡导之下在普通民众中得到广泛认同，这两者主导了秦汉丧葬观念的形成发展，并直接影响到具体墓葬形式变化趋势。两汉之际佛教传入中国，并在社会中逐步流行。这三种因素在秦汉时期交融，在墓葬形式制中都有体现，如墓葬中画像石刻画的灵魂升天的场景，厚葬风俗的形成，川渝地区的随葬品中的摇钱树，等等。在随后的魏晋南北朝乃至隋唐时期，丧葬观念的变迁也仅仅是将这三种观念加以进一步系统化、制度化的整合，以希冀实现"事死如事生"的美好幻想。

秦汉时期墓葬具体形制也处于动态变化之中，不合时宜的制度被历史淘汰，新的形式、制度不断地加以补充：秦汉早期的土圹墓，多重棺椁制度、人殉制度、随葬品中的铜礼器，在西汉中期开始逐步消失；代表尊贵身份地位象征的黄肠题凑大墓、玉衣制度，在东汉也被代之黄肠石墓，至曹魏初年被彻底废止；砖室结构墓弥补了木结构易腐易盗的缺陷，在西汉中期出现后迅速风行。虽然各种制度延续时间有长有短，但在当时也确应迎合了一定的社会需求，在总体上奠定了墓葬形式宅第化，随葬品组合种类生活化的发展基调。

秦汉创立的很多丧葬形制在后代王朝中加以沿用。土圹墓、洞室墓、崖墓、砖室墓、石圹墓、瓦棺墓、瓮棺墓、石室墓等现在所知的所有墓葬形式，在秦汉时期都已出现，并最终形成以砖室墓、洞室墓为主导，与其他墓葬形式并行的墓葬形式；随葬品中各种陶俑、动物俑、生活用品、各种模型明器在器形上虽有变化，等级上仍有差别，但偏重于墓主人生活所需的特点始终没有改变；在合葬形态上，夫妻合葬、聚族而葬的形式逐步成为社会主流；其余如墓前设置石象生，首、身、趺三部分组成的墓碑、丧葬礼俗中鼓吹助葬的风俗也被沿用。在魏晋时期，涉及丧葬时也往往沿用秦汉先例，如桓温死，"及葬，一依太宰安平献王、汉大将军霍光故事"；[1] 司马懿死，"天子素服临吊，丧葬威仪依汉霍光故事，追赠相国、郡公"；[2] 等等。

总之，秦汉殡葬史在思想观念、礼制礼俗、墓葬形制、葬具及陪葬品，尤其是死后世界信仰的形成都起着至关重要的作用，其影响一直持续到现当代某些殡葬文化之中。

---

[1]《晋书》卷98《桓温传》，第2580页。
[2]《晋书》卷1《宣帝纪》，第20页。

参考文献

孙诒让:《周礼正义》,王文锦、陈玉霞点校,中华书局,1987。

孙希旦:《礼记集解》,中华书局,1989。

李学勤主编《十三经注疏(标点本)》5《仪礼注疏》,彭林整理,王文锦审定,北京大学出版社,1999。

李学勤主编《十三经注疏(标点本)》13《尔雅注疏》,李传书整理,徐朝会审定,北京大学出版社,1999。

杨伯峻编著《春秋左传注》,中华书局,1990。

《钦定礼仪注疏》,文渊阁《四库全书》影印本,台北:商务印书馆。

徐乾学:《读礼通考》,文渊阁《四库全书》影印本,台北:商务印书馆。

王聘珍:《大戴礼记解诂》,王文锦点校,中华书局。

刘熙:《释名》,文渊阁《四库全书》影印本,台北:商务印书馆。

许慎:《说文解字》,中华书局,1963。

程树德:《论语集释》,程俊英、蒋见元点校,中华书局,1990。

焦循:《孟子正义》,沈文倬点校,中华书局,1987。

朱熹:《四书章句集注》,中华书局。

王先谦:《荀子集解》,沈啸寰、王星贤点校,中华书局,1988。

孙诒让:《墨子间诂》,孙启治、孙以楷点校,中华书局,2001。

朱谦之《老子校释》,中华书局,1982。

王先谦:《庄子集解》,王孝鱼点校,中华书局,1961。

蒋礼鸿:《商君书锥指》,中华书局,1986。

王先慎:《韩非子集解》,钟哲点校,中华书局,1998。

许维遹:《吕氏春秋集释》,梁运华整理,中华书局,2009。

王利器:《新语校注》,中华书局,1992。

何宁:《淮南子集释》,中华书局,1998。

桓宽撰,王利器校注《盐铁论校注》,中华书局,1992。

苏舆:《春秋繁露义证》,钟哲点校,中华书局,1992。

刘向撰,向宗鲁校证《说苑校证》,中华书局,1987。

刘向:《列女传》中国文史出版社,1999。

汪荣宝:《法言义疏》,陈仲夫点校,中华书局,1987。

扬雄撰,司马光集注《太玄经集注》,刘韶军点校,中华书局,

陈立:《白虎通疏证》,吴则虞点校,中华书局,1994。

桓宽撰,王利器校注《盐铁论校注》,中华书局,1992。

黄晖:《论衡校释(附刘盼遂集解)》,中华书局,1990。

王符撰,汪继培笺,彭铎校正《潜夫论笺校正》,中华书局,1985。

王明:《抱朴子内篇校释(增订本)》,中华书局,1986。

蔡邕:《独断》,文渊阁《四库全书》影印本,台北:商务印书馆。

许元诰:《国语集解》,王树民、沈长云点校,中华书局,2002。

司马迁:《史记》,中华书局,1959

班固:《汉书》,中华书局,1962。

范晔撰,司马彪补志,《后汉书》,中华书局,1965。

刘珍等撰,吴树平校注《东观汉记校注》,中州古籍出版社,1987。

陈寿:《三国志》,中华书局,1964。

房玄龄等:《晋书》,中华书局,1974。

司马光等:《资治通鉴》,中华书局,2013。

荀悦:《汉纪》、袁宏:《后汉纪》,《两汉纪》,张烈点校,中华书局,2002。

何清谷校注《三辅黄图校注》,三秦出版社,1995。

刘庆柱辑注《关中记辑注》,三秦出版社,2006。

常璩撰,刘琳校注《华阳国志校注》,巴蜀书社,1984。

郦道元著,陈桥驿校证《水经注校证》,中华书局,2007。

孙星衍等辑《汉官六种》,周天游点校,中华书局,1990。

刘歆:《西京杂记》,上海古籍出版社,1991。

徐天麟:《西汉会要》,中华书局,1955。

徐天麟:《东汉会要》,中华书局,1955。

郭璞撰,吴澄删定《四库术数类丛书》,上海古籍出版社,1990。

马缟:《中华古今注》,中华书局,1985。

杜佑:《通典》,中华书局,王文锦等点校,1988。

马端临:《文献通考》,上海师范大学古籍研究所、华东师范大学古籍研究所点校,中华书局,2011。

李昉等:《太平御览》,中华书局 1960 年影印本。

乐史:《太平寰宇记》,王文楚等点校,中华书局,2007。

程大昌:《雍录》,黄永年点校,中华书局,2002。

宋敏求:《长安志》,文渊阁《四库全书》影印本,台北:商务印书馆。

章如愚:《群书考索续集》,文渊阁《四库全书》影印本,台北:商务印书馆。

李如圭:《仪礼释宫》,文渊阁《四库全书》影印本,台北:商务印书馆。

郝经:《续后汉书》,文渊阁《四库全书》影印本,台北:商务印书馆。

李好文《长安图志》,文渊阁《四库全书》影印本,台北:商务印书馆,

王祯:《农书》,文渊阁《四库全书》影印本,台北:商务印书馆。

何镗:《古今游名山记》,文渊阁《四库全书》影印本,台北:商务印书馆。

阎若璩:《潜邱札记》,文渊阁《四库全书》影印本,台北:商务印书馆。

臧应桐:《咸阳县志》,文渊阁《四库全书》影印本,台北:商务印书馆。

江永:《乡党图考》,文渊阁《四库全书》影印本,台北:商务印书馆。

晁福林:《先秦民俗史》,上海人民出版社,2001。

陈戍国:《中国礼制史》秦汉卷,湖南教育出版社,1993。

陈维稷:《中国纺织科学技术史》,科学出版社,1984。

程林泉、韩国河:《长安汉镜》,陕西人民出版社,2002 年

丁凌华:《中国丧服制度史》,上海人民出版社,2000。

段清波:《秦始皇帝陵园考古研究》,北京大学出版社,2011。

冯友兰:《中国哲学史》,商务印书馆,2011

顾颉刚:《汉代学术史略》,东方出版社,1996。

广州市文物管理委员会、广州市博物馆:《广州汉墓》,文物出版社,1981。

韩保全、程林泉、韩国河:《西安龙首原汉墓》,西北大学出版社,1999。

韩国河:《秦汉魏晋丧葬制度研究》,陕西人民出版社,1999。

河北省文物研究所、鹿泉市文物保管所:《高庄汉墓》,科学出版社,2006。

河南商丘文物管理委员会:《芒砀山西汉梁王墓地》,文物出版社,2001。

湖南省博物馆、湖南省文物考古研究所、长沙市博物馆、长沙市文物考古研究所:《长沙楚墓》,文物出版社,2000。

湖南省博物馆:《湖南省出土文物图录》,湖南人民出版社,1964。

李如森:《汉代丧葬礼俗》,沈阳出版社,2003。

林剑鸣:《秦汉社会文明》,西北大学出版社,1985。

临淄市博物馆、齐故城博物馆:《临淄商王墓地》,齐鲁书社,1997。

刘庆柱、白云翔主编《中国考古学·秦汉卷》,中国社会科学出版社,2010。

刘瑞、刘涛:《西汉诸侯王陵墓制度研究》,中国社会科学出版社,2010。

刘尊志:《汉代诸侯王墓研究》,社会科学文献出版社,2012。

刘尊志:《徐州汉墓与汉代社会研究》,科学出版社,2011。

洛阳区考古发掘队:《洛阳烧沟汉墓》,科学出版社,1959。

洛阳市文物管理委员会:《洛阳出土古镜》,文物出版社,1959。

吕思勉:《秦汉史》,上海古籍出版社,2005。

陕西省考古所:《陇县店子秦墓》,三秦出版社,1998。

陕西省考古研究所:《秦都咸阳考古报告》,科学出版社,2004。

陕西省考古研究所:《西安北郊秦墓》,三秦出版社,2006。

陕西省考古研究院等编《西安北郊郑王村西汉墓》,三秦出版社,2008。

睡虎地秦墓竹简整理小组:《睡虎地秦墓竹简》,文物出版社,1990。

四川省博物馆:《四川船棺葬发掘报告》,文物出版社,1960。

四川省文物考古研究院、德阳市文物考古研究所、什邡市博物馆:《什邡城关战国秦汉墓地》,文物出版社,2006。

王学礼:《咸阳帝都记》,三秦出版社,1999。

西安市文物保护考古所、郑州大学考古专业:《长安汉墓》,陕西人民出版社,2004。

西安市文物保护考古所:《西安南郊秦墓》,陕西人民出版社,2004。

西安市文物保护考古所编《西安东汉墓》,北京文物出版社,2009。

咸阳市文物考古研究所:《任家咀秦墓》,科学出版社,2005。

咸阳市文物考古研究所:《塔儿坡秦墓》,三秦出版社,1998。

咸阳市文物考古研究所编著《西汉帝陵钻探调查报告》,文物出版社,2010。

谢桂华、李均明、朱国炤:《居延汉简释文合校》,文物出版社,1987。

新疆维吾尔自治区社会科学院考古研究所:《新疆古代民族文物》,文物出版社,1985。

信立祥:《汉代画像石综合研究》,文物出版社,2000。

徐吉军:《中国丧葬史》,江西高校出版社,1998。

阎根齐:《芒砀山西汉梁王墓地》,文物出版社,2001。

杨泓:《中国古兵器论丛》,文物出版社,1986。

杨宽:《中国古代陵寝制度》,上海古籍出版社,1985。

杨树达撰,王子今导读《汉代婚丧礼俗考》,上海古籍出版社,2000。

张亮采:《中国风俗史》,上海三联书店,1988。

郑师渠:《中国文化通史》(秦汉卷),中共中央党校出版社,1996。

中国考古学会编《中国考古学年鉴》,文物出版社。

中国科学院考古研究所:《长沙发掘报告》,科学出版社,1957。

中国科学院自然科学史研究所主编《中国古代建筑技术史》,科学出版社,1985。

中国社会科学院考古研究所、湖南省博物馆:《长沙马王堆一号汉墓》,文物出版社,1973。

中国社会科学院考古研究所:《北京大葆台汉墓》,文物出版社,1989

中国社会科学院考古研究所:《陕县东周秦汉墓》,科学出版社,1994。

中国社会科学院考古研究所、河北省文物管理处:《满城汉墓发掘报告》,文物出版社,1980。

中国社会科学院考古研究所:《汉杜陵陵园遗址》,科学出版社,1993。

重庆市博物馆:《四川汉画像砖选集》,文物出版社,1957。

周到、吕品、汤文光:《河南汉代画像砖》,上海人民出版社,1985。

周苏平:《中国古代丧葬习俗》,陕西人民出版社,2004。

淄博市博物馆等:《临淄商王墓地》,齐鲁书社,1997。

索 引

B

霸陵 20，49，52，143，145，149，150，155，156，168，171，172，182

薄葬 20，22，40，46～51，53，59，68，74，156，168，249，279

奔丧 20，21，92～95，117，121

壁画 26，29，115，195，196，213，248，251，254，258，259，265～278，286，295～297，299，300，302～304，310，313

便殿 101，156，157，159，160～163，214

便房 118，120，149，166～168，182，202，224

C

插笄 80，84

长陵 132，143，145，148，149，155，156，159，164，168，171，172，174～176，298

刺绣 292，293，294

D

大功 103～106，108，109，145

大殓（大敛） 84，87～91，97，324

大丧 21，71，72，76，86，87，96，99，100～102

道家 9～16，18～20，32，35，47，48，50，51，55，57～61，64，125，213，314

地宫 27，132，134～136，139，153，154

吊丧 21，92，117，119，121～124

洞室墓 21，22，168，169，229～231，234～241，243，248～250，254，255，256，258，261，265，266，268～270，318

独辀车 295，297

杜陵 28，127，143，145，147，149～151，154，157，158，161，169，171，173～176，307

E

耳杯 198，199，201，238，244，245，247，257，262，264，269，270，276，277，307～309

耳室 22，135，168，180～184，186，192，197，202，209，219～221，223，231，232，234，250，252，253，255，258，259，260，264，267，271，299，309

索　引

F

发丧　21，92，93

发引送葬　97，98

饭含　21，77~81，84，119

封土　135~139，144，148，151，153~156，168~170，181，182，186~190，215，219，220，222，223，241，244

佛教　18，19，53，54，279，312，318

赙赠　53，116~118，171，216

覆斗形　52，155，156，168~170，187，188，190，215

G

棺椁　38，39，45，47，100，118，120，123，134，135，137，155，180，181，192，200，202~207，210，212，216，221，223，230，231，236，238，239，241，244，245，249，258，262，263，269，270，275，318

H

海昏侯　28，215，216，217

合葬　22，148，149，171，187，188，215，219，221，238，240，246，256，259，261，262，265~267，269，270，273，276，318

厚葬　20，21，38~40，46~53，57，58，60~62，68，69，72，102，126，134，141，249，279，318

黄肠石　22，220，221，224，225，252，318

黄肠题凑　21，22，118，120，166，167，168，181~183，185，202~206，224，318

回廊　22，150，159，160，180~183，185，186，192，194，198，201~206，214，216，217，219~224，264，265

J

祭祀　13，17，18，20，21，23，32~34，40，44，45，54，55，62，68，72，103，111~116，137，141，144，154，157，158，160~165，192，197，202，215，217，241，259，260，310

"甲"字形　154，169，170，190，191，215，220，221，231

金缕　167，168，194~196，199~201，210，211，227

居丧　21，71，72，103~106，110，116，317

辇车　296

屦綦结跗　82，83

K~L

空心砖墓　22，23，237，251，255，256，258~261，265，268，282，297，299

礼记　13，20，21，41~45，47，70，73~77，79，84，85，87~91，93~95，97，98，100，103~109，111，112，122，131，155，164，212，217，285，297，313

礼制　19，21，23，41，45~47，51，70~73，81，83，89，90，95，97，101，125，126，136，137，140，141，143，153，156~158，162，164，170，187，215，244，245，318

丽山园　140，141

灵魂　19，20，25，35，41，42，52，53，58，73~75，82，85，87，136，137，154，156，163，213，227，248，279，312，317，318

陵庙　114，137，148，153，156，161~164，166，174，180，186，254

陵园　4，21，25~28，130~134，136，137~142，144，148~152，157~161，164，166，168，170，183，186，187，194，214，231，233，307

M

买地券　268，315

馒头形　156，168，169，188，189

茂陵　132，143，145，146，149，153~155，159，167，169，171，173，175，176，190，202，212，298，299，305

幎目　80~82

木椁墓　22，23，29，30，31，81，82，181，199，204，222，243，244，247，249，258，261~264，266，268~271，273，275，276，279，280~282，288，289，307，308

沐浴　21，76，77，80，84

墓道　101，135，137，148，150，153~155，166，169，180~184，186，190~192，195~197，202~204，212，215，219，220~222，229~232，234，237，239~243，246，247，249~251，253，255，256，258~261，264，267，269，270，272，273，275，278~281，298

墓祭　20，21，157，162，163，165

N~P

内藏　166，167

蟠螭纹　230，234，243，257，262，268，269，272，280，293，310

Q

漆器　23，128，192~195，197~202，216，217，226，231，232，238，241~243，245，247，248，254，262，263，269~271，276，293，307，308，309

齐衰　103~106，108

启殡朝祖　95

秦始皇帝陵　26~28，130，131，133~142，231~233，248，290，296，297，300，302，303，305，306

寝园　148，156~160，162~164，213，214

青膏泥　238，241，245，249，268，269

穹隆顶　22，185，223，250~252，259~261，281

屈肢葬　228，233，236~242，255

R~S

儒家　9，12~16，18~21，24，32~35，38，40~48，51，52，59，60~63，68，70，71，79，80，85，99，103，109，111，112，125，126，157，249，261，284，317

丧假　93，116，117

丧期　105~107，109，110，116，117，135

山陵　52，99，131，132，140，141，147，156，163，171

设冒　80，85

设铭旌　85~87

设握　80，83，84

神道　60，150，151，153

生死观　20，32~38，41，50，51，53，54，58，61~63，68，125，317

施掩　80，81，84

石圹竖穴墓　181，220

石室墓　22，221，225，248，251，252，258，264，265，270，271，273，274，276~278，281，318

柿园汉墓　186，189，190，195，196，210，213

双辕车　196，295，297

缌麻　103～106，108，109

随葬品　21～23，137，139，147，180，182，
　　183，192～202，205，216，220，221，223，
　　225～227，231～236，238～247，249～251，
　　254～284，286，288～291，295，298，301，
　　305，306，309，312，318

T

陶制礼器　23，265，270，271，273

琪　80，81，82，211

条砖　251，255，256，299，300

停殡　90，91，95

铜镜　84，192，195，197，230，234，237，
　　238，242～246，257～260，262，263，268～
　　276，278，280，281，282，309，310，311

土坑竖穴墓　243，261，272，274，275

W

外藏　21，137，138，140，166～168，170，
　　181～183，192，195，197，201，204～206，
　　272

挽歌　98，99，126

X

袭尸　84，85，90

下葬　86，87，90，92，96，97，99～101，103，
　　111，144，183，185，199，210，211，247，
　　249，276

羡　56，100，101，135，149，153，166，219

小功　103～106，108，109

小殓（小敛）　73，83～85，87～90，328

刑徒墓　28，147，231～234，306

Y

崖洞墓　22，180，182～185，188，189，193，
　　214，248，266

崖墓　22，23，30，31，52，127，253，258，
　　277，278，282，297，299，318

"亚"字形　153，154

阳陵　28，132，143，145～154，156，161，
　　162，168，169，171，172，175

轺车　295，296，295

摇钱树　277～279，318

遗诏　48，71，88，108，116，166

银缕　211，227

釉陶器　195，196，257，268，270，271，276～
　　278

玉器　23，30，84，192～195，197，198，199，
　　201，202，211，216，217，220，221，226，
　　227，238，239，241，242，263，271，280，
　　309，310

玉衣　21，81，118～120，167，168，192～196，
　　199～202，210～212，217，227，291，318

辒辌车　120，167，202，212

云梦睡虎地　28，30，112，229，241～243，
　　245

Z

载柩车　212

葬地　38，102，313

葬日　20，97，102，103，313

斩衰　103～108，111

招魂　21，44，45，73～76

昭穆制度　143，144，157

镇墓文　261，313~316

直肢葬　229，236，238~243，246，254，255，266

制重　85，86

"中"字形　154，169，190，191，220，222

砖石墓　31，168，225，248，252，264，265，270，278，305

辒车　296

梓宫　89，118，120，167，182，202

后 记

"知我罪我,其惟春秋"!《中国殡葬史》秦汉卷书稿完成了,我终于松了一口气,但也有一种惴惴不安的感觉。算算五个春秋的日子,犹在眼前。记得2012年初的一天,我接到马金生博士的电话,谈及他供职的民政部一零一研究所准备编撰《中国殡葬史》,正在接洽学者,问我有没有兴趣和时间。我深为一零一所的这份历史担当所感动,而我所在的孔子研究院,其工作和研究就是弘扬中华优秀传统文化,就应允下来。

秦汉时期,是中国传统殡葬礼仪的定型时期。自2012年起,我更加努力地全面学习秦汉史和考古学相关知识。可没料想,我后来的工作和研究也日渐繁忙起来。2013年11月习近平总书记视察我院,并就弘扬儒家优秀传统文化发表了重要讲话。各种学术交流、科研会议、项目论证花费了许多时间和精力,但也让我从另一个层面加深了对书稿意义的理解。正是生活中始终记得这份沉甸甸的责任,我不断学习,才有了这本书。

尽管如此,本卷绝对不是我一个人所能完成的,它的背后凝聚着太多人的心血和期望。

感谢民政部一零一研究所给予的这次学习和研究的机会,感谢李伯森所长在撰写过程中提供的诸多方便,尤其是体谅作为青年学者的我刚刚参加工作的辛苦与无奈,屡次给予特别关照;感谢马金生博士这几年不辞辛苦地联络沟通,及时交流信息。尤其是近两年,因种种原因,容忍和理解我研究中的种种拖延。感谢民政部一零一研究所的同人在数次论证会和书稿撰写背后付出的辛苦努力。

感谢许多学界老师和前辈在评审会上或以其他方式给予的指导。特别要感谢中国社会科学院刘庆柱研究员一次次耳提面命的建议，使我有了方向感，感谢中国人民大学的徐兆仁教授每次严谨细致的审阅，使我避免了好多弯路。感谢每次评审会的专家和书稿评审专家给予的忠告，让我受益匪浅。感谢出版社总编和编辑从开始撰写到出版的过程中一直给予的支持。

感谢孔子研究院的领导和同人为我的写作尽可能地提供时间保障。感谢家人和朋友，写作过程中资料的收集和书稿的整理凝聚着他们的汗水，没有他们的默默支持，书稿是难以完成的。

"路漫漫其修远兮，吾将上下而求索"，带着感激和感恩的心，我会不断努力前行！

路则权
2016 年 7 月 7 日